KB077112

준비 없이는 꿈꾸는 노년은 없다

https://cp.news.search.daum.net/p/38120218(경기일보, 2015. 08. 27)

준비 없이는 꿈꾸는 노년은 없다

발 행 | 2023년 02월 22일
저 자 | 김용수
펴낸이 | 한건희
펴낸곳 | 주식회사 부크크
출판사등록 | 2014.07.15.(제2014-16호)
주 소 | 서울특별시 금천구 가산디지털1로 119 SK트윈타워 A동 305호
전 화 | (02) 1670-8316
이메일 | info@bookk.co.kr

ISBN | 979-11-410-1737-8

www.bookk.co.kr

ⓒ 김용수 2023
본 책은 저작자의 지적 재산으로서 무단 전재와 복제를 금합니다.

준비 없이는 꿈꾸는 노년은 없다

김용수 지음

이 책을 쓰면서

2019년에 '우리 사회가 국민 5명 중 1명이 65세 이상의 노인이 될 것'으로 예상한 바와 같이 빠르게 초고령화 사회로 진입하고 있다. 인구의 노년기는 점점 길어질 것이며, 100세 인생을 준비해야 한다는 말이 더 이상 어색하게 느껴지지 않을 정도로 노년기 삶을 위한 준비가 중요하게 인식되고 있다. 이는, 사회구성원들이 은퇴이후에도 약 30년 이상의 삶을 지속할 가능성이 높아졌음과, 이에 따라 노년기에 접어든 이후의 삶의 질을 높이기 위한 개인적·사회적 노력이 더욱 필요해졌음을 의미한다. 특히 오늘날 노인들은 노년기를 중년기와 다름없이 활기차게 보내고 싶어 할 뿐 아니라 신체적·정신적 건강 상태 역시 큰 차이 없이 유지하고자 하여, 인생을 성취감과 만족감으로 채우고자 하는 욕구가 실제적인 복지정책 및 서비스에의 요구로 이어지고 있다.

이러한 사회적 변화에 대한 학술적 연구들도 예전보다 더욱 활발히 수행되고 있다. 아쉬운 점은, 지금까지의 노인복지 관련 연구들은 급속도로 증가하는 노인 인구로 인해 대두된 문제에 주로 집중하는 경향을 보이며, 노인들의 경제력 약화와 사회관계 퇴화, 그리고 이들의 수발이나 부양에 그 초점을 맞추어 수행되어온 것이 사실이다. 언급한대로 노인들은 삶이 길어진 만큼 생활의 유지뿐 아니라 삶을 더욱 만족스럽게 이어가려는 높은 욕구를 가지고 있으며, 이러한 노년기의 삶의 질의 문제는 문제 해결에만 초점을 맞추어서는 고려될 수 없는 영역임에 틀림이 없다. 이제 노인문제는 개인적·사회적 문제 중심의 시각에서 벗어나, 만족스럽고 성공적인 노년을 지속하게 하는 방안 개발에 관심을 돌려야 할 시점에 놓여있다.

우리나라 고령화 추세는 심각하다. 2000년 들어 이미 고령화 사회(65세 이상 인구 비율이 7.0% 이상)에 접어든 상태다. 2017년 고령사회(14% 이상)에, 2026년에는 초고령사회(20% 이상)에 진입할 것으로 예상된다. 고령화 사회로의 문제는 일찌감치 일손을 놓은 노인들이 경제적 빈곤층으로 전락하는 것이다.

노인 빈곤층의 확산은 곧 삶의 질 악화로 이어진다. 노인 자살률의 증가가 이를 뒷받침해주고 있다. 한국형사정책연구원의 보고서에 따르면 우리나라의 인구 10만명 당 평균 자살률은 29.1명이다. 더욱 놀라운 것은 노인 남성의 경우 그 비율이 60~69세 64.6명, 70~79세 110.4명, 80세 이상 168.9명이라는 결과다. 노인

자살률의 증가는 물질적인 토대가 심하게 흔들리면 통계적으로 불안, 우울, 행복감 저하 같은 부정적인 요인들이 찾아온다.

경제협력개발기구(OECD)의 발표에 의하면 우리나라 노인의 상대적 빈곤율이 50%에 육박한다. 노인 두 명 중 한 명은 빈곤층이라는 얘기다. 우리나라의 노인 빈곤율은 OECD 회원국 중 압도적 1위이다. 경로사상을 최고의 덕목으로 치던 우리에게는 충격이 아닐 수 없다. 과도한 자녀 교육비 지출, 불충분한 사회보장 시스템 등 노인을 가난하게 만드는 문제 중 그 어느 것도 단기간에 해결하기 어려운 것이 현실이다.

고령화 사회의 원인은 출산율 감소를 들 수 있다. 더불어 보건 의료의 발달과 사망률의 감소 등에 의해 노인인구가 증가한다. 그로 인해 빈곤, 질병, 고독이라는 병리현상을 낳는다. 게다가 급속도로 핵가족화가 진행돼 노부모와 떨어져 살면서 노인독거 가구율이 높아지는 것도 문제다. 특히 전체 노인들 중에 80% 가까이 건강 악화와 생활비 마련에 대한 어려움과 배우자 사망 등에 따른 고통을 겪고 있다. 상황이 이럴진대 그럴듯한 대책이 없다는 것이 문제다.

그렇다면 빈곤한 노인들의 경제적 문제를 해결하기 위해서는 정년 연장과 연금제도의 확대, 노인 일자리 창출 등이 선행되어야 한다. 장기적인 노인대책의 근간은 돈이다. 국민연금 재정이나 국가 재정의 건전성을 해치지 않으면서 노인 빈곤문제를 완화할 수 있는 방안을 마련하는 데 최선을 다해야 한다. 공공부문뿐 아니라 교육, 노동 부문의 개혁 과제들도 신속히 추진해야 한다. 결국 젊은이도 노인이 된다. 그래서 노인대책은 하루빨리 마련되어야 한다. 우리 모두의 문제이기 때문이다.[1]

정말 잘 늙는다는 것은 무엇일까? 이럴 때 보통 '성공적인 노화' 라는 표현을 쓰는데, 그 말은 '질병과 장애가 없고, 인지적 기능과 신체적 기능을 유지하며, 인생 참여를 지속하는 것' 을 의미한다. 다시 말해, 질병과 장애 발생의 위험성은 최대한 낮추고 연령에 맞는 신체활동과 정신적 활동을 통해 지적 기능인 인지기능을 유지하면서 다른 사람들과 관계를 맺고 사는 것이 바로 성공적인 노년이다.

2023년 2월

海東 김용수 씀

차례

X. 웰다잉의 이해/316

나가는 글/336

들어가는 글

노년(老年)의 자전적 의미는 '나이가 들어 늙은 때'이다. 노년기(old age, 老年期)는 정상적인 인간의 일생에서 마지막 단계로 'senescence'라고도 한다. 주로 생리학적 노화에서부터 시작되며, 인구학적이나 사회학적으로도 노년기를 실감할 수 있다. 고대 로마제국 이래로 노인을 위한 국가적 제도는 많은 변화를 거쳐 이어져왔다.

노년기에 대해 일치된 정의는 내려져 있지 않다. 따라서 생물학을 비롯해 사망률과 유병률의 상태를 말하는 인구학, 고용과 퇴직, 그리고 사회학 등 분야마다 각각 상이한 기준을 적용하고 있다. 그러나 통계 및 공공행정의 편의를 위해 대부분 60세나 65세 이상의 연령층을 노년기로 규정한다.

노년기는 2가지 개념의 정의를 갖는다. 하나는 개인의 인생 과정에서 마지막 단계를 뜻하며, 또 하나는 전체 인구 중에 가장 나이 많은 구성원들로 이루어진 연령집단 또는 세대를 말한다. 노화의 생태학적 영향 간의 관계, 그리고 노후 세대가 그들 사회의 특정 조직에 대해 가지는 집합적 경험과 공유된 가치가 노년기의 사회적 측면에 영향을 미친다.

각 사회별로 또는 한 사회 내부에서도 노년층이라고 간주하는 보편적 연령 기준은 정해져 있지 않다. 한 사회가 몇 살을 노령의 기준으로 보는가 하는 것과 어느 정도의 연령을 늙었다고 생각하는 것 사이에는 종종 괴리가 있다.

더욱이 생물학자들 간에는 노화의 고유한 생물학적 원인의 존재 여부에 대해 의견이 일치하지 않는다. 비록 많은 국가나 사회가 40대 중반에서 70대까지를 노령으로 보고 있으나, 현재 대부분의 서구국가에서는 60세 또는 65세 이상의 인구를 퇴직 또는 노년사회복지제도의 대상으로 적용시키고 있다.

노화의 생리학적 영향은 개인에 따라 매우 다르다. 그러나 노인들에게는 특히 쑤시고 아픈 만성질환이 급성질환보다 더 흔하므로, 젊은이들에 비해 치료하는 데 더 많은 시간과 비용이 든다. 의료보호 비용의 증가는 노인들과 사회의 더 많은 관심을 불러일으켰으며, 일반적으로 노인들의 치료비용을 보조하는 제도나 내용에도 끊임없는 재평가와 개혁이 이루어졌다.

고대 로마나 중세 유럽의 평균 수명은 20~30세 정도였다고 추정된다. 오늘날 평균 수명은 역사적으로 전례가 없을 만큼 증가했고 65세 이상의 인구도 크게 늘었다. 따라서 특정 종류의 암이라든가 심장병 등 노화와 관련된 의료문제의 발생률이 높아졌으며, 이러한 의료문제를 해결하기 위한 연구와 계획이 큰 관심을 모으게 되었다.

나이가 들면 지각 또는 감각기관의 기능이 어느 정도 떨어지고 근육의 강도나 일정 종류의 기억력도 감퇴하기 때문에 노인들은 일부 활동에 부적합한 존재가 되어 버린다. 그러나 나이가 들어감에 따라 지적 능력이 감퇴된다는 뚜렷한 증거는 없으며, 오히려 이 문제는 교육이나 생활 습관과 밀접하게 연관된다고 보인다. 성행위는 나이가 듦에 따라 감소하지만 개인이 건강하다면 그 지속에 대한 나이 제한은 없다. 노화의 과정을 둘러싼 많은 신화는 노인병학 연구의 확대에 따라 부정되고 있으나, 정확한 결론을 내리기에 충분한 증거는 아직 없다.

젊은 사람들에게 노년하면 떠오르는 이미지를 물었을 때 가장 많이 나온 답이 '지저분하다. 냄새가 난다. 앉으면 존다' 였다고 한다. 그럼, 이번에는 노년하면 연상되는 색을 스스로에게 한 번 물어보자. 아마도 거의 회색, 검은 색, 흰색 같은 무채색을 꼽지 않을까.

아무나 노인이 되는 것은 아니다. 질병과 전쟁과 사고에서 일단 살아남아야 노년을 맞을 수 있다. 중년을 보내고 있는 사람들 가운데 과연 몇 사람이 살아남아 보람 있는 노년을 보낼 수 있을지 생각하면 나이 듦 자체가 얼마나 무겁고 엄숙한 일인지 깨닫게 된다. 그러니 꽃만 생각하지 말 일이며, 꽃 진 자리를 묵묵히 지키고 있는 푸른 잎들에 눈을 돌릴 일이다. 젊음만이 세상에 존재하는 것이 아니다. 노년 또한 엄연히 우리 옆에 존재하고 있으며, 그 노년은 다름 아닌 앞으로 내가 걸어가야 할 분명하고도 명확한 길이다.[2]

고령이란 용어에 대한 정의는 보편적으로 일정한 것은 아니다. 한국의 「고용상 연령차별금지 및 고령자고용촉진법에 관한 법률 시행령」에서는 55세 이상을 고령자, 50~54세를 준고령자로 규정하고 있으나 UN은 65세 이상의 인구가 총인구에서 차지하는 비율이 7% 이상일 때 고령화 사회라고 보고 있다. 인구의 고령화 요인은 출생률의 저하와 사망률의 저하에 있다. 평균수명이 긴 나라가 선진국이고 평화롭고 안정된 사회를 상징하는 의미에서 장수(長壽)는 인간의 소망이기도 하지만, 반면 고령에 따르는 질병·빈곤·고독·무직업 등에 대응하는 사회경제적 대책이 고령화 사회의 당면 과제이다.

통계청에 따르면 오는 2025년 국내 인구 100명 중 20명은 65세 이상인 초고령 사회로 접어들 전망이다. 평균 수명이 길어지는 고령사회에선 복합 만성질환을 가진 노인 환자가 계속 증가할 수밖에 없다.

노년을 어떻게 보낼 것인가? 행복한 노년을 보내고자 한다면 미리 준비해야 할 것들이 많다. 하지만 우리들 대부분은 '나에겐 노년은 없다' 는 식으로 남의 일처럼 수수방관하며 보낸다. 하지만 누구나 나이를 먹는다. 그리고 아무리 일하고 싶어도 일할 수 없는 시기가 반드시 찾아온다. 그럴 때를 대비해 당신은 지금 어떤 준비를 하고 있는가?

솔직히 자신에게 묻자, 어떤 노년을 원하는지. 우리가 처한 현실과 환경은 무엇인가? 우리가 직면하고 있는 현실과 환경을 어떻게 인식하고 준비하느냐에 따라 우리의 미래가 달라진다. 행복한 노년을 위한 첫걸음은 이런 현실과 환경을 바로 인식하는 데서 시작된다.

첫째, 평균수명이 100세에 이를 것이다.

둘째, 출산율이 세계 최저가 되고 있다.

셋째, 30년 후에는 60대 이상 인구가 전체 인구의 34% 이상을 차지할 것이다.

다섯째, 3% 이하의 초저금리 시대가 지속되고 있다.

여섯째, 중국·미국·일본 등 세계가 옆집처럼 여겨진다.

일곱째, 1인 가족 시대가 열리고 있다.

여덟째, 농촌이 사라지고 있다.

이와 같은 현실과 환경을 생각하면 우리가 의지해야 할 것은 자신 밖에 없다. 스스로 자신을 지켜야 하는 것이다. 그렇다면 언제부터 준비해야 할까? 그리고 어떻게?

미래에는 각종 사회복지정책이 더욱 발전하고 세밀해질 것이라고 기대하는 사람이 많다. 사회복지정책의 재원은 국민의 세금이다. 일하는 사람이 줄어들면 걷히는 세금도 줄어든다. 반면 부양할 사람은 늘어나 저축률이 낮아진다. 결국 저축률이 낮아지면 투자 금액이 줄어들어 자산소득도 줄어들게 된다.

노인복지정책도 마찬가지다. 노인들의 건강검진, 양로원, 의료비 보조, 노인 재교육 프로그램 등 각종 노인복지정책에 대한 예산이 줄어든다.

노인 인구가 많아지면, 노인들은 아무래도 소득이 적을 수밖에 없다. 따라서 건강보험료 납부 금액도 적어진다. 반면 보험 혜택은 많아져 보험액 지급액이 늘어날 것이다. 이변이 없는 한 나이가 들수록 건강은 악화된다. 병원에 가는 횟수가 많아지고, 질병의 심각성도 높아진다. 그런데 의료기술의 발달로 치료율이 높아져 또 병원에 갈 가능성이 많아진다. 이런 악순환이 반복되다 보면 건강보험의 재정도 파산할 수 있다.

"이제 자신의 삶을 가꾸어 나가라. 준비 없이는 꿈꾸는 행복한 노년은 없다."

Ⅰ. 노년기의 유형을 살펴보자

노년기(old age, 老年期)는 정상적인 인간의 일생에서 마지막 단계로 'senescence' 라고도 한다. 주로 생리학적 노화에서부터 시작되며, 인구학적이나 사회학적으로도 노년기를 실감할 수 있다. 고대 로마 제국 이래로 노인을 위한 국가적 제도는 많은 변화를 거쳐 이어져 왔다.

노년기에 대해 일치된 정의는 내려져 있지 않다. 따라서 생물학을 비롯해 사망률과 유병률의 상태를 말하는 인구학, 고용과 퇴직, 그리고 사회학 등 분야마다 각각 상이한 기준을 적용하고 있다. 그러나 통계 및 공공행정의 편의를 위해 대부분 60세나 65세 이상의 연령층을 노년기로 규정한다.

노년기는 2가지 개념의 정의를 갖는다. 하나는 개인의 인생 과정에서 마지막 단계를 뜻하며, 또 하나는 전체 인구 중에 가장 나이 많은 구성원들로 이루어진 연령집단 또는 세대를 말한다. 노화의 생태학적 영향간의 관계, 그리고 노후세대가 그들 사회의 특정 조직에 대해 가지는 집합적 경험과 공유된 가치가 노년기의 사회적 측면에 영향을 미친다.

각 사회별로 또는 한 사회 내부에서도 노년층이라고 간주하는 보편적 연령 기준은 정해져 있지 않다. 한 사회가 몇 살을 노령의 기준으로 보는가 하는 것과 어느 정도의 연령을 늙었다고 생각하는 것 사이에는 종종 괴리가 있다.

더욱이 생물학자들 간에는 노화의 고유한 생물학적 원인의 존재 여부에 대해 의견이 일치하지 않는다. 비록 많은 국가나 사회가 40대 중반에서 70대까지를 노령으로 보고 있으나, 현재 대부분의 서구국가에서는 60세 또는 65세 이상의 인구를 퇴직 또는 노년사회복지제도의 대상으로 적용시키고 있다.

인생의 후반부가 어떻게 전개될 것인지에 대해 우리는 대체로 제한적이고 주적절한 전제들을 가슴속에 지니고 있다. 그 부적절한 전제의 특징은 '퇴행', '쇠퇴' 와 같은 단어로 설명될 수 있다.

우리들 인생길에 누구나 아는 확실한 길이 두 개 있으니, 바로 늙음의 길과 죽음의 길이다. 그 길에 서게 되는 시간과 상황이 다를 뿐, 생명 있는 모든 존재에게 공평하게 주어진 것이 늙음과 죽음이다. 피할 수 없다면 눈을 똑바로 뜨고 기꺼이 마주할 일이다. 일부러 앞서 달려 나가 맞아들일 필요는 없지만, 철저한 준비와 대비로 의연하게 받아들일 일이다.

지금의 노년층을 형성하고 있는 우리의 부모님들은 자식이 재산이라고 생각했던 분들로, 자식이 곧 노후보험이었던 세대다. 노후 준비를 따로 할 필요도 없었고, 자식을 먹이고 입히며 공부시키기에 급급해 그럴 생각도 하지 못했다. 그 결과 지금의 노년 세대는 가정과 사회에서는 '역할 없는 역할(Roleless Role)'을 하며 주변인으로 살아갈 수밖에 없게 되었다. 우리는 흔히 남의 실패에서 교훈을 얻는다고 한다. 늙음이 엄연한 생의 한 과정인 것을 기억하면서, 지금의 노년세대의 삶에서 머지않아 만나게 될 나의 노년을 헤아려본다면 그 이상의 공부는 없을 것이다.

길어진 수명이라는 과제에 대처하기 위해 우리는 무엇보다 인생 목표와 생활방식을 검토할 필요가 있다. 건강 상태가 괜찮고 노후 대책을 준비한 사람이라할지라도 길어진 수명은 희비가 교차하는 일이다. 수명의 연장은 젊음의 샘에서나온 것이 아니다. 몇 년 더 산다는 것은 오직 늙은이로 살아야 할 세월이 더 길어졌다는 의미일 뿐이다.

그러니 과연 어떻게 늙어야 한 번뿐인 인생이 가장 풍요롭고 아름답게 마무리될 것인가, 고민이 아닐 수 없다. 그 고민을 해결하기 위해 노년기 유형을 살펴보기로 한다.

1. 열혈 청년형

아직 늙지 않았다는 것을 스스로에게도, 다른 사람에게도 계속 강조하는 유형이다. 자신의 사전에 노년이 없다고 생각한다. 남에게 폐 끼치지 않고 행복한 노년을 보내기 위해 건강관리를 하는 것이 아니라 젊은 사람 못지않게 체력과 건강상태를 증명하기 위해 애를 쓰며, 하는 일에 절대 물러나지 않으려 한다. 적절한시기에 적당한 방법으로 일을 물려주고 뒤로 한 발짝 물러나는 것도 노년의 지혜

이런만, 열혈 청년의 인생에 은퇴란 없으며 뒤에서 지켜보는 일도 가당치도 않다. 그러니 죽음준비 또한 턱도 없는 소리다. 이런 어르신에게 불시에 죽음이 들이닥치기라도 하면 아무것도 정리되어 있지 않은 상황에서 남은 가족들은 당황하고 우왕좌왕하게 된다. 우리 인생에 노년기가 왜 존재하는지 전혀 깨닫지 못하고 살아가는 분들이다.

2. 조로(早老)형

어차피 늙어갈 인생, 뭐 별 거 있겠느냐는 지레짐작으로 노년을 앞당겨 맞아들이는 유형이다. 마치 인생에 대해 이미 다 알고 있다는 듯 성숙한 척하기도 하지만 사실은 노년에 대한 바른 이해도 없으며, 자신의 노화도 제대로 받아들이지 못하는 사람들이 이 유형에 속한다.

막연하게 노년을 느끼며 누구나 다 늙어 가려니 생각할 뿐이다. 그러나 남은 인생에 대한 계획도, 활동에 대한 청사진도 있을 리 없다. 어린 시절과 젊음의 때가 한정되어 있는 것처럼 인생의 노년도 어느 한 시기이다. 그 시기에 느끼고 배우고 내면에 채워야 할 것들이 있게 마련인데, 스스로 다 날고 있다고 생각하니 얻는 것이 있을 리 없다. 노년을 거부하는 것 못지않게 앞당겨 서둘러 맞이하는 것 역시 올바른 일은 아니다.

3. 응석형

나이 먹으면 도로 아기가 된다고들 이야기 한다. 어르신 가운데는 자녀에게든, 친구에게든, 주위 사람에게든 끊임없이 응석을 부리며 어리광을 피우는 분들이 계시다. 아이처럼 우는 소리에 고자질도 잘 하고, 말도 잘 전하고, 엄살도 잘 부리고, 안 되는 것을 졸라대고, 삐치기도 잘하신다. 자신에 대한 관심을 불러일으키는 한 방법으로 응석을 택하신 것이다. 그럴 수밖에 없는 마음은 이해가 가지만, 그 누구도 가까이하고 싶지 않아진다. 어르신을 어린아이 취급하는 것도 문제지만, 어르신 스스로 어린아이 노릇을 하는 것은 미성숙한 인격의 반영이기에 보기 싫은 노년의 모습이다.

4. 밑 빠진 독형

욕심을 버리지 못해 채워도 채워도 끝이 없다. 돈 욕심, 자식 욕심으로도 모자라 목숨에 대해서까지 욕심을 버리지 못하는 유형이다. 먹고사는데 어려움이 없는데도 돈은 자식들의 효심을 달아보는 저울이고, 조금만 몸이 아파도 온 가족을 소집에, 병원에 가면 영양제 왜 안 놔주느냐 소리부터 지르신다. 허나 세상일이 어디 욕심만으로 되던가. 그러니 갈증만 더 심해진다. 자식들 하는 양이 맘에 차지 않아 화가 나고, 자식들이 가져오는 돈이 또 성에 차지 않아 속이 상한다. '고생해서 키웠으며 당연히 이 정도는 받아야지' 하는 당신만의 기준이 하늘을 찌를 듯 높아서 자식들 형편은 안중에도 없고 세상 그 누구도 만족시켜드릴 수 없다. 부모 부양 문제로 형제 자매간에 분란이 일어날 경우, 이런 유형의 부모가 뒤에 있는 수가 많다.

5. 겨울나무형

희생이 아닌 비움은 최고의 노년이다. 몸과 마음 모두 식물적 노화를 실천하기에, 군살도 없고 욕심도 없다. 언젠가는 땅으로 돌아가 새로 오는 세대에 거름이 되거나, 유용한 땔감과 종이로 쓰일 것을 믿기에 더 이상 아쉬움도 집착도 없다. 한 세월 잘 살다가 떠나는 길에 누추한 모습 보이지 않고 깨끗하게 마무리하는 노년이다. 생명에서 생명으로 이어지는 우주의 순환을 몸으로 증명하고 떠나는 노년이다. 목숨을 다하는 마지막 날까지 제 자리를 지키며 의연하게 서 있는 나무에게서 노년의 유형을 발견하는 것도 기쁜 일이다.

6. 내 마음대로형

일명 '나를 따르라' 형. 매사에 깃발을 높이 들고 앞장서신다. 다 큰 자식들의 의견 같은 것은 소용없다. 그저 내가 시키는 대로만 하면 된다고 목소리를 돋구신다. 돈 있고, 힘 있는 어르신들 가운데 많은 유형이다. 당신의 돈으로, 힘으로 밀어붙이면 안 되는 일 없다고 생각해 독선적으로 행동하신다. 그러니 진심으로 따르는 사람들이 있을 리 없다.

여러 사람의 의견을 들으며 조율하고 모두가 원하는 방법을 택하는 일은, 일단 귀찮고 복잡하고 번거롭다고 생각하니 대화의 기회는 점점 줄어든다. 최선을 다 하는데도 몰라준다고 섭섭해 하고 화내는 일이 점점 많아지지만, 그 이유를 끝까 지 알아차리지 못하면 남는 것은 외로움과 소외감뿐이다.

7. 답답형

일단 말이 안 통한다. 무슨 일이든지 자기 방식밖에는 모른다. 문제가 생겼을 때 나이 든 유세를 하든, 호통을 치든, 무표정으로 대응을 하든 온갖 방법을 다 동원해서 '내 인생에 양보란 없다' 는 것을 증명하려고 한다. 이때 옳고 그름 은 아무 기준이 되지 못하며, 사회적인 통념이나 관례도 아무 영향을 미치지 못 한다. 상대하는 사람이 답답함을 이기지 못해 항복을 하고 피해버리는 경우가 비 일비재하다.

한 번 당하고 나면 다음에는 절대 맞닥뜨리지 않기를 바라게 되고, 말을 섞으 려 하지 않는다. 나이가 벼슬이며, 늙음이 자격증이라 생각하는 분들 가운데 많은 유형이다. 일단 모르쇠로 일관하게 되면 그 누구도 마음을 바꾸게 만들 수 없다. 역시 노인의 외로움을 자신의 몫으로 맡아 놓으신 분들이다.

8. 산타클로스형

자신이 가진 돈·시간 ·건강·정성·기술·재능·마음·사랑 등등을 골고루 나누어주시는 분들이다. 죽을 때 가지고 갈 것 아니라며 가진 것을 아낌없이 나 눠주신다. 많은 이웃들이 이분들의 도움으로 조금이라도 행복을 느끼며, 사람 사 는 세상의 정을 경험한다. 살아온 시간들을 돌아보니 홀로 살아온 것이 아니라 더불어 함께 살며 거저 받는 것이 많은 인생이었다는 깨달음에서 나오는 행동이 다.

남은 생을 자원봉사로 꾸려 가는 분들이 이 유형에 속한다. 가지고 있는 선물 이 많지 않아도 걱정할 것이 없는 까닭은, 그 선물주머니는 화수분(河水盆, 물이 계속 나오는 보물단지. 그 안에 온갖 물건을 담아 두면 아무리 써도 줄지 않는다는 설화) 같아서 선물을 나눠주면 줄수록 계속해서 선물이 쏟아져 나오기 때문이다. 물론 남김없이 주고 가는 그분들의 인생 자체가 가장 커다랗고 귀한 선물이다.

9. 무감각형

아무런 희망도 의욕도 없는 유형이다. 살아온 날들이 워낙 신산(辛酸)스러워 노년의 삶 역시 버겁기만 하다. 하루 세끼 밥 먹을 수 있고, 안 아프고, 몸 누일 곳 있는 것만으로도 다행이다.

자신의 무능과 나태함으로 인해 그런 삶을 얻을 수밖에 없었던 분도 계시지만, 나름대로 최선을 다했는데도 환경과 상황이 어긋나 어쩔 수 없이 그런 모습으로 그 자리에 오게 된 분들도 계시다. 가난이 대를 물려 이어지는 사회구조 속에서 아무리 뼈를 깎는 노력을 해도 그 어려움 속에서 빠져나올 수 없었던 분들은 우리 모두에게 그 책임을 묻고 있다. 그분들의 무감각한 일상을 탓할 일이 아니다. 무감각한 얼굴 뒤에 감춰진 오랜 세월의 상처를 다는 알지 못해도 그분들의 짐을 나누어 지려는 노력을 해야 한다.

10. 잘 익은 열매형

한마디로 잘 익은 노년, 성숙한 노년이다. 자신의 노화를 긍정적으로 받아들이고 노년의 변화를 적극적으로 수용한 분들에게서 볼 수 있는 품성이다. 그 잘 익은 열매를 적극적인 활동을 통해 남에게 나눠주시는 분도 계시지만, 안으로 안으로 파고들어 자기 내면을 성숙하게 만드는 데 쓰시기도 한다. 반드시 남을 위해 봉사하고 헌신하는 것만이 성숙함의 증거는 아니다.

사람이 어떻게 늙음을 받아들여 늙음과 더불어 사이좋게 살아갈 것이며, 인생의 마지막 단계를 보다 의미 있고 깊이 있는 성찰로 채워갈 것인가를 보여주는 것만으로도 뒤따라오는 세대들에게 귀감이 될 수 있다. 이런 분들은 자신의 자리와 역할을 적절하게 잘 물려주시며, 비록 힘없고 돈 없을지라도 노년의 향기를 진하게 전해주신다.

11. 꼰대

　꼰대. 권위적인 사고를 지닌 윗사람을 비하하는 은어다. 나이 어린 학생뿐 아니라 직장에서도 연차가 적은 사람들 사이에서 주로 언급된다. 대개 "나 때는 말이야~"로 시작되는 회상 이야기, "우리 때는 안 그랬어"와 같은 자신의 경험을 우위에 세우는 경우 속절없이 '꼰대' 취급을 당하기 일쑤다. 그저 과거 경험을 얘기했을 뿐인데…. 물론 자신의 경험이 '진리'라고 말하지는 않는다. 그저 후배가 하는 많은 일 속에서, 직면해 있는 어려움 속에서 작은 이정표와도 같으면 좋겠다는 심정일 것이다.

　우리는 나라를 잃은 아픔을 겪었다. 을사오적이라 불리는 이완용 등 친일파 족속들은 일제에 의해 백작이나 자작 등의 작위를 부여받아 자신을 '성공한 조선 출신 일본인'이라 여기며 콩테(Comte)라고 불렀다. 콩테는 프랑스어로 백작이라는 의미다. 나라를 빼앗긴 민초들의 설움은 얼마나 컸을까. 이완용 같은 족속을 부를 때 콩테의 일본식 발음인 '꼰대'라 부르며 그들의 매국 행위를 욕했다고 한다. 어린 시절 국민간식인 '번데기'는 고단백 저칼로리 식품의 대명사다. 영남 지역에서는 번데기를 '꼰데기'라고 불렀단다. 번데기처럼 주름이 자글자글한 늙은이라는 의미에서 꼰데기가 꼰대가 됐다는 것이다.

　꼰대라는 말의 유래는 이 두 가지가 가장 대표적이라 할 수 있다. 무엇이 맞는지 틀린지는 중요하지 않다. 하지만 스스로를 높이면서 겸손하지 못한 모습의 꼰대냐, 쭈글쭈글하고 볼품없지만 고단백 저칼로리로 영양 듬뿍의 '꼰데기'냐 하는 것은 천양지차다. 내 경험이 옳다고 주장하기 보다 내가 경험한 것을 토대로 방향을 제시해 주는 역할 정도는 어떨까. 또 무작정 꼰대질이라고 비하하면서 세대 간 단절을 초래하기보다 쭈글쭈글한 인생 얘기를 들으면서 본인이 접해보지 않은 상황을 경험자인 타인의 시선을 통해 삶의 지혜와 방향을 얻어 보는 자세는 또 어떤가. 이러고 보니 진솔한 소통과 배려가 모든 인간 관계의 해답을 제시하는 열쇠라는 생각이 든다.[3]

http://v.media.daum.net/v/20190324181601730(한겨레, 2019. 03. 24)

12. 꼰대 감별법

어른의 여행클럽을 만들고 있다. 'X세대 혹은 신세대라는 얘기를 듣고 대학을 다녔던 1990년대 초반 학번이 20년 뒤 모여서 만든 여행동아리' 라는 콘셉트로 사람들을 모았다. 독서나 취미활동을 통한 네트워킹을 도모하는 트레바리나 프립처럼 여행을 통해 네트워킹을 도모해 보자는 취지였다. 40대를 여행동아리의 중심에 두고 30대는 신입생 느낌으로, 50대는 복학생 느낌으로 합류시켜서 함께 '수제 패키지 여행'을 만들었다.

그런데 복학생들이 말썽이었다. 치명적인 '관계 질환'을 앓고 있는 사람들이 있었다. 이런 식이었다. 여행에 온 여성 멤버에게 나이를 물었다. 그 여성이 "왜 나이를 묻느냐?"고 하자 "악의 없이 물어본 것인데 왜 민감하냐?"고 했다. 자신을 기러기아빠라고 설명한 다른 멤버에게는 "당장 돌아오라고 해라. 그렇게 살면 마누라는 바람나고 애는 불량 청소년 된다"며 걱정했다. 물론 처음 만난 사이였다. 성희롱적인 농담을 해서 사람들이 지적하자, 전혀 그런 의도가 없었다며 왜 그렇게 받아들이냐고 상대방을 탓했다. 결과는 삼진 아웃!

사실 그는 베풀 줄도 알고 함께 여행할 때 적극적으로 역할을 하는 사람이었다. 그럼에도 불구하고 비호감으로 꼽혔는데 그런 사람을 부르는 이름이 있었다. '꼰대'. 대한민국 아재들의 꼰대 바이러스가 발현되지 않도록 '꼰테크'에 주목했다. 간섭을 애정이라 생각하고, 선을 넘는 것을 친근감의 표현이라 착각하고, 무조건 하나로 뭉쳐야 한다는 교조적인 믿음을 깨야 했다. 그런 가치가 다른 세대와의 소통을 막는 장벽이라는 것을 인식시켜야 했다. 그렇게 해서 '간섭하지 않는 결속력' '선을 넘지 않는 배려' '따로 또 같이'라는 가이드라인을 정하게 되었다. 병이 깊은데 대증요법으로 '꼰탈'(꼰대 탈출)했다고 착각하는 이들이 많아 나름 '꼰대 감별법'을 만들어 보았다. 다음과 같다.

1. 그 판에서 누가 주연인지 모르겠으면 당신이 바로 꼰대다. 주연이 보이지 않는다는 것은 당신이 주연 자리를 빼앗고 있다는 것이다.

2. 족보를 찢어라. 아는 사람의 아는 사람은 그냥 모르는 사람이다.

3. 알아봐 주길 바라지 마라. 명함으로 자신을 설명하지 말고 행동으로 증명해라.

4. 선의를 버려라. 모르는 사람의 인생을 동의 없이 걱정해주지 마라. 그 사람 인생이다.

5. 허락받고 가르쳐라. 배울 나이가 지난 사람에게는.

6. 함부로 아이스 브레이킹 시도하지 마라. 잘못 얼음을 깨면 물에 빠진다.

7. 성희롱을 농담이라고 착각하지 마라. 나를 웃기려고 하는 농담을 남에게 하지 마라. 가는 말을 잘 골라야 오는 말에 골로 가지 않는다.

8. 생각을 바꾸지 말고 행동을 바꿔라. 누군가 내 대신 손발을 움직여주길 원하는 마음이 바로 꼰대다.

9. 상상 속의 비서를 해고하라. 이 세상에 당신의 비서는 없다. 당신이 직접 해야 한다.

10. 숟가락, 젓가락만 잘 챙겨도 중간은 간다. 식탁에 앉으면 숟가락, 젓가락부터 찾아라. 남들 것도 놓아주고.[4]

    젊은이들 일에 사사건건 참견하지 말고 모르는 척 못 본 척 넘어가자. 뭐든지 내 식대로만 하지 말자. 그들에게 기회를 많이 주자. 그들 세상은 그들의 방식이 있을 테니까. 남을 원망하지 말자. 자식들이 찾아와 주지 않아도 그러려니 하자. 이제는 늙었다고 기죽거나 포기하지 말자. 늙어 무엇 하겠느냐 하지 말고 무엇이나 배워라. 노인도 희망할 수도 도전할 수도 있고 세상은 넓고 노인도 할일이 많다 찾아보면 수두룩하다. 늙었다고 위세 떨며 젊은이를 나무라지 말라. 그들 생각도 존중해 줘야 할 것 아닌가! 내 생각이 존중받아야 하듯이. 그들 하는 짓이 맘에 안 든다고 '말세야 말세' 하지마라. 언제는 말세 아닌 적이 있는가. 긍정적인 면도 찾으면 얼마든지 많다. "옛날에는 그랬는데" 라며 타령하지 말라. 김치도 물도 사먹는 세상. 내가, 우리가 사는 세상은 지금 여기다. 옛날은 지나가고 없다. 아끼려고 하지 말라. 돈 주는데 싫어하는 사람 없다. 주는 기쁨은 오래도록 남는다. 남의 흉을 절대 보지 말자. 내가 해야 할 일, 하고 싶은 일을 찾아서 하는 것이 가장 중요하다. 노화현상을 하소연하지 말고 받아들이자. 늙는다는 것은 다 그런 것, 임산부가 입덧하듯 술꾼이 과음하고 다음날 숙취에 시달리듯 노인이 노화현상으로 시달리는 것은 자연현상이다. 여기 저기 쑤시고 저리고 고장나는 것은 지극히 당근이다. 연식이 지난 자동차처럼. 모든 것을 내려놓아야 한다는 것, 말로만, 생각으로만 하지말고 행동으로, 실제로 욕심을 줄이고 이웃에게 말 한마디라도 친절하게, 따뜻하게 하고 무엇보다 세상을, 사람을 사랑하려 힘쓰고 하고 싶은 것 열심히 하며 살되, 피할 수 없으면 즐기고 가질 수 없으면 버리고 내 것이 아니면 잊어라! 지금 현재 여기를 충실히 사는게 중요하다. 그렇게 산다면 충실하고 성공한 생의 마무리가 되지 않을까?[5]

잠깐! 쉬었다 갑시다

☞ 스파르타와 노인정치

헤로도토스가 지적한 것처럼 고대 그리스에서 노인에 대한 태도는 스파르타(Σ $\pi \acute{\alpha} \rho \tau \eta$)가 가장 유별났다. 스파르타는 노인에게 특권적 지위를 부여했는데, 특히 "60세 이상의 시민 가운데 환호 소리로 선출된 종신직 노인으로 구성된 게루시아($\gamma \varepsilon \rho o \upsilon \sigma \acute{\iota} \alpha$)"라는 회의가 대표적이다.

기원전 11세기에서 기원전 2세기의 스파르타

이 자문 회의는 모든 정책, 특히 외교정책을 이끌었다. 그리고 민회에 제출할 법률안을 준비했으며, 심지어 민회의 결정을 무시할 수도 있었다. 게루시아는 시민권 박탈이나 사형 선고를 내리는 최고 권위의 범죄 재판관이었으며, 두 왕까지도 소환되어 심판을 받을 수 있는 고등법원이었다. 마지막으로, 이 기관은 자신의 결정에 대해 책임이 없었다(『노인의 역사』, 조르주 마누이, 137쪽).

스파르타의 이러한 노인 우대와는 달리 신생아는 부족의 장로들이 포도주 등에 담궈보고 견디지 못하는 약한 아이는 버렸다고 한다. 그렇지만 노인들에게는 어떠한 위해도 가하지 않았다. 그렇다고 스파르타의 인구가 많았던 것은 아니다.

스파르타는 언제나 시민들이 부족했는데, 영웅적이지만, 대가를 치러야 하는 전술에 의한 전쟁터의 실상으로 인해 적은 수의 사람들만이 살아남았기 때문이다. 희소성에 주어진 명예, 살아남게 된 영광에 대한 경의 등으로 노년에 존경을 표하는 데 일정한 역할을 했던 것으로 추측된다(앞의 책 137쪽).

고대 사회가 살아남은 자에게 존경을 표시하는 것은 널리 알려진 태도이지만, 아테네의 노인은 스파르타처럼 큰 역할을 하지 못했다. 시몬드 보부와르가 〈노년〉에서 지적한 것처럼, 노인을 뜻하는 그리스어 $\gamma \varepsilon \rho \omega \nu$ 는 윗사람 또는 지배자, 지문위원이란 뜻을 가지고 있다.

호메로스 시대의 프리아모스 왕을 보듯이, 젊은 헥토르가 아킬레우스와의 싸움을 앞두고 고뇌할 때 노년의 아버지는 자문만을 해 줄 뿐이었다.

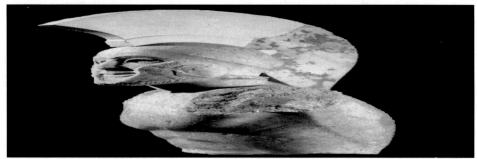

Marble statue of a helmed hoplite(5th century BC), Archaeological Museum of Sparta, Greece

모든 결정과 행동은 젊은 사람의 몫이었다. 다음에 다룰 아테인들도 그러했다. 스파르타인들만이 도시국가의 대부분의 문제에 대해서 결정을 내리지만, 책임은 없는 특권을 노인에게 주었다는 것이다. 플루타르코스는 스파르타의 이러한 정치 형태를 두고 '노인정치' 라고 했다. 그러나 이러한 정치의 형태는 그냥 생겨난 것이 아니다.

"그들은 육체가 쇠퇴하여 군대에서 필요가 없어지는 60세까지는 끊임없이 긴장 하고 있어야 했다. 강인하고 과묵하며, 명령에 의문을 품지 말고 복종하도록 훈련받 으며, 행동이 느리다는 소리는 듣지만 실제로 우둔한 것과 거리가 멀고 오히려 지 성적이었다." (『스파르타』 험프리 미첼/윤진 역, 10쪽).

한국도 고령자들의 정치참여는 젊은 사람들을 앞서고 있다. 그렇다고 우리나라 와 스파르타의 노인정치 체재와 직접적으로 비교하는 것은 잘못이다. 지금의 현 상은 고령자들이 정치에 적극적으로 참여하는 것이 아니라 젊은이들의 정치 무관 심의 결과처럼 보인다.[6]

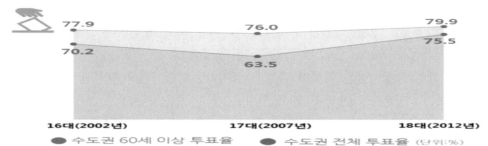

수도권 대통령 선거 투표율 (출처: 경인지방통계청, 수도권 65 Plus(3V Senior) II - Active & Healthy)

II. 100세 시대가 도래하고 있다

오래전에 스웨덴의 한 텔레비전 공익 광고를 본 일이 있다. 그 내용은 아주 단순했다. 화면에는 아무 것도 나타나지 않고 암흑으로 가득 차 있다. 조금 후에 어떤 소리가 작게 들리기 시작한다. 통조림 캔을 따는 소리다. 조금 후에 자막이 나온다. "이것은 이 세상에서 가장 슬픈 소리입니다." 왜 그 소리가 슬픈가. 어느 가난한 노인이 먹을 것이 없어서 고양이 사료로 나온 통조림을 사다가 뜯는 소리이기 때문이다. 이 광고는 노인복지에 대한 관심을 환기시키기 위해 만들어졌다. 고양이 먹이로 간신히 연명하는 노인의 설움을 어루만져 달라는 메시지였다.

지나온 생애를 뒤돌아보면서 그 애환을 음미하고 남은 시간을 침착하게 마무리해야 할 노년이 어느덧 눈칫밥을 먹으며 궁핍에 내몰리는 지경이 되었다. 묵직한 경륜을 자산으로 후손들에게 인생의 지혜를 전해주기는커녕, 사회의 낙오자로서 부담스러운 짐이 되어 버렸다.

우리나라는 급속한 고령화로 인하여 2018년에 65세 이상 고령자는 14.3%, 2060년에는 41.0%가 될 것으로 예상며 그에 다른 다양한 노인복지정책이 요구되고 있으며, 이에 통계청에서는 노인의 날인 10월 2일을 기준으로 고령자 관련 통계를 발표하고 있다. 2017년 우리나라 65세 이상 고령자는 전체인구의 13.8%를 차지하여 이미 고령화 사회를 넘어섰다. 특히 전남 지역은 21.5%로 지방자치단체 중 가장 먼저 초 고령 사회에 도달했다.

역사상 이렇게 많은 노인들이 이토록 비좁은 궁지에서 곤혹스러워 한 적이 없었다. 늙음을 편안하고 자연스럽게 받아들일 수 있는 이들은 얼마나 되는가. 육신은 쇄약해지지만 영적으로 오히려 고양되고 드넓어질 수 있는 노인은 누구인가. 그러한 노년을 지탱해 주는 사회와 문화는 어떤 모습일까.

우리들 대부분은 일찍이 스스로 예상했던 것보다 훨씬 더 오래 살 것이다. 하지만 이 수명이 어떤 의미를 지니는 지에 대해서는 그다지 깊이 생각해 보지 않는다.

평균수명 100세 시대가 올까? 통계청 자료에 의하면 20~30년 후가 되면 평균수명 100세 시대가 도래할 것으로 예측하고 있다. 의료기술과 생명공학 및 유전공학이 발달하여 생명이 더 연장될 것이기 때문이다.

오는 2050년이 되면 국내 65세 이상 노인 인구비율이 세계 최고 수준이 될 것이라는 전망이 나왔다.

보건복지부가 22일 유엔의 '세계인구추계' 자료를 토대로 작성한 노령화 지수 추이에 따르면 우리나라 전체 인구중 노인이 차지하는 비율이 지금의 9.1%에서 2030년에는 24.1%, 2050년에는 37.3%로 늘어나게 된다.

현재는 대표적인 고령국가로 분류되는 일본·이탈리아에 비해 노인 인구비가 절반에도 미치지 못하지만 2030년이 되면 선진국 평균 수준을 넘어서고 2050년에는 오히려 일본·이탈리아를 추월하게 된다는 것이다.

이럴 경우 경제활동인구인 청·장년층의 노인부양 부담이 가중되고 사회·경제적 활력도 급속히 감퇴하는 등 심각한 부작용이 나타날 것으로 보인다.

같은 기간 일본은 19.7%에서 30.4%, 36.5%로, 이탈리아는 19.6%, 28.2%, 34.4%로 노인인구가 늘 것으로 추산됐다. 2050년이 되면 우리나라의 노인비율이 일본에 비해 0.8%포인트, 이탈리아보다는 2.9%포인트 높아진다.

이런 추세에 반해 국내 14세 이하 유소년층은 19.1%에서 11.2%,9%로 급감하고 15~64세 경제활동인구도 71.8%에서 64.7%, 53.7%로 감소하게 된다. 2050년이 되면 유소년 1명당 노인 4명 이상의 인구 구성이 이뤄지는 셈이다.

복지부는 "2050년이 되면 경제활동인구 10명이 노인 7명 정도를 부양해야 하는 막대한 부담을 떠안게 될 것"으로 전망했다.[7]

지금 30대는 60년 후에도 살아 있을 가능성이 높다. 따라서 20~30년 후 평균 수명이 100세가 된다면 앞으로 20~30년 후의 노년이 아니라 그 후 100세까지를 생각하고 노년을 설계해야 한다는 계산이 나온다. 그렇다면 정년을 60세라고 해도 그 후에 일하지 않고 40년을 더 살아야 할 준비를 해야 하는 것이다.

경제활동인구의 감소와 노인인구의 증가는 다양한 문제를 야기할 수 있다. 전업주부들도 돈을 벌기 위하여 일을 해야 할 것이고, 생산과 분배의 문제로 세대 간 갈등이 치열해질 수도 있다.

노인들은 적극적으로 자신들의 이익을 관철하기 위해 노력할 것이다. 그 중 대표적인 것이 노인을 위한 일자리와 복지 정책이다. 복지정책에 쓰이는 비용은 소득의 증가로 발생하는 이득 중 일부를 갹출해서 내는 세금으로 충당하게 된다. 한마디로 소득세 등을 세금을 많이 거두어 연금 혜택을 높이라는 요구를 할 것이다. 적나라하게 표현하면 자식들 주머니에 있는 것을 뺏어서 자기들도 먹고살겠다고 할 것이다.

이렇게 자식들 주머니에서 강탈하는 행위를 하겠다는 사람이 있을까? 지금은 아무도 그렇게 하지 않겠다고 할 것이다. 그러나 자신이 노인이 되어 스스로 생계를 꾸려갈 형편이 안 되면 당연히 정부에 기대고 젊은이들에게 기댈 수밖에 없다.

누구를 비난하거나 갈등을 조장할 의도는 전혀 없다. 단지 내가 평소에 우려했던 일들이 이미 벌어지고 있음을 뼈저리게 느끼고 있다. 더구나 앞으로는 더욱 심각해질 것임이 명확하기 때문에 지금부터 좀 더 철저하고 냉철하게 우리 자신을 돌아보자는 것이다.

지금 자신의 노년을 위해서 어떤 준비를 하고 있는가? 노년에 무슨 일이 어떻게 벌어질지 진지하게 고민하고 준비하고 있는가? 노년을 위해 저축을 얼마나 하고 있으며, 노년에도 일을 하기 위해 자기계발을 얼마나 하고 있는가?

누구든 세대 간의 갈등을 원하지 않는다. 그렇지만 진정으로 원하지 않는다면 지금부터 준비해야 한다. 무작정 정부에 모든 걸 맡기고 살 수는 없다. 개인들도 스스로 부양할 수 있는 장치를 마련해야 한다. 경제적으로 준비하고, 고부가가치 일을 할 수 있도록 자기계발을 하고, 가족과 함께 많은 시간을 보내는 등 지금부터 시작해야 한다.

그것이 바로 우리가 기대와 희망을 안고 인생의 후반기에 '이륙'을 준비해야 하는 이유인 것이다.

1. 당신은 가난한가

누군가 '당신은 가난한가?'라고 묻는다면 부자임을 자처하는 이도 많지는 않겠지만 가난하다고 답하는 사람도 드물 것이다. 일반적으로 빈부의 개념은 상당히 주관적인 것으로 여겨진다. 한국의 경우 스스로 중산층이라고 생각하는 사람의 수가 '코로나19' 이후 크게 줄었다. 이 비율은 1994년에는 약 70%를 넘었지만 외환위기 이후인 1999년에는 약 45%로 급락했고 2005년에는 약 56%에 머물렀다.[8]

이처럼 주관적인 기준으로 생각하는 가난은 사람들이 체험하는 생활 경제의 척도가 될 수 있겠지만 객관적인 빈곤의 정의가 필요하다. 이때 사용하는 "가난의 척도는 한 가계가 벌어들이는 소득이며 이 소득이 사회적으로 정해진 최저생계보다 낮을 경우 그 가계는 빈곤층으로 분류된다.

최저생계비란 건강하고 문화적인 생활을 유지하기 위해 필요로 하는 최소한의 경비를 말하는데 이는 정부가 생계를 위해 필요한 여러 상품의 가격을 측정한다.

물론 소득에는 땀 흘려 일한 대가인 노동소득뿐 아니라 자산이나 금융소득 등 다양한 방법으로 번 소득이 포함된다. 이 모든 소득을 합한 경상소득이나 여기서 세금을 뺀 가처분소득이 정부가 측정한 최저생계비보다 낮으면 그 가정이나 그에 속한 인구는 가난하다고 정의되는 것이다." [9]

가난한 사람이야 다들 비슷하게 보여도 가난의 이유는 여러 가지다. 흔히 노령이나 장애, 무능력이나 노력 부족 등을 가난의 이유로 꼽지만 요즘의 가난은 그렇지 않다. 거칠게 말해 열심히 노력하지 않은 사람이 가난해지는 것은 당연한 일이고 사회적으로 그다지 문제되지 않을 수 있다. 그리고 노령이나 신체적 장애로 인한 가난은 피할 수 없다. 하지만 일할 능력이 있고 열의도 있으나 가난해진다면 이야말로 심각한 문제다. 최근에는 이른바 '신빈곤' 혹은 근로빈곤층이 많은 나라의 주요한 문제로 떠오르고 있다.

정확하게 정의하기는 어렵지만 신빈곤은 장애자이나 노인 등 기존의 빈곤층 외에 능력이 있고 노력하는 사람들이 사회적 이유로 가난에 빠지는 현상을 말한다.

그렇다면 한국의 빈곤층 숫자는 얼마나 될까. 다양한 통계가 있지만 대부분의 연구는 코로나19 이후 크게 증가했으며 최근 몇 년 사이에 더 늘었다고 지적한다. 계속되는 구조조정, 비정규직 확대와 청년실업 증가 등의 고용불안에 따라 빈곤층이 늘어나고 있는 것이다.

가난을 해결하기 위해 수립된 정책에도 한계가 있다. 여전히 가난을 사회구조적 문제라기보다는 개인의 능력과 노력 선택의 문제로 파악하며 빈곤이 경제 성장과 함께 저절로 해결될 것이라고 믿고 있는 것이 가장 큰 문제다.

1970년대의 경제위기에 대한 전략적인 대응인 신자유주의 세계화가 경제를 안정적으로 성장시키기는커녕 자본 이동의 불안정성을 심화하고 국제 금융위기를 촉발한다는 것이다. 이렇게 금융위기, IMF의 구제금융 그리고 개방과 구조조정 정책으로 이어지는 신자유주의적 세계화의 물결은 동아시아를 포함해 세계 전역을 휩쓸었다.

전반적으로 1980년대 이후 전 세계 시민의 소득분배가 개선되지 않는 것으로 보인다. 1920년대에서 1990년까지 장기적으로 세계시민 사이의 소득분배 변화를 추정한 연구에 따르면 소득불평등은 19세기 초반 이래 극적으로 심화되었고, 1950년대 이후 그 추세가 덜해졌지만 여전히 악화일로에 있다.

결국 1980년대 이후 신자유주의 세계화와 함께 전 세계적 차원에서 양극화는 더욱 심해지고 있으며 가난 문제도 해결되지 않고 있다. [10]

한편, 정부의 국민연금 자산 운영 방법 및 법률에 대해 국민들의 저항이 심각하다. 인터넷상이나 텔레비전에서 열띤 찬반토론이 벌어졌으며, 국민연금법 개정에 대한 여론이 폭넓게 확산되고 있다. 왜 이런 일이 벌어질까?

연금은 자신이 일하는 동안에 일하지 못하게 될 미래를 대비하는 제도로, 일정한 나이가 되면 연금을 받아 생활할 수 있도록 한 것이다. 실제로는 현재 일하고 있는 사람들이 일하지 못하는 사람들을 부양하는 형태로 운영된다. 그러나 일하는 사람이 많을 때는 문제가 되지 않지만 일하는 사람이 줄고 연금 혜택을 받아야 하는 사람이 늘면 얘기는 달라진다. 적은 수의 사람들이 버는 돈을 많은 사람들이 나눠 써야 하기 때문이다.[11]

마침내 통과된 공무원연금법 개정안 주요 내용은 '더 내고 덜 받는' 공무원연금법 개정안이 29일 국회 본회의를 통과했다.

국회는 이날 본회의를 열고 공무원들이 매달 내는 보험료인 '기여율'을 2020년까지 '7%'에서 '9%'로 높이고, 은퇴 후 받는 연금액을 결정하는 지급률을 2035년까지 '1.9%'에서 1.7%까지 내린다는 내용을 담은 공무원연금법 개정안을 통과시켰다.

개정안에 따르면 공무원들이 매달 내는 보험료가 늘어난다. 보험료를 현행 기준소득월액의 7%에서 2016년 8%, 2017년 8.25%, 2018년 8.5%, 2019년 8.75%, 2020년 9%로 단계적으로 인상한다. 기준소득월액은 매월 공무원연금 기여금(부담액)과 수령액을 계산하는 기준이 되는 소득금액으로, 각 공무원의 총소득과 거의 일치한다.

국가 및 지방자치단체의 연금부담금도 현행 보수 예산의 7%에서 2016년 8%, 2017년 8.25%, 2018년 8.5%, 2019년 8.75%, 2020년 9%로 단계적으로 인상한다. 반면 은퇴 후 받는 연금액의 경우 현행 재직기간 1년당 평균기준소득월액의 1.9%에서 2035년 1.7%로 단계적으로 인하한다.

연금 지급개시 연령도 연장된다. 퇴직연금의 지급 개시 연령을 2010년 1월1일 이후 임용자부터 65세로 적용하고 있으나, 1996년 1월 1일 이후에 임용된 전체 공무원에 대해서도 2022년부터 2033년까지 단계적으로 65세가 되도록 한다.

유족 연금액도 조정된다. 2010년 이후 임용자에게만 적용된 유족연금 지급률(퇴직연금액의 60%)을 2009년 이전 임용자와 이 법 시행 당시 수급자(2015년 12월31일 현재 유족연금을 받고 있는 사람들을 제외)에게도 적용한다.

법 시행 후 5년간 연금액은 동결된다. 2016년부터 2020년까지는 퇴직자에게 적용하는 연금액 조정률인 소비자물가상승률을 반영하지 않는다는 얘기다.

기준 소득월액의 상한이 하향 조정된다. 기여금과 연금액 산정의 기초인 기준

소득월액의 상한을 현행 전체 공무원 기준소득월액 평균액의 1.8배에서 1.6배로 조정한다.

연금액 지급정지 대상이 확대된다. 선거직 공무원으로 재임용된 경우나 정부 전액 출자 출연기관에 재취업한 경우 연금 전액이 지급되지 않는다. 기여금 납부기간은 연장된다. 기여금 납부기간을 현행 33년에서 36년으로 단계적으로 연장하되, 현행 제도 유지 시 연금 급여수준을 넘지 않도록 했다.

분할연금 제도가 도입된다. 공무원과의 혼인기간이 5년 이상인 자가 이혼하고 65세가 되면 혼인기간에 해당하는 연금액을 균등하게 지급받을 수 있도록 해 공무원 배우자의 노후소득보장을 강화한다.

공무를 집행하지 않을 때 질병이 발생해도 장해연금을 받을 수 있게 된다. 공무를 집행할 때 발생한 질병·장해 등에만 지급하는 장해연금을 공무를 집행하지 않을 때 발생한 질병·장해에도 지급한다. 다만 그 금액은 공무상 장해연금의 50% 수준으로 한다.

연금 수급요건이 조정된다. 퇴직연금 및 유족연금 등을 받을 수 있는 최소 재직기간을 현행 20년 이상에서 10년 이상으로 완화한다.[12] 하지만 많은 국민들이 자신이 납부하고 있는 국민연금에 대해 우려와 걱정을 하고 있다. 경제활동인구가 줄어들어 노인을 부양하기에 턱없이 부족할 것임을 짐작하기 때문이다. 그러니 지금 내가 낸 연금이 미래에 나를 위해 쓰일 거라는 낙관적인 생각은 일찌감치 버려라.

국민연금관리공단에서도 공공연하게 이야기한다. "국민연금은 최소한의 생활수준을 유지하기 위한 제도이니 추가적인 자금은 연금저축 등을 통해 준비해야 한다." 라고.[13]

2. 초고령 사회 대책은 있나

총인구 중에 65세 이상의 인구가 총인구를 차지하는 비율이 14% 이상인 사회. 65세 이상 인구가 총인구를 차지하는 비율이 7% 이상이면 고령화 사회(Aging Society), 65세 이상 인구가 총인구를 차지하는 비율이 14% 이상이면 고령사회(Aged Society)라고 하고, 65세 이상 인구가 총인구를 차지하는 비율이 20% 이상이면 후기고령사회(post-aged society) 혹은 초고령사회라고 한다.

인간의 수명을 이야기할 때 두 가지 용어를 사용한다. 하나는 평균수명이고 다른 하나는 기대여명이다. 둘다 비슷한 느낌을 주지만 약간의 차이가 있다. 평균수명은 전체 인구의 가중 평균수명이다. 평균수명은 아이가 태어나서 평균적으로 몇 세까지 살겠는가를 알려주는 지표다. 기대여명은 각각의 연령대별 사람이 앞으로 몇 세까지 살게 될 것인가를 알려주는 지표다. 즉, 평균수명은 0세 아이의 기대여명이라고 할 수 있다. 그래서 앞으로 내가 몇 년이나 더 살게 될 것인가를 알고자 항 때는 기대여명을 알아야 한다. 기대여명에는 이미 사망한 사람의 데이터는 반영되지 않는다.[14]

평균수명에는 60세 이전에 사망한 사람들의 자료가 포함되어 있고, 기대여명은 60세가 되기 전에 사람들의 자료를 빼고 60세인 사람들만 대상으로 한다. 결국 기대여명이 앞으로 살아갈 햇수를 예측하는 데 더 정확하다고 볼 수 있다.

UN에서 정한 기준으로 보면 '노인'이란 65세 이상을 의미한다.65세 이상 인구가 총인구의 7%이상이면 '고령화사회',14%를 초과하면 '고령사회',20%를 넘어가면 '초고령사회'라고 일컫는다. 대부분의 서구 선진국들은 20세기 초를 전후해 고령화사회에 진입했고 1970년대에 고령사회가 됐다.

우리나라는 2000년에 노인인구가 전체인구의 7%를 넘어서며 고령화사회에 진입했고, 2017년에는 노인인구 14.2%를 기록하며 고령사회로 진입해 서구 여러나라에 비해 진행속도가 무척 빠르다.

현재 전국 고령인구 비율은 15.8%로 오는 2026년쯤 20%를 넘어 초고령사회에 도달할 것으로 예측된다. 하지만 강원도는 지난 3월말 기준으로 고령인구비율이 전체 인구의 20.1%를 기록, 전남(23.0%)과 경북(21.0%), 전북(20.8%)에 이어 전국 광역자치단체 가운데 4번째로 '초고령사회'에 진입했다. 도 전체인구 153만 9577명 가운데 65세 이상이 30만8835명으로 강원도민 5명 가운데 1명이 '노인'

이란 것이다. 18개 시·군 가운데 양양이 29.2%로 도내에서 고령인구비율이 가장 높고 영월과 고성이 28.8%로 뒤를 이으면서 춘천과 원주, 동해, 속초를 제외한 14개 시·군이 초고령사회가 된 것이다.

고령화가 심화되면서 이번 총선의 유권자 비율도 높아지고 있다. 오는 15일 치러지는 21대 총선의 도내 유권자수는 132만 3478명으로 전체 인구 153만 9225명의 86.0%에 달한다. 이는 4년 전 20대 총선의 유권자 비율 82.5%에 비해 3.5%포인트나 증가한 것으로 18세 유권자가 1만 6010명(1.2%) 늘어난 것을 감안하더라도 초고령화사회에 진입했음을 실감하게 하는 수치다. 이처럼 우리나라의 고령화율이 가파르게 올라가면서 여러가지 부작용이 속출하고 있는데 다음 세대에게 "노인들 부양하기 위해 우리가 태어났냐"는 원망을 듣지 않으려면 이번 총선에 당선된 선량들이 고령화를 감소시킬 수 있는 정책들을 제도화하는데 힘써야 한다.[15]

강원도의 초고령화 속도가 예상보다 훨씬 빠르게 진행되는 것으로 나타나 이에 대한 대책이 절실한 것으로 나타났습니다. 지난 3월말 기준 강원도의 전체 인구 가운데 65세 이상의 비중이 20.1%로 사상 첫 20%를 넘어선 것입니다. 65세 이상의 인구가 전체의 20%를 넘어서면 초고령 사회로 진입한 것으로 분류됩니다. 통계청의 자료에 의하면 강원도 전체 인구 153만 9500명 가운데 65세 이상이 30만 8000명을 넘어섰다는 것입니다.

문제는 앞으로 고령화의 진행속도가 갈수록 가속화 될 것이라는 점입니다. 출산이나 젊은 층의 유입을 기대할만한 요인이 없는 상황에서 노년층의 비중이 늘어난다는 것은 명약관화한 일입니다. 특히 농어산촌지역이 많은 강원도의 경우 고령화를 넘어 지역소멸을 걱정해야 하는 상황입니다. 지역별 초고령화 추세를 보면 이 같은 우려가 과장이 아니라는 게 증명됩니다. 양양 영월 고성지역은 고령인구 비율이 30%에 육박하고, 해안 거점인 강릉시마저 지난해 9월 초고령 사회 판정을 받은 상태입니다.

물론 강원도에 앞서 전남 경북 전북지역도 각각 20.8~23.0%의 점유비로 초고령사회에 진입한 상태입니다. 전국의 고령화 비율이 15.8%인 점을 감안하면 이 같은 고령화의 배경에 수도권과 비수도권, 도시지역과 농산어촌지역의 과도한 불균형에 기인한 측면이 적지 않습니다. 국가적인 저출산과 지역불균형이 중첩돼 위기가 증폭되고 있는 것입니다. 따라서 그 대책도 이 원인을 해소하는 것으로부터 출발해야 할 것입니다.

한편으로 저출산 최하위권의 오명을 벗어나야 하고, 다른 한편으로 지역균형발전을 통한 인구의 지역적 균형을 회복하는 특단의 대책이 나와야 할 것입니다.

정부당국이나 정치권에서도 문제의 심각성을 말하면서도 과감한 대책을 실행에 옮기지 못하는 것은 안타까운 일입니다. 제2 공공기관 이전과 같은 강력한 분산정책도 이제 말이 아니라 속도감 있게 추진해야 합니다. 정치권의 정부당국 안이한 인식과 미온적 대처가 재앙이 될 수 있다는 것을 명심해야 합니다. 인구정책과 국토정책은 긴 호흡이 필요하다는 점에서 선행 조치를 취하는 것이 절대 필요합니다. 때를 놓치는 것은 수습불가의 위기를 자초할 것입니다.[16]

보건복지부는 9일 개최된 저출산 고령사회 정책운영위원회에서 올해 말 수립 예정인 제4차 저출산·고령사회 기본계획의 주요 내용에 대한 사전 검토를 했다.

저출산·고령사회 정책운영위원회는 저출산 고령사회 위원회 산하에 안건을 사전 검토·조정하기 위한 실무위원회로, 저출산 고령사회 위원회 서형수 부위원장과 보건복지부 장관을 공동 위원장으로 관계부처 차관과 민간위원이 참여한다.

9일 열린 정책운영위원회는 제4차 기본계획 수립을 위한 첫 회의로, 제4차 기본계획의 기본방향 등에 대한 논의를 통해 계획 수립을 위한 본격적인 작업에 돌입하게 된다.[17]

3. 삶의 역사와 추억은 오래 남는다

러시아의 대문호 톨스토이(Lev Nikolayevich Tolstoy)가 쓴 소설 『안나 카라니나(Anna Karenina)』의 첫 페이지에 등장하는 문장이다.

> "모든 행복한 가정은 서로가 비슷하지만 불행한 가정은 제각기 나름대로의 불행을
> 안고 있다."

행복한 가족이 되기 위해서는 많은 조건들을 충족시켜야 하지만 행복하기 위한 조건 중에 하나라도 부족하면 쉽게 불행해질 수 있다는 말을 할 때 항상 인용되는 문장이기도 하다. 이것을 '안나 카레니나 효과'라 부르기도 한다. 그런데 이 말은을 조금 더 곱씹어 보면 행복한 가정을 이루기는 너무 힘들다는 것, 반면 가족이 불행해지기는 쉽다는 점을 알려주는 것이 아닐까. 결혼생활의 행복감을 느끼기 위해서는 결혼해서 얻는 행복한 경험이 불행하다고 느끼는 일보다 훨씬 많아야 한다.

이혼 시뮬레이션

"행복한 가정은 비슷한 이유로 행복하고, 불행한 가정의 이유는 제각각이다." 톨스토이가 남긴 가족에 관한 명언 중에 지금도 유효한 말이다. 그런 원리로 이혼에도 헤아릴 수 없는 다양한 원인이 존재한다.

이혼은 당사자와 그 가족의 인생에 중요한 사건이고, 언제 어떻게 시작해서 누가 마무리 짓느냐에 따라 이후 인생에 큰 영향을 미치므로 신중하게 접근할 필요가 있다.

최근 유명 아이돌 가수가 세상을 등지자 20년간 교류가 없던 모친이 나타나 유산 지분의 절반을 주장해 네티즌들의 공분을 샀다. 이 사건을 계기로 부양의 의무를 버린 부모에게 유산 지분을 주장할 수 있는 상속권을 박탈해야 한다는 국민청원까지 이어졌다. 이처럼 애정은 사라져도 의무는 남는 관계가 가족관계다.

신간 '이혼 시뮬레이션'은 가정에서 일어나는 법률문제를 신문에 연재해 큰 호응을 얻고 있는 조혜정 변호사가 21년째 가사사건 전문변호사로 일하면서 느낀 결혼과 이혼, 가족, 남녀관계, 사람과 인생의 대한 생각들을 문답식으로 정리한 책이다.

이혼의 형태는 다양하다. 저자는 '온도'의 개념을 들어 소개하는데, '외도'와 같이 한순간에 가정을 풍비박산 내는 '뜨거운 이혼'이 있는 반면 불화가 쌓이고 쌓여 간신히 가정의 형태만 유지해오다 결국 무너지는 '차가운 이혼'도 있다.

그 안에는 수많은 이유가 자리한다. 외도하지 않을 것 같은 사람을 골랐더니 경제적으로 무능하고, 학벌좋고 능력있는 남자를 골랐더니 처가와 아내를 무시했다는 것. 또한 가정적일 줄 알고 결혼했더니 우울증과 편집증을 앓는 회피형 인간인 경우, 행복하게 해준다며 오매불망 매달리기에 결혼했더니 집착이 심해 폭력까지 일삼는 경우도 있을 수 있다. 저자는 어떤 이유든 이혼을 고민하는 사람에게 '확실한 이유'를 확인하라고 당부하고 있다.

저자인 조혜정 변호사는 "결혼과 병든 가정으로 힘들어하는 독자가 있다면 이 책에 수록된 여러 사례 중 자신의 얘기를 만날 수도 있다"며 "사례를 찾지 못한다 해도 다양한 사례와 그에 대한 해결책을 읽다 보면 자신의 문제를 객관적으로 바라볼 수 있는 시간을 갖게 될 수 있을 것으로 기대된다"고 말했다.[18]

프랑스의 보렐(Borel)이라는 학자는 친밀한 관계에 대해 새로운 개념을 제시했다. '함께함'의 새로운 형태로 '함께 따로 사는 것'에 대해 말했다. 아마도 노년 부부가 각방을 쓰면서도 정서적 교류를 하며 친밀함을 잃지 않고 행복한 결혼 생활을 유지하는 경우가 '함께 따로 살면서 친밀한 관계'에 해당되지 않을까 생각한다.

부부관계의 행복은 섹스에 좌우되지 않는다. 어차피 부부란 가까이 있기를 원하면서도 서로 떨어지고자 하는 이중적 욕구 사이에서 끊임없이 왔다갔다하는 관계이다. 인간은 자기와 다른 무언가에 끌리지만 동시에 그것을 불편한 존재로 거부하기도 한다. 사랑은 하나가 되면서도 둘이 되고자 하는 모순적인 힘을 동시에 갖고 있다. 심리적으로도 마찬가지다. 부부는 심리적으로 너무 멀어도 안 되고, 너무 가까워도 안 된다. 심리적 거리를 적절하게 유지할수록 결혼생활을 잘 유지할 수 있는 법이다.

노년 부부가 살아가는 형태는 여러 가지가 있다. 각방을 쓰는 부부도 부부이며, 육체적 열정이 사라져도 서로에 대한 아름다운 시선을 잃지 않는 부부도 있다.

오랜 시간을 함께 해 온 노년 부부의 진정한 가치는 더불어 살면서 경험한 삶의 추억을 공유하는 데서 비롯된다. 붑가 살아간다는 것은 삶의 증거를 서로의 기억 속에 남기는 행위이다. 결혼생활이 오래될수록 삶의 증거는 더욱 풍성해지고 깊이를 더하게 된다.

프랑스의 철학자 알랭 바디우(Alain Badiou)는 "사랑은 만남으로 요약되는 것이 아니라 지속성 속에서 실현되는 것이다." 라고 했다.

> '사랑은 둘의 경험이다.'
> 사랑은 융합적인 것이라는 관념에 대한 거부. 사랑은 구조 속에서 주어진 것으로 가정되는 둘이 황홀한 하나를 만드는 것이 아니다. 황홀한 하나란 단지 다수를 제거함으로써만 둘 너머에 설정될 수 있는 것이기 때문이다. 사랑은 희생적인 것이라는 관념에 대한 거부. 사랑은 동일자를 타자의 제단에 올려놓는 것이 결코 아니다. 오히려 사랑은, 둘이 있다는 후(後)사건적인 조건 아래 이루어지는, 세계의 경험 또는 상황의 경험이다.〈알랭 바디우 '조건들' 중〉

부부가 지닌 삶의 역사와 추억은 시간이 흘러도 변하지 않고 가슴에 남는다. 결혼생활의 추억은, 그것이 기쁨이든 고통이든 상관없이 삶이 헛되지 않았음을 증명한다. 만약 이혼을 하거나 별거를 한다면 그 사람은 삶의 증거가 일부 사라지는 고통을 겪는다.

시간이 흐르면서 함께 나눈 기쁨과 시련을 서로의 기억에서 간직하고 있다는 것이 진짜 부부의 사랑이다. '당신과 함께 했던 추억이 없었다면 지금의 나는 존재하지 않을 것이다.' 라는 느낌을 가슴에 새기고 있는 것. 이것이 노년 부부의 진정한 사랑이 아닐까?[19]

4. 노년에 대한 환상을 버려라

보건복지부는 우리 나라 인구 중 노인이 차지하는 비율이 2050년엔 37.3%로 늘어나 '세계 최고 고령국' 이 될 것이라는 전망을 한 바 있다.

이런 상황에서 우리 사회는 지금 많은 노인문제를 드러내고 있다. 노인들은 일자리를 잃고 빈곤과 질병에 시달리며 사회의 소외 가운데서 외롭게 살아 갈 수밖에 없는 상황에 몰리고 있다. 더욱 중요한 것은 과거에는 그나마 노인의 문제가 가족의 부양이나 보살핌으로 해결할 수 있었지만 가족붕괴가 진행되고 있는 지금은 그런 가족의 도움을 거의 기대하기 어렵게 되었다는 점이다. 그렇다고 다른 선진국의 예에서 보듯 국가가 사회보장을 통해 노인의 삶을 보호하는 제도적 장치가 우리 사회에 완비되어 있지도 못한 형편이다. 국민연금을 비롯한 초보적인 사회보장제도가 시작되고 있지만 지금 우리 사회의 노인은 그 혜택을 누리지도 못하고 있는 것이다.[20]

억울한 것은 지금의 노인들이 이런 처지이지만 자신들은 젊어서 조부모와 부모를 부양하는 것을 원칙으로 하는 가족 윤리를 몸소 실천하며 살아왔고 또 국가 사회적으로도 경제입국의 전위가 되어 단군 이래 지속되었던 우리 사회의 빈곤을 극복하는 역군이 되었던 사람들이라는 점이다. 지금에 와서 자식은 물론 나라로부터 버림받고 있는 오늘의 노인들의 처지는 참담한 경우가 적지 않다.

주위를 한번 둘러보자. 지금도 혼자 사는 노인이 많다. 혼자 살다가 질병이나 자연사 등으로 사망한 뒤 이웃에 발견됐다는 뉴스를 흔하게 접한다. 그들에게도 자녀는 있다. 단지 직접 모셔야겠지만 '살림이 넉넉하지 않아서', '일일이 돌보기가 힘들어서' 라는 이유로 같이 살지 않는 것이다. '남들도 다 그렇게 하는데 군이 모실 필요가 있겠어?' 라는 생각이 지배적이다. 지금도 이런데 미래에는 어떻겠는가?

세계화가 진전될수록, 출산율이 낮아질수록, 도시화가 진행될수록 이러한 가족 해체 현상은 가속화될 것이다. 해외여행을 한 뒤 부모를 버리고 왔다는 뉴스를 접하기도 한다. 경제적인 어려움이나 세대간의 갈등을 극복하지 못하면 현대판 고려장이 어떤 식으로 등장할지 모른다. 효(孝)가 사망한 것이다. 공자⺼의 나라 중국에서 유교가 죽었듯이 효는 시간이 갈수록 사라질 것이다. 이제 인정할 것은 솔직하고 냉정하게 인정해야 한다. 체면을 차릴 여유가 없다. '자식 농사 잘 지으면 노년 걱정 없다'는 말은 이제 동화책에서나 찾아볼 수 있게 되었다.

도시에서 살기 위해서는 많은 돈이 든다. 모든 것이 돈으로 해결된다고 봐도 좋다. 특별히 할 일이 없어진 노후라 하더라도 기본적으로 드는 돈은 만만치 않다. 각종 공과금과 세금 등도 매원 정기적으로 내야 한다. 무료함을 달래기 위해 친구를 만나러 가는 길에도 돈이 든다. 만들어 쓸 수 있는 것은 하나도 없다. 모든 것을 돈을 주고 구입해야 한다. 더구나 도시의 물가는 농촌의 물가보다 훨씬 비싸다.

지금 20대에서 40대는 대부분 은퇴 후에도 도시에서 생활을 해야 할 것이다. 그렇다면 도시에서 잘 살기 위한 준비를 해야 한다. 정기적인 수입이 보장된 지금과는 소비패턴이나 생활 범위가 달라질 것이다. 그에 맞게 준비해야 한다. 남연하게 어떻게든 되겠지 하는 생각을 버려라. 아무도 나를 먹여살리지 않는다. 경제적인 것, 소일거리, 건강 등 필요한 것을 지금부터 준비해야 한다.

많은 사람들이 노년이 되면 고향으로 내려가 농사를 짓겠다고 한다. 그것이 가능할까. 농사를 짓기 위해서는 땅과 힘, 기계를 다룰 수 있는 능력, 농사품목에 대한 지식, 그리고 씨앗 등이 필요하다.

먹고살기 위해서 농사를 짓는다는 것 자체가 무척 힘든 일이다. 그래서 적당히 노후를 즐기면서 농사나 짓겠다는 생각은 일찌감치 버리는 것이 좋다. 집 마당에서 야채나 재배할 생각이면 모를까.

최근의 두 가지 통계가 우리 노인들의 고달픈 삶을 극명하게 설명해 준다. 하나는 우리 나라 노인부양비율이 두 자릿수에 진입했다는 것이고, 다른 하나는 우리 나라 성인 남·여 대부분이 노부모를 양로시설에 모시기를 바라고 있다는 조사결과다. 이 조사결과로 우리 사회와 노인들이 당면하고 있는 문제의 심각성에 비추어 정부의 조속한 대처가 불가피하다는 것을 실감하지 않을 수 없다. 노인부양비율이 두 자릿수 진입했다는 것은 64세 이하의 절은 노동 인구 10명이 65세 이상의 노인 1명을 부양해야 하는 사회적 부담을 안게 되었다는 뜻이라서 그만큼 우리 사회의 노인부양이 힘들어지고 있다는 뜻이다. 과거 같으면 노인 인구의 비율이 전체 인구에서 그리 크지 않았기 때문에 그 사회적 부양 부담도 그리 크지 않았다. 하지만 이제 노인부양비율이 10% 이상에 이르고 또 2030년쯤 되면 노인

인구가 전체 인구의 30%에 달해 노인부양이 더욱 힘들어지게 된다는 계산은 우리의 앞날을 어둡게 한다. 노인부양을 위해 그만큼 사회복지 재정지출을 늘여야 하고 그러기 위해 세금 부담이 높아지는 반면에 경제 인구는 줄어 사회의 성장 잠재력은 감퇴하는 문제를 안게 된다. 사회 전체가 어려움을 겪는 상황에서 노인의 삶이 더욱 고달파질 것은 분명하다.

그런 상황인데 엎친 데 덮친 격으로 전통적으로 가정이 부양하는 것으로 되어 있던 노부모조차 양로시설에 모시려는 경향이 급격히 확대되고 있다. 사회 변화에 따라 어쩔 수 없는 사정도 있겠지만 노부모로서는 집에서 사랑하는 자식들에게 쫓겨난다는 느낌을 쉽게 지울 수는 없을 것이다. 그나마 노부모들이 안락한 양로시설에 수용될 수 있다면 좋겠지만 우리의 사회복지시설의 여건상 그것 자체가 어렵다는 것도 간과할 수 없다. 시설문제도 있지만 비용을 부담하는 자식이 실제로는 그리 많지는 않을 것이기 때문이다. 이런 상황에선 노인의 품위 있는 삶이 문제가 아니라 당장 생계 자체가 심각한 문제라고 할 것이다. 정부가 노인 문제에 적극 개입해야 할 이유이다.

5. 몸과 마음을 가볍게 하라

노년에 우울하게 만드는 원인은 너무 많아서 일일이 열거하기 힘들다. 아이들이 성장하고 부모님은 늙어가는 과정에서 지출은 급격하게 늘어나지만 수입은 그렇지 않다. 시니어 직장생활이든, 사업을 하든, 노년이 되면 권리보다는 알게 모르게 책임이 늘어난다. 하지만 책임이 늘어나는 것에 비해 일을 쉽게 넘기는 단계에는 이르지 못한 경우가 많다. 그래서 "맡겨놔도 불안해서 내가 하는 것이 낫다." 는 말을 자주하게 된다.

몸도 예전 같지 않다. 체력이 떨어진다는 것을 확연히 느끼고, 당뇨, 고지혈증을 앓는 노년이 눈에 띄게 늘어나고 있다. 이런 상황에 지인들 중 누가 갑자기 심장마비로 죽었다는 말이라도 들으면 가슴 철렁 하면서 "혹시 나도 갑자기 쓰러지는 것 아닌가." 하고 불안해하는 경우가 흔하다.

문제는 이런 정신적 스트레스가 발기에 치명적인 영향을 미친다는 것이다. 그렇지 않아도 현실을 어떻게든 견뎌내면서 '나는 아직 죽지 않았다.' 를 마음속으로 외치고 있었는데 어느 순간 남자의 물건이 예전처럼 세워지지 않을 때 느끼는 좌절감은 말로 설명조차 어렵다. 간신히 피워둔 불씨 위에 장대비가 쏟아지는 느낌이랄까. 경제적인 압박을 받거나 가족이나 주위 여건 때문에 스트레스를 받는 일은 차라리 세상 탓을 하고, 남이라도 욕할 수 있으니까 그럭저럭 견딜만 하다. 하지만 발기가 되지 않는 것은 남을 탓할 수도 없다. 그 스트레스를 고스란히 떠안아야 한다.

우울증(depressive disorder)은 흔한 정신질환으로 마음의 감기라고도 불리운다. 그러나 우울증은 성적저하, 대인관계의 문제, 휴학 등 여러 가지 문제를 야기할 수 있으며 심한 경우 자살이라는 심각한 결과에 이를 수 있는 뇌질환이다.

남자가 우울증에 빠지면 성적 기능이 현저하게 저하되는 것이 일반적인 상식 중의 하나이다. 우울해진 이유가 발기가 되지 않기 때문이라고 차마 말을 꺼낼 수도 없어 정신적 고통은 더 클 수밖에 없다. 때로는 당뇨나 혈관질환 등의 병 때문에 성기능이 저하되기도 하는데 질병으로 인한 원인이 분명해도 남자를 위로하는 데에는 별 도움이 되지 않는다. 이유야 어떻든 "나는 이제 남자가 아니다."라며 자신감을 잃어버리는 것은 매한가지이기 때문이다.

성기능을 유지한다는 것은 관계를 유지하는 능력이 살아있다는 뜻이다. 비록 인생은 본질적으로 고독하지만 성적인 관계를 통해 누군가와 연결되어 있음을 느끼며 마음의 위안을 받는다. 섹스를 통해 혼자가 아닐 수 있음을 몸으로 느끼는 것이다. 사랑하는 사람과 몸을 맞대고, 섹스를 하는 것은 나의 존재를 타인과의 관계를 확인하는 것이기도 하다. 남자에게 성기능을 잃어버리는 것은 타인과의 의사소통을 잃어버리는 것과 같다. 남자의 물건을 더 이상 세울 수 없다는 의미는, 사랑의 언어를 잃어버리고 절대 고독 속으로 떨어지는 것과 같은 고통을 뜻한다.

하지만 성적 능력에 대한 과도한 집착은 옳지 않다. 잃어버리는 것에 대한 두려움이 크다면 그것에 대한 집착도 커질 수밖에 없다. 시간이 흐름에 따라 거스릴 수 없는 생리적 변화를 인정하지 않는다면 상실감만 커질 뿐이다.

감퇴하는 성 능력을 되돌리고자 할 때 스스로 할 수 있는 것은 단 한가지 뿐이다. 그것은 몸과 마음을 가볍게 하는 것이다. 뱃살이 늘어나고 과체중이라면 그것부터 해결해야 한다. 체중관리를 잘하면, 특히 뱃살을 줄여도 성기능은 몰라보게 달라진다. 마음을 무겁게 하는 것이 있다면 그것도 떨쳐내야 한다. 스트레스나 걱정, 집착, 불안은 마음을 짓누를 뿐만 아니라 남자의 물건도 짓누른다. 몸과 마음을 지금보다 가볍게 할 수만 있다면 떠나버렸던 자신의 분신이 어느새 자신의 곁에 다시 와 있음을 느낄 수 있을 것이다.[21]

6. 노년을 설계하자

우리 노인들이 좌절과 비탄의 삶에 떨어져버릴 수는 없는 노릇이다. 스스로 일자리를 찾고 건강을 추스르며 나름의 사회적 역할과 행복을 찾아 나서지 않을 수 없다. 비록 탑골 공원도 종묘 앞에서 소일하며 한 끼 식사를 얻기 위해 줄을 서는 처지지만 나라와 사회에 대해 노인의 권리를 주장하고, 때로는 국가사회가 비뚤게 가면 이를 고치라고 큰소리로 외쳐야 하는 것이다. 사회의 장르인 시니어의 목소리는 젊고 미숙한 세대가 오만하게 권력을 휘두를 경우 그대로 참고 있을 수만은 없는 일이다. 함께 폭풍 속에의 대양으로 나아가는 배 속에서 안전한 항해를 담보하는 돛대가 되고 삿대가 되는 구실은 결국 항해 경험이 많은 노련한 노인들이 맡아야 할 것이기 때문이다.

출산율 저하는 한 나라의 미래를 어둡게 한다. 30년 후면 30대들이 본격적으로 본업에서 물러나는 시기이다. 본업에서 물러나고 은퇴를 하게 되면 생계를 위한 돈을 버는 행위가 없어진다는 것을 의미한다. 일을 하지 않으면 누군가 먹여살려야 한다. 누가 먹여살릴 수 있을까? 노인들을 부양할 수 있는 세는 바로 인을 하는 젊은 경제인구들이다. 그런데 현 세대는 아이를 낳지 않기 때문에 경제인구가 줄어들고 있다.

OECD에서는 경제활동 연령을 14세에서 만 65세까지로 분류하고 있다. 그러나 의무교육의 연령이 점점 높아지는 요즘엔 15세부터 일을 한다고 하기에는 무리가 있어 보인다. 또한 60세 정년이 보장되지 않는 상황에서 65세까지를 경제활동인구로 잡는 것도 무리가 있다. 물론 앞으로는 직업의 형태가 다양해지고 일을 하고자 하는 노인이 늘어나면서 노인의 경제활동 비율이 높아질 가능성이 있음을 배제하는 것도 아니다.

우리나라의 총인구는 2020년까지 증가하다가 그 이후에는 감소할 것으로 예상하고 있다. 하지만 연도별·연령별 인구구성비 추이를 살펴보면 유소년 인구는 지속적으로 감소하며, 노인인구는 지속적으로 증가하고 있다는 것을 단적으로 알 수 있다.

노년을 설계할 때 많은 사람들이 범하는 두 가지 오류가 있다. 그중 하나는 평균수명을 기준으로 준비한다는 것이다.

평균은 평균일 뿐이다. 평균대로 준비한다는 것은 위험에 대비하는 것이 아니다. 위험대비는 평균을 넘어서는 것들을 준비하는 것이다.

노년의 준비에 있어서 60세 여자의 평균 기대여명이 23년 이라고 해서 12년을 기준으로 노년을 설계하면 큰 오산이다. 왜냐하면 두 명 중 한 명은 83세를 넘길 수 있기 때문이다. 우리나라 80세 이상의 인구가 64만 명이 넘는다. 그 수는 기하급수적으로 늘어날 것이다. 그래서 우리는 83세가 아닌 100세를 기준으로 노후를 설계해야 한다.

또 다른 하나는 노년을 설계할 때 주로 남자를 기준으로 한다는 것이다. 남자와 여자의 평균수명에는 약 7년 정도의 차이가 있다. 여자가 남자보다 7년 정도를 더 오래 산다. 여자가 남자보다 7년 정도를 더 오래 산다. 그런데 남자를 기준으로 노년을 설계하면 혼자 남겨지는 여자는 그 후 어떻게 살아갈 것인가? 그러므로 노년의 설계는 가족의 최종 생존자인 그 가정의 부인을 기준으로 해야 한다.

우리는 이런저런 이유로 죽을 때까지 일을 해야 할지도 모른다. 먹고살기 위해서 일을 해야 할 것이다. 혹자는 말한다. '나는 그렇게 구차하게 목숨을 연명하지는 않겠다고.' 반면에 '죽을 때까지 일을 하면 더 좋지 않은가?' 등으로. 다만 먹고살기 위해 돈을 버는 것이 아니라 취미 또는 자아실현을 위해서 일할 경우에 행복이 보장될 것이다.

거리에서 손수레를 끌면서 박스를 모으는 노인들을 심심찮게 볼 수 있다. '왜 저분들은 박스를 모을까? 돈이 얼마나 될까? 누구나 그냥 버리는 것이기 때문에 값이 얼마 나가지 않을 텐데. 저걸로 생계를 유지할 수 있을까' 라는 생각을 하기도 한다.

우리는 이제 100세까지 살아야 한다. 그렇게 살고 싶지 않다고 해도 살게 되었다. 한두 명도 안 되는 자식들이 나서서 부양해주지도 않을 것이며, 국가도 먹여주지 못할 것이다. 다른 방법이 없다. 목숨을 유지하려면 무슨 일이든 해야 한다. 어쩌면 죽는 날까지 일을 해야 할지 모른다. 그런데 이왕 해야 한다면 하고 싶은 일을 해야 하지 않을까? 하지만 하고 싶은 일이라는 게 말처럼 쉬운 것도 아니고, 하루아침에 이루어지는 것도 아니다. 따라서 그만큼의 전문성을 갖추기 위해서는 지금부터 준비하고 투자해야 한다.[22]

한 가지 덧붙일 것은, 스스로의 힘으로 도저히 살아갈 수 없고 일상생활을 누군가에게 의지할 수밖에 없는 어려운 시간이 왔을 때 어떻게 할지 미리 결정해야 한다는 사실이다. 다시 말해, 전적으로 자녀의 수발을 받을 것인지 아니면 끝까지 자기 집에 살면서 비용을 지불하고 타인의 도움을 받을 것인지, 그것도 아니면 적당한 때 전문적인 시설로 옮겨갈 것인지 정해 놓아야 한다는 것이다.

사람을 고용하거나 시설에 입소할 경우의 비용 문제도 있으므로, 마음을 정한 다음에는 재산과 관련해서 복잡한 문제가 생기지 않도록 자식들에게 미리미리 의사표시를 해두어야 한다. 꼭 재산 문제가 아니어도 부모를 시설에 모시는 일로 자녀들 사이에 분란이 생겨 서로 미워하고 원망하며 등을 돌리는 일도 많으므로, 충분한 대화를 통해 자신의 선택을 분명히 밝힐 필요가 있다. 이 또한 나이 들어 어디에서 살 것인가 하는 문제에 속하는 것이므로 나중에 생각해도 된다고 미뤄서는 안 된다. 모든 일은 언제 어디서나, 또 누구에게나 일어날 가능성이 있음을 잊지 말자. 대충대충 되는 대로, 닥치면 해결하자는 생각만큼 노년준비에 도움이 되지 않는 것은 없으니 말이다.[23]

모든 것을 통제할 수 있다는 생각을 버려야 한다. 통제에 대한 욕구가 지나칠수록 마음의 고통은 커질 수밖에 없다. 이 세상에 내 뜻대로만 모든 것이 순조롭게 흘러가는 일이란 거의 없다. 마음 또한 마찬가지다. 의지와 뜻대로 감정과 생각을 완전하게 통제할 수 없다. 마음이란 원래부터 의지와 상관없이 움직이는 독립적인 생명체다. 보통 사람들은 아무리 노력한다 해도 달라이 라마(Dalai Lama)가 될 수 없는 것이다. 노년은 모든 것이 뜻대로 되어야 한다는 욕망을 버려나가는 시간이다.

부처님의 말씀은 아무리 많은 재물로 보시를 한다고 해도 그 복덕을 얻는 것은 사구계의 경 하나만도 못하다는 것이 그 핵심이다. 즉 진정한 보시는 마음에 있지 보시의 크고 작음에 있지 않다. 또한 '달라이 라마'(Dalai Lama))와 「증일아함경(增一阿含經)」에서는 이렇게 강조한 적이 있다.

> "부처님의 가르침을 받을 때는 올바른 마음의 자세를 갖는 것이 무엇보다도 중요하다. 물질적인 이익이나 명성을 얻을 의도로 공부하는 것은 불법(佛法)을 닦는 게 아니다. 또 내세에서 더 나은 존재로 재생한다는 목표 때문에, 혹은 나 자신이 윤회에서 해방되기를 소망하며 공부하는 것도 불법을 닦는 게 아니다. 나를 깨치고 많은 대중을 깨우치게 하겠다는 '불심'이 매우 중요하다."

사람들은 성공보다는 좌절의 순간에, 강한 모습보다는 나약한 마음이 들 때, 승승장구할 때보다는 힘없이 무너져 버릴 때 그 사람의 본질이 가장 잘 드러난다. 무엇보다도 그런 좌절의 순간과 그 때의 감정을 타인에게 털어놓는 것만으로 치유를 경험할 수 있다. 마음을 치유하는 처음과 끝은 모두 '드러냄'이다.

2018년 실시된 말레이시아 총선에서 마하티르 모하맛 전 총리가 이끄는 야권연합 희망연대(PH)가 압승했다. 1957년 독립 후 줄곧 집권해 온 통일말레이국민기구(UMNO)를 주축으로 한 집권여당연합 국민전선(BN)이 처음으로 여당 자리를 내주는 일이 벌어졌다. 그러나 세계의 눈은 60년 만의 여야 교체보다 '개발독재자' 마하티르의 총리직 복귀에 더 쏠렸다. 무엇보다 15년 만에 권좌로 돌아오는 마하티르의 나이가 93세였다. 최고령 국가 정상인 튀니지의 베지 카이드 에셉시 대통령보다 한 살 더 많았다. 그의 고령을 집중 부각한 여당의 전략은 먹히지 않았다.

국가 지도자의 나이는 종종 세간의 입방아에 오른다. 젊으면 미숙해서 불안하다는 꼬리표가 붙고, 나이가 많으면 건강과 판단 능력이 걱정된다는 식이다. 90대 나이에도 활동하는 현역은 노나제나리언(Nonagenarian)으로 불린다. 올해 97세인 헨리 키신저 전 미 국무장관은 현직 대통령에게 조언하고, 칼럼을 통해 미중관계 등에 훈수를 두는 등 왕성하게 활동 중이다.

북한의 명목상 국가수반인 김영남(92) 최고인민회의 상임위원장도 김일성 시대부터 활동해 온 현역이다. 미 금융가 겸 자선사업가 데이비드 록펠러(1915~2017년)는 100세 현역인 센티네리언(Centenarian) 시대를 연 인물이다. 록펠러가의 3세대 '수장' 역할을 해 온 그는 예술 애호가로도 명성이 높았는데, 평생 모은 미술작품이 2018년 5월 뉴욕 크리스티 경매에서 무려 8억 2,800만 달러(약 8,800억원)에 낙찰되면서 다시 화제가 되기도 했다.

지난 8일 미국 대선에서 승리를 공식 선언한 조 바이든 미 민주당 당선인이 내년 1월20일 미 대통령에 취임하면 만 78세 61일로 취임식 기준 역대 최고령 대통령이 된다. 트럼프 대통령의 기존 기록(70세 220일)도 갈아 치운다. 이제 지도자는 나이와 상관없는 세상이 돼 가고 있다. 얼굴에 주름이 생겨도 마음은 청년이라고 했던가. 문득 내 '마음의 나이'는 몇 살인지 궁금해진다.[24]

7. 행복한 노년은 맨발로 다가온다

행복한 할머니를 상상하기란 쉽다. 하지만 어린 손주들에게 둘러싸여 자애로운 미소를 짓고 푸짐한 음식을 먹이는 할머니 말고, 그러니까 가족에게 돌봄노동을 수행하고 정서적 충만을 제공하는 역할로 규정된 할머니 말고도, 여전히 그러한지는 고민스럽다. 그러니 조금은 낯선 각도로 노년 여성을 그린 최근 소설의 아름다운 장면들에 마음이 치인 것은 어쩔 수가 없었다.

"할머니, 여기 노란 버튼 누르면 어제로 돌아가. 파란 버튼을 누르면 일 년 전으로 가고, 하얀 버튼은 오 년 전으로 가고, 빨간 버튼은 구 년 전으로 가." 윤성희의 '남은 기억'(〈날마다 만우절〉, 문학동네, 2021)에서 손자는 할머니에게 시간을 되돌리는 장난감 리모컨을 만들어준다. 자기가 아홉 살이라 구 년 전으로 돌아가는 버튼이 최대치라고 말하는 손자 앞에서 할머니는 하하 웃는다. 아직 아들 부부가 교통사고로 사망하지도, 친한 동생 영순이 위암에 걸리지도 않았던 30년 전으로 돌아가고 싶은 걸까? 그러나 할머니는 과거로 향하는 리모컨을 부수고 손자의 망토를 뒤집어쓴 채 영순과 함께 귀여운 복수를 위한 작은 모험을 떠난다.

과학기술원의 실험실 아르바이트에서 초파리와 사랑에 빠졌던 할머니도 있다. 임솔아의 '초파리 돌보기'('릿터' 2021년 8·9월호)의 이원영은 평생 마트 캐셔, 급식실 조리원, 텔레마케터로 쉬지 않고 비정규직 노동을 해왔음에도 무경력 주부로 구분되는 60대 여성이다. 미진단 질병으로 극심한 탈모에 시달리지만 소설가 딸에게 자신의 인생을 해피엔드로 써달라고 부탁한다. 유별난 이야기를 원하는 딸의 요청에 아랑곳하지 않고 "나라면 이렇게 쓸 거야. 주인공 이름이 원영이라고 해봐"라며 남들에게는 뻔하거나 시시할 자기 인생을 자기 언어로 구술한다. 그러나 딸의 소설 속에서 초파리의 아름다움에 감탄하며 오래오래 행복한 이 노년 여성의 결말은 우리 사회에서 결코 뻔하거나 시시하지 않다.

영어로 갱년기(menopause)는 월경(menstruation)과 중지(pause)의 합성어, 즉 여성이 더 이상 월경을 하지 않는 시기를 뜻한다. 하지만 여성학자 김영옥은 〈흰머리 휘날리며, 예순 이후 페미니즘〉(교양인, 2021)에서 갱년기가 단지 완경이라는 신체 변화나 호르몬 치료로 극복해야 할 위기가 아니라, "여성들이 제2의 삶으로 들어서는 중대한 전환기"이자 사회문화적으로 논의되어야 할 담론이라고 말한다. 여성의 노화에 대해 좀처럼 말하거나 알려고 하지 않는 한국 사회에서 가족 돌봄으로만 의미화되는 모성의 화신도 아니고, 극소수의 세련된 셀럽 멘토도 아닌, 노년 여성 개개인의 삶과 욕망을 상상하는 일은 얼마든지 더 필요하다.

갱년기에 겪는 온갖 소외감과 외로움, 열감과 고통을 통과한 이후 여성의 삶은 여전히 꿈꿀 만한 것일까? 미국 시인 메리 루플은 산문집 〈나의 사유 재산〉에서 그렇다고, 이것은 아름다운 멈춤(pause)이라고 말한다.

> "당신은 아직 시작도 하지 않았다. 우선 당신은 무언가를 중단해야 한다. 아름다운 정신 앞에서는 언제나 멈추어 심호흡을 해야 하기 때문이다. 행복한 노년은 암울한 청춘은 절대로 알 수 없는 방식으로, 우아함과 부드러운 말들과 함께, 맨발로 다가온다." [25]

8. 인생은 육십부터인 이유

송구영신(送舊迎新)의 문턱에 서서 지는 해를 보고 동녘에 뜨는 새해를 보면서 반성과 후회, 그리고 희망과 꿈이 교차하는 시기를 맞이한 것이다. 새해 벽두에는 일신(日新) 우일신(又日新)이라는 표현을 빌어 새롭게 더 새롭게 다짐하는 것이 보통 사람들의 일상이다.

새해 초 여러 곳에서 주는 달력을 마다하고 하루하루 떼어 내는 일력을 사다가 걸었다. 내심 올해는 일신일신 우일신(日新日新 又日新)해보겠다는 의지의 표현이었다. 하루에 한 장씩 떼어 내며 새로운 날을 살아보겠다는 각오는 작심삼일이 되고 말았다. 오늘은 한꺼번에 여섯 장을 떼어 냈다. 어느새 달력의 두께는 아주 얇아졌다. 절기상으로도 상강을 향해 달려가니 월동 준비도 해야 하고 금세 새해가 올 것 같다.

올해가 아직도 두어 달이나 남았는데 내가 새해 타령을 하는 데는 이유가 있다. 내년이면 나는 육십이 된다. 내가 어떻게 육십이라는 나이를 먹지? 육십이라는 나이는 옆집 할아버지나 할머니에게 있을 나이이지 어떻게 나에게 육십이라는 나이가 오나. 이제 늙어 갈 일밖에 없겠다고 인식하는 순간 덜컥 겁이 나고 두렵기도 했다.

육십을 맞이하는 게 이렇게 두려운데 사람들은 왜 인생은 육십부터라고 했을까. 나는 그 답을 찾아 나섰다. '논어 위정'편에 공자가 본인의 일생을 돌아보면서 회고하는 구절이 있다. 공자는 나이 십오 세에 학문에 뜻을 두었고 삼십에 홀로 설 수 있었으며 사십은 불혹이라 했고 오십에 지천명했으며 육십에 이순했고 칠십에 마음 가는 대로 행동해도 법과 도덕에 저촉됨이 없다고 했다.

어느 구절보다 육십에 귀가 순해진다는 말의 뜻이 궁금해진다. 논어를 다시 꺼내어 읽어보았다. 송대 주희가 주를 달아 놓기를 육십은 마음이 통해(心通) 무엇을 억지로 하려고 하지 않았고 생각하지 않았는데도 그렇게 된 것을 아는 때라고 주석을 달아 놓았다. 결국 마음이란 것은 육십이 돼야 성숙해지고 무르익나 보다. 그래서 사람들과 쉬이 마음이 통하고 누가 무슨 말을 해도 귀에 거슬리지 않나 보다.

'감옥으로부터의 사색'이라는 책으로 우리에게 널리 알려진 신영복 교수는 오랜 수감생활 동안 본인이 읽어 온 동양고전을 정리해 '강의'라는 책을 낸 바 있다. 신 교수가 동양고전을 꿰뚫어 읽고 터득한 마음에 관한 구절이다.

> "마음 문제를 생각해 보아야 한다. 마음이 좋다는 것은 마음이 착하다는 뜻이다. 배려한다는 것은 그 사람과 자기가 맺고 있는 인간관계를 소중히 여기는 것이다. 착하다는 것은 이처럼 관계에 대한 배려를 감성적 차원에서 완성해 놓고 있다는 의미라고 할 수 있다. 머리로 이해하거나 좌우명으로 걸어 놓고 있는 것이 아니라 가슴속에 자리 잡고 있으며 무의식 속에 녹아들어 있는 그러한 수준이라고 할 수 있다."

그래서 옛 어른들은 인생은 육십부터라고 했는지도 모를 일이다. 100세 시대에 사는 우리는 100세 시대가 그저 반갑지만은 않다. 중간에 적어도 한번은 은퇴를 해야 한다. 수입은 적어지고 나이는 많아지고 고뇌는 깊어진다. 은퇴하는 시점을 인생의 끝으로 잡을 것인지 다시 시작하는 시작점으로 잡을 것인지는 오롯이 나의 몫이고 선택이다. 구순의 우리 어머니는 내가 육십만 됐어도 하고 싶은 거 다 해볼 수 있겠다고 지난 시절에 대한 회한이 많으셨다.

내 인생 삼십에 홀로 설 때는 패기 하나로 살아냈다. 육십인 지금은 경험과 연륜과 나와 마음을 나눌 내 편이 곳곳에 포진해 있지 않은가. 그렇다면 한 번 해볼 만하다. 전국의 지자체에도 50플러스라는 기관을 두고 인생 이모작을 응원해 주고 있다. 내년에도 나는 내가 해보고 싶었던 일에 과감하게 도전을 해보려 한다. 도전은 꿈꾸는 것만으로도 이렇게 흥분되고 설레는데 실행해 나가면 얼마나 더 가슴 벅찰까 상상해 보자. 작은 도전이 큰 변화가 되고 그 변화는 내 운명을 바꿀 계기가 될 것을 믿어 의심치 않는다.[26]

9. 노후 준비에 대한 인식 확산이 필요한 시대

은퇴 후에도 능동적으로 사회에 참여하는 노년층을 의미하는 액티브 시니어가 최근 사회적으로 큰 이슈다. 지난 5월 문화체육관광부와 국립국어원은 액티브 시니어를 우리말로 바꿔 '활동적 장년'으로 선정했다. 런던대학교 경영대학원 MBA 과정 수업 도중 한 교수가 학생들에게 질문했다. "당신이 100년 산다고 가정할 때, 소득의 약 10%를 저금하고, 최종 연봉의 50%를 가지고 은퇴할 수 있는 시점은 언제인가?" 학생들은 곧바로 계산을 했다. 답은 80대였다. 일순간 강의실은 조용해졌다. 80대까지 지금과 같은 업무 강도로 일해야 한다니….

런던대학교 경영대학원 교수 린다 그래튼과 앤드루 스콧이 함께 쓴 '100세 인생- 저주가 아닌 선물'이라는 책에 나오는 이야기다. 장수시대가 생각보다 빨리 다가오고 있다. 교육-일-퇴직으로 이어지던 전통적인 3단계 삶의 모습들은 점점 사라져가고 있다. 앞으로는 은퇴와 정년이라는 개념이 없어지고 70세 혹은 80세까지 일하는 시대가 올 것이다. 지금의 나이가 몇 살이든 우리는 전혀 다른 삶을 살게 된다는 이야기다. 새로운 시대를 선도적으로 살아가고 제2의 청춘을 즐기는 액티브 시니어처럼 다가오는 노년의 꿈을 계획하고, 노후를 철저하게 준비해야 한다.

☞ 액티브 시니어는 누구인가?

은퇴 후 자신의 모습을 상상해본 적이 있는가? 100세 시대, 아무 준비 없이 은퇴하기엔 여생이 너무 길다. 은퇴 후 노후에 대한 청사진이 필요하다면, 열정적인 삶을 살아가는 액티브 시니어를 롤 모델로 추천한다. 액티브 시니어는 미국 시카고대학교 심리학과 교수 버니스 뉴가튼이 "오늘의 노인은 어제의 노인과 다르다"고 말하며 만들어낸 신조어다. 뉴가튼 교수는 55세 정년을 기점으로 75세까지를 젊은 노인(young old)으로 구분했다. 액티브 시니어들은 은퇴 후에도 사회활동에 참여하는 세대로 가족 중심에서 벗어나 자기중심의 삶을 영위하면서 자기개발과 여가활동, 사회적 관계 맺기 등을 적극적으로 한다. 기존의 시니어가 노년을 인생의 황혼기로 인식했다면, 액티브 시니어는 노년기를 새로운 인생의 시작으로 생각한다. 자신이 실제 나이보다 5~10년 젊다고 생각하고, 진취적으로 삶을 사는 세대다.

☞ 액티브 시니어가 될 수 있었던 이유는?

액티브 시니어의 공통점은 자신이 무엇을 했을 때 행복한지 알고 노년의 삶을 준비한다. 다시 말해 미래의 삶에 대한 자기 기준이 명확하게 정립돼 있다. 그림을 그리고 싶어서 길거리 화가가 된 60세 여성, 의상 공부가 하고 싶어 다시 대학을 간 80세 여성, 40세에 사진을 취미로 배워 10년 후 프랑스에서 전시회를 연 50세 남성, 자식을 다 키우고 60세에 요식업을 시작한 남성 등, 이들은 은퇴를 제2의 인생 시작점으로 설정했다. 은퇴 이후의 삶을 자녀 세대에 의존해 살아가는 것이 아니라 새로운 도전과 배움을 통해 스스로 노후를 대비했다. 이들은 못다 이룬 꿈을 성취하면서 행복하게 살아가고 있다. 꿈이 반드시 거창해야 하는 건 아니다. 하고 싶은 일에 집중하면서 만족감과 행복감을 얻는 이들은 항상 활력이 넘친다. 그래서 액티브 시니어라 부른다.

☞ 시니어는 무엇을 해야 하는가?

액티브 시니어들처럼 노후를 잘 준비한 사람들도 있겠지만, 현실적으로 노후를 아직 준비하지 못한 사람도 많을 것이다. 지난 5월 '하나금융그룹 100년 행복연구센터'에서 발간한 보고서 '대한민국 퇴직자들이 사는 법'에 따르면, 퇴직자의 평균 생활비는 월 252만 원이다. 또 대부분의 퇴직자들이 경제활동을 못하면 1년 내 형편이 어려워질 것을 걱정했다. 이분들께 눈높이를 낮춰서라도 현금 흐름을 유지할 것을 권유한다. 재취업이나 소자본 창업, 주택연금 등을 통해 소득을 유지하는 다양한 방법도 있다. 아직 퇴직을 하지 않았다면 지금 당장 노후 준비를 시작하라고 말하고 싶다. 다가오는 미래는 먹고만 사는 시대가 아니다. 보다 적극적이고 활동적인 노후를 위해서는 소득, 취미, 일자리, 관계, 건강 등 행복을 주는 요소들이 골고루 갖추어질수록 좋다. 자신만의 삶의 기준들을 정하고 장기적으로 준비할 필요가 있다. 현재의 행복만큼이나 미래의 행복도 중요하기 때문이다.

　☞ 노후 준비 Early Design, Self Planning!
　고령화가 심각해질수록 사회적으로 노인 문제도 점점 커질 것이다. '100세 인생'을 한 편의 드라마로 보면 주인공의 행복과 불행은 결국 작가이자 감독인 자기 자신에게 달려 있다. 시니어 당신에게 무엇을 준비했는지 누군가 묻는다면 뭐라고 대답할 것인가? 제대로 예측하고 준비한다면, 장수는 저주가 아니라 선물이고 축복이다. 주체적으로 제2, 제3의 인생을 준비해야 한다. 주위를 살펴보면 노후 준비를 위한 다양한 도움을 받을 수 있다. 보건복지부 후원으로 생명보험사회공헌위원회가 주최하고 ㈜드림업컨설팅이 주관하는 '2020 해피에이징 교육캠페인'도 그중 하나다. 노후준비문화 확산을 위해 액티브 시니어를 주제로 진행 중인 '해피에이징 교육캠페인'은 생명보험사회공헌위원회가 올해로 6년째 진행하는 무상교육 프로그램이다. 사회공헌적 취지에서 전 국민을 대상으로 초고령사회에 대비할 수 있도록 노후 준비의 중요성을 고취하는 데 초점을 맞추고 있다. 초고령 사회 문제의 근본적 해결책은 개인 스스로 노후를 대비해 'Early Design, Self Planning'하는 것이다. 노후 준비에 대한 인식의 확산이 필요한 시대다. 지금 당장 준비해야 늦지 않다. 당신도 액티브 시니어가 될 수 있다.[27]

10. 인생길에서 실패와 좌절도 공부다

　연목구어(緣木求魚)라는 고사성어가 있는데 바로 나무에서 물고기를 찾는다는 뜻으로, 불가능한 일에 매달리는 어리석음을 경계하는 맹자의 격언이다. 그런데 인도와 스리랑카, 중국 등 일부 열대 지방에 살고 있는 '등목어'라는 물고기는 나무에도 올라간다. 길이 25cm 남짓한 이 독특한 물고기는 아가미 덮개에 뒤쪽을 향해 뻗은 가시가 있다. 양쪽에 하나씩 있는 그 아가미덮개를 뻗어 교대로 바닥을 짚고 꼬리로 힘차게 밀면서 앞으로 걷고, 나무 위를 기어 올라간다. 그리고 머리 양쪽에도 보조 호흡기관이 있어 물 밖에서도 며칠을 버틸 수 있다고 한다.

보통 물고기가 물을 떠나면 제대로 숨을 쉬지 못하고 죽기 마련이다.

그래서 '물 밖 물고기' 라는 꼼짝 못 하는 상태를 묘사하는 말도 있다.

그러나 모든 물고기에게 '물 밖' 이라는 환경이 저항할 수 없는 절대적인 것은 아니라는 것을 '등목어' 를 통해서 보았다.

우리도 살아가면서 물 밖에 나온 물고기처럼 저항하기 어려운 상황에 맞닥뜨릴 때도 있지만 분명한 것은 어려울 때 우리는 가장 많이 성장한다는 것이다. 모든 사람이 같은 조건을 가질 수는 없다. 그럴 때마다 각자 자기만이 특별하게 무장할 수 있는 것이 바로 정신력이다.

자신과의 싸움은 피할 수 없는 숙명이고 여기에서 이겨야 한다. 지금은 은퇴 후에도 일을 해야 하는 세상이다. 건강을 잃어가는 고령자가 일 할 수밖에 없는 현실이 안타깝고 슬프지만 나이와 무관하게 몸을 움직일 수 있을 때까지는 일을 해야 하는 세상이다. 우선 생존문제를 해결하는 것도 소중하지만 일을 해야 인생이 지루하지 않고 궁극적으로는 건강한 노년을 보장해주는 길이다. 일하고 놀고 배우기를 균형 있게 지속해야 한다. 나이가 들어갈수록 끓어오르던 용기도, 자신감도 사라지고 두려운 마음에 서서히 물들게 된다. 그러나 나이가 들어도 가슴을 뛰게 하면 에너지가 다시 끓어오를 수도 있다. 가슴이 푸른 에너지로 가득 차도록 해야 한다.

무언가를 해야 한다고 끊임없이 생각하고 그것을 실천에 옮기자. 어느 한순간도 가만히 있지 말자. 내가 가진 재능과 능력은 나만의 것이 아니다. 재능을 묵히면 그것은 쓸모없는 것이 되고 만다. 내 인생 최고의 순간은 아직 오지 않았다고 생각해보는 것은 어떨까? 나이 들수록 정신적 건강이 더욱 중요하다. 무엇을 하더라도 노력이 따르고 수고가 따르도록 되어있다. 세상에 완벽한 사람이 어디 있으며 뜻대로 되는 일이 어디 있나? 누구나 부족하다. 그 부족함을 채우기 위한 자신의 노력이 필수다. 실패는 하던 일을 그만두게 할 수도 있지만 실패는 또한 누구에게나 인생의 그림자와도 같다. 나이 들어도 나이든 티를 안 내는 것이 좋다. 그러자면 무슨 일이든 열정적으로 하는 자세가 중요하다.

열정을 다해서 사는 길이 노년의 행복으로 가는 길이다. 활기찬 노년의 모습이 얼마나 보기 좋은가. 내 삶의 주체는 나 자신이다. 남에게 의지하지 말고 내일은 내가 하자. 일이 있고 열정이 있는 한 언제나 청춘이다. 일은 자신이 만들되 지속적으로 할 수 있는 일이 더욱 좋다. 내가 만들어서 하는 일이라면 그것이 무슨 일이든 남의 눈치 볼 필요도 없다.

이제는 죽을 때까지 일하고 놀고 배워야 한다. 끝날 때까지는 끝난 것이 아니다. 무슨 일이든 어느 정도 고통이 따르지 않을 수 없는 것이고 실패와 좌절도 살아가면서 해야 할 공부다.[28]

11. 실뜨기하던 소녀들은 다 어디로 갔을까

내가 어렸을 때 시골 누이들은 실뜨기 놀이를 즐겨 했다. 실이나 노끈의 양쪽 끝을 연결한 실테를 두 사람이 마주 앉아 번갈아 가면서 손가락으로 걸어 떠서 여러 모양으로 변형시키는 이 놀이는 심심함을 잊기에 좋았다. 간혹 어른들의 꾸지람도 없지 않았지만 누이들은 한나절을 찐 고구마를 먹고 까르륵거리며 실뜨기 놀이에 열중했다. 실뜨기 놀이는 나바호족, 에스키모, 오스트레일리아나 뉴기니 원주민이 만든 놀이 중 하나라고 한다. 영국 케임브리지대학교 인류학 교수인 A. C. 해던(1855~1940년)은 뉴기니 섬이나 보르네오 섬 등지에서 줄을 갖고 갖가지 동물 모양을 만드는 놀이를 한다는 사실을 밝혀낸다. 그의 딸 캐슬린 해던 리시베스(1888~1961년)도 이 인류학적 놀이를 연구하면서 태평양 섬의 원주민들을 만난다. 원주민들과 말은 달라도 서로 같은 것을 좋아하는 것을 알았을 때 흥분과 기쁨을 나눌 수 있었다고 말한다. 이 놀이는 동아시아 국가인 한국, 중국, 일본을 포함해 필리핀, 보르네오 등지에도 성행했다.

1960년대 한국 농민들은 가난으로 허덕였다. 어른들이 오늘의 버거운 삶과 암담한 내일에 진절머리를 칠 때도 누이들은 실뜨기 놀이를 즐겼다. 어느 사이에 동백이나 모란보다 더 화사한 누이들이 제 살 길을 찾아 뿔뿔이 흩어졌다. 우리의 형과 삼촌들이 '청룡부대'나 '백호부대'에 뽑혀 베트남에 파병되고, 누이들은 구로공단에서 가발이나 인형을 만들거나 '금성사 라디오'나 '대한전선 텔레비전' 부품 조립 라인에서 일했다. 공단 쪽방에 살던 누이들은 낮엔 '산업 역군'으로 일하고, 밤엔 산업체 부설 고등학교를 다녔다. 산업화 시대와 계엄과 위수령의 시대를 지나 서울올림픽이 열렸다. 어느덧 구로공단이 디지털산업단지로 바뀌고, 나라 살림 규모는 예전과 견줘 몇 백배나 더 커졌다.

지금 우리는 신자유주의 체제로 들어서며 생산 강제와 성과 강제에 포박된 채로 각자는 고립 속에서 자기 생산에 몰두한다. 재벌들은 '글로벌 기업'으로 성장하고, 전통시장은 거대 쇼핑몰로 탈바꿈하며, 나라는 선진국 대열에 들어섰다고하지만 계층 간 소득불균형의 골은 깊어졌다. 가난은 고착되고, 현실의 불확실성은 더 커졌다. 공장형 양계장에서 닭들이 24시간 알을 낳는 동안 젊은이들은 계층 간 이동사다리가 사라진 사회에 절망하며 '이생망(이번 생은 망했다!)'을 외친다.

돌이켜보면 누이들과 실뜨기를 하던 시절은 좋은 시절이었다. 그 한가롭고 즐거웠던 시절은 너무 빨리 지나갔다. 시골에는 실뜨기 놀이를 하는 아이들은 없다. 그저 빈집을 지키며 허공을 향해 짖는 개와 경로당을 찾는 노인 몇몇만 남았을 뿐이다. 신생아의 울음소리가 그치고, 마을 공동체가 소멸하는 동안 삶의 질은 얼마나 더 높아졌고, 우리는 얼마나 더 행복해졌을까?

누이들이 그 특유의 화사함과 명랑함을 잊은 채 노동 현장에서 '여공'으로 산 세월은 '유효한 역사'일 텐데, 우리는 그 '유효한 역사'를 기억에서 밀어내느라 분주하다. 그 망각은 더 높은 윤리 지표 위에 삶을 세우는 일의 태만에서 나타나는 삶의 실패이자 유죄의 증거일 테다. 우리가 놀이 능력을 잃고, 삶의 방향성도 잃은 채 갈팡질팡하며 나아가는 사이 실뜨기하던 소녀들은 다 사라졌다. 그 소녀들 중 하나라도 어렵게 생계를 잇다가 고독사를 맞는다면, 이 불행의 책임은 마땅히 우리의 몫이라야 한다.[29]

12. 고독의 근육 키우기

은퇴한 고령자들의 고민 중 하나가 '혼자 잘 지내는 법을 터득하는 것'이다. 100세 시대를 사는 이들은 경제적 문제와 별개로 80세 이후 삶에 대해 구체적 계획을 세우지 않은 것을 후회한다. 이들은 대부분 재미있게 하루를 보내는 방법을 준비하라고 충고한다.

보통 60세 전후에 정년퇴직 한다면 50대는 서서히 '퇴직 이후의 삶'을 준비

해야 하는 시기다. 50대에 접어들어 가사나 자녀 양육의 부담을 벗는 전업주부
역시 마찬가지다. 이때 시간 관리, 자산 관리 모두 중요하지만 무엇보다 필요한
것은 마음 준비다. 기혼이든 비혼이든 인생의 어느 시기는 홀로 보내는 시간이
있다. 항상 누군가와 같이 지내야 하는 의존적인 생활 습관을 갖고 있다면 길고
긴 노후가 힘겨울 것이다.

외로움엔 두 가지 종류가 있다. 첫 번째, '사회적 외로움'이다. 공동체 안에
서 소속감, 연대감, 친밀감을 주는 친구나 지인이 폭넓게 존재하지 않을 때 나타
나는 감정이다. 두 번째는 '정서적 외로움'이다. 의지할 수 있는 가까운 사람이
아무도 없다고 느낄 때 나타나는 감정이다. 사회적 외로움은 독신보다 오히려 가
정을 꾸렸던 기혼자들에게 나타난다는 보고도 있다.

이스라엘 히브리대학교에서 독신과 사회 정책을 연구하는 엘리야킴 키슬레브
교수의 연구에 따르면 오랫동안 가족만 보고 산 사람들은 노년기에 사회적 고립
감을 느끼는 반면 정서적 유대가 강력한 사람들과 어울리며 살아온 싱글들은 상
대적으로 노년기에 사회적 외로움을 덜 느낀다고 한다. 외로움은 주관적인 감정
이다. 결혼 여부와 같은 객관적인 상황보다 자기 인식에 달려 있기에 결혼해도
외로움을 느낄 수 있다는 것이다.

그런데 외로움은 고독과 다르다. 외로움은 누구를 만나고 싶은 마음이 드는 것
이고, 고독은 자기 자신을 위해 저축하는 시간이다. 즉 외로운 사람은 한밤중에
친구를 불러내 이야기를 하고 싶은 사람이라면, 고독한 사람은 홀로 낯선 지역을
여행하는 사람이다. 철학자 한나 아렌트는 외로움과 고독을 구분한다. '내가 나
와 교제하는 실존적 상태'를 고독이라고 한다면, 고독과 마찬가지로 홀로 있으
나 '인간 집단에 의해서뿐만 아니라 나 자신으로부터도 버림받는 상태'를 외로
움이라고 말했다. 외로움이란 달리 표현하면 나 혼자이며 동료가 없는 상태다.

외로움을 극복하려면 고독해지는 연습이 필요하다. 우리가 잠을 자면서 하루 동안의 일들을 뇌가 정리하듯이, 너무나 많은 관계에서 가끔은 한 걸음 물러나 그 관계들이 나에게 새겨 놓은 흔적들을 바라봐야 한다. 폴 틸리히의 말처럼 홀로 있음의 아픔을 표현하기 위해 '외로움'이라는 말을 만들었으며, 그 영광을 표현하기 위해 '고독'이라는 말을 만든 게 아닐까. 또 고독은 나를 이해하는 일인 동시에 외로운 누군가를 이해하는 시간이 될 수도 있다. 어쩌면 고독은 내 속의 아픈 누군가(자아)의 소리를 듣는 일일 수도 있다.

"어떻게 하면 '혼자 사는 힘'을 기를 수 있을까?"란 질문은 "어떻게 하면 고독의 근육을 단련할 수 있을까?"란 질문과 같다. 일본의 정신과 의사이자 은퇴 문제 전문가인 호사카 다카시는 혼자 지내는 힘이야말로 은퇴 후 충실한 노후를 지켜주는 힘이라고 말한다. 그는 이를 '고독력'이라 부른다. 50대가 되면 고독력을 연마하는 것이 중요하다는 것. 그는 저서 '50, 이제 나를 위해 산다'에서 50세 무렵부터 가치관을 바꿔야 즐거운 노후를 실현할 수 있다고 말한다. 그동안 고집했던 인생관과 가치관을 과감히 벗어 던지고, 새로운 마음으로 새 출발 할 것을 권한다.

자아 성찰이 고독의 근육을 키워준다. 먼저 일상의 모든 일을 내려놓고 하루 30분 정도는 침묵하고 자기만의 시간을 가질 것을 제안한다. 낯선 카페에서 자기만의 시간을 가져보거나 나 홀로 여행을 떠나본다. 여행지에서 혼자 시간을 보내다 보면 자연히 자신의 인생을 깊이 있게 되돌아보게 된다. 또 '오늘은 좋은 날이었다'라고 첫머리를 시작하는 일기 쓰기, 일주일 단위로 정기적인 일정 계획하기, 자신의 주변을 돌아보며 쓸데없는 물건 버리기 등 생활에서 할 수 있는 사소하고 간단한 일부터 실천해 보자.

부부가 함께 살더라도 혼자 사는 힘이 있어야 둘이 사는 삶을 잘 이어갈 수 있다. 그러다 보면 외로움이 고독으로 바뀌고, 고독은 우리에게 한 차원 다른 것을 선물로 줄 것이다. 결국엔 하나님 앞에 홀로 선 '자기(self)'가 되는 과업을 이루게 될 것이다.[30]

'고독(孤獨)'은 세상에 홀로 떨어져 있는 듯이 매우 외롭고 쓸쓸함이라는 사전적 의미를 갖는 단어로, 이양하가 발표한 교훈적 수필 '나무'에서 나무의 속성을 강조하기 위해 사용하고 있는 단어이다. 이 글에서 '나무'는 자신에게 주어진 어떤 상황에도 불만을 표하지 않고 묵묵히 자신의 현재를 즐길 뿐이다. 이처럼 '고독'은 이양하의 수필 '나무'에서 나무를 예찬하는 속성 가운데 하나이다.

잠깐! 쉬었다 갑시다

☞ 어매

여든여섯에 생을 마감하신 어머니는 예순이 넘도록 글을 모르셨다. 한학자이자 서당 훈장이셨던 외할아버지가 학교 근처에 얼씬도 하지 못하게 했기 때문이다. 그렇게 어머니와 두 이모는 문맹의 삶을 살아야 했다. 대를 잇기 위해 들였던 양자는 재산을 죄다 빼돌리고 도망가 버렸다. 그예 외갓집은 사라져버리고 말았다. 출가해 시집살이에 시달렸던 데다 글을 몰랐던 세 자매는 어찌해볼 수도 없이 친정을 잃어버렸다.

어머니는 예순이 훌쩍 넘은 후에야 한글을 배우셨다. 손수 쓴 글을 보여주던 모습이 떠오른다. 큼지막한 도화지에 당신의 이름 석 자를 삐뚤빼뚤 써놓으시고는 쑥스럽게 내밀던 그 모습. 어떤 연유로 글을 배우기로 하셨는지는 뒤에서 밝히겠으나, 우선은 문명의 세계로 넘어오신 어머니의 달라진 모습을 이야기해야겠다. 글을 읽기 시작하면서 곧바로 신문을 구독했다거나, 독서삼매경에 빠져들더라고 말하는 건 빤한 거짓말일 것이다. 그런 거짓말은 하지 않겠다. 세상만사 귀찮아만 하시던 어머니는 글을 깨우친 뒤로 이전과 확연히 달라지셨다. 무엇보다 세상 돌아가는 일에 관심을 보이기 시작했고, 소신껏 의견을 피력하기도 했다. 관심은 곧 질문으로, 소신은 종종 논평으로 이어졌다. "김대중이 빨갱이라는 거시 사실이냐? 난 그러치는 않다고 생각한다." 논평 또한 찰졌다. "정치 허는 거뜰, 남 헐뜯기가 여간한 거시 아니더라, 니는 정치하지 말아라."

그 덕분에 알게 된 것이 있다. 글을 배운 뒤 가장 먼저 쓰는 말은 다른 그 어떤 것도 아닌 자기 자신의 이름이라는 것. 지극히 당연한 사실을 새삼 확인하며 무릎을 쳤다. 글을 안다는 건 비로소 자기 삶의 주인으로 살게 되었음이요, 자신의 정체성을 인식하게 되었음을 의미한다고 말하면 지나친 표현일까. 하나 더 있다. 글을 안다는 건 세상 돌아가는 일에 관심을 보이기 시작함이다. 글눈이 열린 뒤로 어머니는 외면하기만 하던 TV 뉴스를 열심히 시청했다.

이쯤에서 어머니의 눈물겨운 문맹 탈출기를 소개할 때가 된 듯하다. 그런데 기억나는 것이 별로 없다. 종일 트로트를 따라 부르던 것 말고는. 어머니는 하루도 빠짐없이 트로트를 들으셨다. 아마도 수십곡에서 그 이상의 트로트 곡을 외우는 경지에 도달하셨을 성싶다. 도통 유흥이라는 걸 모르는 분이셨다. 남편 복, 자식 복은 바라지도 않았고 지겨운 일복만 타고났다고 장탄식하던 분이었다. 그런데 트로트에 빠져든 뒤로 다른 사람으로 변하셨고, 그러던 어느 날 마치 〈더 리더 :

책 읽어주는 남자〉(베른하르트 슐링크)의 '한나'가 '미카엘'에게 편지를 보내 듯 직접 쓴 글씨를 불쑥 내밀었다. 집에서 귀로 듣고 입으로 부른 것을 어머니한 글학교에 가서 다시 따라 부르면서 직접 써보는 방식으로 한글을 익히셨던 터다. 트로트 덕분에 어머니는 문맹의 한을 털어내셨다.

그 뒤 어머니의 삶은 오롯이 '트로트 인생'이었다. 트로트를 따라 부르면서 서서히 정신의 긴장을 내려놓으셨고, 여든여섯에 생을 마치셨다. 요양원에 계시던 때의 어머니를 생각하면 지금도 코끝이 시큰해진다. 나는 이따금 어머니의 정신이 맑아 보이면 기회다 싶어 말을 걸었다. "엄마, 여기가 어디야?" 어머니의 대답은 한결같았다. "응, 수덕사." 의식이 점점 흐려져 아들과 며느리, 손녀들까지 완전히 기억에서 지워버린 뒤에도 애창곡 '수덕사의 여승'만은 잊지 않으셨다. "어머니 여기가 어디에요?" "응, 수덕사지." "어디라고요?" 다시 물으면 대답은 역시 "수덕사"였다.

평소 트로트를 좋아하는 편은 아니지만, 추석 특집 〈대한민국 어게인 나훈아〉는 즐겁게 봤다. 쉽고 잘 들리는 가사, 호소력 짙은 목소리, 익숙한 멜로디까지. 좋아하지 않을 이유가 없었다. 나훈아쇼의 여운이 쉬 가시지 않는다. 신곡 '테스형'은 국회까지 진출했다. 나는 4년 전 이맘때 세상을 떠나신 어머니를 생각하며 조용히 '어매'를 불러본다.[31]

https://cafe.daum.net/tlsehdks123/PoQ4/583450x315(2010. 08. 25)

III. 노년을 계획하고 준비하자

한국 노년 남성의 사망률이 세계 최고 수준임을, 예전 같지 않은 몸으로 실감하고 종종 날아드는 비보(悲報)로 확인한다. 신체가 노쇠함과 함께 마음도 빈궁해진다. 자기만의 스토리텔링이 어색하게 느껴진다. 왜 그럴까.

지금 한국인들이 통과하는 생애경로는 과거와 비슷한 행로의 반복이 아니다. 윗세대가 밟았던 길을 아랫세대가 따라가지 않는 것이다. 이러한 사정은 근대이후 어느 사회에서나 마찬가지겠지만, 지금처럼 패러다임이 근본적으로 바뀌고 있는 상황에서 그 단절은 더욱 두드러진다. 부실한 사회와 경제에 글로벌 격변의 충격이 가중되는 한국에서, 생애는 더욱 예측 불가능한 블랙박스가 되어간다.

지금 모든 세대는 생애의 매 단계마다 윗세대가 경험하지 않았던 도전들에 직면하고 있다. 산업의 성격, 인구구조, 정치 지형, 행정 시스템, 지역사회, 소비 감수성, 미디어 환경 등 모든 것이 급변하는 가운데 계속 새로운 상황에 대처하거나 적응해야 한다. 수면이 늘어났을 뿐 아니라, 각 단계의 구성이 크게 달라진다. 청년기와 노년기는 점점 길어지는 반면, 마음껏 뛰어놀 유년기와 '한창 일할 나이'는 갈수록 짧아진다. 인생에 걸친 '발달 과업'이 만만치 않다. 어느 세대 할 것 없이 고군분투 중이다.[32]

특히 우리 사회 지도자들은 불행하게도 고령화 사회에 진입한 우리 사회 노인의 현실에 눈을 돌리지 않고 또 별다른 관심을 보이지 않고 있다. 정치·경제 권력자의 대부분이 노인이면서 자신들이 마치 노인이 아닌 것 같이 처신한다. 그러니 이 나라엔 노인문제를 해결하려는 정책이며 제도가 미비할 수밖에 없다. 물론 전보다는 나아지고 있지만 고령화 사회문제를 정말 심각하게 생각하고 이를 반드시 해결하려는 의지를 보이는 정치지도자가 아직 눈에 띄지도 않고 있다.

노후생활을 위해서는 여러 가지가 필요하지만 무엇보다 경제적인 준비가 중요하다. 그래서 나이가 들면서는 돈이 효자요 친구라는 말이 생긴 것이다. 대개 배우자나 자녀에게 사전 증여를 생각하는 경우가 일반적이다. 상속세나 증여세를 생각하면 여러 번에 걸쳐서 증여하는 것이 유리하기 때문이다. 하지만 증여가 성공적으로 이루어지는 경우는 드문 편이다. 자신에게 경제적으로 이롭다는 것을 이해하면서도 선뜻 배우자나 자녀에게 증여하지 못한다. 돈을 증여하고 나면 자녀에게 소외당할 것이 두렵기 때문이다. 자식이 부모를 보고 효도하는 것이 아니라 돈을 보고 효도한다고 생각하는 것이다.

밥 무어헤드가(Bob Morehead) 쓴 『우리 시대의 역설(The Paradox of Our Our Age)』에는 이런 구절이 나온다.

"집은 커졌지만, 가족은 더 적어졌다. 생활은 편리해졌지만, 시간은 더 없다. 학력은 높아졌지만 상식은 부족하고, 지식은 많아졌지만 판단력은 모자란다. 전문가들은 늘어났지만 문제는 더 많아졌고, 약은 많아졌지만 건강은 더 나빠졌다. 가진 것은 몇 배가 되었지만 가치는 더 줄어들었다. 말은 많이 하지만 사랑은 적게 하며 거짓말은 너무 자주 한다."

" 우리는 생활비를 버는 법은 배웠지만 어떻게 살 것인가는 배우지 못했다. 우리의 수명은 늘었지만 시간 속에 생기를 불어넣지는 못하고 있다."

건물은 높아졌지만 인격은 더 작아졌다
고속도로는 넓어졌지만 시야는 더 좁아졌다
소비는 많아졌지만 더 가난해지고
더 많은 물건을 사지만 기쁨은 줄어들었다

집은 커졌지만 가족은 더 적어졌다
더 편리해 졌지만 시간은 더 없다
학력은 높아졌지만 상식은 부족하고
지식은 많아졌지만 판단력은 모자란다
전문가들은 늘어났지만 문제는 더 많아졌고
약은 많아 졌지만 건강은 더 나빠졌다

너무 분별없이 소비하고 너무 적게 웃고
너무 빨리 운전하고 너무 성급히 화를 낸다
너무 많이 마시고 너무 많이 피우며
너무 늦게 까지 깨어 있고
너무 지쳐서 일어나며
너무 적게 책을 읽고 텔레비전은 너무 많이 본다
그리고 너무 드물게 기도한다

가진 것은 몇 배가 되었지만
가치는 더 줄어들었다

말은 너무 많이 하고
사랑은 적게 하며 거짓말은 너무 자주 한다

생활비를 버는 법은 배웠지만
어떻게 살 것인가는 잊어버렸고
인생을 사는 시간은 늘었지만
시간 속에 삶의 의미를 넣는 법은 상실했다

달에 갔다 왔지만
길을 건너가 이웃을 만나기는 더 힘들어졌다
외계를 정복 했는지 모르지만
우리 안의 세계는 잃어 버렸다

공기 정화기는 갖고 있지만
영혼은 더 오염되었고
원자는 쪼갤 수 있지만 편견을 부수지는 못한다
자유는 더 늘어났지만 열정은 더 줄어들었다
키는 컸지만 인품은 왜소해지고
이익은 더 많이 추구하지만 관계는 더 나빠졌다

세계 평화를 더 많이 이야기 하지만
전쟁은 더 많아지고
여가 시간은 늘어났어도 마음의 평화는 줄어들었다

더 빨라진 고속 철도
더 편리한 일회용 기저귀
더 많은 광고 전단
그리고
더 줄어든 양심
쾌락을 느끼게 하는
더 많은 약들
그리고

더 느끼기 어려워진 행복 ……

삶은 단순한 생존이 아니다. 물리적인 시간과 생리적인 연명을 넘어 의미를 생성하는 것이 삶이다.

삶은 시간을 창조한다. 인간은 역사를 만드는 동물이다. 역사는 단순한 사실의 축적이 아니다. 과거와 현재와 미래를 유기적으로 잇는 서사(敍事)가 역사다. 역사는 거대한 집단뿐 아니라 개인의 차원에서도 생성된다. 시간의 연속성 속에서 자신을 발견할 때, 우리는 비로소 '살아 있음'을 확인한다.[33]

'삶의 비극인 것은 우리가 너무 일찍 늙고 너무 늦게 철이 든다는 점이다'이라고 피에르 신부는 말했다.

아베 피에르(Abbe Pierre: 1912~2007) 신부는 자신의 담당 관할지를 산책하던 중 목을 매고 죽으려는 전직 목수를 만났다.

죽으려고 하는 그 사람-조르주-를 붙잡고 피에르 신부는 "죽는 것은 좋지만, 그 전에 나와 함께 집 없는 사람들 집이나 만들어 주고 나서 죽으라"고 말했다.

목수는 자기보다 더 비참한 상태에 놓여 있는 이들을 도와 그 고통을 나누어 짊으로써 스스로 삶의 의미를 발견하고 마침내 자립할 수 있게 되었다.

조르주는 나중에 고백했다. "신부님께서 제게 돈이든 집이든 일이든 그저 베푸셨다면 아마도 저는 다시 자살을 시도했을 것입니다. 제게 필요한 건 살아갈 방편이 아니라 살아갈 이유였기 때문입니다." 그 후 그는 자신보다 더 가난하고 불행한 이들을 도우며 살아갔다. 이것은 바로 집 없는 사람들에게 집을 지어 주는 사랑의 '엠마우스 공동체'의 시작이자 정신이었다.

그렇다면 피에르 신부는 누구인가? 그는 매년 프랑스에서 설문조사를 통해 '가장 좋아하는 프랑스인'으로 8년 동안 일곱 차례나 1위에 올랐었다. 그는 상류층 가정에서 태어나 열아홉 살에 모든 유산을 포기하고 수도자의 길을 간 사제요, 레지스탕스에 가담한 투사였으며, 50년 넘게 빈민과 노숙자, 부랑자와 함께한 가난한 이들의 대부였다.

"타인들 없이 행복할 것인가, 아니면 타인들과 더불어 행복할 것인가. 혼자 만족할 것인가 아니면 타인과 공감할 것인가. 공허한 말에 만족하지 말고 사랑하자. 그리하면 시간의 긴 어둠에서 빠져나갈 때 모든 사랑의 원천에 다가서는 우리의 마음은 타는 듯 뜨거우리라."

이처럼 그가 세상에 남긴 진심에서 우러나온 말은 시간이 지나도 감동을 주고 공감하게 된다. 이 세상에서 책임질 줄 아는 것은 인간뿐이다. 그러므로 인간이 저지르는 이 시대의 실상을 모른 체하려는 무관심은 비겁한 회피요, 일종의 범죄다.

모든 종교에서 공통으로 설파하는 사랑, 자비, 용서는 결국 함께 나누어 짊어지는 책임감이다. 우리에게는 이웃의 아픔과 고통을 나누어 가질 책임이 있다. 행복은 결코 혼자서는 불가능하기 때문이다.

1. 늙으면 돈이 효도한다

나이는 누구나 공평하게 먹는 것, 그러니 젊어서 생을 마칠 결심을 한 사람이 아니라면 누구든 잘 늙고 싶을 것이다. 그런데 잘 늙는 데 꼭 필요한 것들 운데서도 결코, 절대로 빠질 수 없는 것이 바로 '돈'이다.

대부분의 사람들은 노후준비하면 곧바로 돈을 떠오른다. 그래서 재테크로도 모자라 노(老)테크라는 말까지 나왔으리라. 돈과 노년의 행복이 비례한다면 수단과 방법을 가리지 않고 돈을 모아야 하고, 무슨 수를 써서라도 곳간을 채워 놓아야 할 것이다. 물론 돈 없는 노년은 서럽다. 하지만 돈 있다고 행복이 보장되는 것도 아니다. 자신에게 합당한 규모와 현명한 관리가 뒤따를 때 돈과 노년의 행복이 맞물려 돌아가게 된다.

돈이 없으면 자식에게도 천대를 받는 시대다. 얼마 전에 아들이 요양원에 있던 어머니를 야산 공원에 버려두고 그 어머니를 사망케 한 사건이 있었다. 아들은 어머니를 더 이상 요양원에 모실 수 없는 형편이어서 공원에 버렸다고 한다. 말 그대로 현대판 고려장 사건이었다. 심지어 보험에 들어 보험금을 타내려 했다는 사실도 밝혀졌다. 만약에 그 어머니에게 많은 돈이 있었다면 그런 일이 벌어졌을까?

혼자 남은 시아버지를 극진하게 모시던 며느리에 대한 일화가 있다. 시아버지는 며느리에게 자주 열 개나 되는 통장을 보여주면서 "아가, 내가 죽거든 이 통장에 있는 돈을 네가 찾아서 쓰거라!" 라고 말했다. 그럴수록 며느리는 시아버지를 지극정성으로 모셨다. 몸과 마음은 힘들어도 거액의 유산을 물려받는다고 생각하니 모든 일을 참고 견뎌낼 수 있었다. 그런데 시아버지가 돌아가시고 나서 장롱 속에 있는 통장을 꺼내보니 열 개의 통장에는 각각 1만원씩 들어 있었다. 시아버지는 며느리가 당신을 박대할까봐 미리 통장이라는 미끼를 사용했던 것이다.

돈이 없으면 친구도 없다. 얼마 전에 50대 중반에 명예퇴직을 한 사람을 만난 적이 있다. 그는 서울에 있는 유수한 대학교를 나와서 대기업의 중견간부까지 지냈다. 그에게는 경제적으로 성공한 대학교 동창이 있었다. 그 친구는 자기 친구들이 직장이 없거나 할 일이 없어 마땅하게 갈곳이 없는 게 안타까워 친한 친구들끼리 함께할 수 있는 공간과 일정한 경비를 제공했다. 그 친구가 마련한 공간에 하나둘씩 친구들이 모이기 시작했다. 퇴직하여 일손을 놓고 있는 경우가 많은지라 시간을 보낼 공간과 친구가 생겼으니 모두가 환영이었다. 10여 명이 바둑도 두고, 주변의 야산에도 다니면서 은퇴의 해방감을 즐겼다고 한다.

그런데 두세 달 지나면서 한두 명씩 모임에 나오지 않는 친구들이 생기기 시작했다. 6개월이 지나자 일주일에 한두 번씩은 나오던 친구들이 한 달에 한두 번 정도밖에는 나오지 않게 되어 그 장소를 폐쇄했다고 한다. 이유는 서로 수준이 맞지 않았기 때문이었다. 처음에는 만나 취미도 같이 즐기고 자식이나 손주 얘기도 했다. 자주 모이다 보니 밥도 같이 먹고 술도 한 잔씩 나누게 되었다고 한다. 그런데 여유가 있는 친구들은 기꺼이 돈을 쓰지만 그렇지 못한 친구들은 부담을 느끼기 시작한 것이다. 한두 번 얻어먹으면 자신도 한 번은 사야 한다고 생각하는 게 우리나라 사람들의 정서다. 그러나 자식이나 부인에게 용돈을 타서 쓰는 노인들에게 한 턱 쏠 만큼의 여유는 없기 마련이다. 그러다 보니 모임에 나오는 것 자체가 부담스러워진 것이다.

행복한 노년을 보내기 위해서는 가장 먼저 경제적인 준비가 필요하다. 그런데 은퇴나 노후가 너무 멀게 느껴지기 때문에 얼마를 준비해야 편안한 노년생활을 할 수 있고, 그 준비를 어떻게 해야 하는지에 대해서는 알기 어렵다.

우리는 돈만 있으면 무엇이든 얻을 수 있는 시대에 살고 있다. 쓰려고 하면 몇 백만 원, 심지어 몇천만 원도 하루에 써버릴 수 있다. 그래서 요즘 시대를 '소득경제 시대' 라 부르지 않고 '소비경제 시대' 라고 부르는 게 아닐까. 더욱이 노후자금을 준비하기 위해서 매년 저축해야 할 금액이 몇 천만원 들어가야 하는 시대. 절약하지 않으면 안 된다. 노년에 조금이라도 편안하게 보내기 위해서는 절약하고 또 절약해야 한다.

하지만 절약에도 한계가 있다. 근본적인 생각의 변화가 필요해진다. 과거의 삶의 형태를 바꿀 각오를 해야 한다. 실제로 삶의 형태 및 몇 가지만 바꾸어도 우리는 모두 부자가 될 수 있다. 그러나 갑자기 사는 방식을 바꾼다는 게 그리 쉽지만은 않은 일이다.

자산이 늘어나는 것을 즐겨라. 사소한 것 하나만 바꾸어도 인생이 바뀔 수 있다. 지출을 하는 데서도 마찬가지다. 모든 부분에서 지출의 본질적인 이유를 생각하면서 지출을 하는 연습이 필요하다.

지출에는 목적이 있어야 하고, 그 목적에 맞게 지출되어야 한다. 지출은 삶을 풍요롭게도 할 수 있고, 반대로 피폐하게도 할 수 있다. 좋은 지출은 인생의 밑거름이 될 수 있으나, 나쁜 지출은 인생을 나락으로 떨어뜨릴 수도 있다. 지출하기 전에 다시 한번 목적에 맞게 지출하고 있는지 생각해보자.

왜 돈을 모으지 못했을까? 여러 가지 이유가 있을 것이다. 금리가 낮아서라든가, 부동산 가격이 오르지 않아서라든가, 주식시장이 불안해서라든가, 저축률이 너무 낮아서라든가 등등. 그러나 과연 이러한 이유들이 우리가 돈을 모으지 못한 진짜 이유일까? 아니다. 양간의 영향을 끼칠 수는 있어도 궁극적인 이유는 될 수 없다. 진짜 이유는 장기투자를 하지 않은 데 있다.

돈을 모은 이유를 주변 환경 탓으로 돌리는 것만큼 어리석은 것도 없다. 왜냐하면 같은 환경에서도 돈을 번 사람들이 있기 때문이다. 그들에게 이유를 물어보자. 그들은 '금리가 높아서, 부동산이 올라서, 주식이 올라서, 저축을 다시 투자해서'라고 대답할 것이다. 돈을 못 모으면 모든 것이 핑계로 남지만, 돈을 벌어 모으면 모든 것이 자신을 위한 환경이었다는 것을 느끼게 된다.

돈을 모으지 못한 가장 큰 이유는 저축한 돈을 재투자하지 않고 사용하기만 했다는 데 있다. 즉 장기적인 안목을 가지고 투자하지 않았기 때문이다. 자신을 되돌아보자. 1년이나 3년 만기 적금을 타서 재예치한 경우가 얼마나 되는지!

노년 생활자금은 종신연금보험으로 준비해야 한다. 종신연금보험은 두 가지 특징이 있다. 하나는 죽을 때까지 돈이 나온다는 점이고, 다른 하나는 연금이 지급되기 시작하면 중도에 해약할 수 없다는 점이다. 보험에 가입되어 있으면 죽을 때까지 정해진 연금이 나기 때문에 안심하고 돈을 사용할 수 있다.

연금보험의 또 다른 장점은 관리비용이 들지 않는다는 점이다. 연금보험은 보험회사에서 보험 가입자가 지정한 입출금 계좌로 입금해 주기 때문에 부동산처럼 임대료 등을 받기 위해 노력하지 않아도 된다. 또한 투자상품처럼 매일 변동하는 수익률을 체크할 필요도 없다.

그리고 자식들에게 어떻게, 얼마나 상속할지 등 상속에 대한 걱정을 하지 않아도 된다. 다른 자산의 경우에는 금액이 많고 적음을 떠나 다 쓰고 죽을 수 없다.

언제 죽을지는 아무리 모르기 때문이다. 그런데 종신연금만은 다 쓰고 죽을 수 있다. 보험 가입자가 생존해 있는 한 연금을 주기 때문이다.

2. 노년, 어떻게 준비해야 하나

우리는 모두 부자를 꿈꾼다. 나는 사람들에게 "과연 돈을 얼마나 가지고 있어야 부자인가?" 라는 질문을 자주 받는다. 근래에 부자들의 마인드를 다뤄 베스트셀러가 된 책들을 살펴보면 한결같이 부자의 조건은 순자산이 10억 원이 넘는 사람들이었다. 그것이 바로 10억모으기 열풍으로 이어지기도 했다.

그러나 순자신이 10억 원이 있으면 부자일까? 내가 생각하는 진정한 부자는 '돈을 써야 할 때 필요한 만큼 있는 사람' 이다. 부자의 기준은 사람마다 다르다. 평생에 1억 원만 있으면 좋겠다는 사람이 있고, 1백억 원은 있어야 부자라고 생각하는 사람도 있다. 이처럼 각 개인이 살아가는 데 필요하다고 느끼고, 부자라고 느끼는 금액은 천차만별이다. 좀더 정확한 금액은 개인의 상황을 살펴본 후에라야 알 수 있다. 현재의 생활수준과 앞으로의 계획 등을 고려하여 돈이 필요한 시기와 금액을 결정한다. 그 금액을 준비하고 있으면 부자라고 할 수 있고, 부족하면 아직 부자라고 하기 어렵다.

이 기준은 매우 중요한 개념이다. 사람들은 흔히 이미 부자이든 아직 부자가 아니든 불안감을 느끼고 있다. 앞으로 자기가 써야 할 돈이나 필요한 돈이 얼마나 될지 모르기 때문이다. 그런데 자기가 필요하다고 생각되는 만큼 돈을 가지고 있으면 불안감에서 벗어날 수 있다. 필요한 만큼을 가지고 있으면 더 이상 돈을 모으는 일로 스트레스를 받을 필요가 없다. 시간을 즐길 수도 있고 자선사업을 할 수도 있다. 아니면 생활수준을 조금 더 높일 수도 있다. 내가 언제 얼마만큼의 돈이 필요한 것인가를 아는 것은 재정설정에서 가장 기본적이고도 중요한 사항이다.

그런데 대부분의 사람들은 필요할 때 필요한 만큼은 없다. 무슨 일을 하든지 돈이 필요한 현대인이기 때문에 돈을 벌어도 지나면 써야 하고 모아지지 않는다. 급여나 수입은 한계가 있지만 쓰는 곳에는 한계가 없다. 저축은 생각도 못한다. 당장에 먹고살기에도 벅차고 힘들기만 하다.

노년자금을 위해 보험이나 저축을 하라고 하면 어떤 이는 '먹고 죽을 돈도 없다' 고 자조적인 섞인 말을 한다. 이 말은 그만큼 현재의 생활이 불투명하고 어렵다는 뜻이기도 하지만 한편으론 그 사람의 미래가 어떻게 전개될 것인가를 쉽게 짐작하게 한다.

부자가 되는 길은 간단하다. 부의 축적시스템을 이해하면 된다. 부의 축적시스템은 '소득－소비지출＝투자' 이다. 부자가 되는 첫 번째 방법은 소득을 높이는 것이다. 둘째는 소비지출을 줄이는 것이다. 셋째는 투자금액을 늘이는 것과 동시에 효율적인 투자를 하는 것이다. 이렇게만 하면 누구나 부자가 될 수 있다.

부자가 되는 길이 이처럼 쉬운데 왜 대부분의 사람들은 가난할까? 이 시스템대로 하지 않기 때문이다. 그래서 우리는 우리의 소득과 지출 그리고 투자의 구조를 다시 한 번 살펴보고, 근본적으로 다시 생각할 시간을 가져야 한다. 어떻게 하면 돈을 모을 수 있을까?

수학적으로 보면 저축/투자 금액을 높이는 방법은 간단하다. 즉, 소득을 높이고 소비지출을 줄이면 저축/투자 금액이 자동적으로 늘어난다. 그런데 소득을 높이는 방법은 그리 간단치 않다. 소비지출을 줄이는 것 또한 쉽지 않다. 투자할 금액이 있다고 해도 어떻게 해야 되는지 제대로 모른다. 그렇다고 포기할 수 있는 성질의 것이 아니다. 어떻게 하면 소득을 증가시킬 수 있을까? 어떻게 하면 지금보다 더 행복해지면서 소비지출을 줄일 수 있을까? 어떻게 하면 투자를 잘할 수 있을까?

이런 것이 가능할까? 많은 사람들은 가능하지 않을 것이라고, 어떻게 그렇게 할 수 있느냐고 반문하기도 한다. 하지만 우리의 인생은 소중하다. 남의 인생이 아니다. 우리 자신의 인생이다. 나, 내 아내 그리고 내 아들, 딸의 소중한 인생이다. 지금 이대로라면 모두 불행을 앉아서 기다리는 것이나 다름없다. 우리 모두가 지혜를 짜내고 가능한 모든 합리적인 방법을 다 동원해야 한다. 그래서 너, 나 그리고 우리 모두가 함께 행복할 수 있도록 노력해야 한다.[34]

우선 소비 패턴을 바꾸어 보자.

초등학교 다닐 때 "독일 사람들은 성냥 한 개를 끼기 위해 열 명이 모여야 담배를 피운대. 독일 사람들은 양말을 꼭 기워 신는대." 라는 말을 자주 들었던 기억이 있다. 굳이 선진국의 예를 들지 않더라도 그 당시에는 모든 것이 부족하고 모자랐기 때문에 말을 하지 않아도 아껴 쓸 수밖에 없었다. 그러나 모든 것이 풍족해진 요즘은 아껴 쓰는 것이 생활로 체화되었기보다는 하나의 운동이 되고 있다. 운동하지 않으면 안 될 만큼 소비재에 대한 감각이 없다고 할 수 있다.

우리 집 옷장에도 옷이 가득하다. 너무 많지만 나도 나내도 아이도 입을 만한 옷이 없다고 투덜거리곤 한다. 그런데 막상 옷을 보면 해지거나 찢어져서 못 입는 경우는 거의 없다. 단지 유행이 지나서 못 입을 뿐이다. 옷뿐 아니라 신발, 심지어는 자동차까지도 낡아서 바꾸는 것이 아니라 기호가 변해서 바꾼다. 더 이상 못 쓰게 된 것이 아니라 단지 싫증이 나서 새것으로 바꾸는 것이다. 이제는 다시 생각해볼 때다. 지금처럼 소비한다면 과거에 굶주렸듯이 노년에 또 굶주릴 것이다. 지금 조금만 아껴 쓰면 피할 수 있는 일이다.

목돈이 드는 자동차를 조금 더 오래 타자. 우리나라 사람들이 자동차에 얼마나 많은 돈을 지불할까? 은퇴 시점인 60세로 환산했을 경우 자동차 구입비용으로 일본이나 독일 사람들보다 무려 1억6천440만 원이나 더 지불한다. 따라서 은퇴 시점까지 자동차 한 품목만을 선진국 수준으로 사용해도 1억 6천만 정도를 절약할 수 있다. 여기에 냉장고, 홈시어터, 골프채, 텔레비전, 세탁기, 컴퓨터, 의류, 기구, 각종 집기류, 청소기, 신발 등을 최대한 오래 사용한다면 우리가 절약할 수 있는 수준은 무려 3억 원 이상이다.

절약하면서 남을 의식할 필요는 없다. 오래된 차를 가지고 있다고 비난하는 사람이 있다면 그런 사람과 사귀지 않으면 된다. 그런 사람은 언젠가는 사치로 인해 우리에게 피해를 줄 수도 있기 때문이다. 오히려 더욱 떳떳해야 한다.

절약함으로써 일석사조(一石四鳥)의 효과를 볼 수 있다. 경제적으로 풍요로울 수 있고, 절약을 몸소 실천함으로써 자녀들에게 산교육을 시킬 수 있고, 자녀들도 경제적으로 부우해질 수 있고, 자원 낭비를 막아 국가 경제에 도움을 줄 수 있다.

또한 가치가 감소하는 자산을 빚으로 구입하지 말자. 이런 자산은 대부분 소비재다. 소비재는 한번 빚으로 사면 평생 빚을 질 수 있다. 대표적인 소비재로는 자동차, 냉장고, 세탁기, 가구, 텔레비전, 오디어시스템, 홈시어터, 골프채, 의류, 화장품 등을 들 수 있다. 가치가 감소하는 자산의 수명은 수년 이내다. 이런 자신은 수명이 짧은 뿐 아니라 유행을 탄다. 1~2년 만 지나도 구시대 것이 된다. 이것은 전에 구입했던 상품의 할부금이나 원금을 갚기도 전에 교체해야 한다는 것을 의미한다. 기존 제품을 처분하고 새로운 제품을 구입할 때 또 할부나 빚으로 구입하게 된다. 그렇게 되면 평생 할부 인생, 빚진 인생을 살게 된다.

소비는 습관이다. 한 번 몸에 밴 습관은 평생 따라다닌다. 그래서 소비재를 빚이나 신용카드 할부로 구매하면 평생 빚을 진 상태로 살아가야 한다. 빚을 진 상태로 저축이나 투자를 한다는 것은 거의 불가능하다.

현금서비스로 생활하거나 물품을 구입하는 것을 일상적으로 하는 사람들은 이미 경제적으로 실패한 사람이다. 현금서비스는 개인을 파산으로 몰고 갈 뿐 아니라 나라를 파산시킬 수도 있다는 것을 명심하자.

노년에 필요한 생활자금 준비를 어떻게 해야 하는지 알려주는 안내서들이 무척 많이 나와 있다. 지금이라도 늦지 않았다! 천리 길도 한 걸음부터! 가계부에 노년 준비 항목을 만들고 부채의 규모가 몇 %인지, 기본 생활비는 얼마나 되는지 정도만 따져봐도 시작으로는 훌륭하다고 믿는다. 몇 억대의 노년준비 자금을 마련하지는 못할지라도 내가 무엇을 하며 먹고살지는 그려봐야 하지 않겠는가. 그 일 역시 다른 사람이 해주지 않는다. 바로 내 손을 지금 시작해야 한다.

3. 삶 자체가 하나의 교훈이다

사는 것 자체가 스트레스다. 우리는 죽기 전까지 한순간도 스트레스로부터 자유로울 수 없다. 그럼에도 불구하고 스트레스를 없애거나 해결할 수 있다고 쉽게 말하곤 한다. 다만 스트레스의 실체를 똑바로 보고, 그 뒤에 숨겨진 진짜 문제가 무엇인지 확인 하고 이해하려는 노력만 할 수 있을 따름이다.

스트레스는 개인이 감당할 수 있는 넘어설 때 문제가 되곤 한다. 작은 스트레스들이 되풀이되어 쌓이다 보면 스트레스 증상이 생긴다. 또는 갑작스러운 큰 충격을 받았을 때 스트레스 수준이 한꺼번에 높아져 문제가 생기기도 한다. 받아들일 수 있는 수준을 넘어섰을 때 마음과 마음으로부터 뭔가 잘못되고 있다는 경고 신호가 나타나는 것이다.

기억력과 집중력이 떨어져 일의 능률이 저하되고, 식욕이 덜어지거나 아니면 폭식을 한다. 성욕이 떨어지고, 부부 간에 사소한 문제로 다툼이 잦아진다. 신경 질적이 되고, 사소한 문제에도 과민하게 반응한다. 불명증이 생기고, 자고 일어나도 아침에 개운하지 않다. 그리고 쉽게 화를 내고, 짜증을 낸다. 별 다른 이상이 없는데 몸에서 통증을 느끼고, 피로를 느낀다. 비관적인 생각이 들거나 과거의 잘못이 자꾸 생각나 우울해진다. 이런 증상들은 스트레스가 누적되어 더 이 이상 몸과 마음이 버티기 힘들 때 발생하는 스트레스 경고 증상에 해당한다.

스트레스는 내과 질환을 일으키는 원인 중의 하나이다. 스트레스가 높아지면 당뇨, 고혈압, 심장 질환이 생길 확률, 악화될 가능성이 높아진다는 것은 이제 상식이 되었다.

무엇보다 중요한 것은 다른 사람의 감정과 생각을 있는 그대로 받아들이는 것이다. 하지만 내 생각이나 감정에 의해 다른 사람의 생각이나 말을 솔직하게 받아들이지 못한다면 "나는 과연 사실을 객관적으로 보고 있는 것일까?" "나는 상대의 생각이나 감정을 정확하게 파악하고 있을까?" 다시 한번 질문할 필요가 있다. 만약 스트레스를 주는 상대를 나쁜 사람으로만 단정 짓게 된다면 이렇게 되짚어 보자.

"합리적이고 예의 바른 사람이 왜 이렇게 행동할까?" 이 질문은 상대를 나쁜 사람이 아닌, 나와 같은 사람으로 재분류하도록 도와준다. 결국 객관적인 판단과 더불어 있는 그대로의 모습을 받아들이게 해준다.

자신에게 솔직해지기, 솔직하게 표현하기, 다른 사람을 있는 그대로 받아들이기. 이것은 스트레스를 줄여주기도 하지만 스트레스에 대한 내성을 길러주는 마음의 필수 영양소이다.

부부 문제는 배우자 중에서 한 사람의 잘못이라기보다 잘못된 상호 작용의 결과에 의해 빚어지는 경우가 많다. 그래서 한 사람만을 탓할 수가 없다. 부부가 힘들어 하는 문제의 실체를 보려면 삶의 맥락 전체를 잘 들여다봐야 한다. 어떤 문제의 발생에는 반드시 선행 사건이 있고, 이후 발생하는 결과들이 있는데, 그 맥락을 살펴보면 한 사람을 이해할 수 있게 된다. 어떤 행동을 할 수밖에 없었던 상황과 극적인 것이 누적되어 나타난 사람의 습관을 파악하게 되는 것이다. 궁극적으로 그 사람 전체를 이해하게 된다.

부부문제가 생겼을 때 그 원인이 배우자의 변하지 않는 성격 때문이라 여긴다면 불행한 결혼생활을 할 수 밖에 없다. 비교적 행복한 결혼생활을 유지하는 부부는 배우자가 이기적이고, 자기중심적이어서 문제가 생겼다고 생각하기보다는 배우자가 그렇게 행동할 수밖에 없었던 상황과 삶의 역사적 맥락을 더 넓게 이해하려고 애쓴다.[35]

인간은 안락하고 평화로우며 긴장이 하나 없는 상태는 원하는 것이 아니라 오히려 무엇인가를 위해 노력하고 분투할 만한 것을 언제나 필요로 하는 존재이다. 인간은 본질적으로 미래 지향적이다. 그런데 이러한 본능이 좌절될 경우 실존적 공허함을 경험하게 된다.

농경사회에서는 노동을 통해 삶의 의미를 자연스럽게 경험하는 토대 위에서 살았다. 그런데 현대인의 노동은 어떤가? 분업화된 생산현장에서 나사를 죄고 공구를 만지는 일을 통해 인생의 진정한 가치를 떠올리는 것은 쉽지 않다.

인간의 삶의 의미를 추구할 때 두 가지 본질적 딜레마를 경험한다. 인간이라면 누구나 죽음이라는 한계를 갖고 있고, 가족과 친구가 있다 해도 본질적으로 외로운 존재다. 이러한 실존적 불안을 해결하게 위해 인간은 끊임없이 삶의 의미를 추구한다. 그러나 현실에서 세상은 본질적으로 무의미하다. 인간은 모두 병들고 결국엔 죽는다. 우리는 모두 상처받기 쉬운 나약한 존재다. 생존을 위해 의미를 필요로 하는 인간에게, 현실 속 세상은 의미를 부영해주지 않는다. 이런 딜레마가 인간을 고통스럽게 한다.

두 번째 딜레마는, 의미는 추구하려고 할수록 그리고 의미에 집착할수록 다가오지 않는다는 것이다. 의미는 삶에 적극적으로 참여하는 과정에서 자연적으로 생성된다. 진정한 삶의 의미는 죽고 난 후에야 드러나는 것이지, 그 자체를 추구한다고 해서 얻을 수 있는 것이 아니다.[36]

"사실 집은 무척 넓죠. 그런데 주말이면 저는 PC방에 갑니다. 저도 왜 그런지 모르겠어요" 40대 중반의 나이에 컴퓨터게임을 즐기고, 인터넷 고스톱도 하는 그에게 아내는 유치하다며 핀잔을 준다. "나이값 좀 하라." 고 하면서. "PC방에 가면 누구의 눈치를 보지 않아도 돼요. 아무도 나에게 이래라 저래라 명령하지 않고, 간섭하는 사람도 없어요. 좁은 공간이지만 그곳에서야 비로소 나를 되찾습니다."

어쩌면 삶의 과정은 자기 자신만의 자리를 찾기 위한 투쟁일지도 모른다. 속해야 할 장소에서 편안함을 느낄 수 없다면 세상 어느 곳에서도 안정감을 느낄 수 없다. 진정한 평화를 얻을 수 있는 장소가 있는 사람은 세상 어느 곳에서도 평화를 느낀다. 이곳저곳으로 옮겨 다녀도 진정으로 속해야 하는 자리가 어디인지 알고 있는 사람은 두렵지 않다.[37]

기러기 가족을 선택하는 사람들의 이면에 숨겨진 진짜 모습은 무엇일까? 정말 자식만을 위한 선택일까? 어떤 부부는 마치 겉으로는 아무런 문제가 없는 것처럼 살아간다. 기러기 가족이 된 것도 아이들을 위한 일이라고 포장하면서. 그러나 실제로 부부간에는 이혼한 남남보다도 못한 관계가 유지된다. 엄마는 아이들과 외국에 나가 있고, 아버지는 한국에 남아 돈을 번다. 이렇게 하면 자녀들은 부모의 불화를 직접 두 눈으로 보고, 경험하지 않아도 된다. 이혼하지 않아도 되니까 자녀는 부모 중에 한 명을 잃지 않아도 된다. 이제는 사랑이 사라지고 증오밖에 남지 않은 부부라 해도 자신과 배우자, 자녀를 족이며 훌륭한 부모가 되기 위해 최선을 다한다. 부부 간의 불화를 인정하고 거기에 머무르면서 최악의 상황은 피하고자 한다. 하지만 이런 형태의 가족구조를 유지하기 위해서는 많은 희생과 에너지가 필요하다. 그러다보면 인생과 삶의 소중함을 느끼는 것이 점점 힘들어진다. 거짓된 가족의 모습을 유지하기 위한 부담감은 시간이 지날수록 커질 수밖에 없다. 불행하게도 이런 삶 속에서는 가족의 어느 누구도 행복할 수 없다.

"아내와 아이들이 보고 싶기도 했지만, 기러기 생활을 처음 시작했을 때는 늦게까지 술 마시고, 자유롭게 지내는 것이 즐거웠습니다. 그동안 마누라 눈치 보느라 마음 편하게 술도 못 마시고, 여가가 생겨도 가족들과 보내다 보니 저만의 시간이 없었거든요" 하지만 중년에 찾아온 자유는 잠시이다. 얼마 지나지 않아 자유와 해방감은 고통으로 바뀐다. "아내가 집에 있을 때는 비위를 거슬리지 않을 만큼 적당히 조절해가면서 마시고, 늦게까지 마실 땐 구속받는 느낌 때문에 아슬아슬한 긴장감이 있어 좋았어요. 그런데 지금은 술을 마셔도 허전하고 예전만 못해요. 술 마시고 늦게 들어가 바가지 긁히더라도 마누라가 기다려주는 게 너무 그리워요. 집에 가도 아무도 없고, 할일도 없고. 어떤 날은 어두운 집에 불 켜고 들어갈 때 섬뜩한 느낌도 듭니다. 이집에서 내가 심장마비라도 걸려 쓰러지면 누가 병원 데리고 가나 하는 생각도 들고요. 그래서 지금은 이런 더러운 기분 느끼지 않으려 일부러 술을 더 마셔요. 기러기 생활하면 할수록 하는 것은 술밖에 없어요. 건강은 갈수록 나빠지고."[38]

사람의 생각, 감정, 행동 중에서 스스로 조절하기 가장 힘든 것이 무엇일까? 감정통제가 가장 힘들다. 그다음은 생각이다. 우리의 뜻과 의지대로 조절하기 가장 쉬운 것은 매일 일상에서 하는 신체활동, 즉 행동이다.[39]

다른 사람과의 진정한 교감을 위해서는 자신의 깊고, 연약한 부분까지 다 보여줄 수 있어야 하지만 그렇게 하기에는 자존심이 허락하지 않는다. 이제와서 마음이 아프다고 이야기하면 제면이 서지 않는다고 느낀다. 너무 서글픈 현실이다. 나의 두려움을 누군가에게 내보이기만 했어도, 그래서 그 누군가가 "네가 스트레스가 많아서 그런가보다. 나도 힘들면 그런 경험을 해." 라고 동변상련의 위로만 건넸어도 그렇까지 불안해하지 않았을 것이다.[40]

자수성가형 사람은 거의 대부분 과도한 책임감의 소유자이다. 어릴 때부터 자전거 페달을 힘껏 돌려야 살 수 있다는 것을 몸으로 체득해 왔고 그것이 뇌에 뿌리 박혀 버렸다. 현실에 발을 내딛는 순간 쓰러진다는 두려움을 갖고 있다. 그래서 '과거와 다른 방식으로 살아라, 이제는 현재를 즐겨라.'라는 말을 머리로 이해할 수 있어도 받아들일 수는 없다. 이런 사람은 일을 하면서 개인적 행복과 여유를 모두 갖는 것이 애초부터 불가능하다. 자수성가형 사람이 경험하는 마음의 문제들은 몇 가지 원인에서 비롯된다.

하나는 누구의 도움 없이 스스로를 성장시켜왔기 때문에 자기중심주의에 함몰될 수 있다.

두 번째 문제는 노력과 성과에 대해 인정받기를 원하는 욕망이 굉장히 크다는 것이다.

세 번째 문제는 자수성가(自手成家)를 한 사람은 이루어질 수 없는 이상적 자아상을 현실화시키는 경향이 너무 강하다는 것이다.

자수성가형 사람은 그의 삶 자체가 하나의 교훈이라는 점을 잊지 말아야 한다. 자녀에게 금전이나 사업체를 물려주지 않아도 아버지가 지닌 삶의 역사를 물려주었다는 것만으로도 절대적 가치를 남겨주는 것임을 기억해야 한다.[41]

스트레스, 특히 어떤 사람과의 관계에서 발생하는 스트레스는 소직하지 않기 때문에 생기는 것이 대부분이다. 솔직하다는 것은 자기 자신의 생각이나 감정을 얼마나 솔직하게 인정하고 받아들이느냐, 이것을 얼마나 솔직하게 표현하느냐, 다른 사람을 있는 그대로 솔직하게 받아들이느냐 하는 세 가지를 모두 포함한다. 인간관계로 인한 스트레스를 받지 않는 사람은 생각을 있는 그대로 표현하고 상대가 그것을 받아들이도록 만든다. 이런 사람은 솔직함과 상대를 존중하는 마음을 적극적으로 보여주고 용기도 주면서 자신의 생각을 그대로 표현할 수 있는 기회를 만들어간다. 스트레스를 받지 않으려면 자신의 생각을 드러내고 주장하는 능력을 길러야 한다. 또한 감정을 정서적 어휘로 표현하는 연습을 계속해야 한다.

4. 노년, 초라한 퇴장이 아니라 우아하게 격상하라

늙음을 피할 수 없다. 노익장을 과시하는 '젊은 노인' 들도 언젠가 누워서 꼼짝 못하게 될 날을 맞는다. 새파란 청춘을 만끽하는 젊은이들에게도 먼 훗날 지하철에서 처음으로 자리를 양보 받게 되는 때가 온다. 그 경험은 사뭇 충격적일 수 있다. 육신이 노쇠하면 마음도 무력해지고 일상사를 타인에게 점점 더 의존해야 한다. 그러나 변화는 자존감과 퇴락을 수반하기 쉽다. 더 이상 쓸모가 없을 뿐 아니라 주변 사람들에게 짐만 될 뿐이라는 생각에 우울증에 빠지기도 한다.

그러나 늙음은 존재의 본질을 드러낸다. 신체의 나약함은 인간의 근원적인 상태가 아닐까. 질병에 걸려 삶과 사물을 보다 명징하게 깨닫게 될 때도 많다. 또한 노약자의 느림은 속도 중독에 걸려 있는 문명을 성찰하게 해 준다. 노인들이 지하철을 타고 다니면서 물건을 배달해 주는 '실버 서비스' 를 이용할 때 그것을 새삼 느낀다. 그분들은 거동이 느릴 뿐 아니라, 귀가 어두워 건물의 위치를 가르쳐 드려도 정확하게 알아듣지 못한다. 그래서 근처까지 와서도 시간이 지체되는 경험이 종종 있다. 짜증이 나서는 다음부터는 '퀵 서비스'를 이용해야지 했다가, 잠깐 멈춰서 물어본다. 그런데 그까짓 몇 십 분 빠르고 늦는 것이 뭐가 그렇게 중요하지?

고령화사회는 당연시되는 관행들에 제동을 걸 수 있는 계기를 마련해 준다. 승객들을 짐짝처럼 취급하면서 급정거와 급출발을 반복하는 버스, 파란 불로 바뀌자마자 걷기 시작해도 빠른 걸음이 아니면 다 건너기 전에 빨간 불로 바뀌는 신호등, 휠체어를 타고 다니기에는 너무 울퉁불퉁해 불편하고 위험하기까지 한 보도블록…. 이런 환경에 대해 문제를 제기할 수 있는 근거를 고령화사회는 자연스럽게 제출하고 있다. 거기에 돌봄사회로 가는 이정표가 있다. 노인이나 장애인들이 안심하고 다닐 수 있는 도시는 모든 사람에게 편리하다. 그리고 그런 공간은 낯선 사람들에게도 친절하다. 그래서 관광 친화적이다.

스포츠에서 경기에 출전하지 못한 선수를 가리켜 '벤치 신세'라고 표현한다. 일시적인 경기력 저하로 또는 어느덧 노쇠해 기량이 떨어져서 코치와 함께 자리에 앉아 있는 처지는 딱하다. 노인도 그와 비슷한 입장일 수 있겠다. 전력을 다해 활동하던 무대에서 물러나 벤치에서 구경만 하는 것이다. 그러나 생각하기에 따라서는 그러한 벤치 신세도 그 나름대로 가치와 재미가 있을 수 있다. 벤치는 느긋하게 쉬면서 풍경을 조망하는 자리이기 때문이다.

나이가 들면 인생을 한 폭의 그림으로 볼 줄 알아야 한다고 헤르만 헤세(Hermann Hesse)는 말했다. 그러한 시야가 열린다면 노년은 초라한 퇴장이 아니라 우아한 격상이 될 수도 있다.

헤세(Hesse Hermann) 명언

고통에서 도피하지 말라. 고통의 밑바닥이 얼마나 감미로운가를 맛보라. -헤세

그대가 행복을 추구하고 있는 한, 그대는 언제까지나 행복해지지 못한다. 그대가 소망을 버리고 이미 목표도 욕망도 없고 행복에 대해서도 말하지 않게 되었을 때 그때에야 세상의 거친 파도는 그대 마음에 미치지 않고 그대의 마음은 비로소 휴식을 안다. -헤세

기도는 음악처럼 신성하고 구원이 된다. 기도는 신뢰이며 확인이다. 진정 기도하는 자는 원하지 않는다. 단지 자기의 경우와 고뇌를 말할 뿐이다. -헤르만 헤세

나의 천성적인 우울한 습성을 고쳐서 나의 청춘시절을 다치지 않고 신선하게, 새벽처럼 유지시켜 준 것은 결국 우정뿐이었다. 그리고 지금도 나는 이 세상에서 남자들 사이의 성실하고 훌륭한 우정만큼 멋진 것도 없다고 생각한다. 그리고 언젠가 고독할 때에, 청춘의 향수가 나를 엄습한다면, 그것은 오로지 학창시절의 우정 때문일 것이다. - H. 헤세

누구 한 사람 아는 이 없는 곳에서 사는 것은 즐거운 일이기도 하다. -헤르만 헤세

다른 사람에게서 사랑을 바라는 생활은 위험하다. 그 사람이 스스로 충만 되어서 나에게서 떠난다고 해도 그 사람을 위해 기도드릴 각오 없이 사랑하는 것은 처음부터 잘못된 일이다. -헤르만 헤세

말로 갈 수도, 차로 갈 수도, 둘이서 갈 수도, 셋이서 갈 수도 있다. 하지만 맨 마지막 한 걸음은 자기 혼자서 걷지 않으면 안 된다. -헤세

명성이나 좋은 술, 사랑이나 지성보다도 더 귀하고 나를 행복하게 해준 것은 우정이었다. -헤르만 헤세

모든 예술의 궁극적인 목적은 인생은 살만한 가치가 있다는 것을 일깨워 주는 것이다. 또한 그것은 예술가에게 더 없는 위안이 된다. -헤세

모든 인간의 생활은 자기 자신에의 길이며, 하나의 시도이다. -헤세

사람은 고통을 통하여 자기를 잊어버리는 길을 걷는다. 사색을 함으로써 자기를 던지는 길을 걷는다. -헤르만 헤세

사랑을 받는 것은 행복이 아니다. 사랑하는 것이야말로 행복이다. -헤세

사랑은 우리들을 행복하게 하기 위해서 존재하는 것이 아니라, 우리들이 고뇌와 인내에서 얼마만큼 견딜 수 있는가를 보기 위해서 존재한다. -헤세

사랑은 증오보다 고귀하고, 이해는 분노보다 높으며, 평화는 전쟁보다 고귀하다. -헤르만 헤세

사랑이란 슬픔 속에서도 의연하게 이해하고 미소지을 수 있는 능력을 말한다. -헤세

사랑이란 애걸해서도 안되고 요구해서는 안 된다. 사랑은 자신 속에서 확신에 이르는 힘을 가지지 않으면 안 되는 것이다. 사랑은 결코 이끌어지는 것이 아니고 이끄는 것이다. -헤세

사랑이란 우리를 행복하게 하기 위해서 있는 것은 아니다. 사랑은 우리들이 고뇌와 인종 속에서 얼마만큼 강할 수 있는가 하는 것을 자기에게 보이기 위해서 있는 것입니다. - H. 헤세

새는 알 속에서 빠져 나오려고 싸운다. 알은 세계이다. 태어나기를 원하는 자는 하나의 세계를 파괴하지 않으면 안 된다. -헤세

세상에는 단 하나의 마술, 단 하나의 힘, 단 하나의 행복이 있을 뿐이고, 그것은 사랑이라고 불리는 것이다. -헤세

큰 일에는 진지하게 대하지만 작은 일에는 손을 빼는 것이 당연하다고 생각하는 것, 몰락은 언제나 여기에서 시작된다. -헤르만 헤세

행복만을 바라보고 쫓아가는 한 너는 행복을 누릴 만큼 성숙하지 못한 것이다. 모든 사랑스러운 것이 네 것이 된다 하더라도, 잃어버린 것이 아까워 한탄을 하고 목적을 가지고 초조하게 애쓰는 한, 아직 평화가 무엇인지 모르는 것이다. 모든 희망을 포기하고 목적도 욕망도 다 버리게 되었을 때, 행복, 행복하며 이름을 붙여 바라지 않을 때, 그때에 비로소 세상만사의 흐름이 너의 마음에 부딪히지 않게 될 것이며, 너의 영혼이 안식을 얻게 되는 것이다. -H. 헤세

행복하다는 것은 소망을 가지는 것을 말한다. -헤세

헤르만 헤세는 한국인이 사랑하는 소설가로 자주 언급되는 인물이다. 그의 대표작 '데미안'은 청춘들의 고뇌와 성장을 담은 걸작으로 지금까지도 방황하는 이들에게 위로와 용기를 주고 있다. 신간 '헤세'의 저자인 소설가 정여울에게도 그랬다.

'헤세를 그 누구보다 사랑한다'는 저자는 독일과 스위스에 남겨진 헤세의 흔적을 찾아다니며 헤세로부터 받은 치유의 순간을 전한다. 여행자, 방랑자, 안내자, 탐구자, 예술가, 아웃사이더, 구도자라는 7가지 키워드로 헤세의 삶을 조명하면서 시기별 그의 삶과 고민이 대표작에 어떻게 반영돼 있는지를 살펴본다.

데미안 외에 '페터 카멘친트', '수레바퀴 아래서', '크눌프' 등 초기 작품부터 우울증을 극복하며 쓴 싯다르타, 비평가들이 가장 아름다운 책으로 꼽는 '나르치스와 골드문트', 노벨 문학상 수상작 '유리알 유희' 등이 정여울의

감상과 더해져 함께 한층 생생하게 다가온다.

두 번의 퇴학, 전쟁 반대와 독일에서의 출판 금지, 스위스로의 이주, 심각한 우울증, 두 번의 이혼과 세 번의 결혼 등 순탄치 않은 삶이었지만 헤세는 글을 통해 진정한 자기 자신으로 살 수 있었다. 책은 '나 자신으로 살기 위해' 헤세를 만나야 한다고 말한다.[42]

소설가 박완서(朴婉緖)는 나이 일흔을 넘기면서 늙어가는 것이 이렇게 좋은 줄 몰랐다고 했다. 세상을 보는 눈이 나날이 새롭게 열리면서 어떤 고귀한 경지에 이르게 되어 황홀한 기쁨을 느낀다는 것이다.

인생의 가혹함과 축제의 절정을 모두 겪은 뒤 지나온 날들에 얽힌 영욕의 파노라마를 회고하면서 체득하는 혜안, 생의 막바지 길목에서 뭇 욕심들을 홀연히 떨쳐 버리는 마음자리에 은총처럼 임재하는 깨달음이라고 했다. 물론 이것은 평생 치열한 고뇌와 각고의 언어로 정신세계를 수련해 온 작가에게 주어지는 선물이라고 할 수 있다. 그러나 정도의 차는 있을지언정 모든 사람들에게 그러한 가능성은 있다. 문제는 자신의 인생을 대하는 태도일 것이다.

박완서는 평범하고 일상적인 소재에 적절한 서사적 리듬과 입체적인 의미를 부여함으로써 다채로우면서도 품격 높은 문학적 결정체를 탄생시켰다는 평을 받고 있다. 작가는 우리 문학사에서 그 유례가 없을 만큼 풍요로운 언어의 보고를 쌓아 올리는 원동력이 되어왔다. 그녀는 능란한 이야기꾼이자 뛰어난 풍속화가로서 시대의 거울 역할을 충실히 해왔을 뿐 아니라 삶의 비의를 향해 진지하게 접근하는 구도자의 길을 꾸준히 걸어왔다.

단 한 번도 축복받아 보지 못한 생애라 할지도, 소외되어 밀려나는 길을 한 발짝 벗어나 한 차원 높게 '초탈'할 수 있다. 이 세상에 살고 있지만 반쯤은 저세상에 이미 가서 살고 있는 영혼, 현실의 속물적인 이해관계를 넘어서 공정하고 투명하게 사리를 분별할 수 있는 안목, 영욕의 세월을 되돌아보면서 생애의 고결하고도 황홀한 기쁨을 빚어내는 내공…. 그러한 위상에서 노인의 권위도 되살아날 수 있다.

점점 길어지는 노년의 자투리 인생이 아니라 또 다른 도약을 위한 시간이다. 시인은 그렇듯 무(無)를 향해 단독자로서 정진하는 노인의 다짐을 담담하게 묘사한다.

나는 이미 흔적일 뿐 / 내가 나의 흔적인데 / 나는 흔적의 서민 / 흔적 없이 상아
가다가 / 흔적 없이 사라지리라. -황인숙, 「노인」 중에서

5. 어디서 누구와 살지 정하라

노년준비를 할 때 기억해야 할 중요한 한 가지는, 어디에서 살지 정하는 일이다. 우선 그동안 살던 지역에 그대로 머물 것인지, 새로운 거처로 옮길 것인지 생각해봐야 한다. 자신에게 익숙한 지역과 집에 그대로 머물면 가장 좋다. 새롭게 적응할 필요도 없고, 이웃과 다시 관계를 맺어야 하는 부담에서도 벗어날 수 있으며, 지역사회 노인복지 프로그램에 대한 정보도 쉽게 얻을 수 있다. 그러나 노년이 되면 수입이 감소하므로 이제까지의 산림 규모가 자신의 경제 상황과 맞는지 따져봐야 한다. 또 집안의 구조라든가 설비도 노인이 살기에 편리하게 되어 있어야 한다. 욕실이나 문턱 등을 개조하여 살아도 되지만 아직까지 우리나라에서는 이 분야의 지우너이 그리 활성화되어 있지 않은 것이 사실이다.

이와 반대로, 자신에게 적합한 노인복지 서비스를 제공하는 지역이나 기관 근처로 옮겨 갈 수도 있다.

노년의 주거와 관련하여 또 하나 생각해야 할 것은 집값과 생활비 문제다. 서울의 집값이나 생활비가 다른 지역 중소도시보다 비싼 것이 엄연한 현실이다. 서울에서 큰돈을 치르고 좁은 평수에 사는 것보다 서울을 벗어난 지역에서 좀더 넉넉한 평수에 적은 비용을 지불하며 사는 것이 오히려 편안할 수 있다. 이럴 경우 차액으로 생활비를 충당할 수 있다는 이점도 있다.

그런데 이 모든 주거상황에서 빼놓지 말고 고려해야 할 것은 자녀와의 거리이다. 부보와 자녀가 한마음 한뜻으로 동거를 선택한 경우는 더 말할 필요가 없지만, 별거를 하는 경우라 해도 부모와 자녀의 거주 공간이 지나치게 가까우면 간섭과 심리적 부자유로 인해 예기치 못한 갈등이 벌어질 가능성이 높다. 그러나 위급한 상황에 달려오지 못하니 서로 불안감이 생긴다. 그러니 '국이 식지 않을 정도의 거리'가 부모와 자녀가 사는 곳의 가장 이상적인 거리라는 말이 나온 것 아니겠는가. 부모와 자녀간의 거리는 부모님의 건강, 서로의 경제적 상화, 심리적인 상태, 도움을 주고받아야 하는 정도 등을 고려해 신중하게 결정해야 한다.

부모와 자식 간 동거로 살거나 이상적인 거리에서 별거 생활을 할지라도 고부(姑婦)간의 사소한 갈등 문제는 누군들 딱 부러지게 답할 수 있겠는가. 자식들에게 헌신적인 시어머니도, 자기 역할을 나름대로 성실하게 잘 해내는 며느리도 어느 한 사람, 나쁘거나 의도적인 사람은 없다. 물론 잘못된 사람도 틀린 사람도 없다. 그리고 보면 부모님과의 동거든 별거든, 멀리 살든 가까이 살든, 집집마다 사정에 맞춰서 결정할 일이다. 그렇긴 하지만 역시 사람 사이란 델 정도로 너무 뜨거운 것도, 꽁꽁 얼어붙을 정도로 너무 차가운 것도 좋지 않음은 분명하다. 데인 상처나 얼어붙은 상처 모두 아프기는 마찬가지다.

그러니 무조건 준다고 해서 환영받는 것도 아니며 받을 만큼 되돌려주지도 못한다는 인간관계의 진실을 잊지 말 일이다.[43]

5. 피할 수 없는 시간

영국 런던에서 평화로운 노후를 보내는 80대 치매 노인 안소니. 그를 찾아오는 건 딸 앤뿐이다. 안소니는 늘 차는 시계를 매번 어디에 뒀는지, 딸이 결혼했는지 이혼을 했는지 종종 잊지만, 누군가의 돌봄을 받아야 한다는 사실을 받아들이지 않는다.

기억이 뒤섞여 갈수록 지금의 현실과 사랑하는 딸, 그리고 자신까지 모든 것이 의심스러워진다. 현재 상영 중인 영화 '더 파더' 이야기다. 이 영화는 치매 환자 시선에서 그려진 밀도 높은 심리극이다.

치매의 세계는 현실과 가상의 세계가 구분되지 않고, 과거와 현재가 섞이고, 사람의 구분이 뚜렷하지 않다. 그런 치매 심리의 구조가 영화에 그대로 담겨 있다. 안소니가 요양 병원에서 "내 이파리가 다 떨어진 것 같다"며 흐느끼는 장면은 가슴을 저민다.

이 영화로 아카데미 남우주연상을 받은 안소니 홉킨스는 촬영할 때 아버지 생각이 나서 눈물을 그칠 수 없었다고 했다. 감정을 달래기 위해 촬영 후 휴식을 요구했을 정도였다고 전해진다. 관람객 대다수가 치매를 앓는 안소니의 모습에서 노부모의 얼굴을 기억했고, 언제 다가올지 모르는 자신의 미래를 그려봤을 것이다.

인생의 모든 계절은 저마다 의미가 있다. 자연이 한 계절에서 다음 계절로 옮겨져 가는 것처럼 인간 역시 끊임없이 변화하며 발전한다. 생애발달주기에 따라 예외 없이 통과의례를 거친다. 권위에 순종하며 학업에 힘쓰는 유년기와 자주적으로 선택하고 행동하는 성인기를 지나, 인생의 참의미를 찾는 노년기에 이른다. 그러나 누구나 처음이기에 미숙하다. 미리 살아볼 수 없기 때문이다. 더욱이 나이 든 부모님의 외로움이 어떤 건지 심정을 알기 힘들다.

나이 들어 배우자를 떠나보내고 혼자 돼 본 후에야 "그때 우리 어머니가 혹은 아버지가 이런 심정이셨겠구나. 좀 더 잘해드릴걸" 하며 후회하게 된다는 것이다. 부모가 "내가 너희를 어떻게 키웠는데 그것 하나 못해주냐" 라는 말을 할 때 "또 시작이군" 이라며 귀를 닫기보다 "우리를 키우실 때 정말 고생하셨네요" 라고 말하는 편이 자신을 위해 더 좋다.

지금 노부모의 심정을 알지 못해도 헤아려 보고 외로움을 달래드리다 보면 내가 그 나이가 됐을 때 그런 외로움을 겪지 않게 된다. 나이든 부모의 모습을 통해 미래를 준비할 수 있기 때문이다. 자녀에게도 덜 의지하게 된다. 만약 지금 부모 봉양에 힘든 시간을 보낸다면 나 자신을 위해, 내 노후를 위해 저축하는 시간이라고 생각해 보자. 내가 늙어서 겪을 고통을 지금 예방한다는 마음으로 노부모를 대하는 것이다.

한 블로그에서 읽은 내용이다. 80대 치매 노인이 60대 아들에게 "아저씨 저 새 이름이 뭐예요?" 라고 물었다. 아들은 "아버지 저 새는 까치예요" 라고 친절하게 말해주었다. 그러나 아버지의 똑같은 질문이 5~6차례 이어지자 화가 난 아들은 "아버지 이제 더 묻지 마세요. 도대체 몇 번이나 똑같은 질문을 하시는 거예요" 라고 말하며 자리를 박차고 나갔다. 이를 지켜보던 80대 노모가 오래된 일기장 한 권을 아들에게 내밀었다. 펼쳐진 빛바랜 일기장엔 이렇게 쓰여 있었다.

" '아빠 저 새 이름은 뭐예요?' '아들아 저 새는 까치란다.' 아들은 오늘 까치란 새에 관해 30번이나 물었다. 30번 다 까치라고 대답해 주었다. 우리 아들은 훌륭한 조류학자가 되려나 보다."

인생의 시계는 지금 거침없이 앞으로 가고 있다. 다가올 또는 다가온 노년기를 어떻게 보낼 것인지 미리 준비해야 한다. 노년기에 중요한 것은 아직 뭔가를 할 수 있다는 자신감이 아니다. 현재 내가 어떤 사람인가 아는 것이 중요하다. 자신이 쓸모없는 인간이라는 두려운 감정이 노인들의 마음을 가장 아프게 한다.

　노년기의 과제는 과거를 경멸하지 않고 오히려 과거로부터 교훈을 찾아내는 것이다. 노년기는 인간이 자기 인생을 돌아보면서 '인생에서 무엇이 가치 있는가' 라는 수수께끼를 풀어야 하는 시기이다. 또 잊지 말아야 할 것은 하나님과의 인격적인 만남이다. 어린 시절에 하나님을 알게 될 수도 있고, 장년이 돼 왕성히 활동하는 중에 하나님을 알게 되기도 하고, 은퇴한 뒤 노년의 묵상 속에서 하나님을 만나기도 한다. 하나님을 아는 것은 인생의 어느 단계에서나 가능한 일이다. 하나님과의 인격적인 만남은 인간 존재의 가장 큰 사건이 된다. 우리 앞에 놓인 인생의 선물을 놓치지 말아야 한다.[44]

7. 은퇴 준비는 언제부터

　"은퇴 준비는 언제부터 해야 할까요?" 라는 물음에 대한 대답은 당연히 '빠를수록 좋다' 는 것이다. 평균수명의 연장으로 은퇴 후 기간이 갈수록 길어지고 있어 그만큼 준비를 많이 해야 하기 때문이다. 전문가들은 취업과 동시에 은퇴준비를 시작하라고 권하기도 한다. 그러나 이 시대 젊은이들의 생각과 현실은 그리 녹록지 않다.

　극심한 취업난 때문에 졸업 후 취업에 성공하기까지 오랜 기간이 걸리기도 하고, 간신히 취업에 성공하더라도 차도 사고, 해외여행도 다니며 현재를 즐기고 싶어 한다. 보니 서른 살이 넘어서야 늦은 결혼을 하게 되고, 결혼 후 자녀 출산이라도 하게 되면 양육비와 교육비가 우선순위가 된다. 나날이 오르는 집값이 무서워 영혼까지 끌어모아 집을 사느라 은퇴 준비는 엄두도 못 낸다.

　이런 저런 일들 때문에 은퇴 준비를 하지 못했다면 늦어도 50대에 접어들면서부터는 본격적으로 준비를 시작해야 한다. 이때는 대부분의 가정에서 자녀들 대학입시가 마무리되는 시기다. 자녀를 키우는 부모로서의 가장 중요한 책무인 자녀교육에서 한숨 돌리게 되었다면, 이제부터는 부부 두 사람의 삶을 챙겨야 한다. 그동안 바쁘고 정신없이 살아오면서 놓치고 살아온 것들은 없는지 돌아보자. 그 중 한 가지가 바로 부부의 은퇴 준비가 아닐까 한다. 이제 10년 뒤, 아니면 그보다 더 가까운 미래에 은퇴를 하게 되니, 더 이상 준비를 늦출 수가 없다.

은퇴 준비는 어떤 것들을 어떻게 준비해야 할까. 이하에서는 은퇴를 10년 앞둔 50세쯤부터 시작할 경우의 은퇴 준비 절차와 방법에 대해 알아보기로 한다.

은퇴 10년 전쯤에는 부부가 함께 은퇴 후 삶의 모습을 그려보자. 은퇴 후 어디서, 누구와 어울리며, 무엇을 하며 살아갈 것인가를 생각해 보자는 것이다. 이 그림이 그려져야 은퇴 준비에 대한 방향과 목표를 정할 수가 있다. 남들이 하는 것을 따라 하는 은퇴 준비가 아니라 부부 두 사람이 추구하는 삶의 방향에 따른 준비가 필요하다. 지금까지 준비해온 노후자금이 있다면 그 규모가 어느 정도인지 파악해보고, 얼마나 더 준비해야 할지 가늠해보자. 은퇴 후에도 계속 일을 하고 싶다면 이때부터 관련 자격증이나 학위취득에 도전해보자. 귀농·귀촌에 뜻이 있다면 이때부터 준비를 시작해야 한다.

은퇴 5년 전부터는 어떤 준비를 해야 할까. 은퇴 준비는 혼자서도 할 수 있지만, 관련 전문가의 도움을 받는 것도 좋다. 국민연금공단에서 하는 노후준비교육과 상담서비스를 받아 보자. 지금까지의 준비상태에 대한 진단을 받고, 부족한 부분에 대해서는 조언을 들을 수 있다. 재취업을 위한 자기개발의 속도를 높이고, 귀농·귀촌 계획이 있다면 얼마간이라도 직접 체험을 해보는 것이 좋다. 이 시기부터 해야 할 또 한 가지 중요한 준비는 가계의 소비와 지출의 규모를 점차 줄여가야 한다는 것이다.

은퇴하면 월급이 끊기고 연금으로 살아야 하니 수입이 줄어들 수밖에 없다. 수입이 줄면 당연히 지출도 줄여야 하는데 이게 금방 되질 않는다. 줄이기는커녕 오히려 더 늘어나는 집도 있다. 돈 쓸 시간이 더 많아진 탓이다. 은퇴 후 삶의 모습과 준비 정도에 맞도록 소비와 지출 규모를 줄여나가는 연습을 하자.

은퇴 2~3년 전부터는 무엇을 챙겨야 할까. 은퇴 생활 계획을 구체적으로 세워보자. 한가지 계획만 세울 게 아니라 우선순위를 정해 3가지 정도의 대안을 마련해보자. 세상이 어디 내 생각대로만 되겠는가? 1안이 맞지 않으면 2안으로, 2안도 맞지 않으면 3안으로 갈아탈 수 있는 선택지가 필요하다.

은퇴 자산 목록을 작성해보고, 은퇴 전까지 부채상환을 완료할 대책을 세워보자. 한 가지 덧붙일 것은 이때부터라도 남편들은 집안일을 배울 필요가 있다. 맞벌이 부부의 경우 남편이 먼저 은퇴하게 되는 경우가 많은데 이럴 때는 출근하는 아내를 위해 남편이 집안일의 상당 부분을 맡아주는 것이 좋기 때문이다.

은퇴 1년 전에는 은퇴 후 현금흐름을 구체화해 본다. 은퇴로 인해 단절된 월급을 어떤 자금원을 언제부터 얼마나 인출해서 대체할 것인가에 대한 계획이다. 재취업을 위해 전직지원서비스를 받아보고, 아직 납입이 끝나지 않은 보험상품이 있다면 은퇴 전까지 납입을 완료할 수 있는 방법을 찾아보자.

늦었다고 생각할 때가 가장 이른 때이다. 늦었다고 포기 말고 지금부터라도 시작해 보자.[45)]

8. 일하는 노년은 청년이다

대선을 코앞에 두고 모두가 입을 열면 청년이다. MZ세대 표심이 승부를 가른다고 하여 너도나도 MZ세대를 겨냥한 맞춤형 공약들을 쏟아내고 있다. 연 200만원 청년기본소득이 등장하는가 하면, 취약 청년 대상 월 50만원씩, 최장 8개월간 청년도약보장금이 약속된다. '보편 지원'과 '선별 지원'의 차이는 있지만 한마디로 현금을 손에 쥐여주겠다는 것이다.

여기서 생각해 볼 문제는 일종의 '공약 소외'의 문제다. 지금과 같은 한겨울에도 밤이면 주택가 골목에서 허리를 구부리고 폐지를 줍는 노인들이 느린 발걸음을 옮기고 있는 풍경을 보면 우리나라 노인을 위한 공약은 어디 있는지를 찾아보게 된다. 우리나라는 경제협력개발기구(OECD) 회원국 중 노인 고용률 1위라는 지표와 함께 전 세계에서 가장 높은 노인 빈곤율, 자살률을 보이고 있다. 2020년 OECD 발표에 의하면, 2018년 기준 우리나라 65세 이상 인구의 상대 빈곤율은 43.4%다. 회원국 평균은 15.7%이니 차이가 너무 크다. 정부가 주도하는 '노인 공공 일자리 만들기' 사업을 통해 지원되는 일자리는 월 임금 30만원 수준이다. 통계청 자료에 의하면 우리나라 청년층 인구는 879만9000명으로 15세 이상 인구 중 청년층 비중이 19.5%다. 65세 이상 고령 인구는 전체 인구의 16.5%인 853만7000명이다. 청년과 노인 인구는 크게 차이가 없다. 그러나 노인을 위한 공약은 그 양과 질이 크게 떨어진다.

노인을 돌봄 대상이나 정부와 지자체의 돈이 들어가는 수혜 대상으로 보면 노인 공약과 정책은 청년에 비해 후순위로 밀리거나 본격적인 실행에 망설여질 수밖에 없다. 60세 이상 은퇴자들을 경제 활동력이 있는 생산인구로 인식해야 할 필요가 있다. 그들은 수십 년 축적된 경력과 남이 쉽게 흉내 낼 수 없는 노하우, 인적 네트워크를 갖추고 있는 인력이다. 그런데 자기 업무에서의 최고 정점에 다다른 시점에 은퇴를 하는 게 역설적인 현실이다. 물론 재취업을 위한 전직지원서비스 제공 의무화법도 시행되고 있지만, 1000인 이상 기업들이 적용 대상이라 아직은 걸음마 단계다. 전직도 양질의 일자리가 많아야 실효성이 있다.

그래서 청년 창업을 지원하는 물량 공세의 절반이라도 노인 창업을 지원해주는 일이 반드시 필요하다. 이는 생산가능인구 감소라는 위기를 메워줄 수 있는 대안이 될 수 있다. 시니어 창업이 치킨집, 편의점, 커피숍, 숙박업 등 생계형 창업에 몰려 높은 폐업률의 싱크홀에 집단으로 빠져드는 현상을 막아야 한다. 제조업, 정보통신 및 전문과학 등을 포함한 '기술형 창업'에 대한 과감하고 전폭적인 지원을 아끼지 말아야 한다.

일하는 노년은 청년이다. 노년의 축적된 기술과 청년의 도전이 조화를 이루는 생산인구의 세대별 협력 체계를 국가적 차원에서 정립해야 한다. 그래야 생산인구 감소에 따른 위기에 대응할 수 있다.[46]

9. 행복한 고령인으로 살기

일본과 유럽뿐 아니라 최근에는 우리나라에서도 65세부터 74세까지를 준(準)고령인, 75세 이상을 고령인으로 나누는 추세이다. 필자는 11년 전 대학에서 정년퇴직하고 한창 '인생 이모작'이 유행이던 때에 네팔에서 객원 교수로 준고령인의 시간대를 살았다.

코로나로 한국에 돌아와 살면서 75세를 맞았다. 자연스레 지난 세월들을 돌아보면서 여생을 어디에서, 어떻게 보낼 것인가를 숙고하게 되었다.

한국에서의 삶은 모국어를 쓰는 편안함, 기계 문명이 주는 편리함, 다양하고 맛있으며 풍성한 먹거리 등, 얼마 동안은 코로나로 인한 불편함을 빼고는 행복했으나 무료함과 무력감도 함께 왔다. 스마트폰을 가지고 노는 어린 아이들, 세계관이 너무 달라서 대화하기 어려운 젊은이들, 고령 운전자를 눈치 주는 사회, 다가올 메타버스(metaverse)의 3차원 가상세계에 대한 막연한 불안감과 호기심 등 다양한 감정이 혼재했다.

네팔에는 우리가 점점 잃어가는 것들이 남아 있다. 그간 함께했던 몇몇 젊은이들은 어버이날에 찾아오고 네팔을 오갈 때마다 공항에 나오며 어려운 일들을 해결해 주어서 꽤 정이 들었다. 골목에서 뛰노는 동네 아이들은 한 세대 전의 우리 모습이고 사람들은 만날 때 마다 밥 먹었는가, 차 마셨는가 묻는 것이 인사이다. 전기가 나갔다가 들어오면 어른, 아이 할 것없이 환호성을 지르며 기뻐한다. 결핍이 있어서 가능한 행복, 역설적으로 한국에서는 맛볼 수 없는 기쁨이 있다.

그러나 대학에서 실망스러운 경험도 하였다. 학생들은 아침 첫 시간에 줄줄이 지각하면서 들어가도 되냐고 예의 바르게 허락을 구함으로 계속해서 수업을 방해했다. 한두 사람의 과제물을 모두 베끼고 시험 때에는 반 전체가 과감하고 적극적인 부정을 저질렀다. 지적하고 타일러도 외부인인 나를 불편해 할 뿐, 자발적인 내적 각성이 없으니 변화를 기대할 수 없었다. 감독자의 눈만 피할 수 있으면 시험 부정은 잘못으로 인식하지 않는 듯 했다. 정치인들을 도둑이라고 맹렬히 비난할 때, 자신들은 가장 정직한 사람이라고 착각하고 있는 듯해서 쓴웃음을 짓곤 했다.

작년 10월 코로나가 좀 누그러진 틈을 타서 네팔에 돌아왔다. 한인 선교사가 세운 신설 초등학교를 방문했는데 일곱 살부터 열두 살까지 21명의 학생들이 있는 크리스천 기숙학교였다. 교사가 교실에 들어가면 학생들은 모두 일어서서 한목소리로 예의 바르게 인사하고, 수업 시간에 늦은 학생들은 들어가도 되냐고 허락을 구했다. 간단한 과제를 주었더니 한 학생이 아직 글을 못 익힌 친구 노트를 가져다가 대신 써 주었다. 이 초등학교에서 보는 것들이 전혀 생소하지 않은 것은 이미 네팔 대학에서 경험했기 때문이었다. 대학 교육은 초등 교육의 연장선상에 있었다. 대학생들이 과제물을 베끼고 시험 시간에 서로 답을 알려주는 것은 부정이 아닌 우정의 표현, 초등학교부터 길들여온 습관으로 일종의 상생 문화인지도 모른다.

아이들에게 십 년 후에 어떤 사람이 되고 싶은지 물었더니 의사, 간호사, 교사, 과학자, 배우 등 다양한 장래 희망들을 말했다. 영어 실력이 제법이다 싶었는데 알고 보니 아이들은 영어 성경을 읽고 외우고 노래하면서 영어를 익히고 있었다. 영어는 네팔의 공용어이고 이들의 꿈을 이루어 줄 도구이기도 하다.

이 네팔 어린이들에게 지각하지 말 것, 숙제는 스스로 할 것, 시험 시간에 서로 가르쳐 주는 것은 부정행위로서 해서는 안 된다는 것, 특히 사람의 눈만 피하면 된다는 생각이 굳어지기 전에 천지만물을 지으신 하나님의 눈을 피할 수 없다는 것을 가르치고 싶다.

'내가 정말 알아야 할 모든 것은 유치원에서 배웠다'를 쓴 로버트 풀검(Robert Fulghum)이 시대를 앞서간 선각자라는 생각이 든다. 그는 초등 교육의 중요성을 명쾌하게 각인시켰다.

필자는 네팔과 한국을 오가며 과거와 미래를 아우르는 삶속에서 네팔의 꿈나무들과 함께 희망을 키우려고 한다. 보람 있고 행복한 고령인의 삶을 기대하며.[47]

10. "나도 걸릴 수 있다" 치매 두렵다면 이것도 주목

치매는 장기간의 치료가 필요한 치명적인 질병이다. 발병 환자수도 꾸준히 늘고 있어 이제는 그 누구도 안심할 수 없는 질환이 됐다. 중앙치매센터에 따르면 치매 상병자는 지난 2019년 약 78만 명에 달했다. 65세 인구의 10% 수준이다.

치매 우려가 커질 수록 이를 예방할 수 있는 식습관에도 관심이 높아지고 있다. 우리가 먹는 음식은 뇌 건강에 영향을 미치기 때문이다. 최근 주목할 만한 연구결과는 수용성 식이섬유에 대한 것이다.

국제학술지 '영양 신경 과학(Nutritional Neuroscience)' 최신호에 실린 일본 연구에 따르면 라즈베리나 고구마, 귀리 등 수용성 식이섬유가 풍부한 식품을 충분히 먹을 수록 치매 위험을 줄일 수 있는 것으로 나타났다. 이 연구는 지난 1980년에서 2020년까지 일본 성인 3500명을 추적 분석한 결과이다.

연구팀은 실험자들이 식이섬유를 더 많이 섭취할수록 치매 위험이 낮아진다는 것을 발견했다. 특히 식이섬유 중에서도 귀리로 만든 오트밀이나 콩류, 베리류, 감귤류와 같은 식품에 많은 수용성 섬유질과의 연관성이 높았다.

연구를 이끈 야마기시 카즈마사(Kazumasa Yamagishi)일본 쓰쿠바 의과대학 교수는 "치매는 장과 뇌 사이에서 일어나는 상호작용과 연관이 있는데, 수용성 식이섬유는 장 내 세균의 구성을 조절해 치매 발병에 중요한 신경 염증을 막도록 도와준다"고 말했다. 식이섬유를 충분히 먹을 경우 장 내 유익균이 번성해 전신 염증을 줄이는 데 도움을 주며, 건강한 장은 알츠하이머병으로부터 뇌를 보호할 수 있다는 설명이다. 야마기시카즈마사 교수는 이와 더불어 식이섬유가 치매의 또다른 원인인 비만이나 혈관 문제의 위험도 감소시킬 수 있다고 말했다.

수용성 식이섬유는 이전 연구에서도 염증 감소와 면역체계를 강화시키는 것으로 나타났다. 과학전문지 '뇌-행동-면역(Brain, Behavior and Immunity, 2010)'에 실린 그리고리 프로인드(Gregory Freund) 미국 일리노이대학 박사 연구에 따르면 수용성 식이섬유는 면역세포가 감염으로부터 빠르게 회복하는 데 영향을 미치는 것으로 나타났다. 식이섬유는 물에 잘 녹는 수용성 식이섬유와 녹지 않는 불용성 식이섬유로 나뉜다. 불용성 식이섬유는 정제하지 않은 곡물이나 푸른잎 채소 등에 많다. 수용성 식이섬유는 베리류(딸기, 라즈베리 등), 사과, 고구마, 귀리, 보리, 씨앗, 견과류, 콩 등에 많이 들어있다.[48]

11. 노후생활비, 매월 얼마나 들까

부부의 노후 생활비는 매월 얼마나 있어야 할까?

통계청 가계금융복지조사(2018년)에 따르면 최소생활비는 197만 원, 적정생활비는 283만 원이라고 한다. 그런 돈을 충분히 모아두었을까, 아니면 연금이나 건물 임대 등과 같은 매월 일정액을 받을 수 있는 준비가 되었을까? 대체로 그렇지 못한 것이 현실이다. OECD 국가 중 우리나라 노인 상대 빈곤율이 1위인 점과 무관하지 않다.

노후 부부의 여가 즐기는 모습(변용도 동년기자)

은퇴 가구 4가구 중 1가구는 연금소득이 전혀 없고 고령자의 연금 평균 수령액은 61만 원에 불과하다. 최소생활비에도 크게 못 미친다. 돈을 벌어 모자라는 금액을 벌려해도 은퇴노인이 일자리를 얻기가 쉽지 않다.

해결 방안으로 한 두 가지를 생각할 수 있겠다. 하나는 자식에게 지원을 받는 방법이나 당연히 여의치 못하다. 다른 하나는 국민연금 등의 공적 연금에 더해 개인연금을 드는 방법이 있다. 그러나 은퇴자가 개인연금에 새로 가입하는 것은 그 수령 시기가 늦고 보험료를 낼 소득이 없어서 의미가 없다.

차선책으로는 가지고 있는 자산을 활용하여 노후생활비를 보충하는 방법을 고려해볼 수 있겠다. 은퇴자들이 가지고 있는 자산은 주택이 유일한 경우가 많다.

주택을 팔아서 현금화하여 쓸 수 있으나 그러면, 살 집이 없어지게 되어 적절한 대안이 아니다. 그런 점을 고려, 사회복지 차원에서 만든 제도의 활용이 관심을 끌고 있다. 주택연금이다. 현재 가입자가 6만 명을 넘어서고 있다. 70세에 7억 원 아파트를 주택연금에 가입하면 매월 그리고 죽을 때까지 169만 원을 연금으로 받을 수 있다. 죽은 후에는 배우자에게 같은 조건으로 승계할 수 있다. 받은 총 연금액보다 집값이 많으면 차액을 자식에게 돌려준다. 반대로 모자라면 상속자에게 돌려받지 않고 정부가 책임을 진다. 부부 중 한 사람이 60세 이상이어야 가입할 수 있으나 올해 안으로 50세 중반으로 낮춰질 예정이다.

고령자 평균 연금 수령액 61만 원에 주택연금 가입으로 받게 되는 금액, 169만 원을 더하면 부부 최소생활비 197만 원을 넘어선다. 준비하지 못한 노후생활비 보충 방법으로 고려해 볼 만하다.[49]

12. 나이는 숫자에 불과한 것이다

서유석의 "너 늙어봤냐? 나 젊어봤단다" 란 노래의 노랫말이 재미있어 몇 구절 옮겨본다. 세상나이 90에 돋보기도 안 쓰고 보청기도 안 낀다.

틀니도 하나 없이 생고기도 씹는다. 누가 내게 지팡이를 쥐어줘서 늙은이노릇하게 하나. 컴퓨터를 배우고 인터넷을 할 거야, 서양말도배우고 중국말도 배우고 아랍말도 배워서 이 넓은 세상 구경하러 떠나볼 거야, 인생이 끝나는 것은 포기할 때 끝이다. 너 늙어봤냐 나 젊어봤단다……

우리 사회는 모든 것을 숫자로 정하고, 숫자로 느끼며, 숫자에 의미를 두는 경향이 생활화되었다. 주민등록번호가 자신을 대신하는 경우가 그렇고, 아파트 평수, 휴대전화, 자가용, 대선주자의 지지율 또는 인기도가 몇 퍼센트냐로 그 사람의 무게를 달고, 65세만 되면 당연히 노인이요, 혈당, 혈압 등 건강 정도의 잣대도 모두 숫자에 의해 정해진다. 하고 싶은 일이 있어도 이 나이에 남들이 뭐라 할까? 처음 만나면 우선 나이가 몇 살 인가부터 궁금하다. 이러한 숫자가 잣대인 고정관념을 털어버리고 인터넷의 페이스북(Facebook)처럼 대화가 통하면 모두 친구일 수는 없을까?

나이보다 젊어 보인다는 것은 우선 듣기는 좋지만 아무리 젊게 보이든 늙어 보이든 자신의 나이보다 젊을 수도 늙을 수도 없는 것이다. 따라서 젊어 보이려고 인위적으로 자연스러운 과정을 부정하려 들지 말고 인생 자체를 젊게 살아야 한다. 달력이 넘어가는 한 우리는 계속 나이를 먹을 수밖에 없지만, 노화와 늙는 건 다르다. 울만의 시 '청춘(youth)'의 첫 구절에서 "청춘은 인생의 어느 시기를 말하는 것이 아니라 마음의 상태를 말하는 것이다" 라고 했다. 다시 말해서 노화는 자연현상이고 늙는 건 정신적 현상이다. 노화는 불가항력이지만 자신의 노력으로 정신을 녹슬지 않게 할 수는 있는 것이다. 같은 세대를 살면서 더 젊게 살 수 있는 것은 축복이라 할 수 있다. 따라서 젊게 사는 사람들의 일상을 주목할 필요가 있는데 긍정적인 공통점은 모든 사람의 공통점이 될 수도 있을 것이다.

그래서 인터넷에서 본 나이에 비해 젊게 사는 사람들의 공통점 몇 가지를 여기에 옮겨본다.

첫째, 긍정적(肯定的)인 성격을 가지려고 애써야 한다는 것이다. 이는 자신에 대해 매우 정직하며 자기의 육체적 나이를 받아들여야 하고 자기의 처지나 위치에 대해서 현실적이면서 긍정적이어야 한다는 것이다.

둘째, 욕심을 줄여야 한다고 했다. 욕심이 없으면 자유롭고 매사에 활기를 가질 수 있으며 무엇에도 집착하거나 매이지 않는다.

셋째, 경제적으로 독립적인 사람으로 어느 정도 경제력을 갖추면 그만큼 단단한 자신감과 모든 일에서 당당할 수 있다는 것이다.

넷째, 남을 배려(配慮)하고 이해하려는 마음을 가지고 있어야 하며, 다섯째, 자기 정체성과 가치관이 분명한 사람으로 정신이 건강한 만큼 몸도 건강하고 그것이 젊게 사는 비결이란 것이다.

여섯째, 독서활동인데 계속 신문이나 책을 읽는다는 것은 뇌 활동을 위해 아주 중요하다.

일곱째, 지속적인 운동으로 자기에게 알맞은 운동을 계속하면 모든 질병을 예방할 수 있는 수단이자 건강을 지키는 방법이기도 하다. 가장 많이 하며 무리 없이 쉽게 할 수 있는 운동이 바로 걷기라는 것이다. 너무 당연한 이야기들이지만 한두 가지라도 실천에 옮기려고 애쓰는 마음가짐이 필요할 것 같아서 소개해 보았다. 나이는 숫자에 불과한 것이다.[50]

13. 노년의 '고독' : 고독은 즐기면 행복이 되고, 괴로워하면 불행이 된다

외로움이란 인간이 때때로 느끼는 감정으로 삶의 일부이다. 산다는 것은 외로움을 이겨내는 것이다. 인간은 살아가면서 이런 감정을 이겨내면서 성장한다. 인생이란 사막을 혼자 걷는 낙타와 같은 존재이다. 키에르케고르는 고독은 '죽음에 이르는 병'이라고 했다. 고독은 인생의 한 부분으로 이를 즐길 줄 모르면 죽음 다음으로 두려움을 주는 일종의 질병이 된다. 고독은 즐기면 행복이 되고, 괴로워하면 불행이 된다. 은퇴를 한 노년은 할 일이 없고, 인간관계가 좁아지며, 가족제도가 핵가족제도로 바뀌면서 1인 가구와 독거노인이 급증함에 따라 고독문제는 개인적 차원을 넘어 심각한 사회문제가 되고 있다. 오늘날 영국에서는 고독을 일종의 질병으로 다루기도 한다. 그러므로 개인적으로는 고독을 즐길 줄 아는 '고독력'을 키워야 하며, 국가적으로는 적극적인 대책을 마련해야 한다.

시인뉴스 포엠

(1) 노년에 가장 힘든 것이 '고독'의 문제다.

인간은 사회적 동물이므로 함께 살면서 외로움을 잊고 살아간다. 원론적으로 혼자 사는 것보다는 함께 사는 것이 좋다. 그래서 많은 사람들은 대인관계의 중요성을 강조한다. 그러나 외로움은 인간의 본능과도 같은 것이다. 인간은 홀로 태어나서 홀로 돌아가는 원자적 존재이므로 생래적으로 '원초적 고독'을 느낀다. 정호승 시인은 "울지마라. 외로우니까 사람이다. 살아간다는 것은 외로움을 견디는 일이다."라고 노래하고 있다.

고독은 연령대에 따라 다르다. 젊었을 때는 비록 경쟁하면서 스트레스를 받고 때로는 외로움을 느낄 수 있지만, 가정·학교·직장이라는 공동체에서 함께 살면서 고독을 거의 못 느끼며 살아간다. 그런데 노년에는 고독이 가장 힘든 문제이다. 브누아트 그루는 늙는다는 것은 '고독한 항해'라고 한다. 노년의 시간과 공간은 고독으로 가득 차 있으므로 고독을 극복하지 못하고는 행복을 생각할 수 없다.

기본적으로 건강이 나쁘거나 수입원이 사라지면 고독이 앞을 가린다. 일로써 맺어진 인간관계는 은퇴를 하게 되면 끝나기 마련이다. 게다가 대가족제도가 핵가족제도로 바뀌고, 가족마저 이해관계로 갈라서는 세상이 되었으니 외로울 수밖에 없다. 부부가 배우자를 다른 세상으로 보내고 나면 생활이 불편해지고 더욱 외로워진다. 친구들이 떨어져 나가고 저 세상으로 떠나기 시작하면 또한 외로움을 느낀다. 같은 아파트에 살면서 인사도 하지 않고 지내는 사람들에게는 이웃사촌이란 없다. 더욱이 은퇴 후에 얻은 자유가 무엇을 해야 할지 선택이 힘들어 고독을 느낄 수도 있다.

노년이라는 이유로 사회적으로 고립되어 소외감을 느끼게 되는 우울증의 70%가 사회적 고립에서 온다고 한다. 이와 같은 소외가 노년에는 고독을 일상화시키고, 스스로 극복하지 못하는 경우에는 정신적 질환을 일으킨다. 그래서 노년에는 성격이 내성적인 성향을 띄게 된다. 가장 중요한 원인은 무엇인가에 몰입을 하지 못하기 때문에 권태와 무료함을 느끼기 때문이다. 오히려 인간관계가 힘들게 만들 수 있다. 이러한 경우에는 '나만의 세계'를 건축하고, 그곳에서 마음의 평화를 찾는 것이 더 바람직할 수 있다. 굳이 불필요한 관계는 줄이는 것이 노년의 행복을 위해 필요하다.

한국리서치가 조사한 바에 의하면, 외로움을 거의 항상 느끼는 사람이 7%, 자주 느끼는 사람은 19%, 가끔 느끼는 사람은 51%라고 하니 외로움을 느끼지 않는 사람은 사실상 없다고 하겠다. 외로움은 인생의 그림자이기 때문이다. 나이가 들수록 더 그리고 자주 외로움을 느낀다. 절대고독이 외로움을 더 부채질을 한다. 영국에는 이러한 고독의 문제를 국가적 차원에서 해결하기 위해 '외로움 담당장관'이란 직책이 세계에서 처음으로 생겼다. 현대사회에서는 사회적 단절로 인한 외로움이 보편화되어 있고, 단순한 감정의 문제가 아니라 모든 질병의 근원이 되기도 함으로 국가적 차원에서 관리해야할 필요성이 있음을 보여주는 것이다.

우리나라에서도 부산시의회가 지난 5월에 최초로 고독사 · 자살 등의 사회문제를 예방하기 위해 '부산시민 외로움 치유와 행복 증진을 위한 조례'를 제정하였다. 이러한 입법이 전국적으로 확산되어야 하며, 단지 지방의회 차원에서 그치지 않고 국회가 적극적으로 대책을 마련하는 입법을 해야 할 것이다. 이제 고독의 문제는 단순한 개인적 차원의 정신적 문제가 아니라 사회복지 차원을 넘어선 심각한 사회문제로써 국가가 적극적으로 대책을 강구해야 한다.

인간은 홀로 죽음을 맞이하며, 누구도 내 인생을 대신 살아줄 수는 없다. 인간은 사회적 동물로써 함께 살고 있지만, 마음까지도 함께 할 수는 없다. 이러한 외로움은 인간관계를 해치고 더욱 외로워지게 만든다. 군중 속에서 오히려 고독을 느끼지 않는가? 고독은 인생의 그림자와 같은 존재다. "우리는 모두 한데 모여 북적대며 살고 있다. 그러나 우리는 너무나 외로워서 죽어가고 있다."(슈바이쳐) 외로움은 다른 '나'로서 함께 살아가야 할 숙명과도 같은 존재이다. 그래서 인생이란 외로움과 싸워가는 과정으로 늙는다는 것은 고독을 받아드리는 것을 의미한다. 노년에 고독을 극복하지 못하면 발병률이 높아지고 말년이 불행해진다.

(2) '절대고독'이 노년을 불행하게 만든다.

인생의 황혼기에 들어서면 부딪히는 공통된 문제가 '절대고독'이다. 인생의 끝은 죽음이다. 노년에는 인생의 마지막을 생각하며 고독을 느낀다. 노년이 되면 누구나 크고 작은 질병을 앓게 되는데, 그렇게 되면 죽음의 문제에 부딪히고 절대고독에 시달린다. 키르케고르는 이를 '죽음에 이르는 병'이라고 불렀다. 언젠가는 내 인생도 죽음을 맞이하고 끝날 것이라는 생각에 무한한 고독을 느낀다. 그러므로 노년에는 죽음의 문제를 일찍이 해결함으로써 건전한 삶을 누리는 것이 중요한 과제다. 절대 고독에 시달리게 되면 여생이 어려워진다. 우울증에 걸리는 등 질병이 되기도 한다. 생로병사는 인생에서 피할 수 없는 과정이므로 순리적으로 죽음을 받아드리는 것이 이를 극복하는 최종적인 방법이다. 그래서 이러한 절대고독을 극복하는 것이 노년의 가장 중요한 과제이고, 노년의 행복의 기초이다.

핵가족으로 가족형태가 변하고, 부모를 공경하지 않는 풍조 때문에 만년에는 노인들은 더 고독감을 느낀다. 게다가 부부 중 한 사람을 사별하게 되면 생활 자체가 어려워지고 외로움은 더욱 심해진다. 친구들과 사별을 해도 외로움은 자란다. 소통할 수 있는 사람이 없게 되면 고독을 이겨내는 것은 쉽지 않다. 그 결과 우울증이 생기면 자살까지 하는 경향이 있다. 우리나라 노인들의 자살률은 세계에서 가장 높다. 그러므로 노년을 잘 보내기 위해서는 의미 있는 일을 하면서 자신에게 맞는 건강유지법을 터득하고, 좋은 인간관계를 유지하며, 다양한 취미활동을 해야 한다. 일단 우울증이 오면 본인의 마음만으로는 치료가 불가능하므로 주위의 관심과 약물치료가 필수적이다. 종교에 귀의하게 되면 죽음의 문제를 쉽게 해결할 수 있어 안 믿는 사람보다 더 행복할 수 있다.

(3) 노년에도 고독은 즐기면 '행복'이 되고, 괴로워하면 '불행'이 된다.

고독은 신의 축복도 저주도 아니다. 고독은 즐기면 행복이 되고, 괴로워하면 불행이 된다. 문제는 고독 그 자체가 아니라 고독을 어떻게 받아들이느냐이다. 노년에는 혼자인 것을 두려워하지 말고 즐겨야 한다. 인생이란 어차피 홀로 걷는 나그네 아닌가? 혼자가 된 자유를 잘 누려야 한다. 자신이 원하는 것을 마음대로 할 수 있으니 그 자체가 행복이다. 내면의 성숙을 통해 고독을 즐기며 살아가는 것이 행복으로 가는 길이다.

오늘날 가족공동체가 해체되어 외로움이 일상화되고, 사이버공간에서 홀로 일상생활을 하고 있으며, 혼자 살 수 있는 세상이 되어가고 있다. 특히 노년에는 인간관계가 점차 줄어들기 때문에 홀로 남게 된다. 이러한 현상은 자연현상으로 수용하고, 홀로 사는 방법을 터득해야 한다. 현재를 나 홀로 즐기며 살자는 '욜로족'('You Only Live Once'의 줄임말)이 등장하였다. 한번 뿐인 인생 즐겁게 살자는 모토이다. 고독은 혼자 있는 고통이 아니라 혼자 있는 '즐거움'이어야 한다.

고독이란 노년에게 주어진 선물이라고 생각하는 것이 바람직하다. 무엇인가에 몰입하게 되면 고독을 잊게 되고, 그 결과로 얻는 수확에서 기쁨을 느끼게 된다. 본인이 할 수 있고 관심이 있는 그 무엇을 찾아 하는 것이 고독을 극복하는 최선의 방법이다. 고독으로부터 탈출하기 위해 발버둥치지 말고 그 속에서 즐거움을 발견함으로써 노년의 행복을 찾아야 한다.

고독을 사랑하는 자는 외롭지 않고 오히려 행복하다. 고독은 즐길 줄 모르면 죽음 다음으로 두려움을 주는 일종의 질병이 된다. 우울증은 생래적으로 인간은 고독하기 때문에 오는 질병이므로 이러한 고독에서 벗어나기 위해서는 고독을 즐길 줄 아는 '고독력'을 키워야 한다. 이를 생활화하면 고독을 능히 극복할 수 있고, 오히려 활기찬 인생을 살 수 있게 된다.

노년에는 나만의 시간(= 홀로 있다는 것)을 휴식, 사색과 창조의 시간으로 만들어 의미 있는 인생을 만들어가야 한다. 홀로 있는 시간을 적극적으로 만들고 활용함으로써 삶을 풍부하게 만드는 것이 노년에 행복으로 가는 길이다.

　(4) 노년의 고독은 '창조의 원동력'으로 승화되어야 한다.
　피카소는 "나는 예전에 나를 위해서 고독을 만들었다."고 하면서 고독을 창조를 위한 시간으로 활용했다. 육체적 노화야 피할 수 없지만, 마음의 젊음을 유지하면서 사는 것이 항상 새로운 에너지를 제공하는 길이다. 고독이 인생을 괴롭히는 부정적 정서가 아니라 긍정적 정서로서 '창조의 원동력'으로 승화될 때 노년은 행복해진다. 소로는 대화는 서로를 이해하게 하지만, "천재를 만드는 것은 고독이다"라고 함으로써 고독이 창조의 원동력임을 강조하고 있다. 그러므로 가끔은 고독해야 하고, 고독을 즐기며 살아야 한다. 괴테는 "인간은 사회에서 여러 가지를 배울 수 있다. 그러나 영감을 받는 것은 오로지 고독 속에 있을 때만 가능하다."고 했다.
　노년이 되면 인지능력이 점차 떨어지고, 창조적인 일은 할 수 없다는 생각을 하기도 한다. 인간의 창조성은 30대에 가장 강하고, 그 후에는 10년 단위로 쇠퇴한다는 견해가 있었다.
　그러나 최근에는 노년에도 지적수행능력이 유지되어 창조적 활동을 할 수 있다는 연구들이 속속 나오고 있다. 고독의 눈으로 볼 때 새로운 것이 보이고, 고독의 귀로 들을 때 새로운 소리가 들린다. 고독한 마음에서 새로운 아이디어가 생기고, 창조적인 힘이 솟아나온다. 고독이 오히려 창조의 기회를 제공해 주는 것이다. 고독감을 고독력으로 승화시켜 창조적 에너지를 활용함으로써 노년은 행복을 만들어낼 수 있다.
　니체는 고통을 자기 인생의 원동력으로 승화시켰다. 그는 가난, 고독과 질병으로 고통을 받았지만, 이러한 고난 속에서 나름대로 천국을 만났으니 그곳은 자신의 철학세계였다. 중요한 사실은 고독 속에서 진정한 자유함을 누릴 수 있고, 그 힘을 창조의 원동력으로 활용할 수 있다는 점이다. 그 때에 인간은 한 단계 성장하고, 행복에로 다가가고 있는 것이다. 철학자 쇼펜하우어, 작가 카프카, 음악가 베토벤 등이 그 대표적인 인물들로써 예술작품이나 철학은 바로 고독의 산물이었다. 노년이야말로 고독을 창조의 시간으로 만들 수 있는 절호의 기회요 최후의 선물이다. 저자도 혼자 있는 시간을 고독에 맡기지 않고 독서를 하고 글을 쓰면서 행복을 누리고 있다. 그 근본적 동인은 무엇인가에 몰입하게 되면 고독은 도망쳐버린다는 사실이다. 그러므로 고독 속에서 무엇인가를 창조하면서 자기 인생의 마지막을 장식하는 것이야말로 저녁 하늘에 떠있는 일몰처럼 빛날 것이다.

⑸ 노년에 고독을 벗어나는 '나름대로의 방법'을 가지고 있어야 한다.

외로움을 스스로 관리하는 방법을 찾고 생활화해야 한다. 외로움은 생산적인 시간이 되도록 해야 한다. 고독감이 아니라 고독력을 키워야 한다. 고독을 관리하는 자신만의 고유한 방법을 개발하고 습관화해야 한다. 관계의 시작이 외로움 방지의 시작이다. 영국의 외로움 방지협회 '엔드 론리네스'(End Loneliness)는 관계의 시점을 '나'가 아닌 '우리'로 바꾸는 데서 찾고 있다. 최근에는 'Be More Us' 운동이 전개되고 있다. 우리를 강조하고 우리 안으로 들어감으로써 소속감을 키워 고독을 극복하려는 것이다. 배움, 취미, 공공활동 참여, 자원봉사 등 그 방법은 다양하다. 중요한 것은 양이 아니라 질이다.

영화 '본 투 비 블루'의 주인공 쳇 베이커의 고향을 찾은 연인 제인은 허허로운 벌판 앞에 서서 그의 고향을 보니 과거 영상이 스크린처럼 지나간다. "외로웠겠구나. 형제도 없이. 이렇게 아무것도 없는 곳에서." 그러나 베이커는 반전을 시킨다. '아니'라고. "트럼펫이 있었지. 음악도 있었고. 라디오도 있었어." 트럼펫과 대화를 나누고, 음악 작업에 몰입하고, 라디오가 친구가 되니 베이커는 고독을 극복할 수 있었다. 인간은 사회적 동물이므로 관계가 중요하고, 관계 속에서 고독을 잊으며 살아가지만, 사람이 주변에 없다고 결코 외로운 것은 아니다. 인생의 목표가 확실하고, 희망을 항상 간직하고 있으며, 좋아하는 일을 하고 있으면 결코 외롭지 않다. 그 일에 몰입함으로써 자신을 망각하게 되고, 결과를 이루어냄으로써 성취를 통해 얻는 즐거움은 행복을 가져다주기 때문이다. 주인공은 결코 외롭지 않았다. 고독이 창조의 원동력이 되었으므로.

"난 결코 외롭지 않아. 고독이 함께 있으니까"(무스타키의 노래, 나의 고독). 고독을 극복하는 최선의 방법은 고독 속으로 여행을 하는 것이다. 노년은 그 어느 시기보다 고독을 즐길 수 있는 시기이다. 그런데 고독이 마음이나 육체의 질병을 유발하는 경우에는 탈피할 수 있는 방법을 터득해야 한다. 세상을 아름답게 볼 수 있을 때 고독은 가슴속으로 침잠해버린다. 모든 것을 사랑할 때 고독은 바람처럼 사라져버린다. 큰 틀에서 자신을 사랑하고, 환경을 개선하며, 자신에게 즐거움을 선물해야 한다. 나아가 원만한 인간관계를 지속적으로 유지하며, 궁극적으로 긍정적인 정서를 키워야 한다. 그 방법은 운동 등의 신체적 활동, 음주 등의 스트레스 해소, 독서 등의 지적 활동, 미술 등의 창작 활동, 대화 등의 대인관계 등 다양한데, 자신의 취향에 따라 선택하면 된다.

가장 중요한 방법이 자기의 내면과 대화를 나누는 것이다. 혼자 있는 시간은 마음의 평화를 불러오고, 새로운 활력을 얻는 귀중한 시간이 될 수 있다. 내 인생의 주인공은 '나'라는 사실을 잊지 말고 살아가야 한다. 자신을 먼저 사랑하라. 항상 자긍심을 가지고 적극적으로 사는 것이 중요하다. 자신의 길을 걸어가라. 열정적으로 일하라. 진정한 사랑을 하라. 인간관계를 잘 관리하라. 폭넓은 봉사활동을 하라. 끝까지 목표를 포기하지 않고 인내하며 살아가라. 꿈이 있는 한 외롭지 않다.

궁극적으로 고독이라는 공간을 메울 수 있는 것은 자신의 '마음' 뿐이다. 홀로 있을 때 마음의 평화를 느끼고, 마음이 자신 안에 가득 찰 때 행복은 함께 한다. 고독이라는 빈 공간을 희망과 열정으로 채울 때 고독은 사라진다. 몰입이 그 원동력이다. 또 하나, 종교를 가지게 되면 하나님과 함께 하므로 고독을 넘어설 수 있다. 신자가 아니더라도 많은 것이 아니라 한두 가지만 열중할 것이 있으면 고독을 넘어설 수 있다. 그러므로 평온한 마음을 갖고 스스로 고독을 넘어설 수 있는 방법을 찾아 행복을 만들어가야 한다.

(6) '상상'은 성찰의 시간이요 창조의 원동력이다.

특정한 곳을 향하여 떠나는 것만이 여행은 아니고, '상상' 속에서도 여행을 할 수 있다. 상상의 대상이 무엇이냐에 따라 행복과 불행이 갈린다. 노년의 경우에는 시간이 많으므로 이를 고독과 고민의 시간으로 소비하지 말고, 그리움과 즐거움을 상상함으로써 행복을 만드는 기회로 삼아야 한다. 즐거운 상상을 하면 즐거워지고, 괴로운 생각을 하면 슬퍼진다. 아인슈타인은 "지식보다 중요한 것이 상상력"이라고 했다. 개인의 프라이버시를 위해서 자기만의 공간이 필요하듯 정신적 프라이버시를 위해 상상의 공간이 필요하다. 혼자만의 시간을 가지는 것은 자신의 성찰의 시간을 가지는 것이다.

상상을 함으로써 정신세계는 확장되고, 상상을 통해 인생의 폭은 넓어진다. 자기의 인생관을 정리하는 시간은 바로 이 때다. 자신이 하는 일에서 아이디어를 찾는 기회이기도 하다. 문제를 해결하는 방법을 찾아내는 것도 바로 이 때이다. 외로움을 달래고, 그리움을 이끌어내는 이 순간은 아름답다. 남은 시간을 고민과 번뇌의 골짜기에서 헤매지 말고, 낙관적인 상상을 하면서 즐겁게 사는 것이 노년의 특권이요 행복이다.

상상은 인생의 양식이요, 약이 될 수 있다. 상상력은 바로 창조의 원동력이 될수 있다. 자신이 원하는 미래를 상상하면 그러한 미래가 다가올 것이다. 낙관적으로 희망적인 상상을 하면 현재의 기분도 좋아질 수 있다. 불확실한 것을 상상해도 미래에 대한 기대가 솟아오르고 현재 기쁨을 누릴 수 있다. 상상 그 자체만으로도 새로운 경험을 하고, 아이디어를 이끌어낼 수 있다. 미지의 세계로 여행을 가기로 하고 상상을 하면서 계획을 세우면 얼마나 황홀한 기분이 되는가? 여행 전에 상상을 하면서 계획을 세울 때 더 행복감을 느낀다. 그래서 여행을 미루면 더 행복을 누릴 수 있는데, 이를 마이클 노턴은 '공짜 행복' 이라고 부른다.

　하버드대 출신들이 성공한 하나의 비결은 바로 상상에 있다고 한다. 자신을 엘리트라고 생각하고 그들처럼 공부하고 행동하고 일함으로써 성공한다는 것이다. 위대한 인생은 상상에서부터 시작된다. 상상을 통해 자신만의 세상을 설계한다. 사색을 통해 통찰력을 이끌어낼 수 있다. 한 발 물러나서 사태를 바라보면 해답이 보인다. 상상을 하는 동안 마음에 평화가 오고, 그것에 몰두함으로써 행복할 수 있다. 이런 상상을 자주 그리고 깊이 하는 것이야말로 행복으로 가는 길이다.

(7) '명상' 은 새로운 구도의 방법이다.
　노년에는 시간의 여유가 있으므로 쉽게 할 수 있는 것이 '명상' 이다. 명상(瞑想)이란 한자로는 눈을 감고 차분한 마음으로 깊이 생각하는 것을 말하고, 한 백과사전에 의하면 마음을 자연스럽게 안으로 몰입해서 내면의 자아를 확립하거나 정신을 집중하는 것을 말한다. 이처럼 명상은 자신의 내면으로 들어가 진정한 자아와 만나는 것이다. 명상을 하면 자신이 누구인지 깨닫게 되고, 순수한 자화상을 만날 수 있다. 생각을 모두 내려놓으면 온전한 휴식이 된다. 명상을 하면서 모든 번뇌를 털어버리고 앞날을 설계한다. 명상은 일종의 휴식인 동시에 수양이기도 한다. 나를 비움으로써 새로운 것을 채우는 방법이다. 이것이 명상의 본질이다.

　명상을 통해 평소에 느끼지 못한 많은 사실들을 깨닫게 된다. 조용하게 내면의 목소리에 귀를 기울인다. 그러나 처음에는 훈련이 안 되어 있으면 정신을 집중하고 생각을 버리는 것이 쉽지 않다. 그러므로 훈련을 통해 명상하는 법을 스스로 익혀야 한다. 반복된 훈련을 통해 명상은 가능하게 됨으로 수련의 역할을 하는 것이다. 모든 잡된 생각을 털어버리고 새로운 마음으로 거듭난다. 그러면 마음의 평화가 생기고, 자기 안에 에너지가 발생한다. 나아가 명상은 스트레스와 질병 증상을 완화시켜 주고, 면역기능을 강화해주기도 한다. 그리하여 명상을 계속 하게 되면 새로운 삶이 시작되고 행복으로 다가가게 된다.

　서양에서는 종교가 몰락하고 있지만, '명상' 은 서구에서도 확산되고 있다. 종교 차원을 넘어 정신적 문제들을 해결하려는 수련으로 인식되고 있다. 이제 명상은 사람들을 구원하는 도구로서 역할을 할 것인가? 종교마다 그 형태는 다르지만, 자신의 마음을 바로 세우고 구원으로 가는 방법이라는 점에서 공통된다. 불교에서는 수행의 한 형태가 '禪(선)'이고, 이것이 곧 명상이다. 유교나 도교에서는 '靜坐(정좌)'의 형태로 행하고, 기독교에서는 '祈禱(기도)'의 형태로 행한다. 항상 스트레스를 받고 있는 현대사회에서 명상은 이를 해결하는 중요한 방법이 되고 있다. 명상은 여러 가지 방법으로 할 수 있다. 마음명상을 비롯해서 걷기명상, 자연명상, 음악명상 등 다양하며, 심지어는 자비명상을 들기도 한다. 자신에게 맞는 방법을 찾아 명상을 하면 육체적으로나 정신적으로 건강해지고, 보다 행복한 생활로 나갈 수 있을 것이다.

(8) '산책'은 마음을 건강하게 만든다.

책을 읽고 글을 쓰다가 피로하면 산책을 나간다. 아이디어가 안 떠오르고 글이 안 써지면 또한 산책길을 걷는다. 특히 외로움이 몸속으로 파고들면 산책을 나간다. 불교의 명상법 중에 '경행'이라는 수행법이 있는데, 이는 가볍게 걸으면서 한 걸음 한 걸음에 집중하는 명상법을 말한다. 이를 통해 정신을 집중시키면서 문제를 해결하고, 고독을 사라지게 만들 수 있다. 다비드 르 부르통은 걷기는 생명의 예찬이요 인식의 예찬이라고 했다. 걷기는 시간과 공간의 의미를 깨닫게 해준다. 길 위를 걷다보면 영감이 떠오르고, 근원적인 문제에 대한 해답을 얻게 된다. 혼자 걸으면 인생은 어차피 혼자라는 사실을 산책은 가르쳐준다.

인생을 즐기는 가장 좋은 방법은 자신의 발로 걸어가는 것이다. 걸어라. 인생은 여행이고, 세상은 길이다. 세상을 걸어서 건너가는 것이 인생이다. '나는 걷는다. 고로 나는 존재한다.' "그 누구도 걷는 법을 배우지 않고 걸어간다." (이반) 인생을 살아가는 법을 먼저 배우고 살아가는 사람은 없다. 길 위에서 걸어가는 법을 익히듯이 살아가면서 사는 법을 배운다. 자신의 길을 믿고서. 노년이야말로 걸으면서 인생을 관조하고 자아를 완성하는 시기이다. 걷고 걸으면서 건강도 챙기고 행복도 만들어갑시다.

걷기는 성인병을 예방하고 체중감량에도 좋지만, 무엇보다 뇌를 젊게 단련시킨다. 밖으로 나가 햇볕을 쬐면 자외선이 흡수되어 비타민 D3를 만들어내고, 심장병과 암 발생의 위험을 줄여주며, 우울증을 예방할 수 있다는 연구보고가 있다. 자연을 마주하면 세상일은 다 잊어버리고, 무아지경에 빠진다. 자연과 만남으로써 친구가 되고, 대화를 통해 배우고, 자연 속에서 치유를 받는다. 명상 중에서도 자연 속에서 하는 자연 명상이 가장 좋은 방법이다. 산길을 걸으면서 사색을 하고 그 과정에서 내 마음은 성숙해진다.

'산책'하면 루소의 생각이 떠오른다. 루소는 자연 속에서 산책을 하면서 그의 인생과 자연에 대한 철학의 줄기를 세웠다. 산책을 하면서 베토벤은 작품을 구상했으며, 소로는 고독의 철학을 세웠다. 오늘은 길이 아니라 숲 속으로 들어간다. 녹색 잎을 보면 눈의 피로가 가시고 마음에 평화를 얻는다. 심리학자들은 녹색이 가진 심리적 효과를 말하는데, 과학자들은 사람들의 인지능력을 향상시키는 것이 숲의 효과라고 말한다.

역사적으로 많은 천재들이 숲으로 들어가 인지능력을 키운 사례들을 볼 수 있다. 다빈치·가우디 등 위대한 예술가들이 많은 걸작을 남겼고, 뉴턴·다윈 등 과학자들이 위대한 발명을 하였다. 이러한 숲의 효과를 상기하면서 내 인지능력도 향상되리라는 기대를 하며 숲속을 걸으니 행복하기 그지없다. 노년이 가는 길을 푸르게 만들어주니 희망이 솟아오른다. 그러므로 산책을 하면서 육체적·정신적 건강을 일구고, 고독이라는 노년의 병을 치유하는 것이 행복으로 가는 길이다.

(9) '등산'은 인생을 빼닮았다.

노년에도 등산을 할 수 있다는 것은 큰 축복이다. 그런데 노쇠해지거나 무릎관절이 망가져 산에 오를 수 없게 되면 노년에 겪는 서글픔 중 하나를 맞보게 된다. 이제 '늙었구나!' 하는. 산에 오를 수 있는 노년은 그것만으로도 행복을 누리기에 충분하다. 누군가는 관절만 튼튼하면 행복할 수 있다고 했는데, 산에 오르지 못하면서 그 말이 실감이 난다. 산에 오르면 건강에 좋고, 무엇보다 스트레스를 해소하는 등 정신건강에는 최고의 명약이다. 자연과의 만남을 통해 자신의 마음속 빈곳을 채울 수 있으므로 잠시나마 공허감을 극복하고 활력이 넘치게 된다. 산은 스승이고 의사이며 예술가이다. 건강이 허락하는 한 자주 오르는 것이 인생을 살찌게 만든다.

인간은 목표를 정해놓고 이를 성취하기 위해 노력을 한다. 땀을 흘리며 정상을 향하여 올라가는 등산은 너무나 인생을 빼닮지 아니하였는가? 정상에 오르는 것이 등산의 목표이다. 정상에 올라 느끼는 성취감과 희열, 대자연 앞에서 느끼는 외경심: 그것이 등산하는 사람의 행복이다. 인생이란 홀로 걷는 등산과 같다는 생각을 하면서 발을 옮긴다. 삶의 길이 그곳에 누워 있다. 자연과의 대화를 나누며 오른다. 성전 스님은 "걸음은 삶의 오만을 버리는 기도이고, 번뇌를 죽이는 죽비이고, 평화를 건네는 풍경소리가 된다."고 하였다. 그래서 등산은 수도와 같은 것이고, 인생도 수도하는 기분으로 살아가야 한다.

사람들은 빨리 정상에 오르기 위해 쉬지도 않고 기를 쓰며 허겁지겁 산을 오른다. 등산을 통해서 마음을 닦고 수련을 통해서 삶의 모습을 가꾸어 가는 것이 등산이 주는 최대의 선물이다. 그러나 행복은 정상을 향해 올라가는 과정에서 느껴야 한다. 샤하르는 "행복은 정상을 향하여 올라가는 과정"이라고 했다. 서서히 오르면서 자연을 관조하고 사색을 하면서 그 과정을 즐겨야 한다. 오를 때는 힘이 들고 땀이 나지만, 정상에 오른다는 목표가 있고 희망이 있기 때문에 기꺼이 오를 수 있다. 정상에 올라 누워서 하늘과 얼굴을 마주하면 자연의 일부가 되어 희열을 느끼고, 나아가 무아지경에 이르게 된다. 그러다 보면 끝내 '자신과의 만남'에 이르게 된다.

정상에 오른 기쁨은 잠깐이고, 다시 비탈길을 내려와야 한다. "어떠한 오르막길에도 반드시 내리막길이 있다."(유태 격언) 인생도 성공이라는 목표를 향해 긴 세월 노력하다가 성공을 하면 곧 정상에서 내려오게 되어 있다. 노년에는 자신을 돌아보는 좋은 기회가 된다. 오를 때보다 내려올 때가 더 위험하고 사고가 많이 난다. 내려올 때 관절이 더 나빠지고, 나쁜 관절은 통증을 느낀다. 성공을 거둔 뒤 갖추어야 할 것이 '절제'와 '겸손'이다. 그렇지 못하면 성공의 결실이 한꺼번에 무너질 수 있다. 그래서 헤럴드 멜처트는 "매일 등산하는 것처럼 인생을 살아라."고 주문한다. 등산하는 자세로 하루하루를 살면 그 노년은 아름다운 인생을 마감할 수 있을 것이다.

(10) '취미생활'이 노년을 행복하게 만든다.

노후에는 많은 시간을 어떻게 보내느냐가 고독을 극복하고 행복을 만들어 가는 데 중요한 영향을 미친다. 시간을 단지 소비하기 위해 사는 것이 아니라 의미 있는 일을 함으로써 노년을 아름답고 보람되게 만들어가야 한다. 노년에는 취미와 여가 활동이 삶의 질을 결정한다. 노년기의 취미생활의 유형은 다양하다. 한 사회 조사에 따르면, 일반적으로 등산·스포츠·헬스·요가·조깅·산책 등 운동으로 시간을 보내는 사람들이 가장 많다(40%). 다음으로 친구 모임·동창회·동호회 등의 교류(35%)와 영화·연극·TV 등 관람(18%)을 하며 시간을 보낸다. 최근에는 여행·오지 탐험·유적지 관람·박물관 방문 등 관광활동이 늘고 있고, 독서·글쓰기 모임·음악 감상·미술관 방문·사진 찍기 등의 교양활동이 늘어나고 있다. 여성들의 경우 요리·다도 등의 취미활동을 하기도 한다. 그 활동이 낭만적일수록 행복은 커진다.

교양활동을 통해 문화적 행복을 누림으로써 행복의 질을 높이는 것이 바람직하다. 노년에는 부부 사이에 대화의 소재도 줄어들고, 시간을 함께 보내는 방법을 모르기 때문에 갈등이 심해지거나 무관심하게 되기 마련이다. 그러므로 노년에는 부부 사이에도 취미생활을 함께 하는 것이 대화의 기회를 넓히고, 함께 생활할 수 있게 만들므로 바람직하다. 취미생활을 하면 새로운 인간관계를 형성함으로써 고독을 극복할 수 있는 좋은 방법이다. 인간관계 위주로 시간을 보내는 경우 생산성이 있거나 보람을 느끼면 더 의미 있는 인생이 될 것이다. 이러한 취미생활을 함으로써 노년을 즐거운 인생으로 만드는 것이 마지막 행복으로 가는 길이다. 그런데 쾌락적응현상 때문에 재미를 잃어버릴 수도 있는데, 그럴 때는 새로운 취미를 만들어 지속적으로 즐거움을 누릴 수 있도록 해야 한다.

좀 더 보람 있게 삶을 마감하려면 개인적 행복만을 추구하지 말고, 전문성을 살리거나 자원봉사를 하는 것이 사회에 더 기여할 수 있으므로 바람직하다. 노년의 시기는 행복도 진화를 시켜 기부·나눔·봉사 등을 통한 '이타적 행복'에서 진정한 행복을 찾아야 한다. 봉사활동을 통해 공동체적 행복을 누림으로써 최고의 행복을 누릴 수 있다. "신은 돈이 아니라 얼마나 많은 사람들에게 도움을 주었는지를 보고 인생을 평가한다."고 한다. 의미 있는 인생을 보낸다는 것은 바로 공동체적 행복을 추구하면서 다른 사람들에게 봉사하는 것이다. 남은 시간을 행복의 질을 높여가는 데 투자하는 것이 진정한 성공으로 가는 길이다.

(11) '여행'은 인생의 교육의 현장이고 치유의 교실이다.

매일 아침 여행하는 기분으로 길을 나선다. 길 위에서 여행자가 된다. 그러면 하루하루가 새롭고 모든 것이 새롭게 보인다. 여행에서 중요한 것은 여행하는 장소가 아니라 세상을 바라보는 새로운 방식이다. 여행에서 돌아오면 예전 것들이 새롭게 보이는데, 그 이유는 환경이 변한 것이 아니라 자신이 변했기 때문이다. 세상의 무거운 짐 다 내려놓고 가벼운 마음으로 걷는다. 날씨가 아무래도 상관없고 어디를 가도 좋다. 모든 것은 마음먹기에 달려 있다. 가벼운 마음으로 거닐면 발걸음이 가벼워지고 여행이 즐거워진다. 여행자로서 사는 지금 행복을 누리게 된다. 은퇴 후 새로운 인생은 오롯이 여행과 같다. 행복을 누리며 걷는 길 위에 새 세상이 펼쳐진다.

여행은 인생에 있어서 가장 훌륭한 교육의 현장이고, 치유의 교실이다. 인간은 두 번 태어난다고 하는데, 한번은 자궁으로부터, 다음은 여행길 위에서 태어난다고 한다. 그러나 넓게 생각하면 인생이 곧 여행이다. 인생은 '여정'이요, 세상은 '길'이다. 인간은 세상이라는 길 위에서 오늘도 인생을 여행하고 있다. 그래서 노년에도 사정이 허락하면 여행을 자주 하는 것이 좋다. 자신이 갇혀 살고 있던 좁은 세상에서 벗어나 여행을 떠나면 새로운 세상을 만나게 된다. "세상은 넓고 할 일이 많다"는 어느 기업가의 책제목이 떠오를 것이다.

괴테는 여행의 목적이 해방·자유·행복과 구원에 있다고 했다. 낯선 곳에서 걸으면 일상의 속박으로부터 벗어나서 해방감을 느끼고, 아무런 구속이 없는 자유함을 누리며, 더 없는 행복감을 만끽하게 되고, 자신의 내적 세계에서 구원에 이를 수 있다. 칼 야스퍼스는 "철학은 길 위에서 행해진다."고 했다. 여행지에 도착해서 낯선 곳을 걷게 되면 호기심이 생기면서 사색을 하고 철학을 하게 된다. 특히 걸으면서 짐이 가벼울수록 여행하기가 좋다는 것을 알게 되면서 비움의 진리를 깨닫고 행복으로 가는 길을 걷게 된다.

그곳 문화 속에서 인간은 무엇으로 사는가를 보고 배운다. 문화에는 그 나라의 역사가 묻혀 있다. 문화 속에 역사가 숨 쉬고 있으므로 그들의 지혜를 살펴보고 역사를 배운다. "인간은 무엇으로 사는가?"라는 질문을 짊어지고 세상을 돌아보니 비로소 그 해답이 도출된다. 나라마다 환경이 다름에 따라 적응방법이 다를 뿐, 인간이 사는 것은 모두 동일하다는 사실을. 그러면서 우리 문화를 돌아보고 비교하게 된다. 여행을 하고 나면 문화를 이해하고 적응하는 방식이 달라진다.

여행이란 길을 거닐면서 인생을 돌아보고, 자연과 문화를 바라보며 사유하는 과정이며, 그 체험을 통해 자신과 만나고, 배우고 치유하는 선물을 받는다. 사람들과의 만남이 또한 여행의 즐거움을 준다. 그 나라 사람들의 생각을 듣고, 여행자들의 경험을 듣는 등 새로운 형태의 배움이 있다. 여행의 궁극적인 목적은 나를 만나러 가는 것이며, 그 과정에서 나를 발견하고 치유하며 새로운 길을 찾는 것이다. '나'란 존재를 확실하게 알게 된다. 자연 속에 진리가 숨어 있다. 대자연 앞에서 인간은 얼마나 왜소한가 생각을 하면서 자연에 대한 경외심을 느끼게 된다.

여행하는 사람들은 누구나 자기만의 오솔길을 걷는다. 솔닛은 "마음은 일종의 풍경이며 실제로 걷는 것은 마음속을 거니는 것"이라고 했다. 반드시 여행지를 찾아가는 것만이 여행은 아니다. 책 속에서도 여행을 할 수 있고, 상상 속에서도 여행을 할 수 있다. 창문을 열고 산을 바라보면서 여러 가지 상상을 한다. 마음속에 세계가 있고, 아니 우주가 있다. 마음속을 거니는 것이 여행이라면 그 방법은 무수히 많다. 여행하는 기분을 가지고 하면 무엇이든 여행하는 것과 같은 효과를 얻을 수 있다. 무엇인가를 추구하고 자신과의 만남을 이룰 때 이들은 훌륭한 여행이 된다. '나는 걷는다. 고로 나는 존재한다.'는 결론을 얻는다.

여행자는 소유하지 않고 세상이 주는 것을 누릴 뿐이다. 최소한의 필요한 물건만을 챙겨가지고 떠나는 그 비움 속에 여행은 새로운 것들로 채워준다. 여행을 할 때 이 진리를 가장 선명하게 깨달을 수 있다. 여행자는 길 위에서 모든 것을 누리며 걸으니 그 순간은 세상이 다 그의 것이다. 욕망을 내려놓고 걷는 것: 그것이 여행의 본질이다. 그 과정에서 걷고 배우고 느끼는 것이 여행의 본체이다. '어디에 있는가?' 이런 질문을 하면서 걷고 걷는다. 걸으면서 상상을 하는 과정이 여행의 진수요, 그 과정에서 느끼는 행복이 여행의 결실이다.

마음이 답답할 때 어디론가 떠나고 싶으면 섬으로 가는 것도 좋다. "태양과 바다: 이들은 모든 사람들에게 행복을 가져다준다." (삐꾸, 배움 18) 그 목적은 바다에 떠 있는 섬이 아니라 '내 안에 있는 섬'을 만나기 위해서다. 성전 스님은 "바다처럼 낮아져 모든 것을 섬기며 살겠습니다. 바다처럼 넓어져 모든 것을 이해하고 살겠습니다. 바다처럼 깊어져 모든 것을 사랑하며 살겠습니다."라고 하였다. 성인의 길을 따라갈 수야 없지만, 노년에 새롭게 자신을 돌아보고 바다처럼 넓은 가슴으로 모든 것을 품는다는 마음의 다짐을 하는 것만으로도 섬 여행은 보람을 느낀다. 가장 낮은 곳에서 포용하는 마음으로 모든 것을 받아드리니 바다는 선생이 된다. 바다가 되어 섬을 품으면 행복은 파도처럼 춤을 추게 된다.

(12) '사이버 공간'에서 여행을 하다.

지금 우리는 정보사회에 살고 있다. 사이버공간에 모든 정보는 쌓여 있으며, 정보 없이는 살 수 없다. 컴퓨터를 켜고 들어가면 그야말로 이곳은 '정보의 바다'이다. 원래 컴퓨터는 군사용 통신수단으로 시작되었지만, 이제는 모든 정보가 모이고 유통되는 정보 장비가 되었다. 이러한 정보를 얻기 위해 우리는 매일같이 사이버공간으로 여행을 떠날 수밖에 없다. 노년들도 예외는 아니다. 소극적일 뿐. 오늘날 대부분의 사람들은 거의 매일같이 오랜 시간 사이버공간에서 생활을 하고 있다. 이러한 가상여행을 통해 새로운 정보를 얻고 이를 활용해서 살아가는 것은 불가피한 현상이 되었다.

이제 정보사회에서는 베이컨의 "아는 것이 힘이다"라는 말은 쓸모가 없어지고, 어떻게 필요한 정보를 신속하게 얻느냐가 성공의 열쇠가 되었다. 정보가 바로 경쟁력의 원천이다. 이러한 정보사회에서 세계는 국가·기업·개인을 불문하고 정보를 얻기 위해 무한경쟁을 벌이고 있다. 홉스가 말하는 '만인에 대한 만인의 투쟁'이 이곳에서 재연되고 있다. 이제 사이버공간은 더 이상 국가와 동떨어진 가상공간이 아니라 새로운 생활공간으로서 우리는 그 안에서 쉴 새 없이 활동하고 있다. 그 과정에서 새로운 정보를 통해 발전을 추구하고 행복을 발견하는 것이 오늘날 노년들의 과제이다. 그런데 노년들이 디지털에 익숙해져서 모든 정보를 접하고, 급변하는 디지털 문화에 적응 하는 데는 일정한 한계가 있으므로 노년이 디지털 문화에서 소외되지 않도록 국가가 적극적으로 배려해야 한다.

인터넷상의 정보가 잘 활용되면 생활이 편리해지는 등 순기능을 하지만, 악용되면 역기능을 하여 많은 병리현상이 나타나고 있다. 개인의 프라이버시에 속하는 사항들이 '사물인터넷'에서 모두 집적되고 여과 없이 공개되고 있다. 타인의 명예를 훼손하는 언어폭력을 일삼기도 하고, 유언비어를 퍼트려 명예훼손은 고사하고 죽음으로까지 몰아가고 있다. 고의적으로 악플을 달고, 심지어는 이를 비즈니스로 하는 무리들이 있다. 더욱이 인터넷상에서는 그 확산속도가 너무 빠르기 때문에 피해는 더 심각하여 행복을 해치는 역기능을 하고 있다. 아직 자정능력이 부족하고, 이를 통제할 법적·제도적 장치도 잘 마련되어 있지 않기 때문에 심각한 문제가 제기된다.

그런데 인터넷상의 정보는 단순하거나 잘못된 정보들이 범람하고 있어 올바른 정보의 선택이 어렵다. 그러므로 필요한 정보를 얻기 위해 인터넷을 이용하되, 지나치게 이에 의존하지 말고 적절하게 활용해야 한다. 중요한 정보는 활자를 통해 얻어야 하고, 행복을 누리기 위해서는 컴퓨터를 잠시 *끄고* 생각할 시간을 가져야 한다고 울프 교수는 권고한다. SNS 등을 통해 글을 읽는 것은 '읽기'가 아니라 '보기'라고 한다. 보르헤스는 인터넷을 '가장 멍청한 신'이라고 비판했다. 아이로니컬하게도 인터넷세계로부터 해방되어 자유로운 영혼이 활보할 수 있도록 만드는 것이 인터넷세상이 부닥친 과제이다.[51]

노년에 혼자 사는 방법[52]

노년이 오면, 혼자 지내는 버릇을 키우자.
남이 나를 보살펴 주기를 기대하지 말자.

남이 무엇인가 해줄 것을 기대하지 말자.
무슨 일이든 자기 힘으로 하자. 죽는 날까지
일거리가 있다는 것이 최고의 행복이다.

젊었을 때보다 더 많이 움직이자.

늙으면 시간이 많으니 항상 운동하자.

당황하지 말고, 성급해하지 말고, 뛰지 말자.
체력, 기억력이 왕성하다고 뽐내지 말자.

일찍 자고 일찍 일어나는 버릇을 기르자.
나의 괴로움이 제일 크다고 생각하지 말자.
편한 것 찾지 말고 외로움을 만들지 말자.
늙은이라고 냉정히 대하더라도 화내지 말자.
자손들이 무시하더라도 심각하게 생각하지 말자.

친구가 먼저 죽어도 지나치게 슬퍼하지 말자.
고독함을 이기려면 취미 생활과 봉사 생활을 하자.

일하고 공치사하지 말자.
모든 일에 감사하는 마음을 갖자.

마음과 다른 인사치례는 하지 말자.
칭찬하는 말도 조심해서 하자. 청하지 않으면
충고하지 않는 것이 좋다.

남의 생활에 참견하지 말자.
몸에 좋다고 아무 약이나 먹지 말고
남에게 권하지 말자.

의사를 정확히 말하고,
겉과 속이 다른 표현을 하지 말자.
어떤 상황에도 남을 헐뜯지 말자.

함께 살지 않는
며느리나 딸이 더 좋다고 하지 말자.
같이 사는 며느리나 딸을 더 소중하게 생각하자.

잠깐 만나 하는 말, 귀에 담아 두지 말자.

가끔 오는 식구보다
매일 보살펴주는 사람에게 감사하자.

할 수 없는 일은 시작도 하지 말자.
스스로 돌볼 수 없는 동물을 기르지 말자.
사진, 감사패, 내 옷은 정리하고 가자.
후덕한 늙은이가 되자.
즐거워지려면 돈을..... 그러나
돈만 주면 다 된다는 생각은 말자.

일을 시킬 때는...

자손보다 직업적인 사람을 쓰자.
일을 시키고 잔소리하지 말자.
외출할 때는 항상 긴장하자.

젊은 사람 가는데 동행하지 말자.
여행을 떠나면 여행지에서 죽어도 좋다고
생각하자.

이사를 하거나 대청소를 할 때,
자리를 피해 주자. 음식은 소식하자.
방문을 자주 열고 샤워를 자주 하자.

몸을 단정히 하고 항상 화장을 하자.
구취, 체취에 신경 쓰자.

옷차림은 밝게,
속옷은 자주 갈아입자.
이웃을 사랑하자.

늙음을 자연스럽게 맞이하자.

인간답게 죽는 모습을 자손들에게 보여 주자.

자살은 자식에 대한 배반이다.

늘 감사하자. 그리고 또 감사하자.

늘 기도하자. 그리고 또 기도하자.

항상 기뻐하자. 그리고 또 기뻐하자.

하버드大 '대니얼 리버먼' 교수는 "나이가 들수록 일을 덜 하고 은퇴하는 것이 정상이라고 생각하지만 생리적으로는 맞지 않는 결정"이라며 "인간이 활동하도록 진화했기 때문에 우리 몸이 건강하게 늙기 위해서는 신체활동을 더 해야 한다고 주장했다. 그는 하루 10분 또는 20분 정도의 소량의 신체활동만으로도 사망 위험을 상당히 낮출 수 있다"고 말했다.

WHO자료에 의하면 65세 이상 노인에게 필요한 신체활동은 일주일에 150~300분 중간 강도의 유산소 운동이나 75~150분의 격렬한 유산소 운동, 주 2회 이상 중간 이상 강도의 근육 운동, 주 3회 이상 중간 이상 강도의 복합 신체활동이라고 알려준다. 적절한 신체활동은 몸에 축적된 열량을 태우는 것 외에도 세포와 DNA 복구를 통해 당뇨, 비만, 암, 골다공증, 알츠하이머, 우울증 위험을 낮출 수 있다고 한다.

잠깐! 쉬었다 갑시다

☞ 연애만 하라며 황혼의 재혼 말리는 자식들이 야속해

60대 후반의 은퇴자입니다. 2년 전 아내와 사별한 후 혼자 살다가 반년 전부터 비슷한 처지의 여성을 만나고 있습니다. 재혼을 염두에 두고 서로의 집도 오가는데 최근 결혼한 자녀들이 이 사실을 알게 됐습니다. 얼마 전 자녀들이 찾아와 연애는 괜찮지만 결혼은 절대 안 되고 집 밖에서 만나면 좋겠다고 부탁하더군요. 무안해서 그때는 알겠다고 대답했지만 시간이 지날수록 자녀들이 야속하고 괘씸합니다. 재혼은 하고 싶은데 어떡해야 할지 모르겠습니다.

100세 시대가 열리면서 우리는 전례 없는 변화를 겪고 있습니다. 가족 역시 마찬가지입니다. 자녀들이 장성한 후 헤어지는 '황혼 이혼'도 많아졌고, 반대로 '황혼 재혼'또한 크게 늘고 있습니다. 이제 결혼은 평생 한 번이 아니라 두세 번 하는 시대가 돼가고 있습니다. 그런데도 여전히 우리 사회에서는 노인의 성과 사랑을 별로 중요하게 여기지 않거나, 황혼 재혼을 주책없다고 보는 시선이 있습니다. 그렇기에 재혼에 대해 떳떳하게 이야기하지 못하고 자녀들의 눈치를 보는 경우도 많습니다.

그러나 시대가 바뀌었습니다. 긴 여생을 어찌 혼자 살아갈 수 있겠습니까! 재혼 여부는 자녀들의 동의를 거쳐야 할 게 아니라 스스로 결정할 문제입니다. 단, 어떤 문제가 있을지 심사숙고하고 그에 따른 갈등을 최소화해야 합니다. 혹시 사별 후 이사를 하셨나요? 만약 이사를 안 했다면 지금 살고 계신 집은 자녀들에게 엄마의 흔적이 깃든 '우리 집'이라는 느낌이 강할 것 같습니다. 그 집에 낯선 여성이 드나드는 데 대해 배신감을 느낄 수도 있겠지요.

일반적으로 자녀들이 부모의 황혼 재혼을 반대하는 이유는 관계가 복잡해지는 것과 재산 분배 문제 때문입니다. 우리나라는 결혼을 개인 간의 결합보다 집안 간의 결합으로 보기 때문에 황혼 재혼 역시 많은 혼란을 일으킵니다. 당장 호칭부터 어렵습니다. 길러주거나 같이 살지도 않은 사람을 자녀들은 '새어머니'나 '새아버지'라고 불러야 할까요? 명절이나 가족모임은 같이 참석하는 것이 좋을까요? 특히, 재산 문제는 잠재적 화약고입니다. 이 두 가지 문제는 재혼 전에 어떻게 할지 정리하는 게 필요합니다.

이를 위해 가장 필요한 것은 '솔직한 가족 대화'입니다. 우선 자녀들이 왜 반대하고 무엇을 염려하는지 자세히 들어보세요. 특히 재산 문제는 자녀들이 말하지 않더라도 먼저 꺼내시길 바랍니다. 공증이 필요할 수도 있습니다. 재혼 전 충분한 가족 대화를 통해 관계를 설정하고 재산 문제를 정리해 놓으면 황혼 재혼은 부모에게도 자녀에게도 모두 좋은 일이 됩니다. 자녀들과 좀 더 적극적으로 대화해보시길 바랍니다. 아무쪼록 남은 삶이 더 행복하셨으면 좋겠습니다.[53]

https://cafe.daum.net/00689/FQex/1303 580x585(2021. 06. 27)

Ⅳ. 삶의 질과 정신적 풍요까지 준비하라

1999년 미국 콜로라도의 한 고등학교에서 평소 따돌림을 당해 온 두 학생이 교사와 급우 등 13명을 살해하고 자살한 총기사건이 발생했다. 4월 20일, 하필이면 살인마 히틀러의 생일이었을까. 이 끔찍한 사건 직후 한 인터넷 사이트에 제프 딕슨이라는 이름으로 '우리 시대의 역설'이라는 칼럼이 올라왔다. "건물은 높아졌지만 인격은 낮아졌다. 고속도로는 넓어졌지만 시야는 좁아졌다. 공기정화기가 있지만 영혼은 더 오염됐고, 원자는 쪼갤 수 있어도 편견은 부수지 못했다. 달에 갔다 왔지만 길 건너 이웃을 만나기는 힘들어졌다." 칼럼의 일부다.

이 칼럼은 딕슨의 글이 아니라 미국 시애틀의 한 대형 교회 목사인 밥 무어헤드의 설교로 알려졌는데, 실은 달라이 라마의 가르침이라는 지적도 있다. 이 글에 여러 사람이 한두 줄씩 보태고 있다는데, 나도 어쭙잖게 몇 줄 덧붙여볼까 한다. "수명은 길어졌지만 삶을 성찰하는 시간은 도리어 짧아졌다. 인터넷은 하루에도 수십 번씩 검색하지만 제 마음속은 한 번도 살피지 않는다. 정치문화·대중문화·오락문화에 음주문화·시위문화까지…, 문화라는 말은 흔해졌지만 진정한 문화를 만나기는 여간 어렵지 않다."

우리 시대의 역설은 끝이 없다. '정의 사회 구현'과 '보통 사람의 시대'를 외치던 권력자들이 보통 사람은 꿈도 꾸지 못할 천문학적 액수의 뇌물을 받은 범죄로 귀양을 가고 옥살이까지 했다. 욕된 재물을 끌어안고 추징금 납부를 줄곧 미뤄오는 그 불굴의 탐욕 앞에 보통 사람들의 가슴은 구멍이라도 뚫린 듯 허탈하기만 하다.

본인이나 아들의 병역문제가 투명하지 못한 고위 공직자들이 힘없는 서민의 아들딸에게 휴전선을 떠맡기고 짐짓 국가안보를 걱정한다. 거리에서 터지던 최루가스는 국회 안에 뿌려지고, 국회의원들의 집회는 거리의 천막에서 열린다. 희망버스가 달려가는 곳곳마다 지역 주민과 영세 상인들은 실망의 한숨을 쏟아낸다. 이 우울한 역설들이 국민을 서글프게 한다.

예술·스포츠·기업 등 민간의 여러 부문들이 세계를 향해 도약하며 국민에게 감동과 희망을 안겨주고 있는데, 입으로는 희망의 정치를 말하면서 허구한 날 정쟁만 일삼는 이 나라 정치권은 언제까지 '희망 없는 집단'으로 남아있을 것인가. 시급한 민생 법안도 희망 없이 수북이 쌓여만 간다.

입만 열면 국민통합을 부르짖는 정치인들이 건국 대통령의 묘역은 눈길도 주지 않고 지나치는 터에, 6·25 전범(戰犯)의 시신에 참배한 밀입북 피고인은 '동방예의지국의 법정'에서 당당히 무죄판결을 받는다. 현충원에 누운 6·25 희생자들에 대한 예의는 어디서 찾아야 할까.

대한민국 헌법을 가르치는 대학 교수가 대한민국 헌법체제를 찾아 탈북한 동포들을 사형에 처해야 한다고 주장했다. 친일 민족배신자보다 더 밉다는 이유에서다. 탈북자들이 배신(?)한 것은 억압과 빈곤의 수령 독재인데, 그것이 그렇게도 미운 일인가. 그 헌법 교수의 머릿속에는 어떤 헌법정신이 들어있는지 궁금하다.

"NLL(북방한계선)에서 한·미 훈련하면… 북한이 쏴야죠." 연평도 포격 3주년에 정의구현사제단의 원로신부가 내뱉은 말이다. 아무리 사상이 다르다 해도 우리 민·군 20여 명이 살상된 비극에 '쏴야죠'라니, 하느님의 사랑을 전한다는 사제가 강론이라고 내놓을 언사인가. 예수는 불의한 대제사장의 종에게 응징의 칼을 휘두른 수제자 베드로를 꾸짖으며 그 종이 입은 상처를 어루만져 낫게 해주었다. 이것이 생명과 사랑의 복음이다. '쏴야죠'는 생명에 대한 모독이자 복음의 역설일 뿐이다. 북의 세습독재와 인권 참상에는 아예 입을 닫아버린 사람들이니, 그 역설의 정체가 무엇인지는 굳이 물을 필요도 없다. 저들이 구현하겠다는 정의의 실체도.

중국의 무력 증강과 해양 패권(覇權) 추구, 일본의 재무장과 미·일의 군사적 결속, 북한의 핵 위협과 러시아의 영향력 확대 등으로 동북아에 격랑의 물결이 일고 있는데, 나라의 안위(安危)를 고민해야 할 국회는 아직도 1년 전의 대통령 선거를 놓고 지루한 싸움만 계속하고 있다. 국회 해산론까지 등장할 만큼 암담하기만 한 우리 내부의 분열상이야말로 역설적으로 가장 큰 안보의 위협이 아닐까.

남을 탓할 겨를이 없다. 우리 안에 유전자처럼 단단히 틀어박힌 모순부터 깨뜨리지 않으면 안 된다. 무어헤드 목사는 성추문에 시달리다가 교회를 떠나야 했다. 영혼의 오염을 개탄하며 '우리 시대의 역설'을 설교했다는 성직자가 말이다. 그야말로 기막힌 역설 아닌가. 그러나 어찌 그 사람뿐이겠는가. 우리 스스로가 역설투성이요, 모순덩어리인 것을….[54]

우리는 미래를 생각하면서 마흔 이후 자기 인생의 한복판에 위치한, 거의 미지에 가까운 광활한 지역을 내다보아야 한다. 뉴욕 태생의 소설가이자 시인인 에리카 종(Erica Jong)이 말했듯이 "시간 자체가 짧게 느껴지기 시작하는 나이, 그때가 바로 오십이다."

수명이 길어지면서 우리에게 덤으로 주어진 세월은 마치 복권에 당첨된 것과도 같다. 남아도는 이 세월을 가지고 우리는 무엇을 할 것인가? 우리에겐 부모 세대나 조부모 세대가 경험했던 것과는 완전히 다른 모습으로 인생의 후반기를 창조할 수 있는 가능성이 열려 있다. 그리고 그것은 전적으로 우리의 태도에 달려 있다. 즉 우리가 그 시간을 어떻게 보내느냐에 달려있다.

수명이 연장될수록 노년의 삶이 길어진다. 길어진 노년을 보내는 데만 돈만 있어서는 안 된다. 행복한 노후를 보내기 위해서는 경제적 준비와 함께 다음과 같은 몇 가지를 준비해야 할 것이다.

첫째, 대표적인 것이 건강이다.

둘째, 자신의 가치를 높여라.

셋째, 1초의 시간도 아껴야 한다.

넷째, 세월을 나눌 친구를 만들어라

다섯째, 화목한 가정 및 배우자를 가져야 한다.

여섯째, 삶의 질 향상을 위하여 성(性)의 중요성을 인지하라

오랫동안 우리는 인생의 정상에 다다르는 자신을 상상하며 살아왔을 수도 있다. 그러나 지금 우리는 원하기만 하면 올라갈 정상이 하나 더 있다는 사실을, 길어진 수명이라는 유리한 입장에서 바라볼 수 있어야 한다. 시대는 변했지만 지금도 많은 사람들이 제3의 연령기에 대해 아무런 준비가 되어 있지 않다. 성인기 인생에 대한 우리의 지도는 아직 마흔 이후 30년을 다루고 있는 제3의 연령기를 아우르고 있지 못하다.[55]

이 새로운 미개척지인 제3의 연령기는 그 코스를 완주하는 것뿐만 아니라, 동시에 멋지게 뚜렷한 목적의식을 갖고 끝까지 가야 하는 과제를 우리에게 던져준다.

1. 건강한 육체와 건강한 정신을 유지하라

2015년 OECD발표에 의하면, 2013태어난 한국 아이의 남녀 평균 기대수명은 81.8년이다. 남자아이의 기대수명은 78.5년이며, 여자아이의 기대수명은 85.1년이다. 1900년경의 기대수명과 비교하면 약 50% 정도 증가한 셈이다.

현대의학의 성장과 생활수준의 향상, 건강관리의 중요성으로 평균수명이 증가하였으며, 생산인구 감소로 인해 전 세계적으로 노인인구가 증가하게 되었다. 이

로 인해 노인부양과 의료비가 급증하게 되어 사회 문제로 나타나게 될 것이다. 위와 같은 문제에 대처하기 위해서 정부는 2005년 '저 출산·고령사회위원회'를 설치하였으며, 2010년 제1차 기본계획의 보완으로 새로 마지플랜 2010을 발표하였으며, 추진과제로는 건강하고 보호받는 노후생활 보장 등이 있었다.

그 이후 제2차 저 출산·고령사회 기본계획(2011~2015)을 수립하여, 건강한 노후생활 및 의료비 지출 적정화 안건으로 노련기 기초건강 증진을 위한 운동 사업 활성화 방안을 발표하였으며, 25일 정부는 대통령 주제 '제1차 저출산·고령위원회'를 개최하여 5월에는 '제1차 저 출산·고령사회위원회 정책운영위원회'에서 경로당이 노인운동 사업 활성화 시설로 분류되었으며, 그로 인해 우리나라 전국 지방자치 단체에서는 지역별로 노인복지관을 설치하여 사회복지법인이나 비영리 법인과 위탁계약을 체경하여서 노인건강을 위한 여러 가지 체육 프로그램을 운영 중에 있다.

사람은 인생의 첫 20년 동안 부모를 비롯한 많은 사람들에게 의존하고, 그 후 40년에서 50년 정도 지나면 다시 또 누군가에게 의존하는 삶을 살게 된다. 건강한 동안에는 최대한 독립적으로 살 수 있다 해도 마지막 순간에 이르면 대부분 다른 사람의 도움을 받지 않을 수 없게 된다. 어릴 때 다른 사람의 도움이 필요한 것처럼 나이 들면 들수록 더 많은 사람의 도움이 또다시 필요하다는 의미다. 곰곰 생각하면, 사람이 성장하면서 가장 큰 목표를 두는 것 중의 하나는 독립을 유지하는 것이 아닌가 싶다. 그것도 최대한의 독립 말이다. 그런데 결국 인생의 마지막 시기에 이르러서는 다시 의존으로 돌아가야 하다니, 참으로 모순되고 받아들이기 어렵게 느껴지기도 한다. 그러나 이 역시 인생의 피할 수 없는 과정이라면 기꺼이 받아들여야 할 것이다.

다른 사람한테 절대 보여주고 싶지 않고 결코 맡길 수 없으리라 생각하던 배변까지도 스스로 해결하지 못하는 날이 오는 게 자명한 이치다. 피하고 외면한다고 마음대로 되지 않는다.

인간은 서로에 대한 의존을 통해 함께 살아가는 것의 참 의미를 알고, 한 존재를 자신의 내면 깊은 곳에 영원히 새겨두게 되는 것 같다. 나이 들어 누군가의 수발을 받을 대 미안하고 고맙다는 마음도 잊지 말고 지녀야 할 덕목이지만 , 의존조차 당당하게 수용하는 자세 또한 필요하다. 물론 의존의 시기를 최대한 늦추도록 노력해야 하는 것은 말할 필요도 없겠다.[56]

노년의 건강에서는 역시 치료보다는 사전관리가 중요하다. 노인의 건강이 문제가 되는 것은 개인의 고통에만 국한된 것이 아니라 사회적으로도 여러 가지 이유가 있다. 일단 질병을 치료하는 데 들어가는 의료비 부담이 문제다. 노년기는 다른 연령대에 비해 잘 낫지 않고 점점 나빠지기만 하는 만성질환을 가진 사람들의 숫자가 많은 수밖에 없는데, 이런 노인인구가 점점 늘어나다 보니 의료비 문제가 세대 갈등으로까지 번지는 상황이 되어 버린 것이다.

또한 이에 못지않은 것이 환자 간호와 수발의 어려움이다. 예전에는 가족들이 완전히 책임을 졌지만 이제는 젊은 사람들이 더 이상 노인 간호와 수발에만 매달릴 수만은 없는 형편이다. 여기에 일시적으로나 단기적인 것이 아니라 뇌졸중이나 치매 등 장기적인 보호가 필요한 경우는 가족이나 자식들의 힘나으로는 도저히 감당할 수 없는 사태가 벌어진다. 그렇다고 경제적으로 합당하고, 이런저런 조건에 잘 맞는 시설이 많은가 하면 그렇지 않다. 양적으로도 부족하고 용구별로도 세분화되어 있지 않아 마땅한 시설을 찾을 수가 없는 형편이다. 그렇기 때문에 노년기 환자의 발생은 개인과 가족과 사회에 두루 고민이 될 수밖에 없다. 노년기 건강에서 치료보다는 질병의 사전 예방과 관리가 중요한 이유가 여기에 있다.[57] 천하를 다 얻어도 건강을 잃으면 아무 소용이 없다. 병상에 누어서 100세까지 산들 무슨 낙이 있겠는가!

건강관리를 한다고 해서 헬스클럽에 다니거나 수영 지도를 받거나 특정한 운동을 하는 것만이 방법은 아니다. 건강관리를 위한 운동은 무엇인든지 꾸준히 할 때 효과를 볼 수 있다. 주변을 둘러보면 헬스클럽에 3개월이나 6개월 장기 등록하고도 일주일에 한 두 번밖에 못가고 내내 후회하는 사람들이 많다. 사람들은 흔히 건강관리 하면 먼저 운동을 떠올리고 운동을 시작하려면 어딘가 돈을 내고 등록해서 시작해야 한다는 생각을 한다. 그런 생각을 먼저 버려야 한다. 오늘 당장 평소보다 일찍 일어나고 술·담배를 끊거나 줄이는 등 생활습관을 바꾸려는 노력을 먼저 해야 한다.

스포츠 참여자들은 신체적 안녕뿐만 아니라 정신적, 심리적 차원을 모두 포함하는 총체적인 구조로서의 건강을 인식하고 있으며 신체운동이 근래에 점차 인기를 얻어가고 있다. 이는 체력의 향상에서 오는 심리적 이득에 대하여 기술하고 있고 지속적인 신체활동은 현대사회에서 급증하는 정신적인 스트레스를 감소시켜 사회심리적 건강에 긍정적인 효과가 있다는 과학적 연구활동이 활발히 진행되어 대중들의 운동 참여에 많은 동기를 부여하고 있다.

노년은 노년대로 스스로의 건강에 책임을 지는 자세를 가져야 한다. 시간이 없어서, 돈이 없어서, 마음의 여유가 없어서 등등의 핑계를 대고 싶으면 차라리 '게을러서' 라고 하는 편이 정직할 것이다.

인간이 겪는 가장 큰 고통은 바로 죽음에 직면하는 것이라고 한다. 죽음은 누구에게나 두렵고 무서운 것이다. 그래서 '가장 잘 죽는 사람이 가장 행복한 인생을 살았다' 는 말이 있다.

2. 자신의 가치를 높여라

인간의 소망은 항상 이중적이다. 삶과 죽음에 관한 이중성은 천수(天壽)를 다한다고 할 정도로 오래 살아계신 이르신들의 말씀에서 잘 드러난다. "내가 제일 바라는 것은 빨리 죽는 것이야", "죽음의 귀신은 무엇을 하는지 나를 왜 데리고 가지 않는지 모르겠어", "살긴 살지만 살아갈 낙이 없어." 어떤 사람ㄴ들은 니런 말을 액면 그대로 받아들여선 안 된다고 말하면서, 그것은 누구나 잘 알고 있는 새빨간 거짓말이라고 말한다. 죽고 싶다는 것은 거꾸로 살고 싶다는 욕망의 표현이라는 것이다. 그러나 어떤 사람들은 어르신들의 그 말 속에서 진리가 들어 있다고 주장한다. 어르신들은 그저 그저 오래 살기만 하는 것은 고통일 뿐이기 때문에 아무런 고통 없이 잠자는 것처럼 죽기를 간절히 바란다는 것이다.[58]

돈으로 노년의 행복을 살 수 없다면 최소한의 비용으로 살 것을 각오하면서 다른 것에서 즐거움과 만족을 찾아나가는 것도 한 방법일 것이다. 세상 모든 것을 다 가질 수 없고 모두 누릴 수 없다면, 눈을 돌려 내가 가진 것에 감사하며 주어진 생을 최대한 멋있게 꾸려갈 일이다. 그러기 위해서는 우선 현실을 받아들여야 한다.

지나간 시간에 대한 후회와 회한으로 보내기보다 노년이라는 신체적, 심리적, 사회적 변화를 인정하고 받아들여야 하며, 경제 능력 또한 세밀하게 검토해 자신의 수준을 정확하게 인식할 필요가 있다. 그러기 위해서는 당연히 변화를 두려워하지 않는 용기가 있어야 한다. 그동안 살아오며 소유했던 모든 것들은 시간이 흐르면서 손 안에 움켜쥔 모래알처럼 다 빠져나가기 마련이다. 소소한 일상이 바뀌는 것을 넘어 삶의 터전을 내놓아야 할 때가 올 것이며, 아무도 찾지 않는 쓸쓸한 처지가 될 수도 있다. 예상치 못한 재산상의 문제나 질병으로 인해 돈 걱정이 가장 큰 걱정으로 자리잡을 수 있다. 그러므로 변화에 적응하는 능력이야말로 노년을 적극적으로 살아나가는 가장 좋은 방법 중의 하나이다.

아울러 문제에 똑바로 맞서는 자세가 필요하다. 노년과 함께 찾아올 복잡한 문제들을 '누군가 나서서 해결해주겠지, 아들이나 딸이 알아서 하겠지' 하며 다른 사람에게 책임을 미루거나 회피하지 않고, 직접 맞서서 하나씩 풀어나가는 것이 성숙함이며 원숙함이다. 그리고 다가올 문제를 미리 헤아리고 마음의 준비를 하며 살아가는 것이 바로 노년준비다.

그렇게 하기 위해서는 끊임없는 자기계발이 필요하다. 자기계발을 통해서 시간당 임금도 높이고, 정년도 연장할 수 있도록 해야 한다.

노년이 되어도 일을 하기 위해서는 끊임없는 자기계발이 필요하다. 노년에도 할 수 있는 일을 일찍부터 계발하고 가꾸어 가야 한다. 직장생활을 하면서 하고 싶었던 일을 시작해보자. 하루에 한 시간이라도, 아니면 일주일에 단 몇 시간이라도 자신을 위해서 투자하자. 자신을 위해서 끊임없이 노력하는 것이 자신의 가치를 높이는 지름길이다. 그리고 자신의 가치를 높이는 것이 자신의 소득을 증가시키는 길이기도 하다.

나는 나다. 나는 나로서 의미가 있다. 나는 나 자신을 인정해주어야 한다. 내가 잘하는 것을 다른 사람은 못할 수도 있다. 다른 사람이 잘하는 것을 나는 못할 수도 있다. 내가 다른 사람이 아니듯이 다른 사람도 내가 아니다. 나부터 나를 인정할 수 있어야 한다. 내가 나를 나로서 인정한다는 것은 곧 내가 다른 사람을 그 사람으로서 인정한다는 것을 의미한다.

긍정적인 자기 이미지를 형성하고, 인생의 장기적인 목표를 설정하고, 목표달성을 위해서 끝까지 실천한다는 것은 매우 어려운 일이다. 어렵지만 해야 할 일이다. 남의 인생이 아니라 내 인생이기 때문이다. 이 모든 과정을 효율적으로 실행하려면 끊임없는 자기 다짐과 변화가 필요하다. 이를 위해서 독서를 하거나 동기부여 프로그램이나 교육훈련에 참가하고, 시청각 교육자료를 시청하는 등 자기계발에 힘써야 한다.

3. 1초의 시간도 아껴라

지금 우리에게 주어진 것은 몸과 시간이다. 몸이 움직이든 움직이지 않든 시간은 간다. 잠을 자든 일을 하든 시간은 간다. 시간당 1천 원짜리 일을 하든, 1백만 원짜리 일을 하든 시간은 간다. 지금 우리에게 주어진 시간을 자신의 가치를 높이는 데 사용해야 한다.

시간은 돈이다. 그러나 누구에게나 똑같은 돈은 아니다. 어떤 사람은 한 시간이 1억 원이 될 수도 있고, 어떤 사람에게는 1천 억원이 될 수도 있다. 심지어는 시간을 보내면서 빚을 지는 사람도 있다.

시간관리 프로그램이 아무리 좋아도 실천하지 않으면 아무 소용이 없다. 자기 자신에 대한 사랑, 성공에 대한 열망, 행복에 대한 열망을 다시 한 번 되새겨야 한다. 자기에게 맞는 시간관리 프로그램을 만들기 위해서 많은 연구를 해야 한다.

우리 주변에는 나이를 잊고 사는 사람이 많다. 이들은 모두 지금 하고 있는 일을 돈을 벌기 위해서나 남이 시켜서 하는 것이 아니다. 살아가는 데 있어 자신을 풍요롭게 하기 위해 하나의 취미생활로 하는 것이다. 이들이 보여주는 삶의 태도와 실천은 어려운 환경 속에서 어떻게 살아야 할지를 제시해준다. 우리들에게 희망을 주고 길을 열어준다. 장기적인 인생 설계를 통해 하루하루를 살아간다면 우리의 삶은 더욱 풍요로워질 것이다.

4. 세월을 나눌 친구를 만들어라

나이 들어 친구를 사귀는 것은 어릴 때 친구를 사귀는 것과는 달라서, 나이라든가 사회경제적인 지위가 많은 영향을 미친다고 한다. 아마도 그래서 옛 친구가 좋은 모양이다. "새 친구 사귀는 정성의 반의반만 있어도 옛 친구를 되찾을 수 있다."는 말에서도 역시 사느라 바빠 소원해진 친구들을 다시 찾아 만나고 싶은 간절한 마음이 느껴진다. 어르신들이 하시는 말씀이, 부부간에 못하는 말이나 자식에게 털어놓지 못하는 사연도 친구에게만은 솔직히 다 이야기할 수 있다고 하신다. 오랜 세월 동안 쌓아온 우정이 그만큼 넓고 깊다는 뜻이어서 부럽기도 하고 존경의 마음까지 갖게 된다.

어르신들 중에는 물론 노인에 접어들어 이웃이나 노인대학 등에서 새 친구를 사귄 분도 있지만, 대부분은 젊어서부터 죽 쌓아온 우정인 경우가 많다. 그러나 새 친구를 사귀든 오랜 옛 친구와 사이좋게 지내든, 중요한 것은 친구가 있다는 사실이다. 같이 늙어가며 생의 마지막 길을 함께 걸어가는 친구의 중요성을 굳이 되풀이 할 필요는 없을 것이다.

친구를 사귀고 그 인연을 잘 이어나가려면 무엇보다 먼저 상대방을 존중할 줄 알아야 한다. 되는 대로 함부로 대한다면 친구라고 할 수 없다. 나이 어린 사람과 친구로 지내는 분들을 보면 나이 유세가 없으시다. 똑같이 존중하고 대우해주시기 때문에 젊은 사람과도 연령과 세대차를 뛰어넘어 친구가 되는 것이다.

나아가 예의 바르게 행동하면서도 자신의 뜻을 분명하게 밝혀야 한다. 겸손한 태도로 상대를 먼저 배려해주는 것은 기본이자만, 싫은 것도 좋은 척, 불쾌할 때도 아닌 척 하는 것은 오래가지 못한다. 남은 날이 얼마나 된다고 마음을 숨겨가면서까지 관계를 이어가겠는가. 솔직한 편이 서로를 이해하고 맞춰 나가는 데 도움이 된다야. 자신에게 맞추라고 강요할 것이 아니라, 자신을 상대방에게 맞춰 나가면서 이미 맺은 우정을 귀하게 간직하고 절 보듬어야 하며, 새 만남 역시 감사한 마음으로 새싹을 돌보듯 보살피고 물울 주며 잘 길러야 한다. 친구라는 존재 자체도 귀하지만 우정을 키워나가는 과정 또한 우리 인생의 소중한 경험이기 때문이다.[59]

5. 가족이 함께하는 삶을 준비하라

노년준비를 할 때 기억해야 할 중요한 한 가지는, 어디에서 살지 정하는 일이다. 우선 그동안 살던 지역에 그대로 머물 것인지, 새로운 주거지로 옮길 것인지 생각해봐야 한다. 자신에게 익숙한 지역과 집에 그대로 머물면 가장 좋다. 새롭게 적응할 필요도 없고, 이웃과 다시 관계를 맺어야 하는 부담에서도 벗어날 수 있으며, 지역사회 노인 프로그램에 대한 정보도 쉽게 얻을 수 있다.

이와 반대로, 자신에게 적합한 노인복지 서비스를 제공하는 지역이나 근처로 옮겨 갈 수도 있다. 자녀들과 떨어져 혼자 사시던 어르신은 운동과 취미 프로그램 등 노인복지관에서 제공하는 서비스에 따라 복지관 가까운 곳도 고려해 볼만하다.

노년의 주거와 관련하여 생각해야 할 것은 집값과 생활비 문제다. 서울의 집값이나 생활비가 다른 지역 중소도시보다 비싼 것이 엄연한 현실이다. 서울에서 큰 돈을 치르고 좁은 평수에 사는 것보다 서울을 벗어난 지역에서 좀더 넉넉한 평수에 더 적은 비용을 지불하며 사는 것이 오히려 편안할 수 있다. 이럴 경우 그 차액으로 생활비를 충당할 수 있다는 이점도 있다.

그런데 이 모든 주거 상황에서 빼놓지 말고 고려해야 할 것은 자녀와의 거리다. 부모와 자녀가 한마음 한뜻으로 동거를 선택한 경우는 더 말할 필요가 없지만, 별거를 하는 경우라 해도 부모와 자녀의 거주공간이 지나치게 가까우면 간섭과 심리적인 부자유로 인해 예기치 못한 갈등이 벌어질 가능성이 높다. 그러나 또 지나치게 거리가 멀면 일상을 나누지 못할뿐더러, 위급한 상황에 달려오지 못하니 서로 불안감이 생긴다.

부모와 자식간의 거리는 부모님의 건강, 서로의 경제적 상황, 심리적인 상태, 도움을 주고받아야 하는 정도 등을 고려해 신중하게 결정해야 한다.

여기서 무엇보다 중요한 것은 내가 사랑하는 상대방이 정말 편안하고 행복한지를 먼저 헤아리는 일일 것이다. 자신이 주고 싶은 대로 주는 것이 사랑이 아니라, 상대가 원하는 것을 주는 것이 사랑의 첫 번째 원칙임을 부모 자식간에도 잊지 말고 기억할 일이다.

가정이 화목해야 모든 일이 잘 풀린다. 노년에 자식들끼리 싸우는 것만큼 불행한 일도 없다. 더욱 불행한 일은 배우자를 잃거나 황혼에 이혼하는 것이다. 일할 때는 깨어 있는 시간의 80퍼센트 이상을 직장에서 보낸다. 그러나 은퇴를 하는 순간 모든 것이 달라진다. 오랜 시간을 보내는 데 가족, 특히 배우자만큼 힘이 되는 대상은 없다.

또한 건전한 취미활동은 노년의 소중한 친구다. 우리나라 사람들에게 취미를 물어보면 대부분 당황한다. 취미가 없기 때문이다. 기껏해야 독서나 영화감상, 음악감상 수준에 머문다. 우선 취미를 갖지 못하는 이유는 시간적·경제적·정신적 여유가 없다고 느끼기 때문이다.

취미생활은 삶의 질을 결정할 만큼 중요하다. 요즘에는 직장생활을 통해 자아실현을 하려는 사람이 많기 때문에 취미가 곧 직업인 사람도 많아지고 있다. 자기가 좋아하는 일을 직업으로 택한 경우다. 그러나 많은 사람들이 그렇게 하지 못한다. 자신이 진정으로 하고 싶은 일을 제쳐두고 매일 먹고사는 일에 정신이 없다. 그렇기에 하루하루가 벅차다고 한다. 그러나 지금 이후로도 우리가 살아가야 할 시간은 매우 길다. 지금의 직업을 늙어죽을 때까지 할 수 있는 사람은 그리 많지 않다.

노년을 잘 보내기 위해서는 남겨진 시간을 자신과 가족, 그리고 남을 위해 쓸 수 있는 여유가 있어야 한다. 여러 가지 방법이 있겠지만 교회, 성당, 절 등에서 봉사할 일이 무수히 많다. 봉사를 하면 삶의 의미도 찾을 수 있고, 시간도 의미 있게 부낼 수 있으며, 식사 문제도 해결할 수 있다. 그뿐 아니라 돈이 낭비되는 일이 없어 경제적으로도 부담이 없다.[60]

결혼에 만족한다는 노인의 대부분은 좋은 결혼관계에 관한 역사를 가지고 있다는 점이다. 즉 행복한 결혼을 하고 중년기까지의 결혼생활이 만족스러웠던 부부가 노년기에도 만족스러운 결혼생활을 하게 된다는 것이다. 가족 안에서의 부부간의 평등과 역할 분담의 융통성이 결혼생활을 향상시킬 수 있다는 데 이의를 달 사람은 아마 한 사람도 없을 것이다. 행복한 부부로 노년기를 보내기 위해 준비 역시 결코 여기서 벗어나지 않는다. "열두 효자 악처만 못하다." "이 복 저 복 해도 처복이 제일이다." "이 방 저 방 해도 서방이 제일이다." …… 부부 서로가 서로에게 소중하고 각별한 존재라면 그 인연이 어찌 무덤 속에서인들 이어지지 못하겠는가.[61]

부부간의 정과 결혼의 의미는 오랜 세월동안 동고동락해야 참의미를 알 수 있다. 그래서 노년은 결혼의 본질에 대해 과거와는 다른 깨달음을 얻게 되는 것이다.

사랑하는 아내로부터 보살핌을 받고자 하는 것은 남자라면 누구나 갖고 있는 자연스러운 욕구 중의 하나다. 하지만 그렇다 하더라도 절대로 과도한 기대를 가져서는 안 된다.

배우자가 자신을 잘 돌봐주고, 마음을 헤아려주고, 자신과 하나임을 항상 느끼게 해 줄 것이라는 환상을 가져서는 안 된다. 환상에 대한 집착이 강할수록 상처도 많이 받았을 수밖에 없다. 더구나 보살핌을 받고자 하는 욕구가 쉽게 충족되지 않는다면 그것이 모두를 고통에 빠뜨릴 수 있다.[62]

동행할 사람이 있음에도 불구하고 혼자라는 고독은, 진짜 혼자되었을 때 느끼는 고독보다 더 고통스러운 법이다. 가족에게는 함께 살면서 갈등하고, 싸우며, 화해하고, 그리고 같이 눈물 흘리는 기억들이 필요하다.

낡은 나조반에 흰 밥도 가재미도 나도 나와 앉아서
쓸쓸한 저녁을 먹는다.
흰 밥과 가재미와 나는
우리들은 그 무슨 이야기라도 다 할 것 같아
우리들은 서로 미덥고 정답고 그리고 서로 좋구나.
우리들은 맑은 물 밑 해정한 모래 틈에서 하구 긴 날을 모래알만 헤이며 잔 뼈가
굵은 탓이다.
바람 좋은 한 벌판에서 물닭이 소리를 들으며 단 이슬 먹고 나이들은 탓이다.
외따른 산골에서 소리개 소리 배우며 다람쥐 동무하고 자라난 탓이다.

우리들은 모두 욕심이 없어 희어졌다.
착하디착해서 세괏은 가시 하나 손아귀 하나 없다.
너무나 정갈해서 이렇게 파리했다.
우리들은 가난해도 서럽지 않다.
우리들은 외로워할 까닭도 없다.
그리고 누구 하나 부럽지도 않다.
흰 밥과 가재미와 나는
우리들이 같이 있으면
세상 같은 건 밖에 나도 좋을 것 같다. - 백석의 〈膳友辭(선우사) -함주시초 4〉

백석(白石, 1912~1995)의 시 제목 '선우사(膳友辭)'의 뜻은 '반찬 친구에 대한 글'이다. '膳' 자가 선물을 드린다는 뜻도 있지만 반찬이라는 뜻도 있기 때문에 '반찬 친구인 나와 가재미와 흰밥에 대한 글'이라는 뜻으로 제목 '선우사(膳友辭)'를 풀이할 수 있다. 나조반(평복 방언 사전에 '연석(宴席) 같은 데에 쓰이는 책상처럼 생긴 장방형의 큰 상으로서 표준말에서 쓰는 나좃대를 받쳐 놓은 쟁반인 나조반과는 다르다'고 풀이되어 있다. 음식 소반으로 흔히 쓰는 나주반[나주에서 생산된 전통 소반]을 지칭하는 것으로 보인다. (고형진 엮음, 『정본 백석 시집』, 2007.) 위에서 흰밥과 가재미와 내가 나와 앉아서 만나는 순간 전혀 어울리지도 않고 생각지도 않았던 바다와 벌판과 산골의 새롭고 완벽한 결합을 꿈꿀 수 있음을 이 시는 보여주고 있다.

지금 아무리 고통스럽고, 상처를 주고받는다 해도 가족은 그것을 가슴으로 껴안아야 한다. 혼자보다는 부부로 살아감으로써 삶의 더 큰 의미를 경험할 수 있다. 진짜 인생이란 자녀와 날마다 일상에서 시간을 공유했다는 느낌을 간직하는 것이다. 그리고 그것을 추억으로 가슴에 품고 살 때 삶이 헛되지 않았다고 느낄 수 있다. 사랑은 누군가와 지금 이 순간의 경험을 공유하고 있을 때 비로소 의미가 있기 때문이다.[63]

어떤 관계도 완벽할 수는 없다. 죽을 때까지 변함없이 좋은 관계를 맺고 살아가는 운 좋은 부부도 간혹 있겠지만 아주 예외적이다. 이혼이 증가하는 이유도 요즘 사람들이 너무 이상적인 부부관계나 결혼생활에 대한 환상을 쫓으려 하기 때문이 아닐까?

모든 부부에게는 문제가 있고, 힘든 고비를 넘겨야만 하며, 배우자에게 절대 변할 수 없는 약점과 결점을 반드시 마주하게 된다. 피할 수 없는 현실을 받아들이지 못할 때 결혼과 부부관계는 더 고통스럽게 느껴진다. 그런데 새로운 사랑을 하면 그 사람과는 완벽한 관계를 맺을 수 있을까? 그 사람에게는 약점과 결점이 없을까? 완벽한 사람이 없듯이, 완벽한 부부도 없다. 문제가 생기는 것이 정상이며, 완벽한 것이 예외이다. 원수처럼 느껴지더라도 풀 죽은 얼굴로 어깨에 힘이 빠졌을 때 뒤에서 꼭 안아줄 수 있는 것이 부부이다.

노년 준비서인 『아름다운 실버(Your Renaissance Years)』에서 저자 로버트 L. 베닝가는 노년기에 새롭게 만들어가야 하는 관계들을 이야기 하면서, '당신의 부부 사이가 적인가, 이방인인가, 친구인가, 애인인지'를 묻는다. 그 누구도 노화로 인한 질병을 피해 갈 수 없으며, 결국 누군가의 도움을 받으면서 길어진 노년기를 살아내야 한다.

그래서 '의존수명'이라는 말이 있다. 의존수명이란 생의 마지막에 이르러 여러 가지 질병과 장애에 시달리면서, 다른 사람의 도움을 받으며 살게 되는 기간을 뜻한다. 우리나라 사람들의 평균 의존수명이 무려 10년이라는 사실을 들어본 적이 있는지 모르겠다. 쉽게 말하면, 우리들 생의 마지막 10년을 노년기의 질병과 장애로 인해 혼자서는 도저히 살 수 없고 반드시 누군가의 도움을 받으며 살아야 한다는 말이다.

그런데 중요한 것은 실질적인 간병이든 정서적인 지지든, 현실적으로 가장 큰 도움을 줄 누군가의 1순위가 바로 배우자라는 사실이다.

진정한 친구나 애인과의 관계를 떠올려 보자. 그것은 노년 부부의 오래 묵은 사랑과 다르지 않다. 노년 부부의 사랑은 뜨거운 가슴으로 하는 것이 아니라 품어주는 마음으로 하는 것이다.[64]

6. 삶의 질 향상을 위해서 성(性)의 중요성을 인지하라

우리나라 노인들의 성에 대한 인식은 성교육의 부재와 사회적 편견에 의해 부정적이고 억압적인 태도를 지닌 경우가 많았다. 왜곡된 성인식과 낮은 성 지식은 노년의 성적 욕구에 대한 죄책감이나 음성화된 성매매와 노인 성폭력과 같은 범죄로 이어지기도 한다.

WHO에서는 성 건강에 관한 국제회의를 통해 성 건강의 개념을 신체적 성 건강과 안전한 성생활, 성 인권의 영역까지 포함한 것으로 보았다. 성 건강은 개인과 부부, 가족의 신체적 건강과 정서적 건강 및 웰빙의 상태로 지역사회와 국가의 사회 경제적 발전의 기본으로 보고 있다(WHO, 2010). 노년기 성생활의 유지는 건강한 신체적 만족감과 상호 간의 공감을 통해 정신적 건강과 사회적 관계 형성에 도움이 된다. 건강한 성생활 유지를 우지를 위해서는 성관계의 빈도보다는 상대방과의 공감과 소통이 중요하다. 성 상은 노인들의 자존감과 효능감을 높이고, 정서적 불안감 완화와 신체기능의 발달을 도와 노화에 대한 긍정적 수용을 가능하게 한다. 또는 배우자와의 관계 향상과 주관적 건강을 높여 성공적 노화로 연결될 수 있다.

정신적 성 건강이 높다는 것은 긍정적인 성 태도와 건강하고 올바른 성생활에 대한 인식과 성적 친밀감을 형성하며 노년기 성적 활동을 이어가는 것을 의미한다. 노인들의 성생활 유지는 우울증 감소와 사회적 관계 형성에서 긍정적으로 작용하여, 노인들의 정신 건강에 도움이 된다. 긍정적 성인식과 태도는 성생활의 만족도를 높이고, 노년기 생활만족도 향상과 관련이 있다. 노인들이 규칙적인 성생활을 유지함으로써 우울감을 낮추고, 행복감을 느끼며 성공적인 노화로 이어질 수 있다. 따라서 "정신적 성 건강은 성인식과 성태도에서 비롯되며, 이는 노화로 인한 불안과 우울을 감소시켜 노년의 정신건강에 긍정적 요소가 될 수 있다." (유지혜, 강창현, 2021: 70).

신체적 성 건강은 성생활을 유지함으로써 노화로 인해 약해진 신체기능의 강화와 건강을 촉진하는 요소로 작용하여 노인의 신체적, 정신적 건강에 도움을 준다. 최근 발표되고 있는 의학계의 연구에서도 노인들의 성생활에 신체적, 심리적 기능의 회복에 도움이 된다고 밝히고 있다.

김성진은 적절한 성관계가 노화로 인한 신체기능 향상에 도움을 주며, 심폐기능의 향상과 호흡량 증가로 인한 폐활량 증가, 혈액순환이 원활해진다고 보았다. 또한 노년기의 성생활은 스트레스를 감소시키고, 코로티손 생성을 도아 골자공증을 예방하며 다양한 신체 근육 기능을 강화하는 데 도움이 되므로 노년기 건강한 생활 유지의 선순환으로 이어질 수 있다.

성생활을 통한 쾌감은 생식기를 통한 쾌감이 아닌 뇌의 신경전달물질과 관련이 있다. 성관계를 하는 동안 뇌에서 분비되는 엔도르핀과 도파민은 즐거움과 행복감을 느끼게 하고 노년기 건강한 관계 유지의 동기를 부여한다. 노년기의 건강한 성생활은 운동 효과뿐 아니라 긍정적 사고 및 행복감을 높이며 스트레스를 낮추고 부신의 기능을 회복하는 데 도움을 줄 수 있다. 회복된 부신에서는 지속적인

DHEA를 생성하면서 호르몬 분비 능력을 회복하여 신체적 건강과 심리적 안정감을 유지할 수 있다.

감정적 성 건강은 성생활을 통한 행복감을 공유하고 자연스러운 성적 환상과 성적 욕구를 표현함으로써 건강한 성관계 유지할 수 있도록 도와준다. 인간의 본능 중 기본적 욕구인 성욕은 감정적 즐거움과 행복감에 대한 기억과 표현이므로 노인이 되어서도 없어지지 않는다. '성'의 관심 표현과 성 활동은 사회문화적으로 개인적인 차이가 크다. 성적 욕구의 표현과 성 활동에서 적극적일수록 성 건강이 높고, 긍정적 성 태도와 올바른 성 지식을 가지고 있다. 성 욕구는 젊은 시절 긍정적인 성생활로 인한 감정적 즐거움을 경험한 노인들에게서 높게 나타나고 있다. 성관계에 대한 불편한 기억과 과거 성생활에서 고통을 경험한 노인들은 '성'에 대해 부정적이며, 감정적인 거부감이 강하다. 학력이 낮고 배우자로부터 강압적인 성관계와 폭언을 경험했던 무 배우자 여성 노인들은 배우자 사망 이후에도 낮은 자존감과 효능감 저하로 이어져 새로운 사회적 관계 형성에서 어려움을 겪는다.

사회적 성은 남성과 여성의 성 역할에 기초한 태도와 고정관념 등을 포함하는 성 역할의 정체성으로 설명될 수 있다. 사회적 성 건강은 유배우자 노인들의 부부관계 만족도와 무배우자 노인들의 이성 교제 및 새로운 관계 형성을 위한 사회활동 참여 등의 모든 행위를 포함하는 노년기 사회적 관계 형성의 핵심적 요소라 할 수 있다. 성관계는 즐거움의 공유이고, 친밀감과 애착을 증폭시키는 상호 간의 관계 형성이다. 노년기의 성생활 유지는 신체적 쾌락만이 아닌 즐거움의 공유이고. 친밀감과 애착을 증폭시키는 상호간의 관계 형성이다. 노년기의 성생활유지는 신체적 쾌락만이 아닌 심신의 이완과 즐거움, 의사소통, 교류, 친밀감의 공유로 보아야 한다.

성 건강은 기본적 욕구 충족을 통해 삶의 질을 높일 수 있다는 점에서 노년기 성공적 노화의 시작점일 수 있다. 누구나 공평하게 누려야 할 기본 권리임에도 개인 간, 집단 간의 성 건강 격차는 노년의 외로움과 우울감 및 정서적 결핍을 심화시키는 요인으로 작용한다. 불평등에 의한 차별화 소외는 건강 악화의 요인이 되므로, 성 건강 형평성을 위한 프로그램의 개입이 시급하다.

성 건강 프로그램 구성에 있어서 노인의 '성'은 통합적인 관점에서 접근하여 성 건강 취약계층의 다양한 욕구를 반영할 필요가 있다. 이를 위해서는 노년의 성에 대한 사회적 고정관념이 바뀌어야 한다. '성'은 '성 건강'의 개념으로 받아들일 수 있도록 영역별 성 건강을 반영하는 통합적 성 건강프로그램 구성이 필요하다.

정신적 성 건강의 증진을 위해서는 가부장적이고 보수적인 성 태도에서 벗어나 올바른 성적 자기 결정권을 이해하고 수용할 수 있어야 한다. 신체적 성 건강은 기존의 신체 기능적인 남녀 호르몬과 생식기 개념에서 벗어나, 건강한 신체 이미지 형성과 노년의 자아 존중감을 키울 수 있어야 한다. 감정적 성 건강은 성적 욕구의 이해와 건강한 욕구 표현 방법 및 성생활의 윤리적 측면이 강조되어야 한다. 사회적 성 건강은 사회적 역할에 대한 이해와 성인지 감수성을 높일 수 있도록 구성하여야 한다.

"성 건강의 향상은 노인들이 신체적, 정신적, 사회적으로 건강한 생활을 유지하면서 노후의 성공적 삶을 이어가는 데 도움을 준다. 노인들이 성적 친밀감을 높이고, 사회적 성 역할에서 차별받지 않도록 지속적인 성 건강교육과 심리·정서적 지원이 필요하다. 보건학, 교육학, 심리학 등 다학제간의 연구를 통해 성 건강을 보건과 복지가 통합될 수 있는 통합 케어로 프로그램을 구성하고 적용하는 연구가 필요하다. 따라서 우리나라 노인들의 낮은 대인관계 만족도와 황혼이혼의 증가 및 노인 우울 문제 해결을 위해 노인들의 통합적 성 건강에 적극적 개입이 필요한 시점이다." (유지혜, 강창현, 2021: 80).

원만한 성생활을 하면서도 원기(元氣)에 무리가 되지 않고 강화할수 있는 방법과 금기사항을 몇 가지 알아보면 아래와 같다.

취주행방(醉酒行房): 음주 후에는 자제력이 떨어지고 쉽게 흥분하므로 방사(房事)에 있어서도 욕정(慾情)에만 급급하여 신정(腎精)을 소진하여 기력을 떨어뜨릴 수 있다.

포식(飽食), 기아(饑餓) 입방(入房): 배불기 먹었거나 배고픈 경우에는 방사(房事)를 금하는 것이 좋다하여 〈삼원삼찬연수서(三元參贊延壽書)〉에서는 "과식한 후 방사(房事)를 과다하게 되면 정혈(精血)이 손상되고, 대장으로 영향을 미치면 대변이 묽고 피가 섞여나오며 복통(腹痛)을 나타내기도 하는 장벽(腸癖)이라는 병을 유발한다" 고 주의토록 하였다.

정지과격(情志過激)시 행방(行房): 칠정(七情: 희노우사비공경(喜怒憂思悲恐驚))이 태과(太過)하거나 불급(不及)한 경우에 방사(房事)하는 것은 좋지 않으므로 삼가야 하는데 과다한 정신적 자극은 기력 손상과 장부 기능의 실조(失調)를 야기하기 때문에 질병을 일으키는 원인이 된다.-손사막(孫思邈)曰-

노권입방(勞倦入房): 몹시 피로하여 아직 회복되지 않은 상태에서는 방사를 삼가는 것이 좋다. 과로는 정기(精氣)를 쉽게 소모시키고 방사(房事) 역시 일정한 정력(精力)이 필요하므로 과로후의 입방(入房)은 기를 소모시키고 정(精)을 손상시킨다.

환병(患病)과 신채(新瘥)시 금입방(禁入房): 병을 앓는 동안이나 치유초기의 회복단계에서는 욕정(慾情)을 절제하여 정기를 잘 지켜야 하므로 합방(合房)은 절대 금물이다. 병에 걸리면 기력이 부족하고 장기의 기능이 유약하여 정기(正氣)가 허하고 사기(邪氣)가 성(盛)하여 음양실조(陰陽失調)가 나타난다. 이 상태에서 입방을 강행하면 정기(精氣)가 손상되어 병세를 악화시키고 정기(正氣)가 손상되어 병이 재발하게 된다.

기후이상(氣候異常)시 금입방(禁入房): 대한(大寒), 대서(大暑), 폭풍(暴風), 뇌우(雷雨) 등의 이상기후 상태는 인간의 심리. 생리변화를 쉽게 야기하기 때문에 기의 작용이 역란(逆亂)되어 음양실조(陰陽失調)가 나타난다. 그래서 이때에는 정기를 보양(補養)하고 기후변화에 적응함으로써 질병을 예방할 수 있다.

음부(陰部)와 환경불결(環境不潔)시 금입방(禁入房): 입방전후(入房前后)에는 남녀 모두 생식기를 깨끗이 해야 하며 방사(房事)시 음부가 깨끗하지 못하거나 주위환경이 오염되어 있으면 병사(病邪)에 감염되어 질병을 일으킬 수 있다. 그래서 동의보감(東醫寶鑑)에도 "우물, 부뚜막, 화장실주변, 무덤 시체 옆에서의 관계는 안된다." 라고 하였다.

부녀경(婦女經), 임(妊), 산기(産期)에 금입방(禁入房): 부녀의 월경기간, 임신시간, 출산기간에는 기혈(氣血)이 허약한 시기임으로 행방(行房)을 삼가지 않으면 정기가 손상되거나 병 사(病邪)에 노출되어 몸을 상하기 쉽다.

7. 건강 장수법

고대로부터 무병장수를 위한 건강법을 양생법이라 하여 도교에서는 많은 수련법이 발달하였다. 요즘 나오는 웰빙 건강법이 이에 해당하는데, 음식, 운동, 정신, 방사(房事) 양생법, 기거(수면, 휴식, 노동), 환경, 계절, 기공 양생법 등이 있다. 음식 중에는 우리 몸에 좋다는 것들이 너무나 많은데, 최근 모 방송에서 매실이 면역력 증강에 좋다고 해서 난리가 나고, 여성의 갱년기 증후군에 석류가 호르몬 전구물질이 들어 있다고 해서 인기가 있으며, 하루에 한두 잔씩 마시면 심장병을 비롯한 성인병 예방에 좋다고 포도주도 동이 나는 일들이 이어지고 있다. 그밖에도 마늘, 호박, 은행, 식초, 녹차, 개소주, 흑염소 등 효능이 뛰어나서 기막힌 효과를 볼 수 있는 민간요법이 있다는 광고 글들이 많이 올라온다. 이는 코로나 19사태로 인한 과다한 건강 염려증의 사회 현상이라 할 수 있다. 위에 말한 이러한 건강식품들은 어떤 사람이 먹느냐에 따라 몸에 득이 되기도 하고 해가 되기도 한다. 실제로 질병에 걸린 환자가운데에는 몸에 맞지 않은 음식을 먹은 탓으로 병이 악화되어 사망하는 사례가 비일비재(非一非再)하다.

음식양생이란 것도 체질에 맞춰서 운용해야 하고, 몸에 좋다고 하는 것을 챙겨 먹기 보다는 몸에 해로운 것을 주의하는 것이 훨씬 효과적이다.

예전에는 연세 드신 분들이 스트레스 질환이나 홧병(火病)이 많았는데, 최근에는 어린 학생들도 학업에 대한 부담감, 부모, 친구와의 갈등으로 인하여 장년층에서 빈발하던 질환들이 남녀노소(男女老少)를 막론하고 발병하는 상황이다. 정신과 육체를 조화롭게 관리하지 않으면 질병에 쉽게 노출될 수밖에 없으므로 성현들의 장수비법을 몇 가지 소개하고자 한다.

어릴 때부터 눈썹이 길어 눈을 덮을 지경이었다 하여 호를 미수(眉叟)라 하는 허목선생은 국문의 음처럼 미수(米壽: 88세)까지 장수하였는데 부친의 영향을 받아 도교 수련에 조예가 깊었으며 청빈(淸貧)하여 소식(小食)하고, 평소에 인내와 절제하는 마음을 가져서 세속적인 일과는 담을 쌓고 선비로서의 지조와 품격을 지키며 학문의 외길을 걸었기에 당대 최고의 장수를 누릴 수 있었다. 스스로 경계하기 위해 만든 희노지계(喜怒之戒)를 보더라도 그 상황을 짐작할 수 있다.

희노지계(喜怒之戒)

희노(喜怒)란 부끄러움과 욕됨의 중매자이니 삼가고 경계(警戒)하기를 반드시 진실 되게 하라.

함부로 기뻐하지 말라. 부끄러움이 따를 것이다.

함부로 화내지 말라. 욕됨이 따를 것이다.

미수 선생은 성냄은 물론이고 기쁨도 지나친 것을 경계하였는데, 뭐든지 지나치면 문제가 생기기 때문이다. 이렇게 희노(喜怒)를 절제한다면 마음으로 인해 질병이 생기는 일은 없을 것이다. 하루에도 수십 번씩 지옥과 천당을 오간다는 마음 때문에 고통받는 사람들이 얼마나 많이 있는가. 스트레스 관리를 잘 하면 기가 맺히지 않고 소통이 잘 되므로 성인병에 걸릴 확률도 줄어들고 생활주기나 호르몬 균형을 유지할 수 있으므로 무병 장수에 보탬이 될 수밖에 없다.

미수선생이 자손에게 남긴 18가지 훈계: 훈자손십팔계(訓子孫十八戒)

재물과 이익을 즐거워 말고, 교만과 가득 참을 부러워 말라.

괴상하고 허튼 것 믿지 말고, 남의 허물을 말하지 말라.

의심하는 말은 친족을 어지럽히고, 투기(妬忌)하는 아낙은 집안을 망친다.

여색 좋아하는 자 제 몸을 망치고, 술 마시기 좋아하는 자 생명을 해친다.

말 많음은 반드시 피해야 하고, 지나친 노여움은 경계해야 한다.

말은 충직하고 믿음성 있게, 행실은 도탑고도 공정하게 상례와 제례는 조심스레 행하고, 집안 간에는 반드시 화목해야 한다.

사람 가려 벗 사귀면 허물에서 멀어지고, 말을 가려 집중하면 욕볼 일이 다시없다.

군자의 행실은 남 이기는 것을 능함으로 삼지 않고, 스스로를 지킴을 어질게 여긴다. 이를 힘써 잊지 말라.

미수 선생의 가르침을 읽어 보면 평소 정도(正道)에 지나치지 않는 마음가짐을 가졌으며 그것에 만족하는 태도를 생활화 했다는 것을 알 수 있다.[65]

☞ 숲길 걷기 운동에 대한 소고

시니어의 화두는 어떻게 하면 천수를 질병 없이 지켜나갈 것인가에 대해 있다고 할 수 있다. 대체로 보약을 먹는다거나 약에 의존하는 경우가 많지만 가장 돈이 들지 않고 손쉽게 할 수 있는 것이 걷기 운동이다. 그중에서도 숲길 걷기는 최상의 방법이라고 할 수 있다.

고요하고 맑은 공기, 여러 가지 생리활성물질이 풍부한 숲길 속에서 하는 걷기 운동은 도심에서의 운동 때보다 그 효과가 크다(박영희 기자)

그렇다면 걷기 운동과 숲 걷기 운동은 어떻게 다를까? 걷기 운동은 운동 방법 중 하나로 운동장, 아파트 내외의 보행길 등 공간이 있으면 어디서든지 가능한 운동이다. 그 대신 '숲 걷기 운동'은 걷기 운동 중 하나로 울창한 숲 내외의 오솔길과 등산로, 둘레길 등을 이용한 걷기 운동을 한다는 것이 차이점이라고 할 수 있다.

또 하나의 큰 차이점은 운동 효과에 차이가 크다는 것이다. 고요하고 맑은 공기, 여러 가지 생리활성물질이 풍부한 울창한 숲길 속에서 걷기 운동은 시끄럽고 공기가 탁하며 통행자들이 많은 번화한 곳에서의 걷기 운동과 비교하여 그 효과가 배가 된다는 것이 다른 점이라고 할 수 있다.

김외정 강원대 임과대학 교수는 그의 저서 '천년도서관 숲'에서 이 분야 권위자인 한국자연의학종합연구원 이시형 원장의 글을 인용하여 '걷는 것 자체는 원시 시절 수렵과 채집을 위해 걸어야 했던 우리의 본능적인 운동이다'고 설명했다. 그래서 걸으면 즐겁도록 유전인자가 설계되어 있다고 한다. 같은 걷기 운동이라도 평화와 행복 호르몬인 세로토닌이 풍부한 숲길 운동은 시끄러운 번화가에서의 걷기 운동에 비교하여 그 효과가 배가 된다고 하였다.

아인슈타인의 '상대성 이론'의 아이디어나 베토벤의 '전원교향곡' 악상도 숲길을 걸으면서 얻었다고 전해진다. 또한 김외정 교수는 숲길 걷기가 효과적인 이유로서 울창한 숲은 오감 자극의 천국으로서 분노를 줄여주는 피톤치드와 풍부한 녹색이 있으며 세포에 신선한 산소를 충분히 공급함으로써 치매 예방과 혈당 수치를 낮추는 신선한 산소가 많기 때문이라고 하였다.

이외에도 건강 심리학자인 우종민, 서경현 교수는 그의 저서 '산림 환경과 건강 심리'에서 숲길 걷기는 숲속에는 풍부한 음이온과 새소리, 물 흐르는 소리, 바람소리, 낙엽 밟는 소리 등의 '자연의 소리'가 있어 우울증, 스트레스로 약화된 면역 기능을 향상시킬 수 있다고 하였다.

산림청과 한국산림복지진흥원의 자료에 따르면 울창한 숲속에는 심신의 안정과 즐거움을 주는 고요함, 맑은 공기, 냉난방 시설의 기능, 아름다운 경치, 우울증, 스트레스 해소, 수면에 관여하는 멜라토닌 분비를 촉진시키는 음이온, 마음을 차분하게 가라앉혀 뇌를 활성화 시키는 자연의 소리, 인간에 생기를 주는 피톤치드, 우리 눈의 피로를 풀어주며 마음을 안정시켜주는 초록색 등 인간의 심신 건강에 도움을 주는 수많은 '재료'들이 담겨 있다. 이 때문에 숲길 걷기는 일반적인 걷기 운동에 비교하여 그 효과가 배가 된다고 할 수 있다.

최근에는 3일간의 숲속에서의 산림욕이 바이러스에 감염된 세포나 암세포를 직접 파괴하는 면역세포인 NK세포(Natural Killer Cell)를 증가시킨다는 보고도 있었다. 이러한 여러 자료를 종합해보면 숲길 걷기는 일반 걷기 운동에 비교하여 건강 증진 효과가 배가됨은 부정할 수 없을 것 같다. 또 한 가지 분명한 것은 김외정 교수의 조언처럼 숲길 걷기가 건강 수명을 늘리는 데 도움이 되지만 의약품이 아니므로 과신해서는 안 되며 근본적인 건강 개선이 필요한 상황이라면 의사 선생님들의 도움을 받아야 한다는 것이다.

지난 2011년부터 정부가 '숲길 조성'을 시작해 아직 10년도 지나지 않았지만 이미 4만km의 숲길이 조성됐다. 한국갤럽의 조사 자료에 따르면 이러한 숲길을 1년간 이용한 사람이 3억4천만 명에 달한다고 한다.

여기에서 필자는 시니어들을 배려한 숲길 조성에 대해서도 이제 생각해야 할 때라고 말하고 싶다. 지팡이나 휠체어에 의존하여 아파트 내외의 보행길을 왔다 갔다 하고 있는 경제적, 건강적 측면에서 사회적 약자인 어르신들을 보면서 곧 전국적으로 20% 이상을 차지하게 될 시니어들을 배려한 숲길 조성과 이용 제도가 미흡한 것은 아닌지 조금은 아쉬운 마음이 있다.

한 대안으로서 대구경북의 경우 문명과 문화의 젖줄인 낙동강과 금호강의 둔치를 포함한 주변에 지역 시니어들과 생활권 주민들이 보다 쉽게 이용할 수 있는 가칭 '낙동강, 금호강 숲길 조성'이라는 큰 프로젝트를 기획하여 추진하는 것이 최선의 대안이 아닐까 생각된다.

필자가 추천하고 싶은 숲길은 대구의 경우 평탄하여 걷기 쉬운 앞산 자락길과 대구수목원 숲길, 경북의 경우 여러 곳 중에서도 울진 금강소나무 숲길, 소백산 자락길 등을 들 수 있다. 더 바란다면 시니어들이 안전하고 즐겁게 이용할 수 있도록 도우미를 배치하는 문제도 고민해 볼 수 있다.[66]

8. "스스로 쓰고 채워가는 자기 인생 책"

인생이 한 권의 책이라면, 나의 인생 책에는 어떤 내용이 담기게 될까? 우리는 누구나 삶에서 마주하게 되는 특별한 물음들과 답을 찾는 시간들을 갖는다. 인생 리스트는 그 시간을 보다 충실하게 채울 수 있는 인생질문 101가지와 내 생애 꼭 해보고 싶은 일들인 버킷리스트 101가지 그리고 리스트를 작성할 때 참고할 수 있는 다양한 영감목록 365가지들이 담겨 있다.

☞ 스스로 쓰고 채워가는 자기 인생 책

질문에 대한 답을 찾고, 채워나가다 보면 스스로 진심으로 원하는 삶과 중요한 가치들이 보다 명확하게 자신의 삶 속에 드러날 것이다. 인생리스트가 자신의 현재와 미래의 시간들을 보다 충실하게 살게 해주는 멋진 길잡이가 되어주길 바란다.

▷ QUESTION LIST 인생이 나에게 묻는 질문 101가지

인생의 의미와 살아갈 힘이 되어주는 가장 본질적인 것들에 대해 질문한다. 101가지 질문을 스스로에게 던지고 그 답을 해나가는 과정에서 원하는 꿈과 삶의 의미들을 만들어 간다.

▷ BUCKET LIST 내 생에 꼭 하고 싶은 일 101가지

버킷리스트는 중세시대 죽기 전 양동이를 걷어차다. 라는 의미의 KICK THE BUCKET에서 유래되어 최근에는 죽기 전에 꼭 해보고 싶은 일의 목록 혹은 내 생에 꼭 해보고 싶은 일들의 목록으로 알려지기 시작했다.

만약 나에게 남겨진 시간이 얼마 남지 않았음을 안다면 지금 무엇을 할까?

보통의 삶속에서 죽음이라는 극단적인 상황으로 던져진 이 질문은 살아있는 시간을 어떻게 의미 있게 보낼 것인지에 대해 가장 진실하고 솔직한 시간을 갖게 해준다. 버킷리스트를 직접 작성해보고 이루는 과정과 그 결과를 함께 기록한다.

▷ INSPIRATION LIST 내 인생의 영감 목록 365가지

리스트에 영감이 될 수 있는 다양한 도전들과 아이디어를 한데 모아 놓았다. 마음을 열고 세상의 다양하고 즐거운 일들에 과감하게 도전해보자.

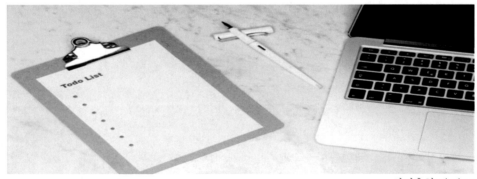

사진출처=pixabay

☞ 살면서 우리가 가져야 할 자기 인생리스트

일 년에도 수백 권씩 쏟아지는 자기계발서에 비해 왜 자신의 삶에 대해 진지하게 묻고 답할 수 있는 실질적인 책은 없는 걸까? 이것이 이 인생리스트를 기획하

게 된 이유이다. 우리에게는 잠시 멈춰 서 스스로의 인생에 안부를 묻는 진실한 시간들이 꼭 필요하고 인생리스트는 바로 이런 시간들에 보다 충실해 질 수 있는 새로운 기회들을 마련해줄 것이다.

우리 모두의 인생에서 꼭 필요한 질문, 혹은 세상에 흩어져 있는 다양한 도전, 영감 목록들을 모아 한권의 책으로 엮었다. 이 책의 완성된 저자는 스스로의 해답으로 자기 인생을 만들어가는 그 누구나이다. 이제 늘 한쪽으로 미뤄두었던 자신과의 대화를 시작해보자. 완성된 인생 리스트는 앞으로는 지표가, 현재에는 시간에의 충실을, 후에는 그 시간 속에 담긴 열정들을 말해줄 것이다.

▷ 자기인생 시간표를 만든다.

인생 리스트는 주어진 인생의 여정을 의미 있고 충실하게 채우기 위한 자기 인생 시간표이다. 삶의 순간마다 더해주고 싶은 다양한 꿈들과 목표, 경험들이 있을 것이다. 스스로에게 의미가 되는 일을 찾아 바로 지금 할 수 있는 일상의 것부터 생에 꼭 한번 도전 해보고 싶은 일까지 한계 없이 적어본다.

▷ 답은 어차피 바뀔 것. 꾸준히 수정하고 더해나간다.

삶의 경험과 가치가 성장함에 따라 원하는 내용과 의미가 더해질 것이다. 또 기존의 답이 더 이상 맞지 않거나 혹은 그 답에 더해져 새로운 방향이 만들어 질 수도 있다. 때문에 답을 고치고 다시 쓰는 것에 대해 지나치게 심각해질 필요가 없다. 생각날 때마다 혹은 새로운 항목이 추가될 때마다 꾸준히 수정하고 다듬어 나간다.

▷ 여백으로 남겨둔다.

답이 채워지는 시간들에 인내하자. 지금 당장은 답을 모를 수도 혹은 답이 없을 수도 있다. 많은 경험들과 시간들이 쌓여야 답을 알 수 있는 질문과 꿈들도 있다. 지금 당장 답을 할 수 없는 부분은 여백으로 남겨두고 후에 생각이 정리될 때 다시 채운다.[67)68)]

출처=후름경

9. 시간과의 대화

얼마 전 믹서를 씻다가 뚜껑 안쪽에 희뿌연 때가 잔뜩 껴 있는 걸 보고 깜짝 놀랐다. 최근 눈이 더 침침해진 탓이다. 순간 아버지 집에 갈 때마다 그릇 좀 깨끗하게 닦으시라고 잔소리했던 게 떠올라 아차 싶었다. 생각해 보니 팔순을 훌쩍 넘긴 아버지 눈에는 그 찌꺼기들이 잘 안 보인 거였다. 울컥했다. 백세시대라지만 노안, 난청, 흰머리 등 노화 증상까지 늦춰진 건 아니다. 어찌 보면 노화된 몸으로 길게 살아야 하는 시간을 마주하게 된 것이다.

인구 변화를 예측할 때, 2030년에는 전 세계 인구의 3분의 1이 65세 이상이라고 한다. 그럼에도 역설적으로 늙는다는 것, '노화(Aging)'라는 말은 왠지 노인 문제, 고령화 문제와 동격으로 인식되고, 무언가 해결해야 할 숙제로만 여겨진다. '노화'의 부정적 느낌과 왜곡된 이미지에 대한 편견을 거부하고, 우리 삶의 자연스러운 과정임을 잘 보여주는 프로젝트가 있다. 독일 안드레아스 하이네케의 전시 '시간과의 대화(Dialogue with time)'가 바로 그것이다.

안드레아스 하이네케는 시각장애 전시 '어둠 속의 대화'로 국내외의 많은 호응을 얻었고, 이후 청각장애 전시 '침묵 속의 대화', 나이듦 체험 전시 '시간과의 대화'까지 내용을 확장했다. 총 6개의 방으로 구성된 '시간과의 대화'는 노화로 일어나는 신체적, 정신적, 감정적 변화의 과정을 입체적인 체험과 영상, 퀴즈, 워크숍 방식으로 구성, 많은 사람들에게 새로운 영감과 관점 전환을 제공했다. 또 단순 노화 체험을 넘어 세대 간 이해하기, 노인 일자리 창출의 효과를 낳았다.

'노화'란 주제가 젊은 세대와 무슨 상관성이 있느냐고 반문하는 사람들에게 김영옥(옥희살롱) 대표는 "왜 노년이라고 하는 것을 특정 연령이 시작돼야 상상하게 되는가. 늙어감이란 관점에서 본다면 태어날 때부터 시작되는 거다. 오히려 30대부터 노년에 대해 생각하면 생의 유한성을 깨닫게 돼 삶이 달라지고, 주변의 노인들도 다시 보이게 된다"고 말했다. 또 〈나이듦에 관하여〉 작가 루이즈 에런슨은 노년들이 일상에서 보이는 '무능'은 단순히 생물학적 이유만은 아니며, 세상이 청년기와 중년기를 중심으로 설계되어 있기 때문이라고 했다.

나는 우리 사회 다양성에 대한 사고의 전환을 위해 임산부, 장애, 나이듦과 같은 체험 프로그램이 더 많이 만들어지고 더 많은 사람들이 참여하기를 바란다. 비록 일회성, 전시성 체험일지라도 안 해보는 것보다는 훨씬 나을 것이다. 그리고 고령친화도시, 노인복지 정책도 중요하지만 일상에서 체감할 수 있는 에이징 문화가 만들어지기를 바란다. 당장 젊은 몸, 정상 몸에 맞춰 설계된 생활 곳곳의 시설, 공간, 물건 등을 찾아내어 하나씩 개선하는 것이다. 예를 들면 횡단보도 신호등 시간은 조금 더 길게, 거리 곳곳 벤치는 조금 더 많이, 무거운 철문은 조금 더 부드럽게, 높은 선반은 조금 아래로, 병뚜껑은 조금 더 손쉽게 열 수 있게 바꾸는 것 등이다.

삶은 유한하지만 시간은 연속적이다. 우리는 날마다 조금씩 늙어간다. '너는 늙어봤냐 나는 젊어봤다'는 유행가 가사의 엔딩처럼 새로운 출발을 위해 어제보다는 조금 더 나은 오늘, 내일을 상상하는 오늘의 시간을 더욱 충만하게 채우길 바란다.[69]

10. 둘이 있어도 혼자인, 침묵은 이별의 연습

동백꽃은 외로운 사람을 위해 핀다고 귀뜀한다. 바람에 섞여 들리는 소리다. 마치 새소리처럼 들려 무슨 말인지 모르지만 분명 나를 위해 꽃은 붉게 피어 있다. 가슴 속 심장의 열기에 따라 내가 나에게 말을 할 뿐이다. 사람의 목숨이 끊어지듯 땅 위에 피어난 떨어진 꽃은 처절하고 애절한 소리로 들려온다. 그 슬픈 소리가 다가오지 않아 고개만 끄덕이며 꽃말을 떠올리는 겨울 노인! 독거노인의 등이 그늘이다.

보건복지부 자료에 의하면 독거노인 중 여성이 남성보다 2배 정도 많다. 코로나19로 갈 곳을 잃은 독거노인은 매년 5만 명 이상 증가한다. 언젠가는 나도 통계 숫자의 한 여성이 될 터이다. 현재 140만 명으로 추정된다는 통계에 불안감이 짙어지는 이유를 더듬어 본다. 점점 주위 사람들이 독거노인으로 살아가는 현실이다.

독거노인 중 빈곤에 시달리거나 사회적 관계에 단절되어 돌봄서비스가 있어야 하는 노인은 24만 명 정도이다. 취약 독거노인은 2018년 통계를 참고하면 64만 1,000명이다. 갑자기 독거노인 통계에 관심을 가진 이유는 내 주위 사람들이 한둘씩 혼자 살다 혼자 죽음을 맞이하기 때문이다. 자녀들은 아무렇지도 않게 장례식을 치르며 부의금함을 채우는 그들을 볼 때 자녀들로부터 소외되는 일이 바로 나의 생으로 다가오는 두려움을 느꼈다.

노인 고독사가 증가하는 이유는 1인 가구와 노인 가구 인구가 증가해서다. 내 주변의 독거노인을 떠올려보니 열 손가락을 오므렸다 폈다 해야 한다.

초고령사회를 앞둔 시점에서 대통령의 선거공약에 기대해보아도 특별한 정책이 피부에 와 닿지 않는다. 독거노인에 대한 정부 차원에서의 행복한 삶의 대책 말이다. 말기 환자나 가족에게 어떤 돌봄을 어떻게 제공해야 할 것인지를 구체적으로 제시하는 공약을 기다려 본다. 팔팔 뛰는 청년을 위한 정책도 좋다. 그러나 사탕발림 같은 돌봄서비스를 개선하는 정책, 노인 요양병원에서 경험하는 불친절과 진료, 병간호에도 변화가 절실하다.

2022년에는 "내가 세상의 중심이 된다" 라고 글씨를 크게 써서 화장대에 붙여놓고 매일 에너지를 충전시켜보려 한다. 삶은 행동을 보상한다. 아무것도 하지 않는다면 아무런 결과를 얻지 못한다. 늙음이 삶의 희망에 제동을 걸어도 고통을 동력으로 삼고 세상의 중심으로 전진해야 고독의 그늘을 벗어난다. 넘실대는 파도에 나의 고독과 상처를 떠내려 본다. 아니 바다가 보이지 않는다면 전주천 강물에 오가는 오리 떼 등에 업혀 떠나보내련다.

나이 듦으로 중요한 공부는 타인과 적절한 관계를 맺는 법이다. 그리고 디지털 세계와 소셜미디어와 인터넷은 거동이 불편한 노년기에 우정으로 접근할 것이다.

고독을 경험해 본 사람은 친구가 얼마나 소중한 존재인지 안다. 고독은 외롭고 심심한 것이 아니라 사회적 관계에서 뭔가 잘못됐다고 알려주는 사회적 신호이다.

만일, 밤새도록 견디기 어려운 세상과 결별하고 싶어질 때 이른 새벽 아무렇지도 않게 전화를 걸 수 있는 친구가 있다면 그는 목숨을 건질 수 있다. 최고의 친구를 가진 행복한 사람이다.

"친구는 종종 상처 입은 마음을 위한 치료약이며, 희망찬 영혼을 위한 비타민이다. 친구가 건네는 위로와 응원은 경제적 보상으로 환원될 수 없을 만큼 소중하다고 한다." 라고 옥스퍼드 대학 진화심리학 교수인 로빈 던바가 『Friends』에서 말한다. 로빈 던바는 우정의 효능이 상상 이상으로 크다고 한다. 친구가 없다는 것, 소속감의 부재, 사회적 고립은 우리를 죽음으로 내몬다고 충격적인 글을 썼다.

서로 삶에 큰 영향을 끼치는 특별한 '우정' 은 거저 맺어지는 것이 아니라 시간과 접촉 등 관심을 많이 투자해야 맺어지는 것이다. 서로에게 삶을 충전시키는 우정은 세상과 단절해야겠다는 위험한 생각을 떨쳐버리게 하는 묘약일 수 있다.

사회적 인맥이 별로 없는 사람은 사교활동이 부족해서 인지능력의 감퇴로 이어진다는 사실이 무섭다. 공동체 참여와 친구들과 어울리며 인지능력을 보호하는 효과를 기대해보는 우정의 상호작용을 생각해 본다.

한집에 사는 부부도 그렇다. 분명 둘이 있어도 혼자인 대화의 단절은 스스로 쓸모없는 사람이라고 단정 짓는 위험한 생각을 한다. 영원한 이별을 연습하는 시간이 축적되어 간다. 법정 스님은 매화의 향기를 소리로 듣는다고 한다. 꽃을 피우기까지의 여정을 눈으로 들어야 매화의 삶에 공감한다고 한다. 우리도 그렇다.[70]

11. 웰다잉 가치관 고찰

웰다잉(well-dying)과 유품정리를 주제로 경기도 유력 일간지에 여덟 번째 기고가 된다. 생의 마침표, 즉 죽음을 품위있고 아름답게 마무리하는 준비 개념인 웰다잉은 관련법이 있을 정도로 중요한데도 사회적 인식 및 공론화 측면에서 파급이 쉽지 않다. 이유는 잘 모르기 때문이다. 반면에 웰빙(well-being)은 자신은 물론 상대를 기분좋게 하고 폼나는 느낌도 있어 연령에 구애없이 유행어가 되기도 했다. 웰빙은 현재와 물질적 만족에 비중이 있지만 웰다잉은 현재와 미래 그리고 심적 평안을 함께 추구한다.

웰빙이 우리말로 '참살이'인 점에서 웰다잉은 '참죽음'이지만 똑같이 원어로 보편화 됐다.

웰다잉도 웰빙처럼 자연스럽게 회자될 수 있을까를 연찬하던 중에 우리와 서구 사회의 웰다잉 가치관이 어떻게 다른지에 관심을 갖게 됐다. 사회적 보편성과 객관적인 가치관을 찾는 일환으로 접근이 용이한 관련 도서들의 제목에 상징적으로 함축돼 있다고 판단돼 대형서점에서 웰다잉 제목의 국내외 서적을 검색하였다.

국내도서는 42권, 외국도서는 26권의 제목에서 공통점과 각각의 특성으로 실마리를 찾아봤다.

국내도서는 대분류 중 인문·종교, 자기계발이 3분의 2를 차지하고 있다. 이들이 내세운 단어들의 의미를 살펴보면 인문에서는 죽음에서 삶을 배우고 아울러 죽음의 이해와 괜찮은 죽음이 주제이며, 종교에서는 두려움 버리기와 죽음도 아름답게 맞이하는 마무리 등으로 요약된다. 자기계발에서는 웰다잉 노트, 엔딩(Ending)노트, 가족에게 남기는 메모리얼(Memorial)노트 등 이별 기록을 통해 맞이하는 죽음으로 자아성찰의 길을 찾고 있다.

정치·사회는 정책적 이미지의 연구 결과가, 시·에세이는 문학적인 서술이, 건강은 병상의 기록이 담겨있다. 또 역사·문화는 장례문화로 보는 세계인의 삶과 죽음, 정부간행물은 연구보고서 등 특성이 담겨 있다.

외국도서는 대분류는 없으나 좋은 죽음(Dying Well)이 언급된 타이틀이 무려 21권이며, 잘 준비된 죽음과 죽음의 조건 등이 있다. 이들 중에서 눈에 띄는 똑같은 제목인 'The Art of Dying Well'은 7권으로 작가는 다른 점에 관심을 갖게 한다. 필자는 죽음의 Art를 승화된 예술적 삶과 같이 아름답게 만드는 '좋은 죽음의 슬기'로 해석하고 싶다.

한편 세계적 웰다잉의 대가이자 완화의료 전문가인 미국의 Ira Byock(아이라 바이오크)는 저서 '아름다운 죽음의 조건'(2010), '품위있는 죽음의 조건'(2011) 등에서 관계를 치유하는 네 마디 말의 힘으로 "사랑해, 고마워, 용서할게, 용서해줘"로 던져주고 있다.

죽음에 대해 우리와 문화적 환경을 달리하는 서구사회 가치관을 한쪽 면에서 살펴봤다. 우리는 거리를 둔 내면적 인식으로 받아들이고 서구사회는 'Dying Well'로 미화되는 생활화된 종교적 의식을 바탕에 두고 있다. 준비 측면에서 우리는 도덕적인 죽음교육, 서구는 윤리적인 신앙교육으로 여겨진다. 필자의 소견으로 국내외 전문학자들의 웰다잉에 대한 집약적 공통 견해는 현재의 충실한 삶이 결국 좋은 죽음으로 연계된다는 맥락에서 슬기롭게 받아들이는 마음가짐과 준비의 중요성을 살아있는 우리가 배워야 할 지혜이며 한편 유족의 상실 슬픔에 대한 애도와 치유 또한 죽음교육에서 관리돼야 할 과제임을 깨우쳐 주고 있다.

글을 마치면서 오늘이 가기 전에 해야 할 말, '네 마디' 중에서 나는 어느 말에 비중이 많을까를 생각해보면 어쩌면 그것이 내 삶의 궤적이었다고 볼 수 있을 것이다.[71]

12. 나는 백 살까지 살기로 했다

'나는 120살까지 살기로 했다'. 책 제목이 도전적이다. 제목만 보니 내용이 궁금해진다. 책을 집어 들면서 기대를 했다. 이 책 속에는 이제 100세 시대를 넘어 120세 시대를 열어갈 의학적 비법이나 하다못해 생활비법 같은 것이라도 존재할 줄 알았다. 그런 책이 아니다.

사람이 글자 그대로 천수를 누린다면 과연 몇 살까지 살 수 있을까? 과학자들은 근거를 제시하면서 150세를 말한다. 성경에는 몇백 세를 산 사람들의 이야기도 나오고 동양의 삼천갑자 동박삭이는 무려 18만 년을 도망 다니며 살았다고 한다. 이 책은 오래 산 사람들의 이야기를 담은 건 더더욱 아니다. 저자가 스스로 120세까지 살기로 했다고 고백한 책이다.

저자 이승헌은 세계적인 명상가이자 뇌 교육자, 평화운동가다. 자신이 사람들에게 120세까지 산다고 남들에게 말하니 그 반응이 세 가지로 돌아왔다고 한다.

"백이십 살? 그게 정말로 가능해요? 아직은 꿈에 불과하죠."

"백이십 살? 아이고! 그건 나에게 지옥이에요!!"

"백이십 살? 맘먹는다고 그게 되나요? 천수를 누리다 가는 거죠."

현재까지 최고로 오래 산 사람으로 기록된 이는 122세 프랑스인, 그리고 우리나라에서도 122세의 남궁 할머니가 투표권을 행사했다. 120세가 마냥 꿈의 나이는 아니다. 세계적인 IT기업 구글은 생명연장프로젝트에 투자하면서 인간수명 500세에 도전한다는 목표를 세웠다.

저자는 첫 번째로 나이에 대한 생각을 바꿨다고 한다. 80세 인생이라고 보면 저자 나이(집필 당시 기준) 67세는 마무리 단계이지만 120세 인생에서 보면 남은 시간이 50년이 넘는다. 긴 시간이 주어지는 것이다. 그러면 그 긴 시간을 어떻게 살 것인가? 무엇을 하고 살 것인가? 질문을 던지면 자신이 소중하게 여기는 가치와 꿈을 실현하기 위해 지금 집중해야 할 것이 무엇인지를 명확하게 알게 된다.

두 번째로는 120세까지 살기 위해 몸과 마음을 더 적극적으로 관리하게 되었다고 한다. 단지 운이 좋아서 오래 사는 것이 아니라 내 선택으로 인생을 스스로 경영하면서 오래 사는 것이니 생각과 행동이 바뀐다. 오래 살려면 건강해야 한다. 건강한 식습관과 생활습관을 갖기 위해 노력한다. 틈만 나면 운동을 하고 체중을 관리한다. 자연스럽게 활기찬 생활을 하게 된다.

세 번째로는 계획을 세워 움직이니 뇌가 자극을 받아서 젊었을 때보다 더 적극적으로 일을 하게 된다고 한다. 120세를 선택하고 보니 앞으로 살아갈 날이 많다.

노년을 긴 안목으로 설계할 여유가 있다. 다른 사람들과 세상을 위해 의미 있는 일을 할 수 있는 시간을 더 많이 갖게 된 것에 깊이 감사하는 마음이 싹트게 된다. 세상사 마음먹기에 달렸다. 인생 다 살았다고 축 처져 있는 무기력한 삶보다 희망을 품고 노력하며 능동적으로 사는 삶이 훨씬 건강하다.

저자는 호서대학교 설립자인 강석규 박사의 '어느 95세 노인의 고백'을 예로 든다. 강 박사는 열심히 살아 실력을 인정받고 존경을 받았지만 65세 은퇴 후 30여 년을 "이제 다 살았다. 남은 인생은 덤이다"라는 생각으로 그저 고통 없이 죽기만을 기다리며 살았는데 지나고 보니 그렇게 덧없고 희망 없이 산 30년이라는 시간이 너무 후회가 됐다는 얘기다. 우리도 120세까지 산다고 가정한다면 생산적인 활동에 종사하면서 밝고 건강한 삶을 살지 않을 수 없다.

오래 살려면 건강해야 한다. 건강은 섭생과 운동으로부터 온다. 저자는 운동은 습관인데 젊어서부터 운동 습관을 제대로 들이지 않으면 늙어서 더 움직이지 않으려 한다며 자신의 아버지 예를 들어 설명한다. 저자의 아버지는 94세에 돌아가셨는데 80세를 넘기면서 기력이 부쩍 쇠해지고 운동도 싫어하셔서 고작 좋은 음식 드리고, 팔다리 주물러드리는 것밖에 못해드렸다고 한다. 아버지가 건강할 때 운동법을 알았다면 더 오래 건강하게 사셨을 거라고 후회한다.

노년기에 접어들면 집착을 버려야 평화로워진다고 한다. 부와 물질에 대한 집착을 버리고, 권력이나 명예에 대한 집착도 버리고, 마지막으로 사람에 대한 집착도 버려야 한다. 노년은 고독하다. 고독을 즐기는 여유가 있어야 한다. 60대 이후에는 포용과 관용을 베풀고 명상을 생활화하면 좋다고 한다. 무엇보다 스스로 120세까지 살지 않으면 안 될 위대한 꿈을 품으라고 저자는 힘주어 말한다.

이 책을 읽고 나서 나는 100세까지 살기로 결정했다. 누구나 '나는 과연 몇 살까지 살게 될까!' 궁금해하지만 구체적으로 생각해보지는 않는다. 장수유전인자 뭐 이런 것은 필요 없다. 수명을 100세로 정하고 역동적으로 살다가 하늘의 뜻에 따라 순응하고 저세상으로 가면 된다. 건강관리 의사 유태우 박사는 자신의 수명을 98세로 예상했다. 앞으로 살 수 있는 나이를 스스로 정하고 목표를 정해 실천하면서 살면 이 또한 멋진 일 아닌가.[72]

잠깐! 쉬었다 갑시다

☞ 헤로도토스와 노년

사회경제적인 발전 상태에 따라서 고령을 보는 견해는 달라진다. 앞서 살펴보았듯이, 맛사게타이족이나 파다이오이족의 관습은 그리스 신화시대의 그것과 유사하게 보인다. 그렇지만 비헬라스인들 중에서도 헬라스인들과 경쟁관계에 속해 있던 곳은 다른 양상을 보인다.

〈역사〉에 나타는 페르시아인들과 아이티오피아 왕의 대화에서 그 실마리를 찾을 수 있다. 아이티오피아 왕이 가장 장수하는 페르시아인들이 얼마나 오래 사는지를 묻자, 익튀오파고이족(페르시아인) 사절단이 대답하길 여든 살이 인간의 최대 수명이라고 말했다.

왕은 아이티오피아인들은 대개 120년을 살며, 그들 가운데 더 오래 사는 사람도 더러 있는데, 삶은 고기를 먹고 우유를 마신다고 말했다. 〈역사〉 3권 23

아이티오피아(Aithiopia)는 아라비아반도 건너편에 있는 아프리카의 에티오피아를 말한다. 에티오피아인들은 기원전 10세기경 솔로몬 왕의 아들이었던 마넬리크 1세가 북에티오피아로 이주하여 에티오피아를 건국했다고 믿고 있다. 이후 아이티오피아인들은 남아라비아를 영토로 삼을 정도로 세력을 키웠다고 페르시아를 위협할 정도였다고 한다.

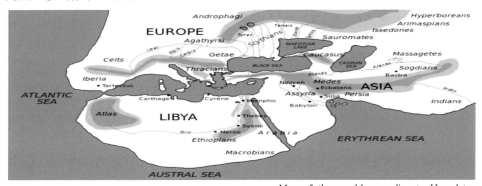

Map of the world according to Herodotus

이집트를 정복한 페르시아 왕 캄비세스 2세가 '오래 사는 에티오피아인들'에게 사절단을 보낸 것도 군사적 경제적 목적도 있었지만, 긴 수명의 근원을 찾으려는 목적도 있었다. 사절단은 "긴 수명의 원인"일 것으로 추정되는 신비의 샘을 방문한다는 기록이 남아 있다.

이처럼 사회경제적으로 어느 정도 체계를 구축한 사회와 원시사회는 고령을 바라보는 관점은 다르다.

원시 사회단계부터 지혜와 허약함, 경험과 노쇠, 위엄가 고통의 근원인 노년에 대한 모순성의 문제가 제기되었다. 처한 환경에 따라, 노인들은 공경받기도 하고 멸시당하기도 하며, 추앙받기도 하고 죽임을 당하기도 했다(〈노년의 역사〉 조르주 미누아, 50쪽).

조르주 마누아의 연구결과나 여타의 문헌에 기록된 사실을 미루어 본다면, 노년은 다양한 모순성에 노출되어 있지만 사회경제적인 발전과 함께 인간은 "죽음의 문턱"을 넘지 않기 위해서 수명연장의 비법을 찾기 시작했고, '나이'가 노년의 척도가 되었으며, 원시 시대처럼 "딱히 정해진 방식으로 삶을 종결" 짓기를 거부했다.

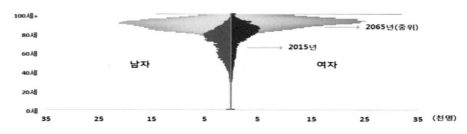

2015년 및 2065년 연령별 사망자 비교 , 출처: 통계청, 2017년 장래인구추계(2015-2065년)

앞서 이야기했지만 오늘날 한국인의 기대여명은 계속 증가하고 있다. 또한 통계청 자료를 보면, 사망자수가 가장 많은 연령도 증가하고 있다. 2015년의 사망자 수가 가장 많은 나이는 남자 78세 여자 85세였고, 2065년에는 남자가 90세, 여자가 93세로 증가할 것이는 전망이 된다.

우리는 통계학적인 추론을 진리라고 맹신해서는 안 된다. 그렇지만 통계학이 과학적 타당성을 근거로하고 있다는 점 또한 부인해서는 안된다. 우리가 통계를 접하는 방법은 헤로도토스가 자신의 책을 평가했던 것과 같은 맥락에서 이해해야 할 것이다. 나는 들은 것을 전할 의무는 있지만, (내가) 들은 것을 다 믿을 의무는 없으면, 이말은 이 책 전체에 적용된다. 〈역사〉 7권 152

우리가 통계적 추론을 대할 때도 이런 사유가 전제되어야 한다. 통계적인 추론의 결과는 과학 근거에 근거하지만, 그것을 진리라고 단언할 수는 없으며, 이것은 통계 전체에 적용된다. 통계에서 보듯이 페르시아 왕이 찾았던 '신비의 샘'은 우리 곁에 있다. 지금 필요한 것은 노년의 모순성을 극복하고 우리 앞에 놓여진 남은 삶에 대한 철저한 준비다.[73]

Ⅴ. 잘 익은 노인이 되자

일반적으로 노인의 사회적 지위는 그들이 생산기능에 따라 사회 내에서 차지하는 영향력과 연관된다.

농업사회에서 노인은 존경받는 위치에 있다. 그들의 인생경험과 지식은 가치있는 것으로 여겨지며, 특히 지식이 입으로 전해졌던 문자발명 이전의 시대에는 더욱 그러했다. 이러한 사회 내에서의 활동범위는 노인들로 하여금 계속 생산적인 사회구성원으로 존재하도록 한다. 산업화된 국가에서 노인의 지위는 사회·경제적 조건이 달라짐에 따라 변해왔는데, 사회가 좀 더 기술지향적으로 됨에 따라 노인의 지위가 약화되는 경향이 있다.

산업국가에서는 육체적 약점이 생산능력에 큰 영향을 미치지는 않는다. 따라서 이와 같은 노인의 사회적 지위약화는 상호관련된 몇 가지 요인에 기인하는 것이라 할 수 있다. 그러한 요인으로는 우선 육체적 능력이 있는 노인근로자가 그 사회의 가능한 고용기회보다 많은 경우를 들 수 있으며 나이가 많아짐에 따라 근로자의 활동을 줄일 수 있는 자영업의 감소, 또는 특별한 훈련이나 교육을 요하는 새로운 기술의 끊임없는 도입 등을 생각할 수 있다.

비록 정치계와 같은 특별한 분야에서는 나이가 곧 자산으로 여겨지기도 하지만, 그밖의 대부분의 영역에서는 노인들의 생산능력이 다하지 않았는데도 점차 퇴직의 압력이 늘어가고 있는 실정이며, 또한 이 점이 노인의 심리적 적응문제를 일으키고 있다.

퇴직이 반드시 바람직하지 않은 것만은 아니다. 그러나 경제적 어려움으로 인해 노인의 영향력이 줄어드는 실상을 비롯해 늘어난 여가 및 집에서 보내는 시간의 활용방안 등은 문제가 되고 있다. 따라서 퇴직에 대비한 경제적 준비문제에 개인이나 사회의 관심이 늘고 있다.

가족관계는 노인들에게 관심의 초점이 되고 있다.

지난 100년 동안 산업국가에서의 가족관계는 몇 세대가 가까이 모여살던 대가족제도로부터 부모와 어린 자녀들로만 구성되는 핵가족제도로 변화했다. 이런 변화에 따라 노인들은 젊은 사람들과 다른 노인들로부터 고립되었다. 여러 가지 연구결과에 따르면 사람들은 나이가 듦에 따라 같은 지역에서 계속 살기를 원한다. 그러나 산업화된 국가에서는 젊은이들의 이동이 빈번하기 때문에 노인들은 가족을 따라 옮겨다닐 것인가, 아니면 가족형태를 바꾸어 역시 변하고 있는 이웃과 함께 남아 있을 것인가를 결정해야 한다.

지금도 많은 노인들이 가장 가까운 자식과는 1시간 내의 거리에 살고 있다. 하지만 산업사회는, 가족과 떨어져 독립된 생활을 하는 노인들이 점차 늘어감에 따라 이들을 수용할 계획을 마련해야 하는 입장에 놓여 있다.

노년의 사회적 측면에서 중요한 요소는 노후세대 자신들의 가치와 교육에 관련된다. 농업사회보다 변화가 더 급격한 산업사회에서, 특히 65년 전에 태어난 세대는 자신들이 노년에 도달해 있는 현실 속에서 이미 지배적인 도덕률이나 기대, 인생의 특성에 대한 정의, 노인들의 역할 등이 상당한 정도로 변화했음을 발견한다.

공식적인 교육은 주로 어린시절에 집단적 견해와 도덕을 형성시켜 노년기적응의 문제를 더 한층 어렵게 만든다. 그러나 종종 노인들과 관련되는 변화에 대해 나타나는 저항은 변화에 대한 무능력이라기보다는, 오히려 삶을 인내하는 자세로 받아들이고자 하는 노인들 내부의 동향이라고 생각된다. 이와 같은 노년의 수동성은 경험에 기초를 둔 선택으로 볼 수도 있는데, 그 경험은 노인들로 하여금, 변하지 않은 삶의 어떤 측면을 인식하도록 했을 수도 있다.

성인교육 프로그램이 세대간의 격차를 좁히려고 시도하고 있다. 그러나 계속해서 특정한 편견 또는 선호를 가진 각 세대가 새롭게 노년층으로 옮아가기 때문에 새로운 사회적 수용을 요구하는 문제들이 끊임없이 발생한다.

우리가 잘 늙는 방법은 그리 멀리 있는 것이 아닌 것 같다. 눈에 보이는 돈이나 지위나 힘으로 무엇을 이루고 앞장서 이끌어나가는 것이 아니라, 지금 내가 마주하고 있는 사람에게 좋은 영향을 미치고 긍정적인 길로 이끌어줄 수 있다면 그것만으로도 충분히 멋진 노년일 것이다. 그런데 중요한 것은 이름 있고 많이 가진 사람만이 이런 멋진 모습을 보여줄 수 있는 건 아니라는 사실이다. 이름도 없고 힘도 없지만 나름의 지혜를 가지고 뒤따라오는 후배들에게, 후손들에게 얼마든지 좋은 영향을 줄 수 있기 때문이다.

노년의 원숙함으로 젊은 사람에게 좋은 충고를 해주는 일, 얼마나 훌륭한 일인가. 잘 익은 열매처럼 잘 익은 노년은 자신에게 뿐만 아니라 다른 사람에게도 큰 기쁨이 된다는 것을 확인하고, 또 잘 배운 하루가 되어야 한다.

점점 더 나이 들어간다는 것은 흔히 다섯 개의 치명적인 D와 연결되어 왔다. 쇠퇴(decline), 질병(disease), 의존(dependency), 우울(depression), 노망(decrepitude)의 그것이다. 물론 그 이후에는 여섯 번째의 끔찍한 D(death, 죽음)가 기다리고 있다.

그러나 이제 우리 인생의 후반기는 우리의 예상보다 길어지는 것으로 그치지 않고, 더 풍요로워질 수 있고 더 원기 왕성할 수 있으며 더 뜻 깊어질 수 있다. 만일 우리가 보너스처럼 주어진 이 길어진 삶을 이용하는 법을 배운다면 갱신(renewal), 갱생(rebirth), 쇄신(regeneration), 원기회복(revitalization), 회춘(rejuvenation)의 활력적인 가족과 함께 미래를 설계할 수 있을 것이다.[74]

1. 누구나 노력을 통해 잘 늙을 수 있다

어떤 일을 잘한다는 것은 하루아침에 하늘에서 저절로 뚝 떨어진 것이 아니라, 잘하고자 하는 소망을 간직하고 거기에 다른 계획을 세워 열심히 노력하는 것을 뜻한다. 늙은 일도 마찬가지다. 타고난 체력과 정신력으로 잘 늙는 것이 아니라, 자기 안에 바람직한 노년의 모습을 간직하고 끊임없이 그에 도달하기 위해 노력하는 가운데 잘 늙어 갈 수 있다.

태어날 때부터의 모습과 능력을 그대로 유지한 채 늙은 거라면, 그래서 그 어떤 것도 나의 노력과 의지로 바꿀 수 없다면, 우리에게는 아무런 꿈도 희망도 없을 것이다. 흔히 '골골 팔십'이라고들 한다. 병약하게 태어나 병치레를 많이 하면서도 자기에게 맞는 건강관리를 해 오래 사는 경우가 많기에 나온 말이리라. 사람은 태어난 대로가 아니라 노력하는 대로 자신의 인생을 바꾸어나갈 수 있다. 누구나 노력을 통해 잘 늙을 수 있다.

2. 우선 몸과 사이좋게 지내라

노년의 몸이 비록 낡은 의복과 같다고는 하지만 몸이 건강하지 않으면 잘 늙는 일은 무척 어렵다. 인생의 어느 단계에서나 마찬가지지만, 특히 노화가 시작되는 중년 이후에는 몸과 사이좋게 지녀야 한다. 몸의 상태에 관심을 기울이고 몸이 원하는 것이 무엇인지 진지하게 귀를 기울여야 한다. 영적인 성숙을 도외시하고 그저 몸의 건강만을 생의 유일한 목표로 삼는 것이 노년의 지혜가 아니듯이, 몸을 무시한 채 살아가는 것 또한 현명한 태도는 아니다. 몸이 원하는 것에 귀를 기울이면 건강관리뿐 아니라 인간의 한계와 연약함을 배울 수 있으며, 그 안에서 존재의 의미를 깨닫게 된다. 그러니 젊은 사람들과 똑같은 체력을 유지하는 데 무조건 매달릴 것이 아니라, 자신의 나이와 건강상태를 고려해 적절한 운동과 관리를 하는 것이 중요하다.

3. 변화와 상실을 인정하고 받아들이자

나이가 들면 잘 움직이던 몸이 제대로 말을 듣지 않고 여기저기 자꾸 병이 생긴다. 물론 잘 낫지도 않아서 그저 더 나빠지지만 않아도 다행이다. 돈을 벌기는 커녕 그동안 조금 모아둔 돈을 곶감꼬치에서 곶감 빼먹듯 쏙쏙 뽑아 쓰기만 한다. 시력과 청력, 후각, 미각이 둔해지는 데다가 기억력도 자꾸만 떨어진다. 미우나 고우나 평생 옆에 있어주었던 배우자나 친구들이 약속이나 한 듯 하나씩 세상을 떠난다. 이렇듯 노년은 잃음, 즉 상실의 시기이다. 그러나 아기가 자라서 일어나 걷기 위해서는 기어다니던 능력을 버려야 하고, 새 이가 제자리에서 돋아 나오려면 먼저 있던 이가 빠져야 하는 것처럼, 우리는 잃어버림을 통해 성장하고 성숙한다.

바다는 거칠게 몰아치는 파도 속에서는 아무것도 보여주지 않는다. 파도가 걷히고 바람이 잠잠해지기를 기다린 후에야 그 속을 들여다 볼 수 있듯이 어쩌면 사람의 마음을 들여다보는 데에도 기다림은 꼭 필요하다.

모든 사람에게는 그 사람만의 역사가 있다. 평소에는 구름과 파도에 가려져 깊이도 높이도 가늠할 수 없지만 모든 삶에는 본디 제모습을 드러내는 찰라의 순간이 있다. 그 찰나의 마음 속에서 삶이 제 모습을 드러낼 때, 자신을 있는 그대로 인정할 수 있다면 존재의 의미를 새롭게 더할 수 있지 않을까?

지금 내가 심신이 괴롭다면, 이제 막 통행료를 내고 인생의 새로운 터널에 진입했다고 받아들이는 마음의 여유가 필요하다. 분명 그 터널엔 끝이 있다. 이 터널 끝에 보이는 것이 빛일지 어둠일지 알 수 없을 뿐이다. 다만 우리가 알 수 있는 것은 자신이 감내하는 고통과 고뇌에 따라 최종 목적지도 달라진다는 것이다.[75]

노년의 마음에 존재하는 가장 본질적인 것 중 하나는 인간이 언젠가 종착역에 닿는다는 점을 깨닫게 된다는 것이다. 이 시기가 되면 어느 정도의 절망감과 위기감을 피할 수 없다.

벼랑 끝에서 볼 수 있는 것은 더 이상 앞이 아니다. 물론 바다가 보일 수도 있고 지금껏 보지 못했던 풍광에 숭고한 감정이 들 수도 있다. 하지만 벼랑 끝에서 우리가 봐야 할 것은 어쩌면 벼랑 끝 바다가 아니라 지금까지 걸어왔던 발자국인지도 모른다. 인생에서 성공의 의미는 무엇인지, 내가 지금껏 만났던 사람들에게 나는 어떻게 기억되어 왔는지. 벼랑 끝에서 봐야 하는 것은 지금껏 걸어온 길이다.

벼랑 끝에 서 있다는 두려움 때문에 밑으로 떨어지지 않으려고 몸부림만 친다면 더 이상 꼼짝달싹도 하지 못한다. 두려움에 내 몸을 맡겨버리면 아무 것도 할 수 없다. 벼랑 끝을 향해 달려가던 우리가 할 수 있는 일은 잠시 쉬거나 중간 중간 뒤를 돌아보는 것, 그리고 달려가던 속도를 늦추는 것이다.

더 이상 벼랑 끝으로 내밀리고 싶지 않다 해도 매일의 일상들이 우리를 벼랑 끝으로 서서히 밀어내고 있다. 굳이 뛰어가지 않아도 언젠가는 그곳에서 모두 만나게 된다. 굳이 뛰어가지 않더라도 말이다.[76]

4. 베푸는 노년이 아름답다

부모님을 비롯해 주위 어르신들에게서 노화를 느끼는 것은, 언젠가부터 세상 돌아가는 것에 대해 지나치게 무관심해진다든가, 자신과 관계된 것 이외에는 전혀 관심이 없다는 것을 확인할 때이다. 물론 바깥보다는 자기 안으로 관심이 쏠리는 것이 노년의 한 특징이라고는 하지만, 그저 내 건강, 나 먹는 것, 나 아픈 것만 생각하면서 자신이 속한 가정과 사회와 나라 돌아가는 일에 담을 쌓고 살아간다면 다른 사람과 함께 어울려 살아가는 사회적 존재라고 할 수 없다.

어려운 경제상황에서 자식은 이리 뛰고 저리 뛰고 허둥대는데, 자식의 어려움을 미루어 짐작하기는커녕 그저 자신의 신경통과 날로 떨어지는 기력에만 마음을 쓰고 전전긍긍하는 분들이 있다. 이런 경우 지켜보는 것만으로도 가슴속에서 불이 날 수밖에 없다. 다른 사람에 대한 관심이 없어지면 더 **빨리 늙는 법**, 자기만 들여다보는 사람은 좁은 구덩이에 갇힌 것과 같다. 멀리 내대보면서 돈으로, 체력과 재능으로, 혹은 넉넉한 시간과 정성으로 남을 위해 베푸는 노년은 뒤따라오는 세대의 가장 좋은 안내자이기도 하다.

5. 끝까지 삶에 참여해야 한다

'성공적인 노화(Successful Aging)'는 질병과 장애를 피해 가면서, 정신적 기능과 신체적 기능을 잘 유지하고 인생 참여를 지속하는 것이다. 여기서 적극적으로 삶에 참여한다는 것은 다른 사람들과 관계를 맺고 생산적인 활동을 한다는 뜻이다. 관계를 맺기 위해서는 다른 사람 '을' 필요로 하는 사람이면서 동시에 다른 사람 '이' 필요로 하는 사람이 되어야 한다.

노년에는 다른 사람에게 도움을 받기만 하는 것 같지만, 사실은 받음과 동시에 다른 사람을 위해 무언가를 줄 수도 있다. 예를 들어, 몸이 불편해서 다른 사람의 도움을 받으면서도 한편으론 이야기를 들어주고 조언을 해주는 도움을 제공할 수 있다. 받으면서 주는 것이 가능하다고 생각하면 다른 사람과 관계 맺기가 훨씬 수월해진다. 생상성이란 돈 버는 것만을 의미하는 것이 아니어서, 집안일을 거들고 가족과 친구들을 돌보는 것도 포함된다. 끊임없이 타인과 관계를 맺고 무언가 생산적인 활동을 해나가는 것은 성공 노년의 필수조건이다.

6. 감사함으로 행복한 노년을 만들 수 있다

상승보다는 하강, 도전보다는 포기, 얻음보다는 잃음의 시기가 노인이지만, 노년기 이전에 세상을 떠난 사람은 결코 노년을 맛볼 수 없다. 일정한 연령대까지는 살아남아야 노년을 맞고 노인이 될 수 있다. 그러니 노년은 그 자체가 하나님께서 주신 선물이며, 노인은 존재 자체로 귀한 사람들이다. 살아온 세월과 주신 생명에 대한 감사는 노년을 행복하게 만들어 준다. 감사함이 없는 노년은 불행할 수밖에 없다. 불평불만의 눈으로 보면, 살아온 인생이 하지 못한 일, 가지 못한 길, 갖지 못한 것, 끝내 얻을 수 없었던 사람으로 가득하여 후회와 회한뿐일 것이다. 그러나 선물처럼 받은 한평생의 삶을 감사의 눈으로 돌아보면 무엇 하나 버릴 것이 없으리라. 컵에 물이 반으로 남았는지, 반 밖에 안 남았는지 판단하는 것은 전적으로 자신의 몫이다. 내 안에 감사함이 있는지 없는지 여부가, 남은 인생의 하루하루가 별 볼일 없는 그렇고 그런 날들인지, 아니면 매일이 인생 최고의 길일(吉日)인지를 결정한다.

우리가 항상 행복을 생각하며 사는 것은 아니지만 긍정적인 생각만으로도 종전의 통념보다 스스로의 행복에 더 많은 영향을 미칠 수 있다.

나는 그레그 이스터브룩이 집필한 저서인 '진보의 역설'을 읽으면서 '행복 추구'에 관한 학문적 연구에 처음 접하게 되었다. 저자는 과거의 부모 세대들이 생각할 수 없었던 생활의 여유와 건강, 번영, 여가시간을 현대의 서방세계 사람들이 누리게 된 것은 역설이라고 지적한다. 그러나 현대인들의 우울증 발병률은 1950년대보다 10배나 높아졌다.

그 이유의 대부분은 우울증에 관한 지식이 더 널리 보급되고 더 잘 알려지는 한편 사회적인 오점으로 간주하는 경향이 줄어든 데 있다. 그러나 대다수 전문가들은 지난 50년 동안 우울증 발병률이 실제로 현저히 높아졌다고 생각한다.

그 이유는 무엇일까. 이스터브룩은 펜실베이니아 대학교 교수로 2003년 저서에서 행복 연구에 대해 선구적인 관심을 보인 심리학자 마틴 셀릭먼의 저서를 연구했다. 현대인의 우울증 발병률이 높아진 이유에는 만연한 개인주의와 지나친 자존심의 강조, '피해자학 및 무기력'에 관한 교육, 고삐 풀린 상업주의가 포함되는 것으로 셀릭먼이 믿었다고 이스터브룩은 전한다.

긍정의 심리학에 대한 관심 증가, 특히 대학교에서 긍정의 심리학에 대한 관심이 높아지는 현실에 관해 쓴 '행복 101'이란 제목의 뉴욕타임스 매거진 특집기사가 셀릭먼과 동료학자들을 부활시켰다. 이 기사는 행복감은 단지 더 많은 행복감을 원하도록 만드는 반면 '타인'을 위한 선행은 지속적인 만족감을 주는 상황인 '쾌락 트레드밀' 현상에 관한 연구 결과를 소개한다. 기사는 버지니아 소재 조지 메이슨 대학교에서 가르치는 긍정의 심리학 강좌 내용을 자세히 설명한다.

수강하는 대학생들은 쾌감을 느낄 수 있는 행동을 하도록 요청받았다. 다음에 대학생들은 선행을 하도록 요청받았다. 대학생들은 헌혈을 하고 여성보호소에 기증할 의복을 수집하는 등 각종 자선활동을 했다. 참여한 대부분의 학생들이 선행에서 더 장기적인 만족감을 느꼈다고 보고했다. 교수는 감사와 용서, 친밀한 관계와 사랑으로 초점을 옮겼다.

미 전역의 여러 대학에서 이 강좌를 본받아 실시하고 있다. 임상심리학에서 우울증과 분노, 후회와 같은 부정적인 감정에 기울이는 관심을 긍정의 심리학에서는 행복감, 즐거운 기분, 잘산다는 느낌 등의 긍정적 감정에 기울이도록 유도한다고 이 기사는 지적했다.

긍정적인 감정을 강조함으로써 개인적으로 더 큰 행복감을 느낄 수 있을까 하는 의문이 제기될 수 있다. 과거의 연구 및 일반적인 상식은 그렇다는 결론에 동감하는 듯이 보인다. 신경과학자인 제프리 슈워츠는 2002년 저서 '마음과 뇌'에서 우리의 행동이 뇌에 물리적 영향을 미친다는 사실이 오래 전부터 알려져 있다고 전제하고, 우리가 선택하는 생각 역시 뇌의 물리적 작용에 영향을 미친다는 사실이 새로운 각종 연구에 의해 실제로 입증되었다고 밝혀냈다.

슈워츠는 유사한 여러 가지 연구를 통해 우리가 때때로 사물에 대한 생각을 바꿈으로써 뇌의 물리적 작용을 변화시킬 수 있고 그렇게 함으로써 우리 자신의 '상향곡선'을 만들 수 있다는 사실을 확인했다.

이런 연구 결과는 우울증의 심각성을 축소시키자는 취지가 아니다. 혹은 치료가 필요한 각종 신체적 우울증의 원인이 존재하지 않는다는 견해를 제시하는 것도 아니다. 그러나 우리의 창의적이고 인간적인 만족감은 지금까지 우리가 생각했던 것보다 행복감을 느끼는 데 더 큰 역할을 할 가능성이 있는 듯이 보인다.

뉴욕타임스 기사가 지적하듯이 우리의 생각을 자기 확장과 자기 향상 및 타인과의 연결에 의도적인 초점을 맞추는 것이 좋다는 것을 다수의 행복 연구 결과가 시사한다. 그러한 노력은 우리가 더 큰 만족감과 행복감을 느끼도록 만드는 데 도움이 될 가능성이 있다.[77]

Pursuit of happinessBy Betsy HartTHE WASHINGTON TIMESPublished January 14, 2007

Is happiness all in your head? No. But we may be able to influence our own happiness more than we, well, think.

I first came across the academic study of "happiness research" when reading "The Progress Paradox," a book by Gregg Easterbrook. The paradox, he writes, is that in the West we have ease of life, health, prosperity and leisure time unimaginable to previous generations. Yet our depression rate had gone up tenfold since the 1950s.

Yes, a good deal of this is due to better reporting, better recognition and less social stigma surrounding depression. But most experts believe there has been a significant rise in actual cases of depression during the last 50 years.

"Whats going on? Mr. Easterbrook looked at the work of Martin Seligman, a psychologist at the University of Pennsylvania who has pioneered the new interest in happiness research, in his 2003 book. He says Mr. Seligman believes that reasons for our rising depression rates include 'our countrys" rampant individualism(if our setbacks become all about us, they take on huge significance), an overemphasis on self-esteem (there must be something wrong with me if "Im not happy at this moment), the teaching of "victimology and helplessness," and runaway consumerism.

Well, Mr. Seligman and colleagues were back in the New York Times magazine in a spread titled "Happiness 101," by D.T. Max, writing about the increased interest in positive psychology -- particularly in colleges.

Mr. Max describes research into the "hedonic treadmill," the situation in which feeling good only creates a hunger for more pleasure, whereas doing good, presumably then being "other" focused, is what can lead to lasting satisfaction. He recounts a class on positive psychology taught at George Mason University in Virginia. The students were first asked to do something they themselves found pleasurable. Then they were asked to do "good." They gave blood, collected clothes for a womans shelter and so on, and generally reported more long-term satisfaction with the latter actions. The professor went on to focus on gratitude and forgiveness, close relationships and love.

Such courses are replicated around the country. "Positive psychology brings the same attention to positive emotions (happiness, pleasure, well-being) that clinical psychology always has paid to negative ones (depression, anger, resentment)," wrote Mr. Max.

Can such an emphasis lead to more personal happiness? Certainly common sense, as well as the early research, seems to say "yes." Neuroscientist Jeffrey Schwartz shows in his 2002 book, "The Mind and the Brain," that while its long been known that what we do can physically affect our brains, new research actually shows what we choose to think about can affect the physical wiring of our brains, too.

So, for instance, Mr. Schwartz found people who only thought about carefully playing a piece of music on the piano over time had the exact same physical changes in their brains, as measured by CT scans, as people who physically practiced the same piano piece over time. Mr. Schwartz determined with similar studies that we can sometimes choose to think differently about things, change the physical wiring of our brain and, in doing so create, a kind of "upward spiral" for ourselves.

None of this is to minimize the seriousness of depression, by the way, or to suggest there aren"t real physical causes of it that often need to be addressed. But it does seem our creative human fullness may be more at play in determining our own happiness than we thought.

As the article in the Times suggested, the growing study of human happiness suggests it is appropriate for us to deliberately focus our thoughts on what broadens us, elevates us and connects us to others. And the result may be that focus helps bring us the greatest satisfaction and happiness.

But, is this really news? Almost 2000 years ago the Apostle Paul wrote, as he instructed Christians to be joyful in all things, "Whatever things are true, whatever things are noble, whatever things are just, whatever things are pure, whatever things are lovely, whatever things are of good report, if there is any virtue and if there is anything praiseworthy -- meditate on these things." (Philippians 4:8.)

No wonder. Scripture also tells us there is nothing new under the sun.

Betsy Hart is a nationally syndicated columnist and author of "It Takes a Parent: How the Culture of Pushover Parenting is Hurting Our Kids -- and What to Do About It." [78]

7. 젊음의 모방이 아닌 노년만의 지혜를 찾자

보기 좋은 노년의 모습을 말할 때마다 빠지지 않고 나오는 이야기가 있다. 바로 적당한 선을 유지하는 것, 요즘 말로 오버하지 않는 것이다. 거리에서 깔끔하고 깨끗하게 차려입은 어르신을 보면 기분이 좋고 자신도 저렇게 늙고 싶르다고 생각하지만, 짙은 화장과 향수 냄새에 유난스레 튀는 요란한 옷차림은 싫다고들 한다. 늙음을 과장해 나이 든 사람티를 내는 것도 보기 싫지만, 어울리지 않는 젊은 사람 흉내는 꼴불견이라는 뜻이다.

사람이 오래 살수록 늘어나는 것이 다른 것 없이 오로지 나이뿐이라면 얼마나 비참한 일인가. 그렇기 때문에 '풍부한 경험은 노인의 명예'라는 말에서 큰 위로를 받는다. 젊은 사람의 암기력을 도저히 따라갈 수 없는 대신, 나이 든 사람의 통찰력은 젊은 사람이 결코 넘볼 수 없다. 기준을 젊은 사람에게 둘 것이 아니라 노년의 강점인 삶의 통찰력과 지혜를 추구한다면, 이미 구 자체가 노년의 멋이다.

8. 감정 조절로 마음의 평화를 유지한다

감정을 적절하게 표현하는 사람은 건강하다. 반대로 감정을 겉으로 드러내 표현하지 못하면 스트레스가 쌓여 건강하게 살 수 없다. 지금의 노년세대는 감정을 표현하지 않는 것을 미덕으로 알고 살아온 세대다. 자기감정을 드러내놓고 표현하는 것을 점잖지 못한 여겨 웃음도 눈물도 인색하기 짝이 없다.

길에서 마주치는 어르신에게서 느껴지는 인상을 간단한 말로 표현해보라면 '무표정'이란 단어가 가장 많이 나오는 것도 이런 배경과 무관하지 않다. 평소에는 무반응으로 일관하다가, 지하철 자리양보 문제 같은 것에 부딪치면 불같이 화를 내시는 것도 감정표현과 조절을 못하시기 때문이다. 상대를 배려하면서도 내 감정 상태를 전할 수 있으려면 무엇보다 지속적인 연습이 필요하다. 그러니 지금부터라도 기쁨, 슬픔, 괴로움, 외로움, 행복 등 자신에게서 생겨나는 감정을 인정하고 알맞게 표현하는 방법을 찾아야 한다.

나의 감정을 제대로 읽을 줄 모르는 사람은 타인의 감정에 대해서도 경솔하게 생각한다. 그래서 타인의 감정을 무시하고 상처를 준다. 이것 또한 감정난독증의 결과이다.

마음이 아프더라도 무조건 참아야 한다고 스스로를 믿는 사람은 다른 사람의 고통을 이해하기 어렵다. 이런 경우, 다른 사람의 정서적 고통과 상처를 어루만져주기 어렵다.

감정은 우리가 올바른 삶의 경로를 따라가고 있는지 알려준다. 불안감은 주변에 위협이 존재하는 것을 알려주기 위한 마음의 외침인 것이다.

소중한 사람, 중요하게 여기는 인생의 가치를 잃으면 우울해진다. 우울은 상실을 표현하는 마음의 언어이다. 자존심에 상처를 입거나 존재 가치를 무시당하는 일을 겪으면 분노를 느낀다. 분노는 자신이 공격받고 있다는 것을 알려주는 마음의 횃불이다.

세상에 살아남기 위해서는 검정의 언어를 똑바로 읽을 수 있어야 한다. 우울할

때 화를 내거나, 분노를 느낄 때 불안해지면 그건 생존의 문제가 될 수 있다.[79]

기분의 변화는 자연스러운 현상이다. 즐거운 일을 경험하면 기분이 들뜨고, 슬프고 힘든 일에 맞닥뜨리면 누구나 어느 정도의 감정 기복은 있게 마련이다. 특별한 이유 없이도 약간의 무력감을 느끼기도 하고, 반대로 다른 날에 비해 몸 상태가 좋아 활력을 느끼는 날도 있다.

그러나 감정 변화가 심해져 문제되는 경우도 있다. 예를 들어, 평소에 비해 지나치게 들뜨고 흥분되어 감정 변화의 폭이 너무 커져서 감당하기 어렵다고 느낄 때는 감정조절에 문제가 생긴 것이다.

노년에 흔한 또 다른 감정조절의 문제는, 특별한 이유 없이 쉽게 기분이 좋다가도 별 것 아닌 일에 기분이 확 나빠지고, 사소한 문제에도 짜증이 나서 불쾌한 감정을 쉽게 느끼는 경우이다.

기분과 감정의 급격한 변화 때문에 겪는 개인적 고통을 줄이고 건강한 가정과 사회생활을 유지하기 위한 자기관리가 중요하다. 고혈압 환자가 저혈압 또는 고혈압이 되지 않도록 조절하는 것처럼 감정조절의 문제도 관리가 필요하다. 가장 기본적이면서도 핵심이 되는 것은 규칙적인 생활 리듬을 지키고 건강한 라이프스타일을 유지하는 것이다. 일정한 시간에 수면을 취하고 같은 시간에 기상하고, 규칙적으로 식사하도록 노력해야 한다.

낮에는 햇볕을 충분히 쬐고, 30분 이상 운동을 매일 해야 한다. 이렇게 수면, 식사, 운동과 같은 기본 생리 활동의 변화가 감정과 의욕의 변화와 연동되어 있기 때문에 수면 리듬이 깨지고 식사를 거르며 낮 동안 야외 활동이 충분하지 않을 경우 감정도 비정상적으로 변한다. 또한 감정을 흥분시키고 불안을 유발할 수 있는 술, 담배, 커피 등도 되도록 피하는 것이 좋다.

무엇보다 대인관계나 사회생활에서 과도한 스트레스에 노출되지 않도록 해야 한다. 지나치게 극단적이고 완벽주의적인 성행 때문에 자신을 혹사시켜서는 안 된다.

조울증(bipolar disorder, 躁鬱症, 일반적으로 조울증이라고 알려져 있는 마음의 병을 정신과에서는 양극성장애라는 병명을 사용한다. 양극성장애는 기분, 에너지, 생각과 행동에 극단적인 변화가 특징으로 치료가 가능한 병이다. 양극성 장애를 조울증이라고 하는 이유는 조증과 우울증의 양 극단 사이에서 기분이 변화하는 특징적인 증상 때문이다)을 가진 사람 중 일부는 지나치게 생각에 집착하거나 흑백논리로 이분법적 판단에 빠지는 성향을 보이기도 한다. 이런 성향이 있다면 현실에 유연하게 적응하는 사고방식을 갖도록 바꿔나가야 한다.

9. 신앙은 성숙한 노년의 가장 좋은 동반자이다

흔히 신앙은 인생의 석양을 우아하게 만들어준다고들 말한다. 물론 신앙인이라고 해서 나이 듦을 면제받거나 늙음을 피할 수는 없다. 또한 신앙을 가진 사람이 더 멋있게 잘 늙는다는 보장도 물론 없다. 그러나 신앙을 가진 사람은 인간 존재의 근원적인 문제에 대해 답을 구하며 자기 수양을 해 나가는 과정에서 삶의 깊이를 얻고, 이웃에게 나누어 베푸는 삶 속에서 사회적인 관계망을 확장해 나간다. 아집에 매인 신앙은 자신에게나 타인에게나 해악이 되지만, 성숙한 신앙은 노년의 지혜와 어우러져 인생을 풍요롭게 한다.

10. 잘 익은 노년은 영적 성숙으로 완성된다.

늙기 싫다고 발버둥치고 거부하고 외면하고 도망친다고 끝까지 노년을 피할 수 있을까. 노년이 되기 전에 죽음을 앞당겨 맞지 않는 한 노년은 우리에게 주어진 운명이며 숙명이다. 끝까지 나이 듦을 외면하고 늙음을 거부하는 사람은 설익은 노년을 보낼 수밖에 없다. 지나온 생에 대한 후회와 못다 이룬 꿈에 대한 미련으로 노년을 보내는 사람은 슬프다. 원망과 미움을 해결하지 못하고 분노에 가득 찬 사람의 노년은 불행하다. 누구에게나 고유한 삶의 모습이 있는 것처럼 고유한 늙음이 있는데도 불구하고, 그저 다른 사람의 삶을 흉내 내기만 하는 노년은 깊이 없이 얕은 물과 같다. 많은 것을 잃어버리는 시기이지만 그 잃음의 자리는 영적인 자유와 충만함으로 채워진다는 것을 모르고 산다면 생의 마지막 시기가 너무 아깝고 아쉽다. 이미 지나 버린 것이나 아직 오지 않은 것에 마음을 쏟는 게 아니라, '지금 여기'에 집중하면서 삶의 마지막 과정을 맞이하고 보낸다면 잘 익은 노년을 그 열매로 거두게 될 것이 분명하다.[80]

11. "퇴직 뒤, 공감·표현으로 친밀한 관계 맺기 집중해야"

인간관계는 행복한 노후 생활을 위해 건강, 돈 못지않게 중요하다. 신중년의 삶의 전환을 지원하는 서울시50플러스재단 생애전환지원본부의 고선주 본부장은 퇴직 뒤 관계 변화를 예측하고, 변화에 대응하기 위한 노력이 있어야 한다고 강조한다.

인간관계는 행복한 노후 생활을 위해 건강, 돈 못지않게 중요하다. 미국 하버드대 성인발달연구팀의 70여년간의 연구 결과인 인간성장보고서 '행복의 조건'에 따르면 인간관계가 긴밀할수록 더 행복하고 건강하며 오래 산다. 좋은 관계는 성공적인 노화의 핵심 조건인 셈이다.

은퇴 시기에 즈음해 사람들은 관계의 변화를 겪는다. 특히 한 조직에 오랫동안 소속되어 일하다 퇴직하는 신중년들이 겪는 변화의 폭은 더 크다. 당황해하고 우울감에 빠지기도 한다. 신중년의 전환 준비를 돕는 서울시50플러스재단 생애전환지원본부의 고선주 본부장은 "관계의 변화를 예측해보고 대비하는 일이 필요하다"고 강조한다.

9월3일 마포구 공덕동 서울시50플러스재단에서 「서울&」과 만난 고 본부장은 은퇴를 맞이하는 신중년의 인간관계 이야기를 풀어놓았다. 고 본부장은 가족의 건강성 강화 등을 연구했고 가족정책을 세우는 일을 해왔다. 2016년 서울시50플러스재단의 중부캠퍼스 관장을 맡고 이후 캠퍼스사업본부장을 거쳤다. 가족학 박사인 그는 신중년을 대상으로 관계의 전환을 주제로 강의도 한다.

그는 먼저 신중년이 퇴직 뒤에 맞닥뜨리게 되는 이전과 다른 관계에 대해 설명했다. 퇴직하면 인간관계는 양적으로 줄어들면서, 관계의 넓이가 아닌 깊이가 중요하게 된다. 이전에 조직의 수직적 관계에서 판단과 결정을 위한 소통을 주로 해왔다면, 퇴직 뒤 '지위라는 옷'을 벗고나면 누구와 어떻게 관계를 맺어야 하는지 스스로 찾아가야 한다. 고 본부장은 "소통방식을 바꿔 친밀한 관계 맺기에 집중해야 한다"고 말한다.

관계 변화에 어떻게 대응하느냐에 따라 일상생활뿐 아니라 새로운 일·활동의 참여에도 영향을 받는다. 많은 신중년은 은퇴 뒤 다음 세대에게 자신의 경험을 전수하고 싶어 한다. 하지만 그 방법이 문제가 된다. 공감에 기반을 둔 코칭이 되지 않아 활동으로 이어지지 못하는 경우가 적잖다. 실제 중장년을 채용하려는 곳에서는 소통할 수 있는 융화력을 매우 중요하게 본다.

고 본부장은 "관계 변화에 대한 대응의 출발점은 자신의 가치를 인정하는 것부터"라고 말한다. 은퇴 뒤 대체로 자존감이 떨어진다. 오라는 데는 없고 찾는 사람도 줄어든다. 특히 갑작스러운 퇴직의 경우 처음엔 분노를 느끼고 자책으로까지 이어진다. 그는 "조직에서 나왔다고 쓸모없는 사람이 된 것처럼 자책하는 것은 잘못됐다"고 지적한다. 또 "자존감이 있어야 다른 사람과의 관계 맺기도 할 수 있다"며 "스스로 가치를 인정하고 존중하는 일을 우선해야 한다"고 했다.

새로운 관계 맺기를 위한 공감능력의 핵심은 '있는 그대로 받아들이는 것'과 '공감하고 있음을 표현하라' 두 가지다. 우선 상대의 감정을 정확하게 느끼고 있는 그대로 받아들여야 한다. 그리고 상대의 감정을 온전히 이해하고 받아들이고 있다는 것을 말과 행동으로 표현해줘야 한다. 힘들어하는 상대와 눈을 맞추고 고개를 끄덕이고, 기뻐하는 상대에게 웃음으로 함께해주는 것이 좋은 방법이다. 그는 "조언이나 판단의 표현은 상대방이 원할 경우에만 해야 한다"고 당부했다.

공감능력이 부족하다고 생각한다면 채우기 위한 노력이 필요하다. 고 본부장은 "공감능력 키우기는 일상생활을 함께하는 가족관계에서 연습하면서 키우는 것이 좋다"고 했다. 가족관계는 노년기에 가장 영향을 많이 준다. 하지만 은퇴 뒤 가족관계에서 어려움을 겪는 사람이 적잖다. 특히 많은 남성이 평소 아내를 통해 자녀, 친지, 이웃 등과 관계를 맺어왔다. 그동안 생활 문제 해결뿐만 아니라 관계 맺기, 양육, 돌봄 기능을 거의 아내가 도맡은 경우가 많다 보니 가정에서 남편의 아내 의존도가 높을 수밖에 없다.

그는 "그간의 가족 부양을 위한 자신의 노력에 대해 보상을 기대하거나 받으려 하지 말아야 한다"고 강조했다. 부모나 배우자로서 책임과 의무였고, 그동안 심리·정서적으로 되돌려 받았다고 생각해야 한다는 것이다. 배우자를 도와주고 기다려주는 자세도 필요하다. 무엇보다 서로의 독립성을 인정해주는 것이 중요하다. 고 본부장은 "배우자를 잘 알고 있다는 생각은 동상이몽일 수 있다"며 "배우자에 대해 관심을 갖고 관찰하며, 반응하기 위해 노력해야 한다"고 조언했다.

배우자도 나이가 들어가기에 서로 돌봄이 필요해진다. 통계청 자료(2020년)에 따르면 남성은 15.7년, 여성은 20.8년 동안 건강하지 못한 상태로 돌봄을 받아야 한다. 노년기엔 자기 돌봄과 배우자 돌봄은 필수다. 그는 "돌봄을 받는 것과 주는 것을 함께 고려해야 한다"며 "특히 남성들이 청소나 식사 준비 등 생활기술을 꼭 익혀야 한다"고 권했다. 고 본부장은 "신중년 부부관계의 이상적인 모습은 '말·밥·몸' 동무가 되는 것이다"라고 했다. 소소한 대화를 함께 나누는 말동무, 식사를 같이 준비하고 먹는 밥동무, 건강관리를 함께하는 몸동무가 되는 것이다.

자녀 관계도 달라져야 한다. 자녀가 성인이 되기 전까지는 행복감을 느낄 수 있게 돕고, 성인이 된 뒤에는 독립된 인격체로 승낙과 양해를 구해야 하는 존재로 대해야 한다는 것이다. 그는 "자녀에 대한 지원은 자신의 건강한 노후 생활을 유지할 수 있는 수준에서 이뤄져야 한다" 고 덧붙였다.

결국 노년기 인간관계에서도 '너무 느슨하지도 너무 밀접하지도 않은 적절함' 이 무엇보다 중요해 보인다. 너무 밀착된 관계에선 각자의 자아가 자리하기 어렵다. 자기중심을 잡고 자신이 뭘 하고 싶은지를 찾아 좋아하는 것에 에너지 쏟아야 한다는 것이 고 본부장의 생각이다. 그는 "노년기에도 가장 중요한 것은 나와의 관계" 라고 강조했다.[81]

12. 어른은 있으나 멘토가 없다

"요즘 시니어의 목소리가 들리지 않는다."

'집안에 노인(老人)이 없으면 빌려라' 라는 그리스 격언이 있다. 삶의 경륜이 얼마나 소중한지를 잘 보여주는 대목이다. 요즘 나이 든 사람을 경시하는 풍조가 우리 사회에 만연해 있다. 노인의 지혜와 경험을 활용하고 웃어른을 공경하는 경로효친(敬老孝親)의 의미를 되새겨 보면 어떨까? 참 어른을 통해 우리는 배울 수 있는 것이 많다. 그분들의 말과 행동에는 책에서 볼 수 없는, 갖은 지혜가 담겨 있다.

이것은 시간과 세월 속에서 자신을 갈고 닦으며 만들어 온 일이다. 경륜이 몸에 밴 살아있는 교육이야말로 밥상머리 교육이다. 생활의 지혜와 철학의 깊은 맛은 긴 인고의 흐름을 통해, 마음으로 몸으로 깨닫고 얻어진 것이다.

젊은 사람들은 순발력과 재치는 있으나, 덜 익은 사과처럼 떫은 맛이 있다. 차이는 있겠지만, 잘 익은 사과는 달고 깊은 맛이 있다. 우리 사회가 동안시대를 갈구하며 너무 젊음을 쫓다 보니, 참 어른의 의미가 사라지는 것 같아 안타깝다.

치매는 나이 든 사람에게 주로 오지만, 젊은 사람에도 얼마든지 올 수 있고, 노인도 관리를 잘하면 백 살까지 치매 걱정 없이 살아갈 수 있다. 나이 든 사람 중에는 젊은 사람보다 더 건강한 체력을 유지하는 예도 얼마든지 볼 수 있다.

▷ 젊은 세대를 염려하다.

요즘 멘토가 없는 것 같다. 일부 젊은 세대들은 돈, 육체적 접촉, 현재의 만족

이런 게 전부인 것 같다. 청년들의 독신 의식은 지금 즐거우면 되고, 배우자를 위해 희생하지 않으려고 하는 세태를 반영하는 것 같아 씁쓸하다.

"50세가 넘으면 다 후회해요"라고 말해 주는 정신 교육도 없어져버렸다. 입시에 매몰되어 도덕과 철학과 윤리가 없어지고, 오로지 붉은색 이념만 들어온 경우도 적지 않다.

▷ 시니어의 역할

시니어들이 행하는 정신적 지주의 역할이 세상 전체를 바꿀 수 있음을, 새삼 느끼는 요즘이다. 우리 시니어들이 무엇을 해야 하느냐? 젊은이들의 정신적 멘토가 되는 일이다. 정말 중요한 일이다! 젊은 사람들은 절대로 할 수 없는 일이다. 어르신들이 얼마나 훌륭한가! 인생을 알려면 60세는 지나야 한다. 그래야 남에게 귀 기울이고 공감할 수 있고, 모든 게 비슷해진다.

시니어들이 정신적 지주로 자리매김해야 한다. 박 원장은 "시니어들의 역할이 대단합니다. 왜 사회가 자꾸 이렇게 되고 있는가? 젊은 사람들이 꼰대라고 칭할지라도. 멘토가 되어주어야 한다" 라고 힘주어 말한다.

인공지능이라도 할 수 없는 것이 있다. 인성, 지혜, 철학 등 그 감성적 요소를 가지고 아이들을 가르쳐야 한다. 하루를 25시간처럼 분주히게 생활하는 박언휘 원장 앞에는 한국의 슈바이처라는 수식어가 따른다. 그에게는 의료, 나눔, 봉사, 실천을 일상으로 하는 삶이 있기 때문이다.[82]

잠깐! 쉬었다 갑시다

☞ 2000년전 밴드 공연장에 등장한 악기 5종…며칠밤낮 쉼없이 연주했다

지금로부터 꼭 30년 전인 1992년 5월이었다. 조현종 국립광주박물관 학예연구사와 최상종 연구원이 부리나케 광주 신창동 유적으로 달려갔다. 유적 주변에 살고 있던 최 연구원이 "지금 국도 1호선 확·포장 공사가 한창인데, 신창동 유적이 훼손될 수 있는게 아니냐"고 보고했기 때문이다. 신창동은 1963년 유·소아의 무덤인 독무덤(옹관묘) 53기가 확인되어 교과서에 실리기까지 한 2000년 된 매우 중요한 유적이었다. 그런데 도로공사가 벌어지면 유적파괴는 불보듯 뻔한 것이 아닌가.

광주 신창동에서 확인된 2000년전 악기세트. 신창동에서는 현악기와 찰음악기, 목제 가죽북, 청동방울, 흙방울 등 5종의 악기가 확인됐다. 목제 북에는 가죽을 씌워 두들겼고, 청동방울과 흙방울을 흔들면서 연주했을 것이다. 가히 2000년전 밴드가 결성된 것이다(국립광주박물관 제공)

☞ 2000년 전의 생활도구들이 줄줄이

두사람이 깜짝 놀라 현장에 달려가보니 과연 큰일이었다. 유적 주변을 감고 돌아가던 국도 1호선의 직선화 방침에 따라 도로가 유적의 중앙부를 관통할 판이었다. 1963년 조사된 독무덤의 구릉 윗부분은 이미 깎여나가 아스콘으로 포장되고 있었다. 나머지 구간도 중장비가 출입할 참이었다. 두 사람은 서둘러 현장의 모래와 흙을 긁어모아 들고간 비닐봉지에 담아 박물관으로 돌아왔다.

"저희가 연약지반, 즉 2000년 전 홍수 등으로 범람한 저습지 퇴적층에 주목했는데요. 이곳에 농경지 유적이 존재했 수 있었으니까요. 공사현장 관계자들의 눈을 피해 그 지점의 흙과 모래를 서둘러 모은 겁니다." (조현종 전 국립광주박물관장)

과연 그 예상이 맞았다. 가져온 모래와 흙에서 볍씨와 토기 편들이 보인 것이다. 상황이 급박했다. 아스콘이 현장을 깔아뭉갤 판이었기 때문이었다. 당장 '공사 중단'이 결정됐고, 6월부터 정식 발굴로 전환됐다.

당시의 발굴구역은 도로확장 공사 범위엔 저습지 9평 규모에 불과했다. 그러나 '9평의 기적'이라고 할까. 그 좁은 공간에서 엄청난 생활 유물이 쏟아져 나오기 시작했다.

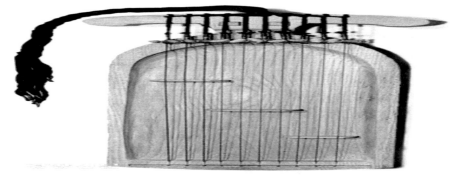

신창동 출토 현악기를 복원한 모습. 10개의 줄이 달린 '10현금'으로 추정된다(국립광주박물관 제공)

검은 간도기와 덧띠도기, 나무 머리빗, 굽다리 옻칠잔, 옻칠 칼자루, 그릇뚜껑, 대나무통발, 괭이, 빗자루 등이 줄줄이 나왔다. 무엇보다 까맣게 탄 쌀과 보리 등 2000년전 사람들의 식량도 보였다.

신창동 출토 찰음악기의 연주모습(재현). 찰음악기는 각목에 새겨진 '톱니 무늬(거치)'를 마찰해서 소리를 내게 하는 타악기였다. 마찰봉의 형태와 마찰의 속도에 따라, 혹은 각목의 깊이와 간격에 따라 다양한 소리를 냈을 것이다(국립광주박물관 제공)

하지만 본격발굴은 이후 2년간 중단된다. 왜냐. 사실 저습지 발굴은 쉽지 않다. 습지 속에서 수백, 수천년간 보존된 퇴적층과 그 속의 유물이 공기에 노출되면 어찌되는가. 퇴적층은 산화되어 까맣게 변하고, 노출된 유물 또한 순식간에 쪼그라들고 변색되며, 썩게 된다. 자칫하면 유구와 유물 전체가 신기루처럼 사라질 수 있다.

　게다가 30년 전이 아닌가. 발굴경험과 기술도 부족했던 시절이었다. 결국 '외국 사례를 공부한 후에 발굴해보자' 는 결론에 도달했다. 이후 조현종 학예사 등은 일본 국립나라(奈良)문화재연구소 등을 오가며 일본의 저습지 유적 발굴 기법을 공부했다.

　신창동 출토 북의 복원도(추정). 나무를 바가지 모양으로 깎아 만들었다. 나무에 가죽을 씌워 리듬감있게 두들겼을 것이다(국립광주박물관 제공)

☞ 출토품마다 '최초', '최고'

　이윽고 1995년부터 본격적인 발굴이 진행되었고, 발굴 때마다 '최고', '최초' 의 유물이 쏟아져나왔다.

　우선 무려 155㎝ 두께의 왕겨층이 확인됐다. 이는 중국의 대표적인 벼농사 유적(기원전 5000년)인 저장성(浙江省) 허무두(河姆渡)의 왕겨층(72㎝)보다 2배 이상 두꺼운 것이었다. 2000년 전 한반도의 곡창지대가 안정적으로 운영되고 있었음을 알려준다.

　또한 발화구와 문짝, 신발골, 나무칼, 괭이, 절구공이 등의 목기류와 다양한 칠기류, 삿자리, 그물망, 새끼, 빗자루 등이 줄줄이 출토됐다. 베틀부속구인 바디와 실감개 등도 나왔다.

　바디(베를 짤 때에 베의 날을 고르게 하는 도구)는 동아시아에서 출토된 것 가운데 가장 완벽하게 보존된 국보급 유물이라는 평을 받았다.

　신창동 출토 북의 세부. 이런 유물만 나오면 '용도불명' 으로 분류되었지만 현악기 등이 출토되면서 '악기', 즉 북으로 특정할 수 있게 된다(국립광주박물관 제공).

　기원전 1세기 무렵 제작된 이러한 생활도구가 처음 모습을 드러낸 것이다. 가만 생각해보면 불과 얼마 전까지 주변의 농촌마을에서 흔히 볼 수 있었던 생활용기이기도 하다. 당대의 농사 및 생활 도구의 제작 기술이 2000년 이상 큰 변화없이 이어질만큼 뛰어났다는 사실을 알 수 있다. 수레의 부속품인 수레바퀴축·바퀴살·가로걸이대 등도 출토되었다.

　이 지역을 다스리던 수장이 타고 다닌, 요즘으로 치면 승용차 혹은 관용차일수도 있지 않은가. 또한 수레가 다닐만큼 넓은 길이 닦이고, 활발한 교역이 이뤄졌음을 증거하는 유물이다. 이밖에 새 및 칼모양 나무제품과 돼지모양 흙인형, 점뼈, 바람개비 무늬 칠기 등 제사 때 쓰인 의례품도 쏟아져 나왔다.

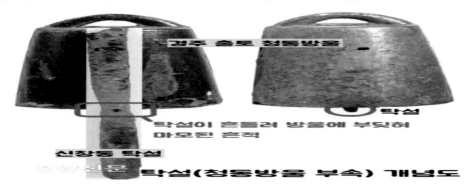

중국 상나라 시대부터 청동 북과 함께 등장한 청동방울의 부속품인 탁설(흔들면 소리나는 방울알) 역시 2000년 전에는 악기로 쓰였다. 출토당시 '용도불명'으로 분류됐다가 나중에 악기로 특정됐다(국립광주박물관·조현종 전 국립광주박물관장 제공).

☞ 홀연히 나타난 2000년 전의 현악기

　그러나 이 모든 유물을 무색하게 한 '존재감 만렙'의 유물이 출토되었다.

　그것이 1997년 4차 조사에서 확인된 '현악기'를 비롯한 악기세트다. 먼저 현악기를 보자.

　처음 발굴 당시에는 반쯤 쪼개진채 확인된 이 나무 유물이 악기인 줄 몰랐다. 그러나 꼼꼼히 살펴보니 오목하게 파낸 나무판의 밑부분에 뭔가를 고정한 듯한 구멍이 뚫려 있었다.

　"마치 기타줄을 매단 것 같은 느낌이 들었습니다. 반쪽만 확인됐지만 형태상 현악기가 틀림없다는 생각을 갖게 됐습니다."

　그랬다. 벚나무로 만든 이 악기는 높이 77.2㎝, 폭 28.2㎝ 였다. 현(絃)을 고정하는 머리부분과, 현이 올려져 작음(作音)기능을 발휘하는 탄음부(彈音部·떨림부), 현을 거는 구멍(현공·絃孔)이 있는 현미부(絃尾部)로 돼있다.

'현을 거는 구멍'은 현미부의 일부를 V자형으로 파낸 뒤 그 내부를 직경 0.3㎝ 정도의 둥근 원으로 뚫었다. 남아있는 구멍이 6개지만 전체 규모와 형태를 감안해보면 10개로 추정된다. '10현금'임을 알 수 있다.

광주 신창동에서 현악기가 출토되자, 이전 발굴현장에서 '정체불명'으로 분류되었던 목제유물들이 신창동과 같은 현악기로 특정되었다. 크기는 다소 다르지만 형태학상 같은 현악기라는 사실이 밝혀졌다.

발굴단에서는 〈삼국지〉 '위서·동이전·한'조를 들춰보았다.

"악기로는 슬(瑟)이 있는데, 그 모양이 축(筑·중국 현악기)과 같다. 이것을 타면 소리와 곡조가 나온다."

그런데 신창동에서만 이와같은 현악기가 출토된 것이 아니었다. 이미 1989년 경남 창원 다호리(11·15·17호)에서도 비슷한 유물이 출토된 바 있었다.

그러나 1989년 나온 다호리 보고서는 "다호리 11·15·17호의 동벽과 나무관 사이의 충전토 내에 세워진 흙칠판은 용도 불명인데, 형태상 생활용구로 쓰인 것 같지 않다"고 설명해놓았다.

보고서는 다만 "뭔가 종교적인 의미를 지닌 물건이 아닐까"하고 추정해놓았다. 뭔가 의미있는 유물이 나오기는 했지만, 아무리 봐도 형태상 생활도구로는 쓰이지 않은 것 같아 '종교적인 도구'로 표현한 것이다.

이 뿐이 아니다. 신창동에서 현악기가 발견되기 직전인 1996년 10~97년 3월 사이 경북 임당동의 한 목관묘에서 희한한 흔적이 보였다. 즉 A-1지구 121호묘로 명명된 무덤의 바닥에서 옻칠을 한 나무제품의 흔적이 나타난 것이다.

즉 나무는 썩어 없어졌지만 옻칠 흔적이 마치 그림처럼 흙에 노출된 것이다.

2000년전 신창동 제사의례 때 펼쳐진 공연(재현)
출토된 악기 5종을 중심으로 2000년전 광주 신창동에서 펼쳐진 하늘제사 때의 밴드 공연(재현) 모습(조현종 전 국립광주박물관장 제공).

물론 이때는 이 옻칠 흔적을 남긴 목제 유물이 무엇인지, 또 어떤 의미인지 몰랐다. 하지만 바로 그해(1997년) 7월 신창동에서 현악기가 발견되자 임당동과 다호리 발굴자들이 무릎을 쳤다.

정체불명의 유물과 그 흔적이 바로 신창동 출토품과 비슷한 '현악기'라는 생각이 든 것이다. 예전의 발굴 유물과 발굴보고서를 들춰보니 과연 그랬다. 물론 크기는 차이가 났다.

경산 임당동(높이 67㎝, 너비 27㎝)과 창원 다호리 3점(높이 56,4~64.5㎝, 너비 28.5~30㎝) 등과 신창동 출토품(높이 77.2㎝, 폭 28.2㎝)은 크기는 다소 차이가 있었다. 그러나 제작시기(기원전 1세기 무렵)과 악기의 형태가 매우 흡사했다.

그렇다면 경산, 창원, 광주 신창동까지…. 〈삼국지〉 '위서·동이전·한' 조에 등장하는 '중국의 현악기인 축(筑)과 비슷한 현악기(슬·瑟)'이 한반도 남부의 한(韓·마한, 진한, 변한) 지역에서 폭넓게 연주되었다는 뜻이 아닌가. 공장에서 생산된 규격품이 아니라 각 지방의 기호에 맞게 제작된 비슷한 현악기가….

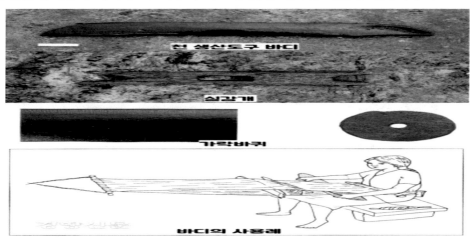

신창동에서 출토된 다양한 유물들. 주로 농사와 관련된 생활용구들이다. 불과 얼마 전까지 주변의 농촌마을에서 흔히 볼 수 있었던 생활용기이기도 하다. 그만큼 낭대의 농사 및 생활도구의 제작기술이 2000년 이상 큰 변화없이 이어질만큼 뛰어났다는 사실을 알 수 있다(국립광주박물관 제공).

☞ 신창동 출토 악기 5종은 어떤 의미?

또 신창동에서는 현악기 뿐이 아니라 다양한 종류의 악기가 출토되었다는 것도 흥미롭다.

즉 1995년 발굴에서는 '용도 불명'으로 분류했던 나무제품 역시 '현악기'의 확인과 함께 '찰음악기'로 특정됐다.

이 찰음악기는 각목에 새겨진 '톱니 무늬'를 마찰해서 소리를 내게 하는 타악기였다. 마찰봉의 형태와 마찰의 속도에 따라, 혹은 각목의 깊이와 간격에 따라 다양한 소리를 냈을 것이다.

또한 바가지 모양으로 깎아 만든 통형 나무 제품은 북일 가능성이 크다. 통형 나무에 가죽을 씌워 리듬감있게 두들겼을 것이다.

중국 상나라 시대부터 청동 북과 함께 등장한 청동방울의 부속품인 탁설(흔들면 소리나는 방울알)과, 사람얼굴이 새겨진 토제방울 또한 악기로 쓰였을 것이다. 이 대목에서 〈삼국지〉 '위서·동이전·한' 조를 다시 들춰보자.

"해마다 5월 파종 후와 10월 추수 후에 하늘·조상신에 제사를 지낸다. 함께 모여 노래를 부르고 춤을 추며 술을 마시기를 밤낮으로 계속한다. 춤은 수십 인이 함께 일어나 서로 따르면서 땅을 밟고 (몸을) 굽혔다가 (고개를) 치켜들었다 하는데 손과 발의 동작이 서로 조응한다. 그 가락이 마치 (중국의) 탁무(鐸舞·목탁을 갖고 추는 춤)와 같다."

"귀신을 믿고 국읍에 한사람씩을 받들어 천신의 제사를 주재토록 하였는데 이를 천군이라 부른다. 또 여러 국에는 각각 별읍이 있으며 소도(蘇塗)라 부른다. 큰 나무를 세우고(立大木) 방울과 북을 매달아(懸鈴鼓) 귀신을 섬긴다."

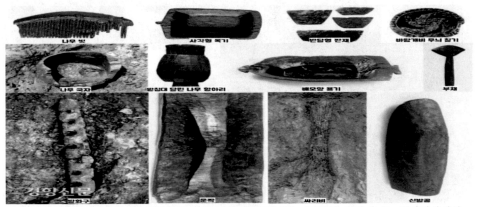

신창동에서 출토된 바디(베를 짤 때에 베의 날을 고르게 하는 도구)와 실감개 등. 동아시아에서 출토된 것 가운데 가장 완벽하게 보존된 국보급 유물이라는 평을 받았다(국립광주박물관 제공)

☞ 2000년전 오케스트라? 밴드?

그렇다면 어떻게 해석할 수 있을까. 파종 후, 추수 후 당대 제사장(천군)이 주도한 대대적인 제천행사와 함께 며칠 밤낮으로 그 마을 공동체의 집단 연희가 열렸을 것이다. 그 이벤트가 열린 곳은 신성한 공간인 소도였을 것이다.

〈삼국지〉가 전한대로 큰 나무를 세우고 그곳에 방울과 북 등을 매달아 '몇날 몇일'을 두들기며 춤을 추고 노래를 불렀을 것이다.

물론 그 이벤트에는 현악기와 찰음악기가 동원되어 공연을 주도했을 것이다.

이 대목에서 고고학적 상상력이 발휘된다. 발굴자였던 조현종 전 국립광주박물관장이 귀띔했다.

신창동에서 열린 봄철·가을철 이벤트는 최소 5종의 악기(현악기·찰음악기·통형 목제 가죽북·청동방울·흙방울)를 연주하는 오케스트라 공연으로 진행된 것이 아닐까. 아니면 이 5종의 악기를 연주하면서 노래(노동요)까지 부르는 밴드 공연을 펼쳤을 가능성도 있다. 맑고 고운 음악이 흐르는 공연의 관람객은 1차적으로는 농경을 관장하는 하늘신이고, 가족과 마을의 안녕을 기원해주는 조상신이었을 것이다. '부디 강림하셔서 공연을 즐기고 이 마을을 풍요롭게 해주십사'하고…. 물론 공동체 구성원들 역시 그 축제를 즐겼을 것이다.

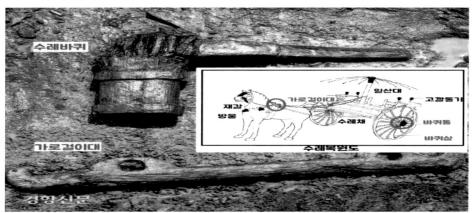

산창동에서 출토된 수레의 부품들. 수레바퀴축·바퀴살·가로걸이대 등도 나왔다. 이 지역을 다스리던 수장이 타고 다닌, 요즘으로 치면 승용차 혹은 관용차일 수도 있다. 수레가 다닐만큼 넓은 길이 닦이고, 활발한 교역이 이뤄졌음을 증거하는 유물이다(국립광주박물관 제공).

☞ 가야를 망하게 한 우륵의 음악?

이런 말이 나올 법하다. 신창동 출토 악기가 뭐 그렇게까지 중요하다는 건가.

또 옛 사람들은 하늘신·조상신을 초대하는데 음악까지 동원했단 말인가. 그러나 음악을 그저 사람들의 즐길 거리로만 여겨서는 안된다. 『삼국사기』 '잡지·악(樂)'편에서 현금(玄琴·거문고)을 설명한 내용을 보자.

"금의 길이 석자 여섯치 여섯푼은 366일을 상징하는 것이고, 너비 여섯 치는 천지와 사방을 뜻하며 위가 둥글고 아래가 네모난 것은 하늘과 땅을 본받은 것이다."

가야금도 마찬가지였다. 『삼국사기』는 "가야금의 12줄은 사시(四時), 기둥의 높이 3촌은 삼재(三才), 즉 천(天)·지(地)·인(人)을 뜻하는 것"이라 했다.

하나의 예를 들어보자. 신라에 망명한 가야국 출신 악사인 우륵(생몰년 미상)이 신라 진흥왕(540~576)을 위해 5곡을 지어 바쳤다. 그러자 신라 조정의 신하들은 "가야에서 나라를 망친 우륵의 음악을 허용할 수 없다"고 극력 반대했다. 이는 음악을 나라의 흥망과 연결시킨 옛 사람들의 생각을 읽을 수 있는 대목이다.

신창동에서는 155cm 두께의 왕겨층이 확인됐다. 중국의 대표적인 벼농사 유적(기원전 5000년)인 저장성(浙江省) 허무두(河姆渡)의 왕겨층(72cm)보다 2배 이상 두꺼운 것이었다. 2000년 전 한반도의 곡창지대가 안정적으로 운영되고 있었음을 알려준다(국립광주박물관 제공).

☞ '만능뮤지션' 공자의 음악 철학

스스로 동이족의 후예인 은(상)나라 출신이라고 고백한 공자(기원전 551~기원전 479)는 어떤가. 공자는 거문고를 뜯고, 경(磬·돌이나 옥조각으로 만든 타악기)도 치며, 노래도 잘 불렀던 만능 뮤지션이었다. 요즘으로 치면 기타와 드럼은 물론 보컬까지 소화하는 만능 뮤지션이었던 것이다. 제나라 음악을 배울 때는 3개월 동안 고기를 먹지 않았다.(〈사기〉 '공자세가')

공자가 어떤 거문고 곡을 열흘 동안 연주한 뒤 그 곡의 주제를 맞췄다. 즉 "이 곡의 주인공은 피부는 검고, 눈은 빛나고 사방 제후국을 바라보는 원대한 분입니다. 그 분은 바로 문왕이 아니겠습니까?"

공자의 거문고 스승인 사양자는 감탄사를 연출했다.

"역시 성인(聖人)이십니다. 이 곡은 주나라(기원전 1046~771)의 주춧돌을 쌓은 문왕의 덕을 칭송한 문왕조(文王操)입니다."

공자는 거문고 연주만 해도 곡의 주인공을 알아차릴 정도였을 정도로 음악 천재였다. 그런 공자의 언급을 들어보자.

"감정이 소리에 나타나 그 소리가 율려(律呂)를 이루게 되면 그것을 가락이라고 한다. 다스려진 세상의 가락은 편안하고 즐겁고 화평하지만 어지러운 세상의 가락은 슬프고 시름겹고 그 백성은 고달프다."

단적인 예로 춘추시대 오나라의 정치가·외교가인 계찰은 "정풍(鄭風), 즉 '정나라(기원전 806~기원전 375)의 노래'는 매우 가냘퍼서 백성들이 견디지 못할 것이니 가장 먼저 망하는 나라가 될 것"(〈사기〉 '오태백 세가')이라고 경고 했다. 공자 역시 "정나라 음악은 매우 음탕해서 반드시 추방해야 한다"(〈논어〉 '위령공')고 설파했다. 음악으로 나라의 흥망을 점친 것이다.

이렇게 옛 사람들은 악기 하나, 노래 하나에도 심오한 뜻을 새겼다. 광주 신창동을 비롯해 경산 임당동·창원 다호리 등에서 출토된 악기가 이렇게 또 후손들에게 교훈을 던져준다. 한가지 궁금한게 생긴다.

광주 신창동 유적 전경. 저습지여서 2000년 생활유구와 유물들이 고스란히 남아있었다(국립광주박물관 제공).

공자와 계찰 등에 따르면 말초적이고 음란한 음악은 나라를 어지럽히는 말세의 음악이다. 그렇다면 요즘의 음악은 말세의 음악인가 성세(盛世)의 가락인가. 그것이 알고 싶다.83)84)85)

〔참고자료〕

조현종·김민구·이영철·정인성·박지훈·홍종하, 〈광주 신창동 마을, 서른번째 가을 풍경〉(발굴 30주년 기념 학술대회), 국립광주박물관, 2022.

조현종·신상효·장제근, 〈광주 신창동 저습지 유적Ⅰ-95년 조사개보(목제유물을 중심으로)〉, 국립광주박물관, 1995.

조현종·신상효·선재명·신경숙, 〈광주 신창동 저습지 유적 Ⅳ-목제유물을 중심으로〉, 국립광주박물관.

국립광주박물관, 〈광주 신창동 유적-1차 발굴조사 개보〉, 1993.

이건무, '유물·유적에 나타난 삼한사회의 생활상', 〈한국고대국가의 형성〉, 국립중앙박물관, 1998.

한국문화재보호재단, 〈경산임당유적(Ⅰ)〉, 1998.

오해향, '한국과 일본의 현악기 비교연구', 영남대 박사논문, 2015.

황미연, '삼한시대 음악상에 관한 연구', 〈한국음악연구〉 27권, 한국국악학회, 1999.

Ⅵ. 자기다움으로 차별화해라

많은 학자들이 언급하듯이, 노년의 삶의 질에 대한 관심은 1986년 미국 노년학회에서 '성공적 노화(Fisher, 1995)'의 개념을 처음 소개되면서 빠르게 확산되었다고 볼 수 있다. 이는 소득활동이 중단되는 노년기에 어떻게 살아갈 수 있는가의 문제를 넘어서 삶의 마지막 단계를 어떻게 행복하게 지낼 수 있는가로 그 초점이 변화되었음을 의미한다. '성공적 노화'의 개념이 소개된 이후로는 학계를 비롯한 의료계와 교육계, 문화계 등 다양한 사회 영역에서 노년이 이전 삶의 단계만큼 중요한 인생 과정임을 강조하며 삶의 질을 높일 수 있는 방안 개발에 에너지를 쏟았다. 특히 사회활동을 일단락 짓는 은퇴 이후의 노년을 '인생의 제 2단계' 등으로 명명하며, 남아 있는 또 다른 인생 여정을 위한 계획과 실천을 강조하는 경향이 뚜렷해졌다.

이러한 변화는 마흔 이후의 장래에 대해 진지하게 검토할 때 가장 중요한 문제는 우리가 과연 '착륙'을 준비하는 것인지 '이륙을 준비하는 것인지, 그것을 결정하는 것이다. 중년 이후의 삶을 바라보는 우리 사회와 문화의 인습적인 시각은 우리에게 "안전벨트를 매시고 착륙할 준비나 하시지요." 라고 말한다. 우리는 흔히 50대에 들어서면 속력을 줄이고 서서히 고도를 낮추어 은퇴라는 육지에 안전하게 착륙할 수 있어야 한다고 생각한다.

하지만 또 다른 선택, 즉 '이륙'이 가능하다. 마흔 이후 인생의 한복판에 위치한 광활한 미개척지, 그 긴 30년의 세월을 우리는 '서드 에이지(third age)'라 부른다.[86]

1. 자신만의 정의를 가져라

"모든 생명체는 외부 환경으로부터 자신을 분리시키는 신체적인 경계를 지니고 있다. 박테리아와 단세포 생물로부터 인간에 이르기까지 모든 유기체는 그 경계가 어디서 시작되고 끝나는가를 분명한 한계선을 가지고 있다." (최효선 옮김, 2009b: 138).

"인간은 세 가지 차원에서 움직인다. 공식적·비공식적·기술적 차원이 그것이다. 각 차원은 어떤 상황에서나 존재하지만 한순간에 한 차원이 지배하게 된다. 한 차원에서 다른 차원으로의 이행은 순식간에 이루어진다. 이러한 이행에 관한 연구는 다름 아닌 변화의 과정을 연구하는 것이다." (최효선 옮김, 2009b: 258)

"오늘날 사람들은 점점 더 어렴풋한 대안들로 가득 찬 불확실성 속에서 살고 있다. 적응은 혼돈과 무질서 한 것처럼 보일 수 있는 새로운 신기한 것들과의 마주침으로부터 나온다. 우리가 어떤 것에 적응하고자 시도할 때에, 우리는 지금까지 소중하게 간직해 온 가치, 가까스로 어렴풋하게 알고 있는 방식으로 행동하는 것, 단편적인 단서를 붙잡는 것부터 벗어날 필요가 있다." (소경희・강현석・조덕주・박민정 옮김, 2007: 41).[87]

이 세상에 영원히 절대적인 것은 존재하지 않는다. 우리는 사물을 바라볼 때 보편성에 얽매일 필요가 없어 자신만의 정의를 만들어야 한다. 자신만의 정의를 만들다 보면 쉽게 본질에 접근할 수 있게 된다. 예를 들어, 마음 속을 들여다보고 자기에게 맞는 성공이 무엇인지 찾을 때, 자신의 성공을 정의할 수 있어야 한다. 그래야 성공을 위해 삶의 희생을 요구하는 구조를 과감히 개선할 수 있다.

자신만의 정의를 갖기 위해서는 본질에 접근하는 힘이 있어야 한다. 그 본질이 자신에게 무엇을 의미하든 간에, '현재까지' 자신이 알고 있고 습득할 수 있는 한계 내에서 올바른 본질을 이해하는 것은 매우 중요하다. 그리고 자신이 이해한 본질이 바뀌거나 변할 수 있다는 것은 인정해야 한다. 그러한 인정은 자신을 차별화시킨다. 우리는 끊임없이 차별화해야 하며, 급변하는 세상에서 본질이 변하는 것에 민감하게 반응할 수 있어야 한다.

생각을 계속 차별화하고 다시 숙지해야 한다. 차별화 없는 변화는 존재하지 않기 때문이다. 차별화를 계속 시도한다는 것은 본질에 대한 질문을 끊임없이 하는 것이다. 즉, 본질에 다가가는 차별화를 끊임없이 시도한다면 우리의 변화도 끊없이 지속될 것이다.

그렇다면 본질에 어떻게 접근할 수 있을까? 본질을 알기 위해서는 해당 단어의 어원을 살펴보면 그 의미를 깨닫는 데 도움이 된다. 단어가 생긴 유래를 알면 단어가 지니는 본래의 뜻뿐만 아니라 그 단어 속에 숨어 있는 본질까지 이해할 수 있기 때문이다.

당신의 인생에서 중요하다고 생각되는 단어는 무엇인가? 그 단어들에 대해 자신만의 정의를 나름대로 만들어보면 지금까지 자기 자신의 삶은 자기의 관점, 자기의 생각이 아니라 다른 사람들이 내린 정의에 따라 살아왔다는 것을 느낄 수 있다.

　다른 사람이 내린 정의에 대해 생각이 바뀐다면 차별화된 자신만의 정의를 적어보자. 미래에 대한 가능성을 닫지 않고 열어주는 것이 중요하다. 더 큰 생각이나 발전적인 생각이 있다면 자신의 생각을 바꿀 줄 알아야 한다. 그리고 인정해야 한다. 이것이 바로 유연한 생각이며 겸손이다. 무엇보다 유연한 생각을 갖고, 상상의 문을 열어 놓자. 그러면 생각이 깊어지고 진화하는 것이 보일 것이다. 생각이 깊어지고 변화하는 삶을 추구하다 보면 당신은 어느새 차별화된 사람들의 반열에 서 있을 지도 모른다. 또, 그런 사람만이 자신의 삶에 떳떳하고, 결국에는 행복한 삶을 살았다고 자부할 수 있을 것이다.

2. 모방 전략과 차별화 전략의 차이

　인간은 모두 다르지만, 자신이 무엇을 좋아하고 잘하는지 잘 모른다. 대부분 누군가를 모방하며 살다가 죽는다. 물론 변화를 위해서는 누군가의 생각과 행동을 따라하고, 경험하는 것이 병행되어야 하지만, 양적 성장을 위한 모방 전략은 자신의 존재를 찾는 차별화 전략의 일환이 되어야 한다. 이것은 자기 삶의 관성을 깨는 중요한 일이다. 만약 관성 깨기의 어려움을 극복한다면, 그 진정성 있는 삶의 역경 스토리는 역사가 된다. 그러면 아주 오래도록 사람들의 입에 오르내리며 미래를 계속 살 수 있다.

　차별화 전략의 최초 역할은 분별 및 확인으로 남과 구별하는 것이다. 구별이라는 의미의 히브리어인 '카도쉬(Qadosh)'는 거룩이라는 단어와 어원과 어근이 같다. 즉 거룩한 것은 구별된 것이고, 구별된 것은 거룩한 것이다. 남과 다른 오직 하나밖에 없는 자기다움이 된다면 거룩해질 수 있다는 것이다. 과거에는 지식과 경험이 중요한 구별점이었지만 쉽게 모방할 수 있는 요즘에는 그리 중요하지 않다. 그래서 도 다른 구별점이 필요하게 됐고, 결과적으로' 자기다움 '을 통해 '남과 다름 '을 그 기준점으로 삼게 되었다. 한마디로 남과 다름의 궁극적인 목표는' 대체될 수 없음 '에 있다. 누군가 "당신을 대체할 만한 사람이 있다면 누구입니까?" 라는 질문에 대체할 사람이 한 명도 없다면 자신의 자기다움을 확실하게 구축된 셈이다. 만약 대체할 사람이 있다면 당신은 언젠가 대체될 기계의 부속품일 뿐이다. 이렇듯 차별화 전략은 자기다움을 통해 대체할 수 없는 방법을 고안해내어 실행하는 것이다.

일을 대하는 태도에서도 모방 전략은 남들보다 '일을 옳게(제대로)해내는 것'
이라면, 차별화 전략은 남들과 다르게 '옳은 일을 하는 것'이다. 결국, 모든 일
을 열심히 하는 것이 아니라 옳은 일을 열심히 하는 것이 중요하다는 말이다. 일
을 옳게 해내는 것이 목표라면 일의 성격이나 목적이냐 어찌 되었든 그 일이 제
대로 수행되기만 하면 그만이다. 하지만 옳은 일을 하는 것이 목표가 되면 일의
성격이나 목적이 무엇인지를 명확히 한 후에 그 일에 열정적으로 매진하는 것을
의미한다.

예컨대, 일을 옳게 해내는 것이 목표인 모방 전략 관점에서라면 암시장에서 장
기를 매매하더라도 안전하고 신속한 방법으로 고객에게 유통될 수 있다면 그것으
로 충분하다. 효율성과 경쟁 중심의 관점이기 때문이다.

반면 옳은 일을 하는 것이 목표인 차별화 전략 관점이라면 장기를 매매할 가치
조차 없는 것이며, 도리어 이런 현상의 원인이 되는 병을 치료할 신약을 개발하
는 일에 사활을 걸 것이다. 인류를 구하고 세상을 이롭게 할 수 있다면, 시간과
에너지를 투자할 가치로 여긴다. 이렇듯 모방 관점보다는 차별화 관점의 삶, 그것
이 자신과 세상을 이롭게 하는 일이다.

뉴턴의 만류인력의 법칙에 등장하는 사과는 땅으로 떨어지는 단순한 사건 속에
거대한 법칙을 품고 있음을 아무에게나 쉽게 보여주지 않았다. 자기다워지는 방
법도 이처럼 잘 보이지 않는다. 그러므로 끊임없이 자기를 이해하려는 시도가 있
어야 남과 다른 차별화를 이룰 수 있다.[88]

3. 새로운 것을 시작하는 용기를 가져라

불안 증상에 시달리는 사람은 정상인에 비해 '불확실성'을 훨씬 더 고통스럽
게 느낀다. 꼭 불안 증상을 갖고 있지 않더라도 다른 사람에 비해 쉽게 불안감을
느끼는 경우, 불확실하고 예측이 어려운 상황에서 견뎌내는 힘, 즉 '불확실성에
대한 내성'이 약한 사람일 가능성이 크다. 불확실성에 대한 내성이 약한 사람은
모든 일들이 예측 가능해야 하며, 자신에게 일어나는 모든 일을 통제할 수 있다
고 느껴야 비로소 마음이 편안해진다.

'예측 가능'이란 삶에서 일반적인 것이 아니다. 어차피 모든 것은 변한다. 어
떻게 변할지, 어디로 변해갈지 정확히 알 수 없는 것이 삶의 본질이다. 내일 당장

교통사고를 당할지, 강도를 만날지 아니면 갑자기 신장마비로 쓰러질지 모르는 것이 삶이다. 더욱이 인간의 마음은 더 예측하기 어렵다. 내 마음을 나도 모르는 경우가 대부분이다. 그런데 어떻게 다른 삶의 마음을 모두 알 수 있겠는가?

그런데 불확실성을 견디는 힘이 약한 사람은 의식적 혹은 무의식적으로 다른 사람의 마음 또한 자신이 예상한 대로 움직이길 바라는 욕심을 크게 품고 있다. 그렇다보니 다른 사람이 종잡을 수 없으면 쉽게 불안해지고 큰 고통을 느끼게 된다.

인간에게 적당한 수준의 불확실성에 대한 공포는 생존을 위해 필요하다. 불확실하다는 것은 안전하지 않은 것과 동일한 의미이다. 인간은 원시시대부터 언제 어디서 생명의 위협이 되는 맹수가 튀어나올지 모른다는 불안감을 늘 가슴에 품고 살아왔다. 그것이 현대인의 유전자에도 각인되어 '예측이 어렵거나 잘 모르는 환경'에 노출되면 '생명이 위태롭다'는 불안감으로 이어지게 되었다. 결국 불확실한 것, 애매모호한 것, 불분명한 것이 있으면 일단 부정적인 감정부터 생기게 되는 것이다.

그렇기 때문에 불확실성에서 비롯되는 불안을 없애려, 분명하고 확실한 것을 자연스럽게 선호하게 된다. 하지만 알다시피 세상은 누구도 예측할 수 없을 만큼 빠르게 변하고 있다. 또한 사람의 몸과 마음은 의지대로 조정되지 않는다. 타인의 마음과 행동도 마찬가지다. 삶의 이런 본질적인 특성을 받아들이지 못하는 사람일수록 불안에 취약할 수밖에 없다.

불확실성을 견디는 힘이 약한 사람은 두 가지 행동방식을 나타낸다. 첫 번째는 '과도한 통제'이다. 불확실성을 조금이라도 줄이기 위해 환경을 통제하려 한다. 정해진 곳에 물건을 놓고 깨끗하게 치우는 것은 비교적 통제하기 쉬운 편이다. 그러다보니 다른 사람들을 과도하게 통제하고 억압하려 한다. 아이에게 잔소리가 심한 엄마가 이 경우에 해당한다. 내면에 있는 과도한 통제 욕구와 이것이 충족되지 않았을 때 느끼는 불안 때문에 자녀를 과도하게 묶어두고 잔소리나 간섭이 많아지는 것이다.

불확실성에 대한 내성이 약한 사람의 두 번째 행동 양상은 '회피'이다. 이런 사람은 새로운 것에 대한 두려움, 익숙하지 않은 것에 대한 두려움, 낯선 사람과의 관계에 대한 두려움이 크기 때문에 이 상황들을 모두 회피하려 든다. 웬만하면 익숙한 것만 하려하고, 사람도 매일 만나던 사람만 만난다. 새로운 것을 익히는 것을 좋아하지 않으며, 모험이나 도전도 거의 하지 않는다. 회피 성향이 높은 사람은 환경 변화에 민감하게 반응하여 스트레스나 충격을 받으면 감정적 동요를 쉽게 일으킨다.

심리적으로 성숙한 마음을 가진 노년은 불확실성에 대한 내성이 강하다. 이런 사람은 예측 불가능한 사람이 생겨도 잘 견뎌내며, 어떤 상황에서도 정서적 평정을 유지하는 능력이 뛰어나다.

노년은 미리 예측할 수 없는 사건들을 계속 경험해야만 한다. 자신이나 가족이 갑작스럽게 암에 걸리거나 죽음을 맞이하기도 한다. 사건 사고가 끊이지 않는 요즘 세상에서는 어떤 일이 벌어질지 몰라 노심초사해야 한다. 장기적으로 보면 더욱 예측 불가능한 일투성이다. 이런 현실에서 불확실성에 대한 내성을 충분히 키우지 못한 노년은 쉽게 불안해지거나 우울해질 수밖에 없다.

이런 특성이 강한 사람일수록 무속인이나 역술가를 찾아가 '(믿을 수 없는)확실한 말'을 듣고자 하는 욕구가 크다.

지금이라도 늦지 않다. 불확실성을 견디는 힘을 키워야 한다. 이렇게 하는 방법은 딱 한 가지이다. 용기가 필요하다. 아직 가보지 못한 곳, 경험하지 못한 것, 잘 알지 못하는 것을 시작할 수 있게 하는 것이 용기이다.

불안은 인생의 길 위에서 만나는 문과 같다. 살면서 불안이라는 문을 만들면 되돌아가거나 그 자리에 멈출지, 아니면 문을 열고 안으로 들어갈지 선택해야 한다. 익숙한 환경에 머물면 당장은 편할지 모르지만 인생의 진정한 맛을 느끼지 못한 채 살아가야 한다. 하지만 용기 있게 문을 열고 들어가 새로운 경험을 하면 당장은 불안하고 두렵겠지만 지금까지 느끼지 못했던 진짜 삶을 체험할 수 있다.[89]

4. 크게 생각하되, 실행을 작게 하라

삶은 시간을 지배한다. 우리는 시간에 의해 살고, 또 시간 속에 살아가고 있다. 그리고 시간 속에서 생을 마친다. 시간은 돈으로 살 수는 없지만 어떻게 쓰느냐는 자신에게 달려있다. 그래서 시간은 우리가 부여하는 만큼의 가치만을 지닌다.

사람들은 즉각적인 보상이 없는 일은 하지 않으려는 경향이 있다. 또 하기 싫은 일을 시작하는 것은 그것을 지속하는 것보다 더 어려운 법이다. 하지만 '겨우 5분이잖아. 어려워 봐야 얼마나 어렵겠어?' 하는 마음으로 시작하면 5분만 하고 그만두지 않을 확률이 높다ㅑ. 동기를 부여받으려면 초반의 성공이 중요하다.

차별화가 너무 거대해서 피하고 싶은 마음부터 든다면, 충분히 달성할 수 있는 작은 목표를 의식적으로 계획해야 한다. 변화를 통해 발전한다는 느낌은 대단히 중요하기 때문이다. 즉 변화의 규모를 작게 만들어 작은 성공을 자주 상기시켜 쉽게 승리감을 경험하게 하면 차별화를 지속할 수 있다.

술을 끊는 사람들의 모임인 단주동맹의 첫 번째 행동강령은 '술을 죽을 때까지 입에 대지 않는다.' 아니다. 단지 '오늘 하루만(Just for Today!' 이다. 영원히 술을 끊어야 한다면 금주를 시작하기도 전에 포기해버릴 수도 있기 때문이다. 즉 크게 생각하되 작은 단위로 시작해야 한다.

주의해야 할 점은 작은 변화는 두 가지 특성을 충족시켜야 한다는 것이다. 첫째, 의미 있는 결과를 가져오며 둘째, 빨리 달성할 수 있어야 한다. 자신이 생각했던 것보다 목표 지점에 더 가까워졌다고 느끼면 동기는 더 부여된다. 이렇듯 모든 위대한 일은 작은 변화에서 출발한다.

지금 바로 실천할 수 있는 작은 차별화를 찾아 시작해 보자. 성공적인 차별화를 위한 7가지 전략을 살펴본다.[90]

1. 어떤 일이든지 곧바로 행동으로 옮긴다.
2. 자신이 차별화하고 있다는 사실을 주변 사람에게 공개한다.
3. 차별화의 그래프를 그린다.
4. 자신 있게 차별화 한다.
5. 자신을 분석하고 점검한다.
6. 이미 차별화가 된 것처럼 행동한다.
7. 자기 처벌을 강화한다.

5. 노후준비는 연금 설계부터… '국민+퇴직+개인' 촘촘한 보장 필요

지난 4월 영국 여왕의 남편 필립 공이 100번째 생일을 앞두고 사망했다. 우리에게 이제 백수(白壽)라는 나이가 낯설지 않다. 통계청과 경제협력개발기구(OECD)에 따르면, 우리나라의 2019년 출생아의 기대수명은 남자는 80.3세, 여자는 86.3세이다. OECD 회원국의 기대수명보다 남자는 2.2년, 여자는 2.9년이 높다. 의료기술이 발달하고 영양섭취가 더 나아짐에 따라 기대수명은 계속 증가할 것으로 전망된다.

하지만 질병이나 부상으로 고통받는 기간을 제외하고 건강한 삶을 유지하는 이른바 '건강수명'은 2012년 65.7세에서 2018년은 64.4세로 오히려 낮아지고 있다. 2012년 기준으로 기대수명과 건강수명의 차이는 15.2년이었는데, 2018년에는 18.3년으로 더 늘었다. 이는 한국인의 노년기 유병기간이 점점 더 길어지고 있다는 의미다.

또한 노년기의 소득도 넉넉지 않을 전망이다. OECD에 따르면 우리나라 평균소득자 기준으로 연금의 소득대체율은 37.3%에 불과하다. 연금의 소득대체율은 은퇴 전에 벌었던 소득수준을 연금이 충당하는 수준이다. 즉, 우리나라 노인들은 은퇴 전에 벌었던 소득의 37.7%만을 가지고 긴 노후를 살아야 한다는 얘기다. 이는 OECD 평균인 49%에 비해 크게 못 미치는 수준이다. 특히, 국민 한 사람이 평생 지출하는 의료비의 55%를 65세 이후에 지출한다는 통계자료를 볼 때, 우리나라 노인들의 노년기가 결코 순탄해 보이지 않는다.

이제, 아프면서-돈 없이-힘들게 오래 사는 것이 아니라 건강하고-넉넉하며-즐겁게 오래 사는 방법을 고민해야 하는 때다. 이를 위한 준비는 사람마다 각자 다르겠지만, 필수적인 요소 2가지는 바로 '건강'과 '노후자산'이다. 두 가지 모두 사회가 조금 도와줄 수는 있지만, 기본적으로 개인이 미리 준비해야 할 사항이다.

우선 본인의 현재 건강상태와 은퇴 후 노후소득 수준을 따져보고 리스크를 파악해보자. 앞으로 남아 있는 소득 활동 기간과 수준이 다른 사람보다 불안할 것으로 예상되면 은퇴 리스크에 대해 좀 더 고민이 필요하다.

노후생활비로 부동산을 통한 월세 수입도 많이 고려하는데 우선은 연금제도를 잘 설계해야 한다. 연금(pension, 年金)은 노령, 폐질, 계약상의 근무기간 종료 등의 이유로 퇴직한 사람에게 주어지는 일련의 정기적인 금전지급이다. 지급은 통상 수령인의 여생 동안 계속되며, 때로는 미망인이나 다른 유족에게 승계된다.

국가에서 보장하는 국민연금은 반드시 가입하고, 직장에 근무 중이거나 자영업에 종사하고 있다면 퇴직연금이나 개인형 퇴직연금(IRP), 그리고 개인연금 등을 통해 여러 층의 노후소득보장을 촘촘히 구축할 필요가 있다.

또 현재의 건강상태가 양호하더라도 노후의 유병기간에 대한 준비도 반드시 갖춰놔야 한다. 현금성 자산으로 준비해 둘 수도 있고 보험을 활용해 유사시를 안전하게 대비할 수도 있다. 의료비의 경우, 기본적 치료비를 보장하는 실손보험뿐 아니라 다양한 질병 발생 시 치료비 외 생활비까지 정액 보장받을 수 있는 건강보험에도 관심을 가져야 한다.[91]

6. 앙불괴어천(仰不愧於天)

눈코 뜰새 없이 바쁜 아등바등한 속세에 살아오면서 느슨한 황혼기에 한 번쯤 되돌아보면 산 세월은 누구나 같다. 복숨이 길고, 짧고, 재물은 굵게, 가늘게 굴리는 차이다. 길고 굵게, 길고 가늘게, 짧고 굵게, 짧고 가늘게 살다 간다. 단 한 번 사는 인생 길고 굵게 사는 행복 누리며 살려고 야단법석 떨어가는 생존전쟁이다.

명문학교 들어가고 탄탄한 노후보장 '신의 직장'에 입성하여 평생 친구 좋은 동반자 만나 알콩달콩 살려고 젊을 때 한 보따리 고생도 좋다고 한다. 노숙자나 대통령이나 하루 24시간씩 공평하게 주워지며 날이 가고 달이 차서 똑같게 한 해, 두 해, 십 년, 이십 년 햇수를 더해가며 자동차 생산연도처럼 연식이 싸인다.

10대는 시속 20㎞로 자전거를 타고 왼쪽과 오른쪽 두리번 살피며 살아가며, 20대는 40㎞, 30대는 60㎞, 40대는 80㎞로 국도나 자동차 전용도로를 달린다. 50대는 100㎞, 60대는 120㎞로 고속도로를 신나게 질주하며 가는 빠른 세월이고, 70대는 140㎞, 80대는 160㎞, 90대는 180㎞ 이상으로 KTX나 비행기를 탄 듯 빨라 '밤사이 안녕'이라고 빠르게는 하루, 늦어도 사흘만 안 보여도 천국에 안착했다는 부고장 날아올까 겁난다.

연식이 묵을수록 '가는 세월 잡지 못하고 오는 세월 막지 못한다'는 말을 새기며 아쉬워한다. 올 때는 모르고 태어났지만 갈 때는 알기에 나이가 많아질수록 죽음의 공포는 비례한다. 동화 '팥죽 한 그릇 주면 안 잡아먹지' 호랑이에 겁먹은 할머니처럼 옛날이나 지금이나 인생 살면서 뭐니 뭐니 해도 살인 코로나를 겪듯이 죽음의 공포가 제일 무섭다.

젊을 때는 옆과 뒤돌아볼 겨를 없이 앞만 보고 생계를 꾸려가기도 바쁘고 집 장만에 부모봉양 배우자부양 자녀교육 앞, 뒤, 옆 바라지 희로애락 반복 정신없이 살다가 되돌아볼 여유가 있을 때는 어느덧 각박한 인생을 겪었다는 수고 표시 계급장인 주름살이 하나둘 생기게 되니 돌도 씹는 패기와 열정의 보랏빛 인생이 꺾여 잿빛 되어 서글프다.

제2의 탄생 환갑 넘어서 나이를 먹을수록 숫자에 불과하여 노인도 비켜 간다고 위안도 하며 산다면 자신감이 생겨 뿌듯하고 행복하다. "젊어" "늙어 보인다" 경계가 불분명하고 분수령인 예순 시기 남녀 공히 '어르신네' 호칭이 듣기 거북하고 외톨이 뒷방신세로 편을 갈라 왕따 취급. 한 번 더 부르면 짜증 추가다. 품위 덩어리 선생님! 여사님! 점잖은 호칭 고프다. '할배' '할매'도 손주가 불러주면 천사의 멜로디다.

　칠순을 넘겨도 살이 피둥피둥하고 젊은이가 부러울 정도로 낙천적이고 활기에 넘치게 사는 자가 있는가 하면, 인생의 분수령이 되는 불혹에 못 미치는 나이에 허리가 굽고 어깨가 축 처져 행동도 삐딱하게 부정적이며 매사를 의심으로 겉늙게 사는 요지경 세상이다.

　고달픈 인생살이 도시나, 시골이나, 젊으나, 늙으나 순수한 초심으로 돌아간다. 하늘을 우러러보아 부끄러움 한 점 없이 살아가려는 다짐과 각오로 하늘의 성모당에 기도하자 소박한 인생 물질의 모자람이 해맑은 마음으로 꽉 찬 부자가 진짜 부자다. 인간의 본모습은 먹고살면 감사하게 생각하고 고운 마음까지 넘치면 다 갑부다. 길고 굵게 사는 행복 바로 이것이 앙불괴어천(仰不愧於天)이다.[92]

7. 노후 자산관리 "넓~게 보고, 길~게 가라"

　신종코로나바이러스감염증(코로나19) 사태로 금융시장이 출렁이면서 노후 자산관리에 빨간불이 들어왔다. 은퇴 후 고정수입이 줄었거나 사라졌다면 자산을 늘리기는커녕 지키기도 어려운 현실이다. 변동성이 커진 만큼 투자전략을 다시 점검해야 할 시기다.

　호주는 어떤 상황일까? 호주 국민은 노후 자산관리를 위해 적극적으로 투자한다. 호주가 전 세계 연금시장에서 상위권을 유지하는 배경에는 그들만의 투자원칙이 있다.

　김혜령 하나은행 은퇴설계센터 수석연구원은 "호주 국민의 투자원칙은 노후 자산관리 측면에서 성공적인 모델로 꼽힌다"고 말했다. 김 수석연구원을 만나 호주 국민의 노후 투자원칙에 대해 물어봤다.

◇ 왜 미국과 유럽이 아닌 호주인가

"호주는 전 세계 연금시장 경쟁력을 평가하는 멜번-머서 글로벌 연금 인덱스(MMGPI)에서 3위를 차지한 나라입니다. 그 명성에 맞게 지난해 12월 기준 자산규모가 2조9000억 호주달러(약 2300조 원)나 됩니다. 지난 20년 동안 연평균 수익률을 6.7%나 거둬 성공적인 노후 자산관리 모델로 꼽힙니다. 비결은 '글로벌 자산배분'을 유지하는 것입니다. 덕분에 지난 20년 동안 IT버블, 글로벌 금융위기 등 시장의 부침 속에서도 꾸준한 성과를 거뒀습니다. 우리는 그들의 노후 자산관리 방법을 배울 필요가 있습니다."

◇ 호주 국민은 어떻게 투자를 할까

"호주 국민은 자산배분에 능숙합니다. 요즘처럼 변동성이 커진 시기일수록 처음 수립한 자산배분에 충실합니다. 웬만해선 도중에 투자처를 바꾸는 일이 없습니다. 이렇게 해야 장기적으로 좋은 성과를 거둘 수 있기 때문입니다. 시니어 세대 역시 다음 세대에 물려줄 자산을 불리는 식으로 멀리 내다보며 노후를 준비합니다. 한국의 시니어도 장기적인 전략으로 노후 자산관리를 실현해나가길 제안합니다."

◇ 국내와 해외 중 어느 곳이 좋을까

"분산투자는 필수입니다. 국내에 한정하지 않고 해외까지 범위를 넓혀야 합니다. 주식뿐만 아니라 채권 등 안전자산도 바라봐야 탄탄한 노후를 준비할 수 있습니다. 요즘 같은 시기에는 글로벌 자산배분이 필수입니다. 미국 증시를 보면 스탠더드앤드푸어스(S&P) 500지수가 연초 대비 20% 하락했습니다. 반면 중국은 회복세를 보이며 선방하고 있습니다. 전 세계 투자자산에 분산투자를 하는 게 리스크를 줄이는 길입니다."

◇더 쉽게 글로벌 자산배분을 하려면

"글로벌 자산배분을 손쉽게 할 수 있는 수단으로 상장지수펀드(ETF)를 추천합니다. ETF를 활용하면 자산배분이 더 빠르고 수월해집니다. IT업종이 유망하다고 판단되면 종목을 개별적으로 선별할 필요 없이 해당 업종 ETF를 매수하면 됩니다. 투자가 좀 더 쉬워지는 거죠. 예전에는 ETF 내 주식의 비중이 컸지만 요즘은 채권, 섹터, 원자재까지 종류가 다양해졌습니다."

◇ ETF를 추천하는 이유는 무엇인가

"ETF는 거래소에서 일반 주식처럼 빠르게 매매할 수 있습니다. 일반 펀드의 경우 매수와 매도에 따른 손익이 실현되기까지 7~8일 정도가 소요되지만, ETF는 실시간 매매가 가능합니다. 운용비와 수수료도 낮은 편입니다. 지난해 ETF 순자산 총액은 역대 최고 금액인 52조 원을 기록했습니다. 수익률은 해외 주요 증시와 연동된 상품이 좋았습니다. 가장 수익률이 높은 종목은 80%에 달하기도 했습니다."

◇ 추천하는 자산배분 모델이 있다면

"연평균 6~7%의 수익률을 유지하는 호주의 연금은 지난해 12월 기준 국내 주식 22%, 해외 주식 25%, 국내외 채권 21%, 부동산 및 인프라 12%, 현금 12%, 헤지펀드 등 7%로 다양하게 자산이 분배됐습니다. 국내 모델 중에는 국민연금의 자산배분 사례를 참고하면 좋습니다.

국민연금은 700조 원이 넘는 기금을 운용하며 연평균 5%의 수익률을 달성하고 있습니다. 국민연금의 국내 주식 비중은 50% 가까이 되는데, 최근에는 대체 자산 비중을 늘리고 있습니다. 국민연금 자산배분 모델은 인터넷을 통해 확인할 수 있습니다."

◇ 배당수익을 염두에 둔 투자 방법은

"배당주나 우선주 등에 투자하는 방법도 추천합니다. 우선주 중에선 최소배당금이 정해진 특수우선주를 찾아볼 수 있습니다. 이들은 배당수익을 지급합니다. 물론 지금은 전반적으로 글로벌 경기가 둔화돼 배당액이 당분간 적을 수 있습니다. 하지만 앞으로 회복될 전망이라 투자 매력이 살아날 것으로 기대됩니다. 이 역시 장기적인 측면에서 자산배분 원칙을 지킬 수 있는 확신이 있어야 좋은 성과를 거둘 수 있습니다."[93]

시니어를 위한 자산관리 수단 '신탁'

"나이가 들면 자산관리 목적이 다양해집니다. 젊었을 때 자산 증식이 최우선 과제였다면 은퇴 후에는 모은 걸 쓰고 물려주는 단계가 합니다. 따라서 자산관리 방법도 달라져야 합니다. 다양한 수단 중 하나가 '신탁'입니다. 신탁 계약을 하면 맡겨둔 자산에서 정기적으로 자금을 빼서 쓸 수 있습니다. 원하는 방향으로 상속도 할 수 있고, 재단 등으로 이전되도 록 운영 방식을 구상할 수 있습니다. 자산의 목적에 맞게 신탁 활용을 고려해볼 만합니다."

8. 퇴직을 했다

2주 전 퇴사를 했다. 사표를 쓴 날, 아들에게서 꽃다발과 한우세트를 선물받았다. '내 걱정은 마시고, 열심히 달려온 만큼 적극적 쉼을 가지시길'이라는 짧은 카드와 함께. 뭐든 재미있게 살아야 한다가 신조인 아들은 엄마가 재미없게 회사를 다니는 걸 지켜보며 혹여 그게 자식 때문이라면 아예 그런 생각은 접으시라고, 위로인지 격려인지 툭툭 던지곤 했다. 아무튼 난생처음으로 아들에게 받은 꽃다발이 퇴사 기념이라니.

혼히 말하는 정년이 보장되는 '신의 직장'을 다니고 있던 나의 퇴사에 지인들은 놀랐고, 극과 극 반응을 보였다. "대충 버티지. 후회 안 하겠어?"라며 나보다 더 안타까워했고, "좀 경솔한 거 아니야? 먹고살 만큼 모았나보네"라는 놀란 말투 속 구석에 이런 행간이 읽히기도 했다. 하지만 오랜 시간 생기 잃은 꽃처럼 시들시들 속앓이를 하는 나를 지켜보던 친구들은 '잘했다 남경아!' 응원의 플래카드와 꽃과 케이크, 영상 편지로 깜짝 퇴사 파티를 열어주었다. 주변의 다양한 반응과 무관하게 나는 진심으로 담담하다. 지난 8년간 모든 것을 쏟아부었기에 후회가 없다.

"이제 뭐 할 건데?" 최근 가장 많이 받는 이 질문 앞에서 나는 일관되게 "당분간 아무 계획도 세우지 않고 그저 몸과 마음이 가는 대로 놔두자"가 전부라고 말한다. 30년 직장생활 중 몇 번의 이직은 있었지만, 오십 이후의 퇴사는 이전과는 차원이 다르다. 숱한 퇴직 교육과 컨설팅을 업으로 해온 나 역시 일반 중장년 퇴직자들의 상황과 크게 다르지 않다. 오히려 나는 퇴직 후의 명암을 더 분명히 알고 있다. 지금부터가 온전히 '나'로서, 내가 살아온 지난 시간을 평가받는 시간이 될 것이다. 무엇이 되었건 담담하게 받아들여야 한다.

무계획이 계획이지만, 지금 간절한 것 중 하나는 바로 '정리'다. 모든 물건, 관계, 마음의 정리가 핵심이다. 비워야 다시 채울 수 있다. 무엇부터 해야 할지 잘 모를 때 먼저 물건 정리를 추천한다. 나도 지금 서재, 베란다, 부엌, 거실 순으로 집 안 모든 공간과 수납장들을 하나씩 살피며 날마다 조금씩 버리는 중이다. 숨 쉴 공간을 만드는 것, 헐렁함이 주는 산뜻한 기분은 생각보다 강력했다. 휴대폰 속 주소록도 좀 심플하게 하고 싶다. 사회적 직함이 있어야만 유지되는 관계부터 정리할 생각이다. 그리고 바쁘다는 이유로 자주 연락하고 살지는 못했지만 나에게 유의미한 존재로 기억되고 앞으로 긴 노년을 함께하고픈 지인들에게 모처럼 마음을 표현하고 베푸는 시간을 많이 가지리라.

가장 중요하지만, 소홀했던 '마음' 정리가 남았다. 초고속으로 달려오느라 내 안의 크고 작은 생채기들을 돌아볼 시간을 놓쳤다. 어느 노래 가사처럼 '어제의 나, 오늘의 나, 내일의 나, 빠짐없이 남김없이 모두가 나'다. 있는 그대로 온전히 나를 사랑하고 어루만지는 시간을 가져야 앞으로도 세파에 흔들리지 않고 나답게 살아낼 수 있지 않을까? 걱정과 불안이 하나도 없다면 거짓말이다. 걱정과 불안이 스멀스멀 올라올 때면 걷기와 글쓰기로 채우련다.

마지막으로 퇴직 절차를 밟으며 반성한 것 중 하나. 모든 자료들은 쌓아두지 말고 바로 정리할 것. 퇴직 일주일 전부터 문서 파쇄하느라 정말 엄청 고생했다.[94]

9. 노년의 사랑을 위한 마지막 선택, 신중해야

50대 직장인 A씨는 최근 서울의 한 비뇨의학과 의원에서 음경보형물 수술을 받았다. 중증 당뇨로 인한 발기부전이 치료제 복용으로는 해결이 안 되는 수준으로 나빠졌기 때문에 고심 끝에 내린 결정이다. 당뇨 수치는 치료를 통해 어느 정도 유지하고 있지만 당뇨 부작용으로 생긴 발기부전은 수년째 회복될 기미가 없었다.

개인사업을 하는 70대 B씨도 얼마 전에 음경보형물 수술을 받았는데, 60대부터 복용한 발기부전 치료제에 내성이 생겨 더 이상 소용이 없게 된 것이 수술을 결행하게 된 배경이다. 둘의 수술을 집도한 비뇨의학과 전문의는 "발기부전으로 인해 삶의 의욕을 잃었던 환자들이 최종적으로 음경보형물 수술을 통해 성생활이 가능해지면서 활기찬 모습으로 돌아오는 경우가 많다"면서 "심층적인 상담과 치료 경과를 보면서 신중히 결정해야 후회를 줄일 수 있다"고 밝혔다.

40·50대의 젊은 나이에 당뇨로 인해 발기부전을 겪는 환자들은 당뇨에 대한 치료와 관리가 엄격히 유지돼야 한다. 또한 일상생활에서 발기부전의 위험요소를 최대한 제거해야 한다. 체중관리, 금연, 절주는 필수이다. 전자담배도 중단한다. 또한 어느 정도 강도가 있게 유산소 운동과 근력운동을 꾸준히 병행하는 것이 좋다.

당뇨 등 만성질환 관리와 일상생활의 교정이 잘되어도 발기부전이 지속된다면 호르몬 검사를 해본다. 내원하여 채혈을 통해 혈중 남성호르몬 농도를 확인한다. 두 번 이상의 검사에서 남성호르몬 혈중수치가 낮다면, 남성호르몬 보충요법을 고려한다.

가톨릭대 성빈센트병원 비뇨의학과 이동섭 교수는 "발기부전의 원인과 치료에서 환자가 시도해야 할 부분은 많고, 이러한 노력들은 시간이 필요하다"면서 "만성질환에 대한 약물치료를 받으면서 일상생활의 개선이 이루어지고, 기저질환에 대해서도 엄격한 관리를 하지만 발기부전이 지속된다면 이에 대한 약물치료를 하면서 음경해면체 충격파요법을 병행하거나, 음경해면체 주사요법을 시도하는 방법이 있다"고 설명했다. 이 교수는 "음경보형물은 만족도가 90% 이상이지만, 다른 시도들이 성공하지 못했을 때에만 해볼 수 있는 수술적 요법"이라고 지적했다.

음경보형물 수술은 수술부위 감염이 발생할 수 있다. 특히 당뇨병 환자, 장기이식 환자처럼 면역력이 감소되어 있거나 심부전·신부전 등 말초혈액순환 장애가 있는 환자에서 감염 등 합병증 위험이 크다. 수술 후 감염이 의심되면 즉시 음경보형물을 제거해야 한다. 이 교수는 "이런 부분들만 인지된다면, 일반적으로 중년층에서 음경보형물 수술에 문제가 있다고 보기는 어렵다"면서 "음경보형물 수술은 발기부전치료에서 모든 치료적 가이드라인에 빠짐없이 명시되어 있는 하나의 치료"라고 설명했다.

관련 학계 및 개원가에 따르면, 요즘 노인층에서 음경보형물 수술이 늘고 있는 추세이다. 노년기에도 성생활을 지속하고 싶지만 약물로는 한계가 있기 때문에 음경보형물 수술이 특히 고령층에서 마지막 수단으로 활용되는 것이다. 하지만 고령에서는 기저질환을 다수 보유하고 있을 가능성이 높다. 비뇨의학과 전문의 이윤수 원장은 "심부전, 신부전, 당뇨 등은 모두 이물질을 삽입해야 하는 음경보형물 수술 후 감염이라는 치명적인 합병증이 발생할 확률이 있다"면서 "음경보형물을 했을 경우 이물감이 생길 수 있고 기존의 성관계와는 감각이 다를 수 있다는 점 또한 사전에 인식할 대목"이라고 강조했다.

인천성모병원 비뇨의학과 최중원 교수는 "음경보형물 수술은 신중한 선택과 함께 어느 제품으로 할지, 부작용은 어떤 것이 있는지 의사가 충분히 상의 후에 결정하는 것이 바람직하다"고 말했다. 일반적으로 음경보형물은 굴곡형 제품과 팽창형 제품이 있는데, 굴곡형 제품은 피부의 천공이나 미란(진피나 점막하조직이 노출된 상태) 가능성이 높은 반면 팽창형 제품은 그런 부작용이 적지만 기구 고장 가능성이 적지 않다.[95]

10. 외로움을 선택하라

인간은 홀로 태어나고 홀로 죽음의 순간을 견뎌야 하는 존재이다. 인간은 태어남과 동시에 낯선 세계에 홀로 던져진 존재이고, 죽음의 순간도 홀로 맞아야 하는 피조물이다. 태어나는 것과 죽는 것은 우리가 선택할 수 있는 일이 아니다.

그러나 인간은 요람에서 무덤에 이르기까지 다른 사람들과 어울려야 하며, 다른 사람들의 애정을 필요로 하는 사회적 존재로 살아간다. 이 과정에서 '홀로서기' 연습이 잘 안 되면 어려움을 겪게 된다. 인생의 마무리를 잘하려면 홀로서기를 잘해야 한다.

홀로서기의 힘은 유아기부터 형성된다. 이 힘은 어린 시절 내면에 형성된 안정감을 보여주는 한 가지 표시다. 아기는 생후 9개월쯤 되면 특정한 사람에게 애착을 보이기 시작한다. 이 시기에 애착 대상(엄마를 비롯한 주 양육자)이 자신이 필요할 때 언제든지 있어 줄 거라 믿으면, 애착 대상이 눈에 보이지 않는 시간을 잘 견딘다. 이런 과정을 통해 아이는 홀로서기 훈련을 한다. 이 훈련이 잘됐을 때 아이는 도전하며 성장해 간다.

인간의 불행은 홀로서기라는 외로움을 견딜 줄 모르는 데서 온다. 외로움을 견디지 못하고 관계에 휘둘리는 사람은 평생 다른 사람의 기준에 끌려다닌다. 그러나 외로움을 선택한 사람은 인간관계에서 강한 모습을 드러낸다. 혼자 있는 능력을 키우면 인간관계는 물론 인생에서 강해진다. 혼자 있는 능력이란 스스로 세상과 단절하는 것이 아니라 혼자의 시간을 즐길 줄 알고, 혼자의 시간에 깊게 사고할 줄 아는 것이다.

'잠시 혼자 있겠습니다'의 저자 마이클 해리스는 군중 속에서 벗어나 외부의 소음을 차단하는 홀로 있는 시간은 독창적이고 새로운 아이디어를 움트게 하고, 불안한 정신을 치유하여 생산적 정신 상태로 만들어주며, 역설적으로 타인과의 유대감을 강화해 준다고 말한다.

"홀로 있는 시간은 기운을 북돋아 준다. 기억을 강화하며 인식을 날카롭게 다듬어주고 창조성을 북돋운다. 우리를 더 차분하게 만들며 주의력을 더 깊게 해주고, 머리를 맑게 해준다. 무엇보다도 순응하라는 압박감을 덜어준다. 홀로 있음은 우리 삶에서 열정, 향유, 성취감의 가장 깊은 연원을 발견하는 데 필요한 공간을 우리에게 준다. 또 우리를 자유롭게 풀어주어 자기 자신이 되게 한다. 그리고 우리가 다시 모여 군중이 되었을 때 더 나은 동료가 되게 해준다." ('잠시 혼자 있겠습니다' 중)

혼자 있는 능력은 귀중한 자원이다. 혼자 지낼 줄 모르면 누군가의 시간과 관심을 애걸복걸하게 된다. 노년기에 주변 사람에게 너무 기대서 관계가 멀어지는 경우도 적지 않다. 노년기 외로움을 두려워하는 이유는 죽음의 순간에 혼자 있게 될까 봐라고 한다. 그러나 인생의 마지막 순간, 오롯이 혼자 견뎌야 한다. 홀로 있는 것에 대한 극심한 두려움은 홀로 있는 연습이 충분치 못했기 때문이다. 혼자 있을 때 사람들은 내면 가장 깊은 곳의 느낌과 접촉하고 상실을 받아들이고 생각을 정리하며 태도를 바꾼다.

환경적으로 어린 시절 안정감 형성이 부족했던 사람들은 스스로 안정감을 키워주는 훈련을 통해서 홀로서기를 할 수 있다. 홀로 있을 힘을 키우는 방법은 첫째, 자신에 대한 믿음이 있어야 한다. 자신에 대한 믿음이 있어야 끊임없는 선택과 용감한 실행을 반복한다.

둘째, 작은 도전을 통한 성취 경험이다. 성취는 자신에 대한 믿음을 강하게 한다.

셋째, 하나님이 항상 함께한다는 믿음이다. 신앙인은 아이가 가까운 곳에 애착 대상이 있다고 여기고 안정감을 얻듯, 하나님이 항상 함께한다는 믿음을 가진다면 결코 혼자가 아니다.

코로나19로 비대면, 재택근무, 급속한 디지털 사회의 전환을 경험하고 있는 가운데 예전보다 외로움을 느끼는 사람들은 더 많아졌다. 이런 시간이 언제 끝날지 아무도 모른다. 그러나 외로움에 힘들어하거나, 슬퍼하거나, 불안해하지 말자. 때로는 홀로 있는 시간이 자신을 더 성장시킨다. 홀로 있는 것에 익숙지 않은 사람들은 훈련을 통해서 홀로서기를 할 수 있고, 외로움에 강해질 수 있다. 또 하나님이 내 안에 계셔서 동행하신다는 믿음과 깨달음은 외로움에서 벗어날 수 있는 큰 힘이 된다. 하나님과의 영적인 만남의 시간을 갖도록 노력해 보자. "위기가 기회가 되고, 고난이 축복이 될 수 있게." [96)

11. 몸은 늙었지만, 투자는 '청춘'

은퇴한 시니어도 젊은 세대처럼 돈을 번다. 만족스런 일자리에 재취업한 경우도 있지만, 그보다 자산투자로 매달 고정수입을 올리는 시니어가 늘고 있다. 안정을 추구하던 이들의 투자 성향도 공격적인 태세로 전환됐다. 활기찬 투자 성향은 이제 젊은 세대 못지않다.

소득 창출의 대표적인 방법은 '일자리'다. 노동활동은 급여라는 현금과 교환되고 이 돈은 소비를 통해 삶의 질을 높이는 기회를 제공한다. 하지만 은퇴 후 고정수입이 사라지면 노후를 고민하는 시니어가 늘어날 것이다. 그동안 노후준비에 충실했다면 고민을 덜 수 있겠지만, 그래도 100세 시대를 풍요롭게 보내는 건 말처럼 쉬운 일이 아니다.

◇ 공격적인 투자

은퇴 이후에 직장을 구하는 '시니어 취준생'이 늘고 있는 건 이 때문이다. 눈에 띄는 건 자신에게 투자하고 자격증을 얻어 일자리를 찾는 시니어가 많아졌다는 점이다. 자기계발을 통해 취업을 준비하는 모습이 젊은 세대와 흡사하다. 그동안 관심이 많았지만 먹고사느라 평생 미뤄온 일에 뛰어드는 도전정신도 돋보인다. 하지만 은퇴 후 일을 하는 건 또 한 번의 전성기를 준비하는 것과 같다. 그만큼 가치 있는 일이지만, 재취업을 장담할 수 없는 만큼 어려운 부분도 있다. 일자리를 찾기 위해 자신에게 투자하는 건 젊은 세대와 닮았으나 나이에 따른 한계를 넘어서긴 쉽지 않은 현실이다.

그래도 열정만큼은 젊은 세대 못지않다. 체력은 달리지만 도전하고 성취하려는 의지는 넘친다. 금융투자시장에 뛰어들어 제2의 전성기를 준비하는 모습도 자주 보인다. 중위험·중수익 이상의 금융상품이나 부동산에 투자하는 이들의 과감함은 젊은 세대에게서 많이 볼 수 있는 공격적인 성향이다.

김진웅 NH투자증권 100세시대연구소 부소장은 "최근 금융상품에 투자해 주기적으로 수익을 창출하는 시니어가 증가하는 추세"라며 "이들의 투자는 과거에 비해 공격적인 성향을 나타내는 게 특징인데 그 이유는 초저금리 시대의 영향 때문으로 판단된다"고 설명했다.

◇ '중위험·중수익'으로 간 투자 성향

초저금리 시대를 넘어 마이너스금리 시대가 멀지 않았다. 이제 은행에 돈을 맡기면 보관료를 내야 하고, 돈을 빌린 사람은 그보다 적은 돈을 갚게 될지도 모른다. 이미 전 세계 거래 국채의 3분의 1이 마이너스 금리다. 자산을 늘리기는커녕 지키기도 어려운 상황이다. 이런 시대에 은퇴를 한 시니어라면 과연 은행의 예·적금으로 만족스런 노후를 설계할 수 있을까. 시니어들의 투자 성향이 공격적으로 바뀐 배경이다.

과거에는 원금을 잃어버리지 않는 안전 투자가 노후 대비의 밑바탕이었지만 전문가들은 이제 고개를 젓는다. 국민연금·퇴직연금·개인연금으로 구성된 3층 연금만으로 희망하는 노후를 충족할 수 있다면 좋겠지만, 대부분 그렇지 못한 현실이다. 이에 시니어들은 노후를 대비해 모아둔 금융자산을 활용해 지속적인 소득을 낼 수 있는 중위험·중수익상품 투자로 관심을 돌리고 있다.

100세시대연구소가 최근 발간한 'THE100리포트'를 살펴보면 시니어들은 가격변동에 따른 자본손익보다 이자, 배당 등으로 구성되는 인컴(income)에 주목한다. 금융에서 인컴이란 매매와 상관없이 자산을 보유하는 동안 꾸준히 얻을 수 있는 금전적 이익으로 채권 이자, 주식 배당, 부동산 임대수익 등이 해당된다. 인컴자산은 다른 위험자산에 비해 상대적으로 변동성이 낮은 편이지만, 원금손실의 리스크가 있는 '중위험·중수익'으로 분류된다.

KB국민은행에 따르면, 지난해 부동산펀드에 5억 원을 투자한 A(66세) 씨는 3개월마다 600만 원가량의 배당금을 받고 있다. 해당 펀드는 5년 만기 상품으로 4~6%의 배당수익률을 자랑한다. 또 월지급식 주가연계증권(ELS)에 투자한 B(63세) 씨는 지수변동에 따라 수익률이 오르내리긴 하지만 통상 매달 3~4%의 이자를 받는다. 3억 원을 투자한 B씨의 배당금은 월 100만 원 정도다.

해외 고배당주도 체크해볼 만하다. 최근 블룸버그가 분석한 주요 국가의 배당수익률은 러시아(6.6%), 호주(5.6%), 영국(4.3%), 대만(4.1%), 홍콩(3.7%), 스웨덴(3.6%), 싱가포르(3.6%), 프랑스(3.0%), 독일(3.0%), 중국(2.9%), 일본(2.2%) 순으로 나타났다. 한국은 2.1%다.

인컴투자는 현재의 금융투자 환경을 고려했을 때 가장 적절한 투자전략이다. 은퇴 후 자산관리 관점에서도 좋은 투자전략으로 거론된다. 하지만 은퇴자산을 활용한 투자는 크게 손실을 보면 복구할 수 있는 시간과 재원이 부족하기 때문에 수익에 영향을 미치는 위험요인을 주기적으로 점검해야 한다.

☞ 인컴자산의 종류와 특징

대표적인 인컴자산은 채권이다. 채권은 발행 시점부터 앞으로 받게 될 이자와 원금이 확정돼 미래의 현금흐름을 예측하기 쉽다. 일정 수준 위험을 부담하더라도 기대수익률을 높이려는 투자자라면 신흥국 국채, 하이일드 채권 등이 적합하다. 반대로 수익성보다 안정성을 중요시하는 투자자는 선진국 국채, 투자등급 회사채 등 신용등급이 높은 채권이 좋다.

주식도 꾸준히 발생하는 수익인 배당이 있다. 대표적인 위험자산이지만 몇 년 사이 배당수익률이 정기예금 금리보다 높아지면서 '고배당주'가 안정적인 투자처로 주목받고 있다. 글로벌 고배당주에도 관심을 가질 필요가 있다. 국내 주식의 배당수익률은 주요 국가에 비해 여전히 낮은 편이다. 반면 글로벌 고배당주는 더 많은 인컴 수익 기회를 제공한다.

부동산이나 인프라 시설 등 대체투자자산을 통해서도 인컴 수익을 기대할 수 있다. 자산을 보유하는 동안 계속 얻을 수 있는 부동산 임대수익이 대표적이다. 부동산 임대수익은 개인이 직접 투자해 얻을 수 있고, 부동산 펀드나 리츠(REITs) 같은 간접투자상품을 활용하면 소액으로도 가능하다. 리츠는 주식시장에서 일반 주식처럼 거래할 수 있다.[97]

12. "살아 있는 한 인생은 언제나 미완성이다"

'시의 인기척', '돌려주시지 않아도 됩니다'

"시인은 시를 품은 인식으로 산다"고 말하는 이규리(李珪里·64) 시인. 그런 그에게 가장 구체적이고 확실한 인식을 심어준 문장은 바로 '종이는 종이 아닌 것으로 이루어졌다'(틱낫한)이다.

종이는 종이 그 자체가 아닌 물, 나무, 바람, 햇빛 등 수많은 요소로 이뤄졌다는 것. '종이'와 '종이 아닌 것'이 같다는 걸 알고 난 뒤 세상을 바라보는 눈이 달라졌다. 이렇듯 시로써 다 말하지 못했던 깨달음을 모아 그는 '시의 인기척'과 '돌려주시지 않아도 됩니다'에 담았다.

'시의 인기척'과 '돌려주시지 않아도 됩니다'를 펴낸 이규리 시인, 이규리 시인의 '시의 인기척'과 '돌려주시지 않아도 됩니다' 표지, 시인이 직접 적은 글귀(오병돈 프리랜서)

　시집 '최선은 그런 것이에요' 이후 5년 만에 펴낸 이규리 시인의 새 책은 시가 아닌 아포리즘(격언, 경구 등의 글귀)으로 채워졌다. 책에는 오랜 세월 시인이 삶과 자신에게 던져온 숱한 질문과 대답의 흔적들이 녹아 있다. 아포리즘의 형태를 가져왔지만, 책을 읽다 보면 시인다운 표현들이 눈에 띈다. 어쩌면 시를 통해서도 같은 의미를 전할 수 있었으리라. 특별히 아포리즘으로 일괄하게 된 이유는 무엇일까?

　"시라는 건 굉장히 압축되고 비유되고 또 감춰져 있어서 정작 저자의 의도를 알아차리기 어려울 때가 많아요. 그에 비해 아포리즘은 말하려는 바를 더 논리적으로 드러낼 수 있죠. 그동안 살면서 제가 품었던 궁금증이나 질문들은 책과 사람을 통해 그 해답을 찾을 수 있었어요. 나와 같은 고민을 가진 독자가 있다면 내가 정리한 답이 도움 되지 않을까 생각했죠. 그런 이야기를 보다 명징하게 전달하고 싶었기 때문에 아포리즘이 적합하다고 봤어요."

　☞ 뒤를 바라보며 지나는 삶
　독자에게도 도움을 주는 글들이겠지만, 그는 집필기간 무엇보다 자신을 돌아보고 정리하는 의미있는 시간을 보냈다고 말했다. 그렇다고 책을 위해 단기간에 글감을 찾아 모은 것은 아니다. 지난 10년여 동안 메모노트에 적어둔 글들을 바탕으로 3년 정도 엮는 과정을 거쳤다. 아주 오래전부터 현재까지, 그리고 앞으로도 함께할 메모노트는 그에게 '재산'과 같단다.

　"메모노트는 늘 가지고 다녀요. 노트 중간에 간지를 끼우고 절반은 제 생각이나 글을 쓰고, 나머지 절반은 독서나 다른 분들의 이야기를 통해 얻은 것들을 적습니다. 나중에 시간이 지나면 좋은 글인데 이게 내 생각인지, 다른 데서 들은 이야기인지 구분이 안 될 때가 있거든요. 그렇게 쓴 메모노트 내용 중 시로 탄생한 것도 있고, 아포리즘으로 풀어낸 것도 있죠."

　이규리는 서두 '작가의 말'에 "오래전부터 메모되었던 글들이 모였을 때 그 흔적이 아픔이고 견딤이었다는 것을 알았다"고 썼다. 많은 것을 견디며 살았다는 그는 책에서 '견디고 있다'와 '지나고 있다'는 두 말을 '결혼시키고 싶다'고 표현했다. 그 독특한 문장이 지닌 의미를 묻지 않을 수 없었다.

　"어느 날 누가 '어떻게 지내?'라고 물었는데 '견디고 있다'고 대답한 적이 있어요. 그런데 곱씹어보니 견딘다고 하면 내가 뭔가 수고했다는 게 포함된 말 같은 거예요. 그보다 더 적확한 표현이 없을까 생각하니 '지나고 있다'가 떠오르더라고요. 물론 둘 다 좋고 아름다운 말이에요. 이런 말들을 새기고 산다면 경멸을 느끼는 순간이 찾아와도 잘 견디고 지날 수 있죠. 그때가 지나면 언젠가 말할 기회가 찾아오는데도 우리는 늘 성급해서 먼저 얘기해버리고 후회를 하잖아요. 견디고 지나며 살아갈 때 인간은 성숙해지고, 세상은 평화로우리라 생각하니 두 말이 참 아름답게 느껴져 짝지어주고 싶었어요."

그렇게 누군가가 견디고 지나는 모습은 겉으로 잘 드러나지 않는다. 이처럼 그는 보이지 않는 '뒤'라는 존재에 대해 오래전부터 고찰했고, 그 생각들은 이번 아포리즘에서도 발견할 수 있다. '돌려주시지 않아도 됩니다'의 3부에는 "뒷모습은 정확함보다 정직함에 가깝다"는 문장이 나온다. 그는 특히 시인이라면 겉이나 앞으로 보이는 것이 아닌 그 내면과 뒤의 모습까지 이해하고 다가갈 수 있어야 한다고 설명했다.

"레스토랑에서 맛있는 음식을 먹으며 우리는 즐거움을 느끼죠. 그 음식을 내놓기 위해 어떤 사람들이 얼마나 수고했는지까지는 생각하지는 않아요. 어쩌면 그날 해고된 직원이 식당 뒤에서 울고 있었을지도 모르는데 말이죠. 단순히 잘 차려진 식탁만 봐서는 헤아릴 수 없는 일이 너무 많습니다. 그러나 글을 쓰는 사람, 특히 시인은 보이지 않는 삶과 세계까지 살피고 이해해야 해요. 그런 점에서 앞보다는 뒤, 밝음보다는 어둠, 만복보다는 공복 쪽에 서서 바라보려고 노력합니다."

☞ 완성은 과정이 머물다 멈추는 지점

이규리 시인은 불안(不安), 불리(不利), 부족(不足) 등 '아니 부(不)'를 지닌 단어들도 가까이하고 좋아한다. 그렇다고 '부'가 들어간 단어 모두를 포함하는 것은 아니다. 부정(不正), 불법(不法), 불신(不信) 등은 멀리한다. 어떤 기준으로 단어들의 호불호가 나뉘는지 고민하던 그는 결국 해답을 찾았다.

"칼날이 어디를 향하는지를 보면 알 수 있어요. 불안, 불리, 부족 등은 내가 불편하고 손해를 보기 때문에 칼날이 나를 향하지만 부정, 불법, 불신 등은 칼날이 상대를 가리키고 다치게 하죠. 그걸 발견한 뒤부터는 어떤 결정을 내릴 때면 칼날의 방향을 따져보고 판단해요."

그렇게 인생을 알아가고 자신만의 기준을 세워나가는 동안에도 고민과 물음은 끊이지 않았다. 젊은 시절과 달라진 점이 있다면 그 해답을 고요히 스스로 찾을 수 있게 해주는 연륜이 생겼다는 것. 자신뿐만 아니라 어느 정도 삶을 살아낸 중장년이라면 대부분의 문제는 자기 인생 안에서 답을 얻을 수 있으리라 말했다.

그렇다면 우리가 내린 답은 모두 정답일까? 그는 몇 번이고 다시 묻고, 부정해봐야 한다고 덧붙였다.

"내가 어떤 답을 내렸을 때, '그래 이게 맞아'라고 끝내기보다는 '과연 내 답이 맞을까?'라고 의문했을 때 더 많은 것을 알 수 있어요. 마찬가지로 어떤 일을 할 때도 '완성했다'고 여기지 않으려 합니다. 화가 알베르토 자코메티는 마지막 초상화를 그릴 때 완성에 가까운 작품인데도 18일 동안 지우고 또 지우며 다시 그렸다고 해요. 그렇게 완성이란 무언가를 계속하는 과정 속에서 멈추는 지점일 뿐이지, 완벽한 완성은 없다고 봐요. 같은 맥락에서 우리 인생 역시 죽음에 이르렀을 때야 비로소 완성이라 할 수 있지 않을까요? 살아 있는 한 삶은 미완성일 수밖에 없고, 때문에 우리는 끊임없이 의문하고 부정해야 합니다."[98]

인생(人生, life)은 사람이 세상에서 사는 것이나, 살아있는 시간, 경험, 삶, 생애, 일생 등을 뜻한다. 삶에 대한 견해나, 삶의 의미의 이해 방식이 인생관이다.
테레사 수녀(Mother Teresa, 1910~1997)의 말이다.

Life is an opportunity, benefit from it. Life is a beauty, admire it. Life is a dream, realize it. Life is a challenge, meet it. Life is a duty, complete it. Life is a game, play it. Life is a promise, fulfill it. Life is sorrow, overcome it. Life is a song, sing it. Life is a struggle, accept it. Life is a tragedy, confront it. Life is an adventure, dare it. Life is luck, make it. Life is too precious, do not destroy it. Life is life, fight for it(인생은 기회이니, 거기에서 얻어라. 인생은 아름다움이니, 그것을 찬미하라. 인생은 꿈이니, 그것을 실현시켜라. 인생은 도전이니, 그것에 맞서라. 인생은 의무이니, 그것을 수행하라. 인생은 게임이니, 그것을 즐겨라. 인생은 약속이니, 그것을 실현하라. 인생은 슬픔이니, 그것을 극복하라. 인생은 음악이니, 그것을 불러라. 인생은 투쟁이니, 그것을 받아들여라. 인생은 비극이니, 그것에 직면하라. 인생은 모험이니, 용기를 내라. 인생은 행운이니, 그것을 잡아라. 인생은 너무나 귀중하니 그것을 파괴하지 마라. 인생은 인생이니, 쟁취하라).[99]

https://cafe.daum.net/budinlife/Ngjr/5796(2020. 04. 28)

잠깐! 쉬었다 갑시다

☞ '데드크로스'

    우리나라가 지난해 처음으로 출생자 수보다 사망자 수가 많은 '데드크로스(Dead cross)'에 접어들었다. 인구 자연 감소는 도내에선 이미 오래전부터 여러 지자체가 직면해 온 고질적인 문제다.

    한국은행 강릉본부가 지난 20일 강릉, 동해, 삼척, 속초, 태백, 고성, 양양, 영월, 정선, 평창 등 도내 10개 시·군의 인구 변화를 분석한 자료를 보면 1980년대 초반까지 100만명을 웃돌았던 이 지역 인구는 30년 새 67만명으로 급감했다. 유소년층과 20~30대를 중심으로 한 생산가능인구는 계속 감소한 반면 고령 인구는 증가하면서 인구 구조가 '역피라미드형'으로 변모하고 있다.

    인구학자인 조영태 서울대 보건대학원 교수는 최근 한 언론 인터뷰에서 2030년 이후 인구 감소 속도가 빨라져 2050년이 지나면 매년 50만~60만명이 줄어 2100년 우리나라 인구는 1,700만명 내외로 급감할 것으로 전망했다. 그는 국민연금의 적자 전환 시기도 우리 예상보다 훨씬 빠른 2030년대 중후반쯤이 될 수 있다며 정년 연장, 더 나아가 정년을 없애는 문제까지 검토해야 한다고 주장했다.

    "부모의 시대는 대학 잘 가는 게 곧 성공이었다. 그러나 자녀들 시대도 그럴 거라고 생각하면 이것은 큰 오산이다. 스펙이 아무리 화려해도 부모 세대처럼 성공할 수 없다. 부모의 시대는 30년간 연평균 10% 이상 성장하는 고도 압축 경제 성장 시대였지만 이제 그런 일이 현실적으로 일어날 수 없다." 사교육계의 전설인 손주은 메가스터디 회장의 말이라 더 충격적이다. 심지어 그는 젊은이들이 성공하려면 인구 구조가 역동적인 아프리카나 동남아로 떠나야 한다는 조언까지 서슴지 않았다. 한국고용정보원이 지난해 조사한 지역별 인구소멸지수 결과를 보면 소멸 위험 지역 비중이 무려 83.3%로 전국에서 가장 높았던 강원도. 도내 자치단체들이 자체 역량만으로 '인구 절벽'의 격랑을 극복하고 생존하기가 버거워 보인다.[100]

VII. 자기다움으로 브랜드화해라

우리나라 50대 이상 취업인구가 1,000만 명이 넘었다고 한다. 기대수명이 20년 이상 길어지고, 자녀의 봉양도 기대하기 어렵고(통계청의 통계에 따르면 지난해 고령자 10명 중 6명은 생활비를 본인이나 배우자가 직접 마련), 자녀교육비 지출 등으로 모아둔 자산이 없으며, 사회보장제도가 충분치 않아 나이가 들어도 계속 일을 하지 않으면 생계를 꾸려 나가기 어렵기 때문일 것이다.

그런가 하면 노인은 실버산업, 의료산업, 제약사업 등에서 거대한 소비자 집단 으로 국가 경제의 한축을 이루고 있기도 하다.

이와 같은 사회 분위기 속에 노인은 옛날과 다른 각도로 인식되어지고 있으며, 새로운 노인들의 정체성 확립을 요구 받고 있다.

대한노인회에서 추구하는 것처럼 노인은 더 이상 부양받는 노인에서, 행복한 노후를 보내면서 지역사회 발전에 기여하는 "사회를 책임지는 노인"으로 그 정 체성을 바꾸어나가고 있다.

그러기 위해서는 건강이 필수요소이다. 건강하지 않고는 자신의 삶도 행복하지 않을 뿐 아니라 많은 사회비용을 발생시켜 국가에도 큰 부담이 되기 때문이다.

1. 자신을 브랜드로 만들자

자기다움을 통해 남과 다른 차별화를 이루면 자신만의 브랜드가 만들어진다. 매일 똑같은 것만 봐서는 자신만의 브랜드를 만들 수 없다. 자기다움을 잘 활용 해서 어떻게 자신의 브랜드를 만들 것인가를 고민해야 한다. 자기다움을 일관성 있게 유지하면서 자신이 속한 분야의 대표성을 가질 때 자신만의 브랜드가 만들 어지는 것이다. 그것은 자신의 삶을 규명하고, 시간을 책임지며, 자기다운 일을 하고, 자기답게 산다는 것을 의미한다.

우리가 몸담은 분야에는 별처럼 수많은 사람이 있다. 사람들은 자신만의 별자 리를 활용해 자신이 찾고자 하는 자기다움을 선별해낸다. 하나하나의 별들은 고 난과 역경을 극복한 것이고, 그 별들이 연결될 때 자신만의 별자리는 완성된다. 이것이 자기다움을 통한 남과 다른 하나의 진정한 이야기(Story)가 되고, 세상 사람들은 이것에 역사(History)를 만들어준다.

자기다움을 가지고 사는 사람은 자신이 좋아하는 측면들에 관해서 여러 이야기를 알고 있을 것이다. 이야기가 있는 것은 남과 다른 브랜드가 있는 것이다. 이야기가 없는 별들은 하늘에 반짝이는 별일뿐이고, 이야기가 있는 별들은 자신만의 '별자리'가 있는 것처럼 말이다. 세상 사람들은 이 별자리를 보고 그들의 '인생'을 이야기할 것이다. 다음 세대 사람들까지도 이에 대해 말할 것이다.

누구에게나 자신만의 브랜드화를 가로막는 잘못된 신념이 몇 개쯤은 있게 마련이다. 그러면 브랜드화를 가로막는 7가지 그릇된 생각을 살펴보자.

① 추측의 장벽 — '자신만의 브랜드는 저절로 구축되는 거야.'

우연히 자신만의 브랜드가 구축되는 경우는 없다. 브랜드는 결코 저절로 이뤄지지 않는다. 다른 사람이 대신해주지도 않는다.

② 지식의 장벽 — '브랜드를 어떻게 구축해야 하는지 모르겠어.'

자신만의 브랜드를 구축할 정확한 계획이나 방법을 가지고 있는 사람이 드물다. 많은 사람은 실패와 좌절을 경험하고 나서야 방법을 깨닫고 변화할 계획을 세운다. 차라리 의도적으로 자신을 브랜드화할 계획과 방법을 세우는 게 낫다.

③ 시간의 장벽 — '아직은 때가 아니야.'

사람들은 지금 해야 할 일을 미룰수록 실천하지 않을 가능성이 커지는 '의도성 체감의 법칙(The Law of Diminishing Intent)'에 걸려들고 만다. 모든 사람이 마음먹은 대로 실천했다면 세상에는 상상을 초월하는 브랜드들이 남았을 것이다. 하루빨리 비전을 실현하고자 하는 마음이 간절하다면 바로 지금 자신을 브랜드화해야 할 때이다.

④ 실수의 장벽 — '실수하면 어쩌지?'

브랜드를 구축하는 것은 혼란스러운 일일 수도 있다. 자신에게 답이 없음을 인정해야 할 때나 실수하지 않으려 했음에도 실수했을 때 자신이 한심해 보이기 때문이다. 그러나 실수는 실천의 또 다른 방법일 뿐이다. 의도를 가지고 자신을 브랜드화하려면 실수하는 것을 당연하게 여기고, 실수할 때마다 자신이 올바른 방향으로 나아가고 있음을 알려주는 신호로 기쁘게 받아들여야 한다.

⑤ 완벽의 장벽 — '시작하기 전에 최상의 브랜드를 찾아야 해.'

자신을 브랜드화하는 계획을 실행하기 전에 일단 최상의 브랜드를 찾으려는 자세다. 그러나 최상의 브랜드는 일단 변화를 시작해야 조금씩 드러난다.

⑥ 비교의 장벽 — '나보다 다른 사람들이 더 낫잖아.'

상대가 자신보다 앞서 있다고 생각하면 의기소침해지거나, 반대로 자신이 상대보다 우월하다고 생각하면 오만해진다. 그 어느 쪽도 유익하지 않으며 브랜드화에 도움이 되지 않는다. 자신의 비교 상대는 유일하게 나 자신일 뿐이다. 반드시 어제의 나와 싸워야 한다.

⑦ 거절의 장벽 — '부탁을 거절해서 나쁜 사람으로 인식되면 어쩌지.'

자신만의 브랜드 구축을 방해하는 사람들의 부당한 요청이나 유혹을 거절하지 못해 자신이 브랜드가 되는 일을 끈기 있게 만들지 못한다. 용기 있게 거절을 하지 못하는 이유는 상대방에 대한 배려라기보다는 거절할 6수 있는 '용기' 가 부족한 경우가 많다.

자신을 브랜드화하겠다는 결단만큼 자신의 인생에 큰 영향을 주는 것도 없다. 현실을 직시해야 한다. 내일이 아닌 바로 오늘, 당장 자신의 브랜드화를 시작해야 한다.

2. 평생 직장은 없어도 평생 직업은 있다

직장과 직업에는 많은 차이가 있다. 직장은 자신이 일하고 있는 '장소' 이고, 직업은 자신이 하는 '일' 이다. 직장과 직업, 둘 중 어느 것을 더 좋아하느냐에 따라 그 사람의 인생관 그리고 운명이 크게 달라진다.

우리가 직업인의 삶을 살아야 하는 이유는 무엇일까?

직업은 첫째, 자아실현을 가능하게 한다. 사람들은 각자의 소질과 능력을 마음껏 발휘하려는 욕구가 있다. 매슬로(Maslow)에 다르면 이것은 인간이 가진 욕구 중 가장 높은 수준의 욕구이다. 사람들은 직업을 통해 자기 존재의 의의를 깨닫고 자존감을 갖는다.

둘째, 직업은 자신의 가치를 실현해 준다. 사람들은 명예나 권력을 얻거나 사회에 봉사하고자 하는 등 각기 자신이 추구하는 가치가 있다. 이것은 직업을 통해 달성될 수 있다.

셋째, 직업은 사회적인 소속감을 제공한다. 인간은 사회 속에서 서로 관계를 맺고 살아가는데 직업을 통해 사회생활이 유지되고 구성된다. 서로 직업을 통해 사회적인 역할을 분담하고, 조직적이고 유기적으로 관계를 맺으며 살아가는 것이다. 이런 관점에서 볼 때, 어떤 직업이 없어지면 사회 전체가 불안정하므로, 직업이란 귀천이 없으며 사회를 구성하고 운영하는 데 모두 필요하다는 것을 알 수 있다.

그래서 평생 직장은 없어도 평생 직업은 있는 것이다.

그렇다면 직업인이 되려면 어떻게 해야 될까? 바로 '최고'가 되려고 하지 말고, '최초'가 되려는 로망(romam)을 가져야 한다. 자기다움을 향한 욕망의 극점이라 할 수 있는 로망은 자신만이 할 수 있는 대체가 불가능한 '최초'가 되는 것이다.

한 조직 내에서 자신만의 차별화된 브랜드가 멸종되지 않고 오래가기 위해서는 다른 사람의 브랜드와 겹치지 않는 독특하면서도 모방할 수 없는 것이어야 한다. 만약 조직 내 어떤 사람이 같은 적소(適所)를 노리고 뛰어든다면 끝을 모르는 치열한 경쟁 상황에 놓이게 된다. 이들이 만약 차별점, 즉 다르게 생존하는 방법을 찾지 못한다면 평화로운 공존은 어려울 것이다.

생태계에서는 적소가 같더라도 서로 다르게 살아가는 방식을 통해 공존한다. 예컨대 딱따구리와 동고비는 소나무 껍질 사이에 사는 벌레를 먹고 사는데 본능에 다라 딱따구리는 아래쪽, 동고비는 위쪽 먹이를 잡아먹으며 산다.

그렇다면 조직에서는 어떻게 공존해야 할까? 최고가 되려고 남과 경쟁하는 직장인들은 어느 한쪽이 도태되거나 사라져야 하므로 공존하기가 어렵다. 또한, '암이 하니까 나도 한다.'거나 '당장 이익이 되는 것 같으니 일단 시작하고 보자.'식은 차별화 전략과 전혀 어울리지 않는다. '누구나 할 수 없는 것. 나만 할 수 있는 것'으로 최초로 되어야 한다.

최초는 독보적일수록 직업인으로서 가치를 가진다. 누구나 복제할 수 없는 것일 때 다른 빛난다. 다른 사람들이 접근할 수 없도록 진입 장벽이 높아야 한다. 그래서 창조는 자신만이 가지고 있는 고유의 자기다움을 활용해야 한다. 결국, 각자가 최초가 되면 경쟁할 필요가 없이 자신이 만든 최초의 영역에서 직업인이 될 것이다.[101]

3. 준비가 되어야 기회를 잡는다

막스 리트케(Max Liedtke) 교수가 쓴 『페스탈로치』에서는 "인간은 현재의 자신대로 있어서는 안 된다. 퇴보할 뿐이다. 그래서 자발적 활동을 통한 경험으로 도야(陶冶, 인간의 소질이나 능력을 계발하여 바람직한 상(像)을 형성하는 과정)해야 한다."고 했다. 다시 말해 준비란 자발적인 활동을 통한 경험으로 자기다움을 형성하는 과정이다.

그리고 '인간은 현재 그대로 있어서는 안 된다' 는 구절에 지레 겁부터 집어먹을 필요는 없다. 걱정한다고 해서 당신의 키가 1센티미터도 자라지 않듯, 걱정은 그 어떤 것도 해결하지 못한다. 오히려 과도한 걱정은 초조함을 낳고 판단력을 엉망으로 만들 뿐이다. 그래서 할 수 있는데도 할 수 없는 인간으로 만들어버리거나 아니면 자포자기하는 최악의 부작용을 낳기도 한다.

마음이 급하면 엉뚱한 데서 헤매거나 작심삼일(作心三日, 작심(作心)이라는 말을 처음 쓴 이는 맹자로, 문자 그대로 마음을 다잡는다는 뜻이었다. 이처럼 맹자가 긍정적인 의미로 쓴 말이 우리나라에서는 반대의 뜻으로 사용되고 있다. 굳게 먹은 마음이 사흘을 못 가 흐지부지된다는 뜻으로 결심을 끝까지 지키지 못하는 사람을 비아냥거릴 때 사용한다)밖에 되지 않는다. 출발점이 잘못되면 백날 노력해봤자 목표점에 도달할 수 없다. 그러니 '나' 를 다시 보기, 즉 '나' 에 대한 모든 것을 하나씩 재해석해 보자.

스위스의 교육학자 요한 페스탈로치(Johann Heinrich Pestalozzi)는 인간에 대해서, 특히 인간의 '하고자 하는 의지' 와 '할 수 있는 능력' 그리고 '이해하는 인지력' 에 관심을 갖고 평생을 연구하였다. 그가 설파한 기본 원칙은 '배우고 익혀야' 한다는 것이다. 어떻게 보면 기회란 '나' 에 대해 평생을 두고 배우고 익히는 과정에서 잡을 수 있는 것이다.

'기회를 잡기 위해 준비해야겠다.' 고 마음먹은 사람들이 공통적으로 하는 일 중 하나가 '계획표 짜기' 이다. 계획이 있어야 실행도 있고 결과도 있기 때문이다. 문제는 계획이 있어도 실행 단계로 넘어가지 못한다는 것이다. 그러면 실패는 자기 비하로 이어지고, '나는 늘 이렇듯 아무 것도 못하는 사람' 으로 자신을 세뇌시켜 버린다. 부정적인 자기 이미지를 만드느니 차라리 그 어떤 계획도 하지 않는 편이 더 낫다. 부정적인 자기 이미지가 뇌리에 박히면 정말로 아무것도 안 되는 사람이 되기 때문이다.

문제에 대한 답은 아주 가까이에 있다. 열심히 구상한 계획이 실패하는 가장 많은 이유 중 하나는 계획의 목적이 분명하지 않다는 것이다. 모든 계획의 출발점은 '나' 를 아는 것, 제대로 보는 것에서 시작된다.

그리고 그 계획의 목적이 자기에게 확실히 수용되어야 한다. 자신이 세운 계획과 목적이 머리만으로 수긍되는 것이 아니라 마음으로 수긍되어야만 준비 과정 전체가 반응해서 기회를 만들어 낼 수 있다. 모든 인간은 스스로 동기를 부여하는 자기 동기화가 되어야만 최고의 실행력과 성취를 보이기 때문이다.[102]

4. 자기기만과 이분법적인 선과 악의 구분을 경계하라

대부분 사람은 속임수와 거짓말을 해본 경험이 있다. 그럴 경우 보통 자신의 잘못을 인식하고 반성한다. 그런데 자기기만은 자신의 잘못을 정당화하기 때문에 죄책감은 없어지고 자기방어 기술만 늘어난다. 그래서 자신을 속이는 것이 남을 속이는 것보다 더 위험하다.

자기기만을 경계해야 하는 이유는 브랜드화하는 데 심각한 두 가지 문제를 발생시키기 때문이다. 하나는 잘못된 선택과 결론에 대해 자기 합리화를 하는 것이다.

세계적인 비즈니스 코치로 알려진 스티븐 챈들러(Steve Chadler)는 자기 합리화하는 사람들은 13가지 특징이 있다고 한다.

1) 하고 싶지만, 시간이 없다.
2) 인맥이 있어야 할 수 있다.
3) 이 나이에 뭘 할 수 있을까?
4) 왜 나에게는 걱정거리만 생길까?
5) 이런 것도 못하다니, 난 패배자다.
6) 사실 난 용기가 없다.
7) 사람들이 날 화나게 한다.
8) 오랜 습관이라 버리기 힘들다.
9) 그건 내가 할 수 있는 일이 아니다.
10) 맨정신으로 살 수 없는 세상이다.
11) 가만히 있으면 중간이나 간다.
12) 난 원래 이것 밖에 안 된다.
13) 상황이 협조를 안 해 준다.

온갖 모순이 공존하는 것이 인생이다. 서로 상반되는 것들, 모순되는 것들, 극적인 것들이 존재하며 긴장을 느끼며 살아가야 한다. 세상에 존재하는 모든 것은 서로 모순되는 것을 함께 갖고 있기 때문에 의미가 있다. 어둠이 없는 빛은 가치가 없다. 자석에는 양극이 있기 때문에 음극도 존재할 수 있다. 남자와 여자는 서로 대조를 이루면서 존재의 의미를 갖는다. 내가 있기 때문에 다른 사람이 있으며, 다른 사람이 없으면 나도 존재할 수 없다. 그래서 인생의 진리는 항상 다른 두 극의 쌍으로 이루어져 있다.

노년의 지혜는 삶 속에서 늑대와 양이 공생할 수 있도록 의식적으로 노력하는 대서 비롯된다. 노년이라면 자신의 마음과 삶속에 늑대와 양이 함께 살아가야 한다는 모순적인 상황을 감내할 수 있어야 한다.

늑대가 배고픔을 느껴 양을 잡아먹지 않도록 꾸준히 먹을 것을 주면서 돌봐야 하는 것이다. 내 마음에 늑대가 살아가고 있다는 것을 부정하거나 그것을 제대로 돌보지 않으면 양도 지켜낼 수 없다.

노년이 되었는데도 마음속에는 양만 있고 늑대가 없는 사람인양 떠들고 다니는 사람이 있다면 그는 노년의 지혜를 갖지 못한 것이다. 내면을 조금이라도 들여다 보려고 노력했던 사람이라면 모든 사람의 마음에는 선과 악이 공존한다는 것을 알 수 있다. 그렇기에 마치 자신은 절대 선인 것처럼 행동할 수 없게 된다. 다른 사람의 언행에서 악을 보고 함부로 욕하지도 못한다. 왜냐하면 자기 마음에도 그런 악이 있다는 것을 이미 알고 있으니까.

삶은 절대적으로 존재하기보다는 상대적인 가치들의 총합으로 이루어져 있다. 나의 가치만 옳다고 고집하거나 내 생각과 다른 철학과 사상을 인정하지 않으면 노년의 힘과 지혜도 가질 수 없다.

누구든 타인의 존재 없이 독립적으로 완전한 존재일 수 없다. 상대방이 옳을 때는 내가 틀릴 수도 있다. 내가 항상 옳은 판단을 할 수는 없으며 따라서 옳지 않은 행동의 희생자가 될 수도 있음을 간과해서는 안 된다.

나이가 어느 정도 들어서도 타인의 견해는 무조건 반박하는 사람을 가끔 만난다. 상대가 조금만 다른 이야기를 해도 참지 못하고 함부로 말을 막아버린다. 다른 사람의 말 속에 사소한 실수나 오류가 느껴지면 "그건 아니다" 며 바로 지적하기도 한다. 자신의 마음과 일치하지 않는 것은 무조건 거부하고 보는 것이다. 이런 사람들은 노년이 되어서도 모든 일이 일정한 방향으로만 진행되지 않으며,

세상의 진리는 언제나 서로 상반된 극으로 이루어진다는 것을 개닫지 못할 가능성이 높다.

과거에는 선과 악을 확실하게 구분하는 것이 가능했다. 옳고 그름, 좋은 사람과 나쁜 사람의 차이를 선명하게 구분할 수 있었다. 그러나 현대의 삶에서 이렇게 선명한 구분을 할 수 없게 되었다. 그러나보니 인간의 행동에 대해서도 여러 가지 설명이 생겨났다. 단순하게 옳다, 그르다가 아닌 복잡한 설명들이 가능해진 것이다.

모순을 한꺼번에 품을 수 있는 능력은 강인함의 척도이다. 심리적으로 성숙하다는 확실한 표시이기도 하다. 삶에서 생겨나는 모순된 메시지를 모두 품을 수 있는 사람만이 중년의 지혜를 가질 수 있다.

5. 항노에서 향노로

20대 시절을 소환하는 놀이가 페이스북에서 대유행하고 있다. 40대 이상 중년 이용자들이 옛 시절을 추억하며 한때 자신에게도 리즈 시절이 있었다는 걸 대놓고 자랑질한다. 언제부터 누구로부터 시작되었는지 잘 모르겠지만, 인터넷 밈 문화의 일종이라고 할 수 있다. 여름에 시작된 릴레이는 좀처럼 식을 줄 모르며 여름 내내 사회관계망서비스(SNS)를 달구었다. 나 또한 20대를 회상하는 사진을 '투척' 할까 하는 노출의 유혹을 가까스로 참으며 누구에게나 반짝반짝 빛나는 인생의 한 순간이었을 20대 시절을 회상하는 페친들의 옛 사진을 감상하고 있다.

중년들의 20대 추억 소환 놀이를 '추억팔이' 라고 치부할 필요는 없을 것이다. 어느 작가가 "삶은 나날들이 아니다. 삶은 밀도다"(조에 부스케)라고 한 말은 최근의 현상을 이해할 수 있는 참조점을 제공한다. 누구에게나 20대 시절은 인생의 '절정' 으로 간주된다. 그래서 그 시절은 미래에 대한 불안으로 방황했던 시간조차도 젊음의 특권으로 취급된다. 그리고 중년이 된 지금 여기 자신의 모습을 돌아보게 된다. 나는, 우리는, 과연 밀도 있는 삶을 살고 있는가 하는 질문을 제기하는 셈이다.

중년 이후 삶에서 무엇이 밀도 있는 삶을 이루는가. 나이듦에 저항하려는 항노(抗老) 혹은 안티에이징(anti-aging)의 문화 대신에, 노화를 긍정하고 나이듦을 친근하게 느낄 수 있는 '향노(向老)'의 태도를 수용하려는 문화가 필요하다. 다시 말해 무엇을 먹고, 무엇을 입고, 무엇을 얼굴에 발라야 시간의 주름을 펴며 젊어 보이는지 고민하는 항노의 웰니스 문화가 아니라 있는 그대로의 나 자신을 긍정하려는 성숙한 향노의 문화가 필요하다. 일본 향노학학회는 좋은 롤모델이 된다. 일본의 저명한 사회학자 우에노 지즈코 또한 이 학회에서 활동하며 향노에 관한 글을 집필하면서 담론화 작업에 앞장서고 있다.

어떻게 '항노' 에서 '향노' 로 전환할 수 있을까. 시간의 주름 따위는 보톡스 주사로 지우며 오로지 '매끄러움' 을 추구하는 나이듦의 문화를 조금씩 바꾸려는 데에서부터 시작해야 한다. 어느 시인이 "많은 것을 잃고도 몸무게는 늘었다"(천양희)라고 한 표현은 나이듦에 관해 중요한 힌트를 제공한다. 시의 표현처럼 나와 우리는 나이가 들수록 많은 것을 잃게 되지만, 몸무게는 오히려 더 늘어나는 역설적 상황에 처하게 된다. 나와 당신이 자기 앞의 인생을 살아가는 과정에서 잃은 것들의 목록은 어떤 것들인가. 어쩌면 꿈, 희망, 용기처럼 미래를 기약하는 기대와 약속의 말들이었을 것이다. SNS에 부는 20대 추억 소환 놀이는 '아옛날이여'를 회상하며 더 좋은 삶을 욕망하려는 문화적 징후일 것이다.

인생의 절정 이후에는 추락이 점점 시작된다. 지나간 과거도 중요하겠지만, 지금 여기에서 나 자신이 무슨 일을 하고 있고, 누구와 만나고 있느냐가 더 중요할 수 있다. 누군가를 '위하여' 사는 삶이 아니라 자기 에너지의 자연스러운 흐름에 '의하여' 살려는 삶의 태도가 더 요청된다. 하와이 노인들은 지나간 일 대신에, 내일 해야 하는 서핑 같은 '할 일'에 대해 말하기를 더 즐겨 한다고 한다. 어쩌면 밀도 있는 삶은 그런 나이듦의 삶에서 시작되는 것이 아닐까.[103]

6. 장래 희망은 '소년 할매'

'진짜 멋진 할머니가 되어버렸지 뭐야' '구십도 괜찮아' '이상하고 자유로운 할머니가 되고 싶어' '장래 희망은 귀여운 할머니'…. 요즘 서점가에 쏟아지는 할머니를 주제로 한 책들이다. 가난 때문에 혹은 여자라는 이유로 글을 배우지 못했던 할머니들이 글을 배우는 이야기부터 여행 가방에 관절약, 소염제, 찜질팩을 넣고 해외 자유여행을 떠나는 70대 할머니에 이르기까지 만년(晩年)의 시간을 당당하게 보내는 이들의 이야기다.

젊은 여성들 사이에 '귀엽고 멋진 할머니'가 롤 모델로 주목받고 있다. 귀엽고 멋진 할머니는 노인이란 이유로 고리타분하지 않고 무기력하지도 않다. 또 불편한 육신을 자연스레 받아들이지만 그래도 세상에 무슨 일이 일어나는지 매일 궁금하다. 주체적인 노년의 삶을 살아내고 있는 이들은 불안한 노년기를 걱정하는 젊은 여성들에게 용기와 희망을 준다.

그러나 귀엽고 멋진 할머니를 동경하는 젊은 층의 심리 기저에는 아직 가보지 않은 시간에 대한 막연한 두려움이 있다. 여성들은 태어난 후 소녀에서 숙녀로,

그리고 어머니에서 할머니로 성장하는 생애주기를 거친다. 여성의 평균수명은 86.3세, 남성은 80.3세이다. 여성이 남성보다 수명이 길어 노년기에 혼자 사는 여성이 남성보다 훨씬 많다. 이때 경제적인 여유가 있어야 지팡이 대신 캐리어를 끌고 해외여행도 갈 수 있다. 여성 노년의 삶은 녹록지 않다. 여성 노인의 빈곤은 무능력에서 나오는 것이 아니라 노년기 이전의 성차별적인 노동시장과 생애주기에 따른 여성의 삶과 관련이 있다.

"과연 우리는 무사히 귀엽고 멋진 할머니가 될 수 있을까?"란 질문을 해본다. 어쩌면 귀엽고 멋진 할머니는 선택받은 사람들의 몫이 될 수도 있다. 얼마 전 50대 초반의 동생이 대뜸 "언니 이제 난 '소년 할매'가 장래 희망"이라고 말했다. 지난 1년 동안 우리는 여든여섯 살의 친정엄마를 돌보며 인생을 다시 배우고 있다. 어떻게 나이 들어가는 것이 아름다우며, 건강 관리는 어떻게 해야 하는지에 대해 공부하며 이는 젊을수록 미리 준비해야 한다고 생각했다.

귀엽고 멋진 할머니보다 씩씩하고 역경에 굴하지 않는 소년 할매로 살아야겠다는 생각을 했다. 소년 할매에 대한 정의를 이렇게 내려본다. 소년 할매는 골목대장같이 씩씩한 성격이지만 꽃처럼 향기롭게 살고 싶은 섬세한 감성을 지닌 사람이다. 소년 할매는 젊은이들을 가르치려 하지 않고, 경청하며 배움을 멈추지 않는 사람이다. 또 누군가의 성공을 시기 질투하지 않고 마음 깊이 기뻐해 주며, 내가 최고라 생각하지 않고 남을 인정해주는 마음의 여백이 있는 사람이다.

일본의 기독 작가 소노 아야코는 '나는 이렇게 나이 들고 싶다'(원제 계로록)에서 노년기에 필요한 네 가지를 허용, 납득, 단념, 회귀라고 말했다. 그가 말하는 '허용'이란 세상에 일어날 수 있는 모든 선과 악엔 어떤 의미가 있다고 생각하는 것이다. '납득'은 자신에게 일어난 여러 가지 상황에 정성을 다해 의미를 부여하는 것이다. 종교적으로 말하면 하나님의 뜻을 삶 전체에서 보려는 노력이다. 또 '단념'은 갈망했으나 이루지 못했던 것에 집착하지 않고 슬그머니 물러날 수 있는 것을 말하고, '회귀'란 죽음 이후 어디로 돌아갈 것인가 생각하는 것이다.

이 네 가지를 곱씹으며 노년기에는 신체와 두뇌의 기능을 유지하는 것만으로는 부족하며, 정신적이고 영적인 요구에 제대로 응답 해야 한다는 생각을 하게 했다. 그러하지 않으면 영혼은 쇠퇴하고 암울한 마무리를 할 수 있기 때문이다. 특히 육체적 질병의 고통이 있으면 기도하기도 힘들어지므로 나이가 들수록 기도 시간을 늘려야 한다.

'하나님을 영화롭게 하는' 삶은 성공이나 성취가 아니다. 대학 입학 수석이

나 미인대회 수상이 아니다. 스포츠 경기의 승리나 대기업 취업이 아니다. 삼위일체 하나님을 믿고 순종하는 삶을 말한다. 명예로운 훈장을 받지 못해도 순종하며 말씀대로 살았다면 "나는 선한 싸움을 싸우고 나의 달려갈 길을 마치고 믿음을 지켰으니 이제 후로는 나를 위하여 의의 면류관이 예비되었으므로 주 곧 의로우신 재판장이 그날에 내게 주실 것이니 내게만 아니라 주의 나타나심을 사모하는 모든 자에게니라" (딤후 4:7~8)는 바울의 고백을 할 수 있을 것이다.104)

7. 살며 생각하며-미국식 참선 명상법(American Chan Meditation)-

아메리칸 찬 메디테이션은 불교식 명상 또는 참선입니다. 우리가 굳이 '찬 메디테이션' 이라고 하는 것은, 이 명상법은 미국에서 온 '아메리칸 스타일' 이기 때문입니다. 미국 스타일은 본래 전통 불교 명상과 조금 다릅니다. 찬 메디테이션은 지금 당장 가장 괴롭고 힘든 문제부터 풀어나가는 과정입니다. 여러분이 매일 경험하고 느끼는 가장 시급하고 현실적인 문제부터 푸는 데 우리는 관심이 있습니다.

제가 처음 명상을 배우러 갔을 때, "단 하루라도 머릿속의 잡념을 끄고, 푹 잠을 자면 소원이 없겠다" 는 마음이었습니다. 성공적인 인생을 이루기 위해서 쉬지 않고 열심히 살았는데, 왜 마음이 공허하고 만족스럽지 못한지 알고 싶었습니다. 또 다른 문제도 있었습니다. 출가 전 사업가로서 중요한 판단을 내려야 할 때, 수없이 많은 잡념 때문에 쉬어야 할 때 쉬지 못하고, 일을 해야 할 때 일을 할 수가 없었습니다. 내가 할 수 있는 모든 방법을 동원해서 문제를 해결하려 했지만 매번 실패했습니다.

그 후 왠지 모르게 명상을 해보면 문제의 실타래를 풀 것 같았습니다. 그래서 명상을 배우기 위해 근처의 작은 절을 찾아갔습니다. 일단 매일 새벽에 일어나서 명상을 시작했습니다. 휴대전화나 이메일을 확인하고 싶은 유혹을 뿌리치고, 더 급한 일을 해야 한다는 수많은 잡념을 떨쳐 버렸습니다. 그리고 지침대로 매일 아침 가부좌로 앉아 보았습니다. 일주일도 되지 않아서 머리가 점점 명료해지고, 아침이 상쾌했습니다. 사업에서 부닥친 문제에 대한 해결 방안도 더 잘 떠올랐습니다.

이것이 선(禪)이 가진 매력입니다. 아무리 화려하고 지적인 용어로 치장해도 여러분의 문제를 풀어줄 수 없다면 그런 명상법은 아무런 쓸모가 없습니다. 선, 즉 명상을 위한 가르침은 모호하면 안 됩니다. 불교식 명상의 핵심은 무엇을 어떻게 해야 하는지 그 지침이 명료해야 합니다. 다리 자세는 어떻게 해야 하는지, 다리에 문제가 있다면 대신 뭘 해야 하는지, 마음을 어디에 집중해야 하는지, 호흡은 어떻게 해야 하는지, 이해할 수 없는 증상을 겪었을 때 어떻게 대처해야 하는지 등이 명확해야 합니다.

그리고 또 하나 중요한 것이 있습니다. 자기 자신이 해결해야 할 문제가 무엇인지 명상을 통해 점점 명료해져야 합니다. 그냥 앉아서 기분만 좋아지고 평화롭다면 그것은 바른길이 아닙니다. 그러면 지속적인 발전이 어렵기 때문입니다. 그러므로 좋은 명상 지도자는 여러분이 자신의 문제를 명료하게 볼 수 있도록 도와줄 수 있어야 합니다. 스승은 여러분이 어디에 있고, 무엇을 어떻게 해야 다음 단계로 갈 수 있는지, 어떻게 하면 정체하지 않고 계속 발전할 수 있는지 알아야 합니다. 뛰어난 스승은 여러분이 준비되었을 때 다음 단계로 도약시킬 수 있는 방법을 알고 있습니다.

여러분도 미국 스타일의 명상을 따라서 해 보고 싶으신가요? 그렇다면 일단 명상의 가장 기본인 바른 자세부터 설명해 드리겠습니다. 우리는 명상을 가르칠 때 먼저 결가부좌로 앉도록 권합니다. 이 자세로 앉으면 우선 다리를 불편한 자세로 구부려야 합니다. 이 자세는 사실 매우 아프고, 심지어는 다칠까 봐 무섭기도 합니다. 그런데도 우리는 여러분에게 이 자세를 권장합니다. 왜 그럴까요?

이 자세는 너무 과하게 하지 않고 조금씩 시간을 늘리면 누구나 할 수 있습니다. 결가부좌가 즉시 되지 않는다면 반(半)가부좌도 괜찮습니다. 계속 앉아 있는 시간을 늘리면 나중에 누구나 결가부좌 자세로 앉아서 명상할 수가 있습니다. 기운이 일시적으로 무릎과 발목 부위에서 막히면서, 우리 몸은 자연스럽게 그 막힌 곳을 밀어내려고 기혈의 흐름을 강하게 합니다. 그렇게 강해진 기혈의 흐름은 우리 몸 전체를 치유할 수 있습니다. 이것이 명상의 효과입니다. 우리 몸에 질병이 생기는 것은 특정한 부위에 기혈이 막혀서 시작됩니다. 기혈 순환이 막히게 되면 그 특정 부위의 신체기관은 영양분을 제대로 공급받을 수 없게 되고, 자가 치유 능력도 떨어지게 됩니다. 그래서 계속 더 나빠지고 마침내는 병이 됩니다. 그러므로 가부좌로 점점 더 오래 앉아 있게 되면 이런 막힌 부위가 뚫려서 건강이 회복될 수 있습니다.

요즘 사람들은 명상하면서 기분이 더 좋아지거나 편안해지기를 기대합니다. 어떤 명상이든 그런 일은 자연스럽게 생깁니다. 명상은 원래 편안한 게 아닙니다. 고된 훈련입니다. 다시 말해서, 힘들고 불편한 것을 참고 견딜 용기가 있다면 도전해 보십시오. 그러면 명상이 여러분의 몸과 마음의 건강을 모두 증강시키고, 유지할 수 있도록 도와줄 것입니다.

여러분이 나아지고 싶은 게 있다면 찬 메디테이션이 그렇게 해줄 수 있습니다. 그러니 일단 결가부좌로 앉아 보십시오. 진정으로 원한다면 하실 수 있습니다. 그게 어려우면 반가부좌로 시작해 보십시오. 핵심은 불편함을 견디고 참는 마음가짐입니다. 사람에 따라 바로 될 수도 있고, 좀 시간이 걸릴 수도 있습니다. 불편함을 더 많이 참을수록 더 빨리 잘 앉을 수 있을 겁니다. 불편함과 아픔을 견디려는 의지가 더 많을수록, 더 빨리 진전할 겁니다.[105]

8. 여든 나이에도 '소년의 마음'을 가진 사람들

독일 문호 괴테가 『파우스트』를 완성한 것은 82세 때였다. 24세에 구상했으니 거의 60년이 걸렸다. 그가 죽기 1년 전 탈고한 이 역작은 독일 문학의 최고봉으로 꼽힌다. 그는 이 작품의 아이디어를 어린 시절에 본 인형극에서 얻었다. '파우스트'라는 이름의 마법사 이야기를 다룬 인형극이 곳곳에서 열렸는데, 호기심 많은 소년 괴테는 여기에 푹 빠졌다.

괴테의 호기심은 어릴 때부터 유별났다. 새의 깃털이 날개에 어떻게 붙어 있는지 살펴보려고 깃털을 하나씩 뽑아봤다. 꽃잎 받침대의 상태가 궁금할 땐 꽃잎을 한 잎씩 뜯어가며 관찰했다. 이는 노년에 이를 때까지 남다른 창의력과 상상력의 원천이 됐다. "작가는 여든의 나이에도 소년의 마음을 가져야 한다"는 명언이 그 속에서 나왔다.

괴테만 그런 게 아니었다. 어린아이의 호기심으로 세상을 바라본 천재는 많다. 괴테를 존경해서 흉상까지 간직했던 알베르트 아인슈타인도 그랬다. 그는 괴테를 "역사상 가장 똑똑하고 현명한 사람 중 한 명"이라고 극찬하면서 하늘은 왜 푸른지, 구름은 왜 생기는지를 골똘하게 생각했다. 또래 친구들이 불러도 듣지 못할 정도로 생각에 잠기곤 했다.

☞ 아기 정수리처럼 말랑하게…

그는 훗날 "내가 일상의 여러 현상을 놀라워하게 된 것은 어릴 때 말을 늦게 배웠기 때문"이라고 말했다. 한 친구에게 보낸 편지에서는 "자네와 나는 우리가 태어난 이 세상의 놀라운 수수께끼 앞에 호기심 많은 아이처럼 서 있는 일을 멈춰서는 안 되네"라며 나이 들어서도 소년의 시각을 유지할 것을 강조했다.

호기심은 창의성의 원천이다. 아이의 궁금증은 근원적이다. 갓난아기의 정수리처럼 말랑말랑한 감수성이 상상력을 북돋운다. 여기서 유연한 사고가 싹튼다. 인류의 위대한 업적을 결정짓는 요소도 창의력과 상상력, 공감력이다.

학자들은 이런 특성을 '인지적 유연성(cognitive flexibility)'이라는 개념으로 설명한다. 인지적 유연성은 서로 다른 개념을 받아들이거나 완전히 새롭게 변하는 환경에서 목표를 달성하기 위해 행동을 조정할 수 있는 능력을 말한다. 유연한 사고는 새로운 아이디어를 생각해내거나, 아이디어 간에 새로운 연결고리를 만드는 중요한 능력이다. 다양한 문제를 해결하고 업무 역량을 키우는 데에도 도움이 된다.

가장 창의적인 상상력을 발휘한 '르네상스인' 레오나르도 다빈치 역시 10세 안팎의 호기심으로 세상을 바라보았다. 사생아로 태어난 그는 라틴어를 배울 수 없어 좋은 직업을 얻기 어려웠고 지식인 사회에 편입되지 못했다. 대신 자연을 교실 삼아 호기심을 키우고 남들이 들어가지 못하는 상상의 세계로 들어갔다.

그는 사람들이 그냥 스치는 현상에 궁금증을 품고 집요하게 파고들었다. "딱따구리의 혀는 어떻게 생겼을까." "악어의 턱은 어떻게 움직이는가." 때로는 "눈을 움직이게 하는 건, 한쪽 눈의 움직임이 반대쪽까지 움직이게 하는 건 어떤 신경인가"라는 메모를 노트에 남겼다.

현실과 공상의 경계를 넘나드는 상상력이야말로 다빈치가 지닌 창의성의 뿌리였다. 이 상상력을 지성에 적용하는 능력이 곧 창의력이다. '모나리자'의 신비로운 미소 뒤에는 수많은 얼굴 근육이 숨겨져 있다. 다빈치가 입술과 눈, 표정을 좌우하는 44개의 미세 근육을 섬세하게 해부하고 관찰했기에 가능한 작업이었다.

　다빈치에게 홀딱 반한 현대 기업가 중 한 사람이 스티브 잡스다. 그는 애플의 신제품을 내놓을 때마다 이렇게 말했다. "창의성이 발생하는 곳은 교차점이다. 예술과 기술의 교차점! 이를 보여준 궁극의 인물이 레오나르도 다빈치다."

　그는 또 "다빈치는 예술과 공학 양쪽에서 모두 아름다움을 발견했으며, 그 둘을 하나로 묶어 천재가 되었다"며 "기술은 상상력 없이 발전할 수 없다"고 역설했다. 잡스가 새로운 기술에 트렌디한 디자인을 접목해 정보기술(IT)업계의 최고 자리에 오른 건 이 덕분이었다.

　☞ 상상력 없는 기술을 척박

　첨단 정보통신 분야뿐만 아니라 영상 부문에서도 아이의 호기심과 창의적인 사고는 더없이 중요하다. 불멸의 블록버스터 '스타워즈'를 제작한 조지 루카스 감독은 영화의 성공 비결에 관해서도 "만약 당신이 11세 소년의 호기심을 읽을 수 있다면 블록버스터를 충분히 만들 수 있다"고 했다.

　세계적인 논픽션 미디어그룹인 디스커버리커뮤니케이션의 창업자 존 헨드릭스는 '디스커버리 채널'의 성공 노하우를 '호기심 마케팅'이라고 요약했다. 그는 직원들에게 "우리 사업은 방송업이 아니라 소비자들이 세상을 탐험하고 호기심을 만족시키도록 돕는 일"이라고 설명했다.

　내일은 소파 방정환이 제정한 '어린이날'의 100주년이 되는 날이다. 1922년 '어린이날'을 만들 때부터 그는 "어린이를 내려다보지 마시고 치어다(위를 향해 올려다)보아 주시오"라고 당부했다.

　영국 시인 윌리엄 워즈워스의 시에 나오는 '어린이는 어른의 아버지'라는 구절도 마찬가지다. 어린이는 어른들이 잃어버린 어떤 소중한 가치를 따로 가지고 있다. 그 깨끗하고 선한 모습, 해맑은 호기심의 자세를 어른들이 배워야 한다.

하늘의 무지개를 볼 때마다

윌리엄 워즈워스

하늘의 무지개를 볼 때마다
내 가슴 설레느니,
나 어린 시절에 그러했고
다 자란 오늘에도 매한가지,

쉰 예순에도 그렇지 못한다면
차라리 죽음이 나으리라.
어린이는 어른의 아버지
바라노니 나의 하루하루가
자연의 믿음에 매어지고자.

　　그러나 호기심은 자주 사용하지 않으면 쉽게 퇴화하는 근육과 같아서 나이 든
뒤에는 기능을 잃기 쉽다. 생텍쥐페리가 "어른들은 누구나 처음엔 어린이였지만
그것을 기억하는 어른은 별로 없다"고 말한 것처럼 우리도 마음속의 어린이를
자꾸만 잃어버린다.
　　내일 아침에는 어린 날 썼던 일기장을 한번 들춰 봐야겠다. 혹시 그 속에 잃어
버린 무지개가 숨겨져 있지나 않을까. 어쩌면 무뎌졌던 호기심이 연초록 풀꽃처
럼 되살아날지도 모르겠다.[106]

9. 포스트 코로나의 슬기로운 노년생활

　　아무도 예상치 못한 일이었다. 작은 바이러스 하나가 전 세계를 이렇듯 무서운
공포로 밀어 넣을 것이라고는... 지난 반년 동안 우리는 상상하지 못했던 공포와
불안 그리고 불가항력의 좌절을 경험했고, 그 공포는 아직 현재진행형이다. 그럼
에도 불구하고 코로나 19가 종식된 이후 즉 포스트 코로나를 이야기하는 것이 다
소 성급하게 비춰질 수도 있다. 그러나 미리 준비하지 못해 코로나의 습격에 속
절없이 당했던 것처럼 코로나 이후에 대해서도 서둘러 미리 준비해야 한다. 그런
의미에서 오늘은 코로나 이후 노인복지의 새로운 표준 즉 뉴노멀(new normal)에
대해 이야기해보고자 한다.
　　얼마 전 인기리에 종영된 한편의 드라마가 시청자들에게 따뜻하고 잔잔하지만
묵직한 울림을 선사했다. 소위 착한 드라마로 불린 "슬기로운 의사생활"은 현
대 자본주의 사회에서 부와 명예의 상징으로 부상한 "의사"라는 직업의 속내를
잘 보여주었다. 부와 명예를 얻기 위한 수단 혹은 전지전능의 힘을 가진 의사의
모습이 아닌, 인간에 대한 애정과 신뢰, 생명에 대한 존중과 책임감, 그리고 무
엇보다도 평범한 생활인으로서 의사들의 희로애락을 그려낸 드라마였다. 그러나

필자가 그 드라마에 더 주목했던 이유는 제목 그대로 "슬기로운 의사생활" 즉 의사생활의 뉴노멀을 보여주었기 때문이었다. 아니 어쩌면 드라마가 시청자들에게 보여주고 싶었던 것은 의사들의 뉴노멀이 아니라 의사라는 직업이 원래 가지고 있던 진짜 본질이었을지도 모른다. "뉴노멀" 즉 새로운 표준은 드라마에서 보여준 것처럼 그동안 우리가 놓치고 있었던 그것의 본래적인 가치와 의미를 찾는 것, 그리고 그동안 왜곡되었던 표준을 원래의 표준으로 새롭게 바로 잡는 것이 아닐까?

그런 의미에서 지금이야말로 코로나 19가 종식된 후 포스트 코로나 시대에 노인복지가 추구해 나가야 할 본래의 가치이자 그동안 왜곡된 노인복지를 바로 잡는 길, 즉 슬기로운 노년생활의 지침이자 노년생활의 뉴노멀을 준비해야 할 시점이다. 필자가 생각하는 슬기로운 노년생활의 새로운 표준은 다음과 같은 것들이다.

첫째, 코로나를 계기로 그동안 우리 사회의 노인돌봄체계에 대한 재검검 및 재정비가 필요하다. 그동안 우리는 노인들의 삶의 질을 개선하고 가족의 노인부양 부담을 덜어준다는 이름으로 노인에 대한 사회적 돌봄을 추진해왔으며, 2008년 노인장기요양보험제도 도입으로 노인돌봄의 시설화가 본격화되었다. 그리고 이번 코로나 사태에서 요양원 및 요양병원을 중심으로 집단감염이 증가하면서 이러한 시설 중심의 노인돌봄체계가 노년층의 희생을 키우는 주범이 되었다. 물론 사회적 돌봄이나 돌봄의 시설화 자체가 문제라고 볼 수는 없다. 그러나 사회적 돌봄의 본래 가치와 의미를 왜곡했던 정책과 실천의 문제는 꼭 한 번 짚어보아야 할 부분이다. 돌봄의 시설화라는 명분 아래 당사자인 노인은 물론이고 그 가족들까지 돌봄에서 완전히 배제한 채 체계적인 감시와 감독이 결여된 시장의 손에만 노인들의 안전을 맡긴 점은 분명 사회적 돌봄의 본래 가치에 대한 왜곡이다. 가정은 사회의 일부이고 사회적 돌봄은 가정과 지역사회의 협력을 통한 노인돌봄을 의미한다. 정부는 돌봄을 위임받은 시설들이 얼마나 안전하고 체계적으로 노인들을 잘 돌보고 있는지를 관리하고 감독할 책임이 있으며, 가족들은 시설과 소통하며 노인의 돌봄과정에 참여하고 협력해야 할 의무가 있다. 그러나 그동안 가족과 사회의 협조는 물론이고 국가의 체계적인 관리 감독이 결여된 채 우리 노인들의 안전을 온전히 시장논리에만 맡겨온 왜곡이 오늘 노인들의 희생을 키우는 결과를 낳았다. 또 지금까지 돌봄 체계에서 당사자인 노인들의 목소리 즉 노인들의 욕구가 철저히 배제되었던 점 역시 문제이다. 물론 노인들의 욕구 배제가 이번 코로나사태를 더 키운 직접적 원인은 아니었다고 해도, 노인 본인의 의사와 상관없이 원치 않은 돌봄체계 속으로 밀려들어가 원치 않는 위험에 노출되었다는 점에서 문제의 심각성을 생각해볼 수 있다.

따라서 코로나 종식에 대비하여 전반적으로 노인돌봄체계의 문제점을 다시 점검하고 뉴노멀을 정비해야 한다. 이미 정부에서 국정과제로 제시한 지역사회 돌봄 즉 커뮤니티케어에 대해서도 이번을 계기로 전반적인 재점검이 필요하다. 포스트 코로나의 노인돌봄 뉴노멀 구축을 위하여 기존의 노인복지, 노인의료, 노인간호 등의 전문가들 뿐 아니라 공중보건 및 감염병 전문가, 건축 및 도시설계 전문가, 노인심리 및 상담 전문가, 노인교육 전문가, 노인운동 전문가, 그리고 다양한 현장의 전문가들과 노인 당사자 및 가족대표까지 노인에 대한 종합적 돌봄과 관련된 전문가 및 관련자들의 의견을 모아야 할 것이다.

둘째, 노인돌봄 뿐 아니라 전반적인 노인보건복지전달체계에 대한 점검과 새로운 표준 수립이 필요하다. 이번 코로나의 확산으로 대부분의 복지시설들이 운영을 중단하면서 대면으로 이루어지던 건강한 재가노인들에 대한 서비스들이 모두 중단되었다. 경로식당 이용은 물론이고 복지관의 여가 프로그램, 물리치료나 운동시설 등 건강증진 프로그램, 상담 서비스 등이 중단됨에 따라 외형상 생명에는 직접적인 영향이 없을지 몰라도 노인들의 삶의 질과 중장기적인 건강에 부정적 영향이 있을 것으로 예상된다. 이렇듯 감염병 확산에 따라 노인보건복지전달체계가 전면 멈춰 버린 데에는 그동안 대면서비스 중심의 전달체계를 고수해 온 안일함과 구태가 한몫을 했다.

따라서 포스트 코로나에서는 기존에 오랜 관습처럼 이어온 노인보건복지전달체계를 재점검하고, 비상사태에 대비한 그리고 기술발전과 궤를 같이 하는 노인보건복지전달체계의 뉴노멀을 수립해야 한다. 일단 이번 사태에서 경험했듯이 광역화되어있는 현재의 서비스전달 범위를 좀더 좁은 지역사회 중심으로 재조정하고 부족한 공적 기관과 인력에 지나치게 의존해 있던 전달체계에서 민관협력과 주민참여를 확대하는 방향으로 재편할 필요가 있다. 기존의 광역 단위 복지시설 중심의 복지전달체계를 소규모 지역사회의 주민자치 및 자원인력이 중심이 되는 전달체계로 보완할 필요가 있다. 이를 통하여 이른바 '국이 식지 않는 거리'에서의 서비스 제공은 짧아진 서비스 전달거리만큼 감염 등의 위험요인을 줄일 수 있음은 물론이고, 지역사회 노인에 대한 주민의 관심 제고 및 자원봉사 활성화, 그리고 대상자 발굴의 용이성 및 대상자 확대 등 부가적 효과도 기대할 수 있다. 노인보건복지전달체계의 기본단위를 광역 단위에서 좀더 좁은 지역사회로 축소함으로써 감염병 등 비상사태에 보다 신속하게 대응할 수 있고 보다 촘촘하고 유연한 전달체계를 구축할 수 있을 뿐 아니라 시민들의 자발적 참여를 용이하게 할 수 있을 것으로 기대된다. 또한 언택트(untact) 즉 비대면 중심의 서비스 전달체계에 대한 고민도 함께 이루어져야 한다.

셋째, 4차 산업혁명 시대에 맞춘 노인보건복지서비스의 기술혁신이 필요하다. 이번 코로나 사태에서 드러난 복지공백은 사회적 거리두기로 인한 대면 서비스 전면 중단에 따른 당연한 결과였다. 노인들의 일과 중 유일한 여가 활동처였던 복지시설의 폐쇄로 신체적 안전은 확보하였을지 몰라도 정서적·사회적 안전은 희생당했다. 한편 코로나 확산 예방을 위하여 대부분의 활동들이 언택트(untact) 즉 비대면으로 전환된 새로운 환경에서 온라인과 디지털기술에 익숙한 젊은 세대들은 빠르게 적응한 반면, 정보환경에 익숙하지 않은 노년층은 사회로부터 철저히 격리.소외되어 버렸다. 초중고 및 대학교육에서는 빠른 시간에 다소 부족하나마 온라인교육체계가 익숙해져가고 있지만 온라인 환경에 익숙하지 않은 노인들의 경우에는 노인복지관의 교육 및 여가 프로그램을 온라인으로 전달하기에 한계가 있다. 많은 전문가들이 앞으로도 언제든 제2, 제3의 코로나19가 발생할 수 있다고 경고하고 있는 상황이어서 포스트 코로나의 노인복지 서비스들도 비대면으로 전환할 채비를 갖춰 나가야 할 것이다.

따라서 포스트 코로나에는 4차 산업혁명 시대에 맞춘 노인보건복지서비스의 뉴노멀이 정착되어야 한다. 가장 중요한 것은 지역사회 내 복지시설들 간의 네트워크 구축과 여가복지의 온라인 전달체계를 마련하는 것이다. 지역사회의 다양한 복지이용시설들 간에 정보를 공유하고, 상호 협력을 위한 네트워크를 구축해야 한다. 또 시설 이용 중단 시 시설이 아닌 각자의 가정 내에서도 다양한 프로그램에 참여하거나 서비스를 받을 수 있도록 노인 여가 및 학습 프로그램에 대한 온라인 서비스 체계를 구축하고, 노인 전문 케이블방송 개설, 복지관 프로그램의 라이브 중계체계 구축 등에 대한 준비가 필요하다. 이를 통해 그동안 프로그램 질에 대한 논란이 있던 경로당 프로그램이나 노인대학 프로그램에 대한 새로운 표준 설정도 가능할 것으로 기대된다. 이를 위해서는 선행되어야 할 것은 그동안 우리 사회가 외면해왔던 노인을 위한 과학기술 개발 즉 제론테크놀로지(gerontechnology)에 대한 적극적인 지원과 투자이다. 또 불필요하고 구태에 가까운 각종 규제들에 대한 완화와 직군 간 집단이기주의에 대한 반성이 필요한 부분은 비단 이번에 문제가 되었던 원격진료에만 국한되지는 않을 것이다. 보다 대승적인 차원에서 미래를 선제적으로 대응할 필요가 있다.

마지막으로, 이번 코로나-19가 물러간 이후, 언젠가 또 다시 새로운 어쩌면 그

것들은 코로나-19보다 더 위험하고 무서운 감염병들이 발생할 가능성이 있다. 이번 코로나 사태로 인하여 우리는 많은 것을 잃은 반면, 또 많은 것을 배우고 뼈아픈 교훈을 얻기도 했다. 한 개인이나 집단의 문제가 전체 지역사회 혹은 국가의 문제로 어떻게 확대되는지, 한 세대의 무책임한 행동이 다른 세대의 안전에 어떻게 영향을 미치는지, 그러므로 우리 사회 구성원 한 사람 한 사람의 책임감과 협력이 얼마나 중요한지를 배웠다. 따라서 앞으로 다가올 초고령사회에 대비하기 위하여 실물 복지에 대한 대비도 중요하겠지만, 그 못지않게 초고령사회의 새로운 기준에 부합하는 새로운 시민교육이 필요하다. 전체 인구 중 1/5 이상이 노인인 초고령사회에서는 일부의 보건복지 전문인력 뿐 아니라 모든 사회구성원들에게 노인 및 노인돌봄에 대한 기본 지식과 이해가 필수적일 수밖에 없다. 노인과 더불어 모든 세대가 안전하고 행복한 초고령사회의 실현을 위해서는 모든 세대가 성숙한 시민의식을 가지고 서로 협력할 수 있어야 하며, 이를 위하여 초고령사회에 걸 맞는 뉴노멀의 민주시민교육체계 마련이 절실하다.

언젠가 코로나의 먹구름이 걷히고 화창한 포스트 코로나의 시간이 도래할 것이다. 그러나 더 중요한 것은 코로나의 아픈 기억을 잊지 말고 포스트 코로나 시대의 뉴노멀과 더불어 지금의 노인들이 그리고 앞으로 노인이 될 우리 모두가 보다 슬기로운 노년생활을 위해 노력해 나가야 한다.[107]

10. '스스로 준비하는 노후, 선택 아닌 필수'

낮은 출산율과 더불어 베이비붐세대의 노년층 진입, 평균수명 연장 등으로 우리나라는 OECD 국가 중 가장 빠른 인구구조변화를 경험하고 있으며, 2025년 초고령사회로 진입이 예상된다.

정부에서는 지난 2000년대 이후 우리 사회 고령화의 심각한 현실에 대처하기 위해 각종 제도를 도입하는 등 다양한 노력을 기울이고 있지만, 노인빈곤율은 38.9%(2020년 기준)로 여전히 OECD 1위라는 불명예를 안고 있다. 이는 이미 노인이 되고 난 이후 빈곤을 해소하고 삶의 질을 높이기 위해 노력을 기울이는 것은 노후문제의 해결을 위한 비용 대비 산출 효과가 크지 않음을 보여준다.

노년기는 모든 국민이 경험하게 되는 생애주기의 한 단계로 개개인이 살아온 생애과정의 다양성만큼이나 그 욕구도 다양하다. 특히 현 노인세대와는 다른 특성을 갖는 베이비붐세대(중장년층)의 노년기 진입이 시작된 상황에서 이들 욕구의 다양성은 보다 더 커질 것으로 예상된다. 현 시대 중장년층은 부모 부양과 자녀 양육에 대하여는 헌신하고자 하는 의무감을 공유하는 세대이다. 정작 자신을 위한 노후준비 여력은 거의 없지만, 자녀로부터 경제적 지원 역시 기대하기 힘들기 때문에 노후는 스스로 책임져야 한다는 인식이 증가하고 있다. 따라서 행복한 노년을 위해서는 무엇보다 국민 스스로 노년기에 진입하기 전에 자신의 노후생활에 대해 고민하고, 준비하는 적극적인 자세가 필요하다.

돈을 벌 수 있는 시기는 한정되어 있지만 소비 생활은 평생에 걸쳐 이루어진다. 노년기에는 은퇴로 소득이 중단되지만 지출은 꾸준히 이루어진다. 60세를 은퇴 시기를 봤을 때, 고령화로 인해 100세까지 살게 된다면 은퇴 후 수입이 없이 40년 동안 지출을 하면서 살아야 하기 때문이다.

개인에 대한 맞춤형 노후준비서비스를 체계적으로 지원하기 위해 2015년에는 '노후준비지원법'이 제정돼 시행됨으로써 국민들의 노후준비를 위한 공적 지원의 토대가 마련됐다. 법적 토대가 마련되고, '노후준비 지원에 관한 기본계획'이 수립됐지만, 이는 선언적인 정책적 접근일 뿐 아직 구체적인 실행방안을 담고 있지는 못하다. 이와 같이 법을 만들고, 기본계획을 수립다고 노후준비가 해결되는 것이 아니다. 노후준비지원정책이 정책목표를 달성하기 위해서는 인프라와 인적 및 물적 자원이 확보돼야 한다. 이는 관련 부처와 기관, 정책결정권자들의 노후준비지원정책에 대한 이해와 추진력에 달려있다.

☞ 노후준비란 노인 연령이 되기 전 '준비' 하는 것

노후준비지원법 제2조에서는 노후준비에 대해 '노년기에 발생할 수 있는 빈곤·질병·무위·고독 등에 대해 사전에 대처하는 것' 이라고 명시하고 있다. 즉, '노인이 되기 전인 중장년층이 노후에 필요하다고 예상되는 삶의 영역들을 미리 계획하고 준비해 성공적 노후생활에 대비하는 것' 이라 할 수 있다.

이처럼 노후준비는 노년기에 진입해서 준비하는 것이 아니라, 노인복지법에서 정의하는 노인연령 65세가 되기 전에 말 그대로 '준비'를 하는 것이다. 그러면 무엇을 준비해야 하는가? 노후준비는 학문분야와 학자들에 따라 다양하게 정의하고 이해되고 있는데, 대체로 경제적인 측면에서의 노후준비 뿐 아니라 신체적, 정서적, 사회적 노후준비로 구분하고 있다.

경제적 노후준비는 노년기에 갖춰야 할 경제적 수준에 대한 합리적이고 실현가능한 판단에 따라 노후자산을 마련하고, 경제적 독립성을 확보하기 위해 준비하는 것이다. 신체적 노후준비는 노후에 가장 중요한 요소이며, 건강을 잃게 되는 것이 노후생활에서 가장 걱정되는 부분이기 때문에, 신체적 노후준비는 평소에 건강을 유지하기 위해 얼마나 노력하는지를 의미한다. 정서 및 사회적 노후준비는 정서적으로 의지할 수 있는 가족, 친구와의 관계를 군건히 하거나 여러 사람과 어울리는 활동을 많이 하며 사회적 영역을 준비해 나가는 것을 의미한다. 노년기의 정서적 상실감과 사회적인 고립은 노후생활의 삶의 질에 영향을 끼치므로 정서·사회적 노후준비는 더욱 중요시 되고 있다.

이와 같이 노년기의 성공적 노후를 위해서는 경제적 측면만이 아닌 다양한 측면에서 노후준비가 이뤄져야 할 것이다. 특히 신체적, 경제적, 정서·사회적 노후준비는 노년기에 계획을 세우는 것이 아니라 중년기부터 계획하고 실행을 해야 하는 만큼 중장년층 노후준비의 필요성이 크다고 할 수 있다.

노후준비의 개념을 종합하면, 신체적으로 건강한 생활을 유지하고, 적극적이며 다양한 사회 활동 참여를 통해 사회적 관계를 유지하며, 은퇴 이후 경제적 노후준비대책을 마련하는 것이 중장년층의 노후준비일 것이다.

노후준비는 무엇보다 국민 스스로 자신의 노후생활에 대해 적극적으로 생각하고, 준비하고 임하는 자세가 필요하다. 뿐만 아니라 노후준비서비스는 대한민국 국민이라면 누구나 거주지 가까운 곳에서 제공받을 권리가 있다. 그러나 노후준비서비스는 여전히 임금근로자에 중점을 두고 있어 자영업자 및 소상공인, 프리랜서 등은 제도적 관심을 받지 못하고 있다.

☞ 중장년 근로형태별 노후준비 인식 및 현황
이러한 이유로 필자는 국민노후보장패널조사 데이터(국민연금공단 국민연금연구원)를 활용해 서울시 중장년 근로형태별로(상용직, 임시·일용직 임금근로자, 자영업자, 소상공인, 프리랜서) 노후준비를 어떻게 인식하고 있는지 그 현황을 분석해 봤다.

서울시 중장년층이 인식하는 노후시작연령은 평균 68.3세로(전국 중장년층 69.3세), 근로형태 중 자영업자가 인식하고 있는 노후시작연령(69.1세)이 가장 높은 수준이었다. 아직 현직에 있는 중장년이 예상하는 은퇴연령은 평균 67.6세이고, 자영업자(69.9세) 및 소상공인(69.8세)이 가장 늦게 은퇴할 것이라고 예상했는데, 이는 자영업자 및 소상공인이 인식하고 있는 노후시작연령과 유사하다.

노후생활비 준비여부에 대해 서울시 중장년층은 평균 50.7%가 준비했다고 응답했지만(전국 47.5%), 프리랜서는 44.7%, 임시직 및 일용직 임금근로자는 42.3%에 불과했다. 노후생활비 마련방법은 평균 60.8%가 국민연금이었고, 자영업자 및 소상공인은 16.7%가 부동산을 통해 마련한다고 응답했다. 적정한 개인 노후생활비에 대해 서울시 중장년층은 월 평균 2,043,000원이라고 인식했으며, 그 중 임시직 및 일용직 임금근로자는 1,878,000원, 프리랜서는 1,923,000원으로 평균 이하로 인식하고 있었다.

사회적 관계(이웃, 친구, 가족, 형제 및 자매, 부부)에 대해서는 임시직 및 일용직 임금근로자와 프리랜서가 다른 근로형태에 비해 취약했고, 상용직 임금근로자는 좋은 편이었다. 근로형태별로 사회참여활동(평생교육, 사회공헌, 사회봉사 등)은 대체로 모두 낮은 편이지만, 그 중 자영업자 및 소상공인은 취약한 편이었으며, 건강 노후준비 또한 자영업자 및 소상공인이 좋지 않은 편이었다.

서울시 중장년 근로형태별로 정부에 원하는 노후대책을 살펴보면, 자영업자 및 소상공인의 41%가 건강 및 의료를 중요시 했는데, 건강관련(신체적 및 만성질환, 정신적) 노후준비가 좋지 않은 집단이기 때문으로 분석할 수 있다. 그리고 상용직 및 임시직 및 일용직 임금근로자, 프리랜서의 약 30%이상이 은퇴 후 일자리의 중요성을 언급했다.

이와 같은 재무적(경제적)인 비재무적(사회적 관계, 건강, 사회참여활동 등)인 노후준비는 노년기에 진입해서 바로 준비되는 것이 아니다. 노후를 대비한 자금과 사회적 관계, 건강 등은 퇴직 전에 얼마나 노후준비를 잘 했는가에 의해 영향을 받는다. 한국보건사회연구원의 연구결과에 의하면 노후준비를 시작하기에 적당하다고 생각하는 나이는 평균 40.2세로 나타나고, 노후준비를 시작하기에 적정한 시기는 직장이 생길 때(36%) 즉, 일과 가정이 안정되기 시작될 때부터 바로 시작하는 것이 노후준비라는 것이다.

노후준비지원 정책은 다른 나라에서 좀처럼 찾아보기 힘든 우리나라 특유의 정책이다. 제대로 추진된다면 노후준비지원 정책을 통해 높은 노인빈곤과 노인자살이라는 불편한 고령화 현실의 해법을 찾을 수 있을 것이다.

노후준비지원에 관한 법이 제정되고 시행에 들어감으로써 국민들의 노후준비지원을 위한 가장 기본적인 토대는 구축됐다. 그러나 앞서 언급했듯이 법을 만들었다고 모든 것이 해결되는 것은 아니다. 노후준비지원 정책이 유명무실한 정책으로 막을 내리지 않으려면 최소한의 인프라와 토대가 구축되어야 하며 이에 필요한 물적자원이 확보돼야 한다. 물론 우리나라의 재정여건에서 새로운 자원을 확보하기는 쉽지 않다. 그렇기에 그 어느 때보다 정책결정권자들의 적극적인 대응이 절실하다.[108]

11. 다가올 노년의 삶을 위하여

세월을 오래 살면 남은 앞길쯤은 훤히 내다보일 줄 알지만 더 막막해진다.

은퇴 후 노년의 삶, 어떻게 지내야 잘사는 삶이 될까? 나이를 먹으면, 그것도 예순을 넘어서면 나는 내 노년의 삶이 훤히 내다보일 줄 알았다. 그런데 막상 예순을 넘어서니 앞날이 더 막막해졌다. 남은 세월이 얼마나 된다고 걱정하느냐는 사람도 있지만, 저녁녘 그림자처럼 인생의 노년이 무척 길어지지 않았는가. 죽는 날까지 소명을 다한 후 보람되게 생을 마쳐야 할 텐데…

작자 미상의 〈어부의 기도〉라는 시다.

> 주님, 저로 하여금 죽는 날까지 물고기를 잡을 수 있게 하시고,
> 마지막 날이 찾아와 당신이 던진 그물에 내가 걸렸을 때
> 바라옵건데 쓸모없는 물고기라 여겨 내던져짐을 당하지 않게 하소서.

고대 로마의 웅변가이자 정치가였던 키케로는 『노년에 관하여』라는 책에서 시간을 뛰어넘는 지혜를 전하고 있다.

영혼이 육욕, 야망, 갈등, 언쟁 같은 수많은 열정과의 전투를 끝내고 돌아와 자기 안에서 살 수 있다는 것은 정말로 멋진 일이 아닐 수 없네. 지식과 배움에 몰두하는 여유로운 노년만큼 인생에서 만족스러운 시기는 없네. 스키피오, 나는 자네 부친의 친구인 가이우스 갈루스가 하늘과 땅을 관측하는 모습을 자주 보았네. 그는 지난밤에 지도 그리는 일을 시작했다가 다음 날 아침 해를 보고 놀란 적이 한두 번이 아니었네. 또 동틀 무렵에 시작한 일을 하다 갑자기 밤이 된 것을 깨닫고 놀란 적도 한두 번이 아니었네. 아직 일어나지도 않은 일식과 월식이 언제 일어날 것이라고 우리에게 말하면서 어찌나 즐거워하던지.

지식과 배움에 몰두하는 여유로운 노년! 무언가에 쫓겨서 하는 게 아니라 정말 하고 싶어서 밤을 세거나 온종일 몰두한다는 거다. 지혜에 몰두하면서 여유를 찾는다니 참으로 멋있지 않는가? '일로부터의 자유'가 아닌 '일할 자유'를 얻는 것이 진정한 은퇴라는 말이 새삼 다가온다.

내가 풀타임 직장에서 은퇴한 것은 64세 때다. 그 후 2~3년 동안은 현직의 그늘이나 향수에서 벗어나지 못했던 것 같다. 40년 넘게 직장생활을 했으면 그만 물러나 쉬겠다는 생각이 들만도 한데, 오랫동안의 관성 때문인지 그렇게 잘 되질 않았다. 현직 때와 마찬가지로 지위를 탐했고, 점진적 은퇴라는 이유를 둘러대면

서 그럴듯한 자리를 원했다.

시골로 내려가서 땅의 결실을 맞보고 싶은 생각이 들기도 했다. 채소를 기르고 꽃을 가꾸면서 사는 것도 노년에 어울릴 일로 여겨졌기 때문이다. 대지의 수분과 태양의 열기를 받아 달콤하게 익어가는 과일 향기를 맞아보는 것도 좋을 것 같았다. 자연과 함께하는 데서 기쁨을 느낀 사람들이 늙어간다고 불행할 수 있겠는가? 여름에 나무그늘이나 시냇물로 몸을 식힐 수 있는 곳이 시골 말고 어디 있겠는가? 하지만 현실에 얽힌 이런저런 사정 때문에 용기를 내지 못했다.

은퇴한지 4~5년이 지난 지금, 이제야 '몰두하면서 여유롭게 지낼 일'이 자리 잡혀가고 있다. 바로 '글쓰기'다. 책을 읽고 글 쓰는 것이 제법 익숙해졌고, 재미도 있다. 주제는 은퇴와 노년에 관한 이야기다. 주제의 확장을 생각해 보지만 아직까지는 이 정도에 만족한다. 글쓰기는 내 존엄성을 확인하는 작업이기도 하지만, 쓴 글이 내 삶의 지표가 된다. 쓰고 읽고 고치고 하면서 자연스럽게 노년의 바른 삶을 생각하게 된다. 남의 책을 읽어서 머리에 인식될 수도 있지만, 내 생각으로 정리하면 가슴에 깊이 새겨지는 것을 느낀다.

신문에 기고를 하고 SNS를 통해 소통도 한다. 쓴 글을 모아 책도 발간하고 있다. 지금 나의 인생비전은 '100만 명에게 영감 주는 작가되기'다. 그게 언제 실현될지는 잘 모른다. 설사 실현되지 않아도 괜찮지만 부정적인 생각은 하지 않는다. 젊었을 때 재능을 보인 적도, 글을 써본 경험도 없다. 하지만 은퇴 후 삶의 방향을 찾고 일할 자유를 찾다보니 이것이 내 노년의 삶에 들어앉게 된 것이다.

은퇴자 여러분들에게 기도하겠다. 다음의 '켈트족 기도문'으로.

당신 손에 언제나 할 일이 있기를.
당신 지갑에 언제나 한두 개의 동전이 남아 있기를.
당신 발 앞에 언제나 길이 나타나기를.
바람은 언제나 당신의 등 뒤에서 불고
당신의 얼굴에는 해가 비치기를.[109]

VIII. 우리다움을 함께 해라

중년기(middle age, 中年期)의 자전적 의미는 '노년이 시작되기 직전의 인간의 성년기'이다.

중년기를 가리키는 연령은 어느 정도 임의적이고 사람마다 다르지만 일반적으로 40~60세로 규정하고 있다. 중년에 이른 사람이 겪는 생리적·심리적인 변화는 신체적인 능력의 점차적인 쇠약과 자신의 죽음에 대한 자각을 중심으로 나타난다. 중년기에는 미래에 대한 기대보다 과거에 대한 추억과 회상에 점점 몰두하게 됨에 따라 과거·현재·미래의 상대적인 영향력이 바뀌게 된다. 건설적으로 중년기를 맞는다면 만족스럽고 생산적인 노년을 준비할 수 있다.

중년(中年)또는 중장년이라고도 하며 인간의 인생에서 장년에서 노년사이의 단계를 이르는 말이다. 청년에서 중년사이를 일컫는 장년(壯年)과 달리 행정에서 길어진 수명을 의미하는 장년(長年) 또는 50플러스세대(50+세대)라고도 한다.

콜린스 사전에 따르면 중년은 일반적으로 대략 40~59세 사이의 나이의 사람으로 간주한다.[110] 옥스포드 영어 사전 현대판은 유사한 정의를 제공하지만 더 짧은 기간으로 정의한다. (성인기 전반부터 노인 사이의 생애, 일반적으로 약 45세에서 64세 사이) 미국 인구 조사는 중년을 35~44세와 45~54세 나이대로 분류하지만 저명한 심리학자 에릭 에릭슨은 40~64세를 중년으로 정의했다.[111]

미국 정신의학회의 표준 진단 매뉴얼인 정신질환 진단 및 통계 편람(DSM)은 과거에 중년을 40~59세 사이로 정의하곤 했지만 1994년 4차 개정판에서는 최대 50~64세로 정의를 개정했다. 대한민국의 국어사전에서는 중년을 40~50대 안팎의 나이대로 간주한다.[112]

하지만 사실, 인간의 네번째 과정인 중년은 50세~64세이다. 최근은 고령화와 함께 호모헌드레드 시대가(100세 시대)가 도래함에 따라 50+세대(만40세~69세, 50플러스세대)라고도 한다. 현재는 주로 1955~1963년생 베이비부머 세대가 주를 이루고 있다.

우리다움은 자기다움과 너다움의 정보를 제공하는 것보다 구성원이 함께 만들어갈 수 있는 환경에 주목해야 한다. '우리다움'은 자연스럽게 규율과 규칙, 즉 해야 할 것과 하지 말아야 할 것을 정리하며, 조직에서 매번 말하지 않아도 공유되는 암묵지 같은 조직 문화로 정착되어야 한다.

어떻게 자기다움을 기반으로 한 우리다움을 만들 수 있을가? 무엇이든 '내 곳'이라는 생각이 들려면 자발적인 '참여'가 필수이다. 아무리 잘 만들어진 계획이나 아이디어라 할지라도 그것이 스스로 생각해낸 것이 아니라 외부에서 주어진 것이라면 구성원의 참여를 이끌어내기는 쉽지 않다. 세계은행의 지식경영 책임자인 스티븐 데닝(Steve denning)은 구성원들에게 변화를 촉구하는 새로운 지식은 '주어지는 것'이 아닌 '자발적으로 자신의 것'이 되었을 때 실행을 위한 행동으로 나타난다고 했다.

우리다움을 위한 첫 번째 조건은 구성원의 자발적 참여다. 새로운 지식에 대한 깊은 이해와 실천 과정에서 구성원들의 상상력과 의견 등이 반영될 때 우리다움은 더욱 공감될 수 있다.

1. 너 이기고, 나 이기는 우리다움

너 이기고, 나 이기는 우리다움은 '공생관계에서 시작해야 한다. 태초부터 인간은 먹이가 되는 동물을 사육하고 식물을 경작하지 않고, '너 죽고 나 살기' 식으로 수렵과 채집만을 일삼았다. 그러나 약 1만 년 전부터 인간은 먹이가 되는 동식물을 사육 혹은 경작함으로써 그들과 '공생관계'를 만들었다. 또한 인간의 지적 수준이 높아지면서 인간의 삶은 단순한 음식 취득의 수준을 넘어 인간성(Humanity)과 도덕성(Morality)을 생각하는 높은 철학적 영역으로 발전했다. 이를 위해 인간과 인간 사이, 인간과 조직 사이의 '공생관계'를 창조하기 시작한 것이다. 그러나 인간은 끊없는 욕망을 가진 존재이다. 인간의 욕망이 이윤 극대화로 이어지면서 결과적으로 성과주의가 나타났다. 이는 자기다움의 말살을 초래했다. 조직에서 우리다움을 실천하는 것은 '너 이기고, 나 이기는 공생관계'를 다시 복원하는 것이다.

2. 지행격차를 줄여라

누구나 한번쯤 말로는 실행해야 한다고 했지만, 실제로 행동하지 못했던 경험이 있다. 이렇듯 '말하는 것'과 '행동하는 것'은 하늘과 땅 차이이다. 그래서 우리의 말과 행동이 일치하는 사람을 행동하는 지성인, 진실한 사람 혹은 진정성 있는 사람이라고 말한다.

우리다움을 만들기 위해서는 말과 행동이 일치하는 사람이 필요하다. 하지만 현실은 자신의 입장이나 이익 때문에 말과 행동이 다를 때가 종종 있다.

제프리 페퍼(Jeffrey)와 로버트 서튼(Robert l. Sutton)교수는 『생각의 속도로 실행하라』에서 조직 내 지행격차(知行隔差, The Knowing-Doing Gap)가 발생하는 5가지 원인에 대해 말했다.

첫째, 말이 행동을 대체할 때이다.
둘째, 기억이 생각을 대체할 때이다.
셋째, 두려움이 지식을 행동으로 옮기는 것을 방해할 때이다.
넷째, 비생산적인 평가가 올바른 판단을 방해할 때이다.
다섯째, 지나친 내부 경쟁으로 친구를 적으로 만들 때이다.

그렇다면 지행 격차를 어떻게 극복할 것인가? 해결 방법은 실행을 통한 학습의 가치를 부각시키는 것이다. 즉 실제 과업을 수행하면서 새로운 지식을 습득하는 노력을 기울이는 것만이 아는 것과 행하는 것 사이의 격차를 줄이는 길이다. 물론 현실적으로 완벽한 지행 일치(知行一致, 지식과 행동이 한결같이 서로 맞음)는 불가능하며, 다만 지행 격차를 얼마나 줄이느냐가 조직의 역량 차이의 관건이 된다.

제프리 페퍼(Jeffrey)와 로버트 서튼(Robert l. Sutton)교수는 아는 것을 하는 것으로 바꿀 수 있는 8가지 실행의 지혜를 제안했다.

① '어떻게' 보다 '왜' 철학이 중요하다. 즉 그 일을 '어떻게 하는 것' 보다 '왜 그 일을 하는지' 인식하는 게 중요하다.

② 실행하고 도 다른 이들에게 그 방법을 가르치면서 지식을 얻는다.

③ 세련되고 우아한 계획과 개념보다 행동이 더 중요하다. 실수하는 것보다 시도하지 않는 것이 더 잘못된 일이다.

④ 실수 없는 행동은 없다. 실수에 대한 연착륙을 허용하라. 또한 실수를 해도 두려움을 주는 것보다 실수로 인한 배움을 더 높이 생각하라.

⑤ 두려움이 지행 격차를 조장한다. 그러므로 두려움을 몰아내라. 실패가 학습 기회를 제공하므로 실패를 벌하지 않는 조직 문화가 자리 잡혔을 경우에만 신속하고 책임 있는 결정이 가능하다.

⑥ 내부 경쟁을 피하고 협력을 촉진하라. 조직 내의 경쟁을 부추기기보다 조직 내 팀을 이루어 타 경쟁사와 경쟁하도록 하라. 내부 경쟁은 친구를 적으로 만드는 길이다.

⑦ 지식을 행동으로 바꾸는 데 중요하고 도움이 되는 것에 초점을 맞추어 평가하라. 프로세스의 결과가 아닌 과정을 측정하는 것이 바로 실행 가능한 도움이다.

⑧ 리더가 무엇을 하고, 어떻게 시간을 보내며, 어떻게 자원을 배분하느냐가 중요하다. 현장을 이해하고 행동하는 리더의 존재가 꼭 필요하다. 리더가 환경을 만들고, 규범을 강화하여, 말이 아닌 행동을 통해 다른 이에게 무엇을 얼마나 기대하고 있는지 알려준다.

지행 격차(知行隔差, 아는 일과 행하는 일에서 빈부, 임금, 기술 수준 등의 동떨어진 차이)를 일으키는 핵심 원인은 과거의 인식적 한계가 만들어 내는 자신의 낡은 신념이다. 설령 새로운 깨달음이 있었다 하더라도 자신의 신념을 바꿀 수 있을 만큼의 혁신적인 것이 아니라면 과거 관행에서 벗어날 수 있을 만큼 강력한 행동의 동기를 만들어 내지 못한다. 또 그것이 만일 과거 신념과 정면으로 배치되는 것이라면, 자신을 지키려는 강박적 행동들이 나타난다. 다시 말해 자기 정체성을 지키고자 하는 심리적 보수성이 지행 격차를 불가피하게 만드는 것이다. 그래서 이 지행 격차를 줄이고자 한다면 자신의 낡은 신념을 부수고 기꺼이 새로 쌓을 수 있는 것보다 근원적인 자기 학습이 필요하다.

마지막으로 피드백 시스템(feedback system, 교육에서 진행된 행동이나 반응의 결과를 당사자에게 알려 주는 시스템)이 필요하다. 한번 일어난 일이나 행동을 바탕으로 앞으로 할 행동이나 일에 참고함으로써 생각과 행동의 차이를 줄일 수 있기 때문이다. 그래서 피터 드러커(Peter Ferdinand Drucker)는 '역사상 알려진 유일하고도 확실한 학습 방법은 피드백이다.'라고 했다.

한편, 칭찬이 아닌 피드백(feedback, 어떤 행위의 결과가 최초의 목적에 부합되는 것인가를 확인하고 그 정보를 행위의 원천이 되는 것에 되돌려 보내어 적절한 상태가 되도록 수정을 가하는 일)을 원하는 것은 고치려는 자세가 되어 있다는 뜻이기도 하다. 피드백을 통해 지나침을 알아야 적당함을 알 수 있고, 부족함을 알아야만 충분함을 알 수 있다. 그래서 우리다움(자기와 함께 자기와 관련되는 여러 사람을 다 같이 가리킬 때, 또는 자기나 자기편을 가리킬 때 쓰는 말) 조직을 만들기 위해서는 부족함과 지나침을 모두 경험해야 한다.

3. 완벽주의 성향을 버리고 감정을 말로 표현해라

피터 드리커(Peter Drucker)는 완벽주의에 대해 "우리가 살아가는 동안 완벽은 언제나 나를 피해갈 테지만 그럼에도 불구하고 나는 끊임없이 완벽을 추구하리라."고 말했다. 그는 인생에서 완벽이란 존재하지 않지만 그것을 위해 끊임없이 노력하는 것이 삶의 본질임을 강조했다.

인간은 사회적으로 혹은 자신의 일에서 성공하기 위해 완벽을 추구한다. 그러다 보면 불완전하고, 약하고 깨지기 쉬운 마음의 요소들은 숨겨지고 억압되어 무의식의 그림자가 된다. 완벽해지고자 하는 야망을 쫓아가는 데 방해가 되는 것이라면 무엇이든 억압한다. 가장 싫어하는 것, 그렇게 되고 싶지 않은 것, 그래서 절대 받아들일 수 없는 특성에 해당하는 것이 마음속 깊은 곳에서 그림자가 된다.

인간은 나이가 들어 관대함이 필요할 때도 완벽주의를 버리지 못하면 심리적 위기를 경험한다. 완벽주의를 타인에게, 특히 주변 사람들에게 강요하는 경우는 더 큰 재앙이 되기도 한다.

이렇게 되면 다른 사람의 사소한 실수나 잘못을 그냥 넘기지 못한다. 그래서 폭발적으로 화를 내거나 분을 삭히지 못하면 다른 사람들은 오히려 그를 이상하게 여기게 된다. 인정하기는 싫지만 인간이라면 떼어낼 수 없는 불완전성을 무시했기 때문에 이런 상황이 발생하는 것이다. 내면의 그림자를 외부로만 돌린다면 마음의 고통에서 영원히 자유로워질 수 없다.

우리는 본질적으로 불완전한 존재이다. 인간은 누구나 실수와 실패를 반복한다. 누구도 불완전함, 완벽하지 않음에서 자유로울 수 없다. 절대적 완성이라는 표현을 사용하는 일은 현실에서 일어나지 않는다. 인간은 결코 완벽에 이를 수 없다.

하지만 이런 인간의 한계를 딛고, 자꾸만 완벽해지라 하니 죽을 맛이다. 세상은 어떠한가? 완벽하지 않은 것은 마치 모든 것이 실패인 양 간주해 버린다. 최선을 다하고도 완벽하지 않다는 것을 깨닫는 순간 좌절감을 느낀다.

인간은 불완전하지만 동시에 완벽에 대한 열망을 누구나 갖고 있다. 현재를 살면서 느끼는 불완전함을 보충하려는 지칠 줄 모르는 욕망을 갖고 있다. 하지만 인간은 나이가 들어도 여전히 어린아이 같고 미숙하며, 불완전하고 미완성이며, 쉽게 상처받고 아파하는 속성을 완전히 떨쳐버릴 수 없다.

자신을 이해하고, 약하고 싫은 면까지 받아들이면 인간은 자유로워진다. 나는 완벽하지 않다고 그냥 솔직하게 인정하는 것, 그리고 누구에게도 완벽을 강요하지 않는 것. 노년은 이런 마음의 철학이 필요한 때이다.

스트레스(stress, 적응하기 어려운 환경이나 조건에 처할 때 느끼는 심리적, 신체적 긴장 상태)나 마음의 고통이 몸의 기능을 변하게 하고 심한 경우 신체적 질병까지 일으킬 수 있다는 것을 우리는 잘 알고 있다. 하지만 몸이 너무 아파 고통스러우면 도저히 마음의 문제만으로 이렇게 힘들 수는 없다고 부정하게 된다.

세상에는 아무 이유 없이 생겨나는 일은 없다. 몸이 아프고 힘들 때 신체적으로 아무런 원인이 없다면 몸만 들여다보지 말고 마음도 들여다보면 좋겠다. 어떤 이유로든 마음이 불안해지고 우울해지면 신체의 감각이 평소보다 더 예민해진다. 평소라면 느끼지도 못했을 사소한 감각까지도 신경을 거스르게 된다. 그래서 약간만 몸이 이상해도 민감하게 반응한다. 스트레스나 심리적 문제로 인해 이렇게 신체적 통증이 생기는 겨우를 '신체형 장애' 라 한다. 일반작으로 알려진 '신경성 장애' 라 하는 것이 여기에 포함된다. 신경성 위장염, 신경성 두통도 신체형 장애에 속하는 정신과적인 문제이다.

신체가 병들었거나 보호가 필요한 부분이 있다는 것을 알려주는 것이 통증이다. 또한 몸의 통증은 마음이 병들었다는 것을 알려주는 신호이기도 하다. 우울하고 불안할 때, 그것을 마음으로 알아차리기도 하지만 몸으로 느낄 때가 더 많다. 스트레스를 받으면 머리가 아프고 뒷골이 땅기고, 소화가 되지 않는 것 등은 누구나 경험했을 것이다.

몸에서 보내는 감정의 메시지를 느꼈을 때 "몸에 무슨 문제가 있나? 뇌출혈이 오면 어쩌지?" 하며 피상적인 원인에만 매달리면 안 된다. 이런 경우, 오히려 생각의 덫에 빠져 헤어나오지 못할 수 있기 때문이다. 이런 증상은 이성적으로 따져서는 문제의 원인이나 해결책을 찾을 수 없기 때문에 끊임없는 의심 속으로 빠져들 수 있다. 아무리 생각해봐도 풀리지 않기 때문에 나중에는 절망에 빠지게 된다. '세상에 어떤 의시도 내 문제를 해결해 줄 수 없구나.' 하고 말이다.

신체적으로는 아무런 원인이 없다는 진단을 받았는데도 통증이나 몸의 기능에 이상이 없다면 스트레스나 정서적 요인을 들여다보는 것만으로도 도움이 된다. 마음이 아픈 것을 억압하면 그것이 신체화 되어 나타나게 된다. 억압된 감정이나 표현하지 못했던 걱정들이 있는 그대로 드러나면 신체화 증상은 사라진다. 숨겨진 생각과 감정을 말로 표현하면 그것이 더 이상 몸으로 나타날 필요가 없어지기 때문이다.

4. 할머니의 힘

스무 살이 되기 전까지 내가 가장 사랑했던 사람은 외할머니였다. 지방에 있는 장남과 살면서 한 계절씩 서울에 사는 자녀들의 집을 순회했던 외할머니가 우리 집에 머무는 기간은 고작 일 년에 이삼 주였지만, 지금도 할머니의 따뜻함을 잊을 수가 없다. 엄마에게 혼날 때면 등 뒤나 치마 속에 숨겨주셨고, 함께 잘 때는 부드럽게 배를 쓸어주셨다. 강원도 분이라 그런지 여름에는 콩국물을 먹어야 건강하다는 철석같은 믿음으로 비릿하고 찝찔하던 그것을 억지로 떠먹이셨다.

추석연휴 때 텔레비전에서 특선영화 〈미나리〉를 보면서 오랜만에 돌아가신 외할머니 생각을 했다. 영화에 나온 외할머니(윤여정)는 딸, 사위와는 거의 대화하지 않고, 자신을 낯설어하는 어린 손주와 주로 이야기를 나눈다. 심장병을 앓는 손주에게 짧은 영어로 "스트롱 보이, 스트롱 보이"라 하고, 개울가로 데려가 한국에서 가져온 미나리씨를 뿌리며 미나리가 얼마나 몸에 좋은지 설명한다. 영화는 이민 가정의 지독한 어려움과 가족 해체의 위기를 그렸는데, 그래도 기쁜 장면은 할머니의 염원대로 손주의 심장병이 나아지는 것이다.

윤여정과 아카데미영화제 여우조연상을 놓고 마지막까지 경쟁했던 후보는 미국영화 〈힐빌리의 노래〉에서 할머니로 나온 배우 글렌 클로즈다. 이 영화는 〈미나리〉와 마찬가지로 손주를 살리는 외할머니 이야기다. 실화에 바탕을 둔 영화의 주인공이 사회적 성공이 보장된 아이비리그 로스쿨 학생이 되기까지 외할머니는 숱한 어려움 속에서도 미혼모에다 마약중독자인 딸로부터 손주를 지켜준다. 주인공의 어머니가 자립하지 못하는 이유는 어렸을 때 알코올중독자였던 자신의 아버지에게 당한 폭력 때문이다.

지난해 나온 두 영화가 외할머니를 구원자로 세우면서 대중과 평단의 지지를 얻은 것은 우연이 아니다. 코로나19로 전 세계가 삶과 죽음의 경계를 넘나들던 시기, 우리에게 생명을 준 어머니의 어머니라는 기원을 찾아가는 일이 자연스럽다. 그들이 우리를 품에 안고 보호해주던 시절을 회고하면서 마음의 안정을 되찾을 수 있다. 영화사를 보면, 국가와 사회의 고난 뒤에는 강하고 자애로운 아버지가 등장해 질서를 회복하고 가족을 보존하는 내러티브가 이어져왔다. 가부장제 이데올로기라 비판할 수도 있지만, 강자에게 의존하고 싶은 인간의 본능적 충동에 호소하는 측면이 있다. 이제 그 질서는 수구가 아니라 새롭고 평등하며 개방된 것이어야 한다.

추석연휴 다음날인 23일, 미래세대를 지켜주기 위해 그들과 함께하겠다는 '노

222 꿈꾸는 노년은 없다

인'들의 선언이 나왔다. '60+기후행동'으로 우선 시민 522명과 성베네딕도회 올리베따노 수녀회 수녀 106명 등 628명의 서명을 받아 준비모임을 출범시켰고, 정식 창립될 때까지 더 많은 이들의 참여를 기다린다. 박승옥 햇빛학교 이사장, 윤정숙 녹색연합 상임대표, 이경희 환경정의 이사장, 안재웅 한국YMCA전국연맹 재단이사장, 유정길 불교환경연대 운영위원장, 이문재 경희대 교수 등이 논의에 참여했다. 2019년 9월 지식인·연구자 664명이 정부의 기후대응을 촉구하는 선언을 한 적이 있지만, 이번 선언은 '노인'이라는 세대 정체성과 일상에서의 꾸준한 활동을 내세웠다. 노년층이 주도하는 환경운동, 이른바 '그레이 그린'의 시작이다.

"어린아이와 눈을 맞추기가 힘듭니다. 청년들에게 꿈이 무엇이냐고 묻지 못하겠습니다. 어르신들께 안녕하시냐는 인사조차 건네기 어렵습니다. … 어쩌다 미래가 사라지게 된 것일까요. 어쩌다가 물려받은 것조차 그대로 물려줄 수 없는 지경에 이른 것일까요. … 원인은 한 가지입니다. 우리 인간, 아니 우리 오만과 탐욕, 무지와 무절제 탓입니다. 보십시오. 전 세계 청소년들이 등교를 거부하고 거리로 나섰습니다. 청년들이 국가와 정치를 향해, 기업과 학교를 향해, 부모와 기성세대를 향해 빼앗긴 미래를 돌려달라고 외치고 있습니다."

60+는 아직 '노인'이라 하기에는 젊지만, 10대 청소년과 20대 청년들의 할머니, 할아버지가 되길 자임했다. 이들은 모든 기성세대가 성장의 과실을 누린 것은 아니지만, 산업사회를 주도했고 절망적 환경을 후대에 물려주게 된 만큼 문제의 심각성을 아직 깨닫지 못하는 기성세대의 잘못을 반성하는 일부터 시작해야 한다고 말했다. 이제 시간, 인맥, 경제적 여유까지 가졌으므로 젊은이들과 더불어 생태사회로의 전환을 위해 목소리를 높이고 정치·경제의 주도세력을 압박하며 지역사회에서 할 일을 찾아보겠다고 다짐했다. 손주세대를 살리겠다는 할머니, 할아버지의 지혜와 인내를 기대한다.[113]

5. 양생이 필요해

양생을 인문학공동체의 새로운 비전으로 삼자고 했을 때 친구들의 반응은 신통치 않았다. 스피노자를 1년 동안 강도 높게 읽어보자거나 사서를 원문으로 강독해보자고 했을 때의 호응과는 사뭇 달랐다는 이야기다. 무엇보다 양생이라는 단어가 낯설다고 했다. 양생이라 하면 시멘트 양생이 먼저 떠오른다나? 믿을 수가 없었다. 주변 청년에게 물어봤다. 양생이라는 단어 아니? 뭐가 떠올라? 돌아오는 대답은, "후학 양생요?"였다. 맙소사! 양생이 낯선 단어가 맞는구나. 조용히 정정해줬다. "음, 후학은 양생(養生)하는 게 아니고 양성(養成)하는 거야."

나아가 양생이라는 단어가 풍기는 뉘앙스도 문제였다. 그것은 넘쳐나는 건강정보, 운동처방들과 진짜 다른 것일까? 그것은 습관의힘, 행동변화플랫폼, 데일리챌린지, 미라클루틴, 페이백 같은 해시태그와 확실히 구별되는 것일까? 작년에 함께 공부했던 후배는 양생이 신자유주의적 자기계발과 어떻게 다른지 모르겠다는 푸념을 일 년 내내 쏟아냈다. 작지만 밀도 있는 인문학공동체를 지향하는 곳에서 갑자기 웬 양생? 혹시 퇴행 아닐까?

솔직히 말하면, 7년 전 한순간의 결정이 내 인생을 꼬이게 하지 않았다면, 나역시 양생 따위는 생각조차 하지 않았을 것이다. 당시 혼자 살던 엄마가 한밤중에 화장실에서 낙상하셨는데 뭔가 심상치 않았다. 병원에서는 외상도 문제지만 넘어진 이유가 훨씬 중요하다면서 미끄러진 건지, 잠시 정신을 잃은 건지 물었는데 엄마는 아무것도 기억하지 못했다. 그뿐만 아니라 병원에 입원해 있는 몇 달 내내 엄마는 절망, 분노, 자기연민, 우울을 오락가락하면서 자신과 다른 사람을 함께 괴롭혔다. 퇴원 후 다시 혼자 지내시게 하는 건 위험했다. 결국 엄마와 살림을 합쳤다.

당시 난 중년의 딸과 노년의 엄마가 서로 의지하며 함께 늙어가는 이름다운 동거를 꿈꿨는지도 모르겠다. 하지만 웬걸, 어느 날 정신을 차리고 보니 주변의 모든 사람에게 늙은 엄마 욕을 하고 있었다. 나이듦을 자연스럽게 받아들이지 못하는 엄마에게 짜증이 났고, 그런 엄마가 뿜어내는 부정적 기운에 질식할 것 같았고, 엄마의 삼시세끼를 챙기느라 거의 앞치마와 합체가 될 지경이었고, 독박부양이 길어지면서 나를 돕지 않는 동생들에 대한 원망도 쌓여만 갔다. 한마디로 인생 바닥을 치고 있었다. 공부, 헛했구나, 라는 슬픈 깨달음!

태어난 이상 누구나 병들고 늙고 죽는다. 그런데 엄마는, 함께 살면서 보니까, 그것들에 대한 준비가, 생로병사를 나름대로 겪어낼 자기 언어가 전혀 없었다. 돈벌고 자식 키우느라 바빠서였을 게다. 그러나 한편, 이반 일리치의 말대로 건강이 근대사회의 페티시(물신)가 되어버린 것도 중요한 이유이다.

삶의 지평에서 죽음을 허겁지겁 감추고, 몸의 리듬에서 질병을 완벽히 추방하여 "신체적, 정신적, 사회적으로 완전한 상태"(세계보건기구)라는 '정상성'을 삶의 목표로 제시하는 생명 권력의 시대에 건강하지 않은 노인이 된다는 것은 건딜 수 없는 수치가 된다.

그렇다면 "엄마처럼 늙지 않을래!" 라는 바람만으로 다른 노년을 맞을 순 없을 것이다. 수십 년 후 엄마처럼 잘 걷지도 못하고 눈도 잘 안 보이고 귀도 잘 안 들리는 상태가 되었을 때도 명랑한 할머니가 되려면 무엇이 필요한 것일까? 질병과 나이듦에 대한 사색, 그리고 일상의 재구성 없이는 불가능한 게 아닐까?

나는 〈장자〉가 원 출전인 양생이라는 오래된 단어를, 건강하라는 사회적 명령, 관리하라는 자본의 유혹에 맞서 스스로 삶을 돌보고 가꾸는 기예로 다시 번역해 우리 삶의 전면에 배치하고 싶다.

몇 년 사이에 공동체 풍경이 좀 바뀌었다. 우리도 늙고 있었고 더 늙은 부모의 부양도 현안이 되어 있었다. 치매에 걸린 아버지를 결국 요양병원에 보내게 된 친구, 파킨슨병에 걸린 어머니를 돌봐야 하는 친구, 유방암에 걸린 친구, 만성신부전증이라는 난치병에 걸린 친구….

이제 공동체의 식탁에서는 하이데거나 노자, 양자역학과 페미니즘 이야기 못지 않게 요양병원에 대한 정보, 알츠하이머병과 수두증 치매의 차이에 대한 설명, 신장병에 좋은 음식과 아닌 음식 등에 관한 이야기들이 늘어났다. 동시에 만 보 걷기 산책팀, 플랭크 도전팀 등 #데일리루틴을 수행하는 동아리들도 늘어났다. 단, 우리는 모두 관리의 여왕이 아니라 양생의 달인을 꿈꾼다. 이 귀한 지면을 빌려 앞으로 일상의 지혜와 수련, 그 양생 이야기를 나눠볼까 한다.[114]

6. 코로나시대에 이별을 대하는 자세

코로나 바이러스에 감염되거나 백신 접종 부작용으로 갑자기 사망하거나 심각한 후유증으로 고통을 겪는 사례가 계속 발생하고 있다. 사랑하는 사람과 사별한 후 눈물 흘리는 상대방에게 어떤 위로의 말을 건넨다고 해도 충분하지 않을 것은 모두가 안다. 슬픔은 그렇게 모두에게 각자 다른 크기와 모양으로 다가온다.

이별의 원인이 자의적인 결정, 질병이나 노환, 돌발적인 사고, 천재지변에 의한 것이든, 그리고 그 대상이 가족이나 친척, 친구나 동료, 연인이든, 정도의 차이가 있을 수 있겠지만 상실의 고통은 참으로 애절하다. 살아간다는 것은 필연적으로 사랑하는 이와의 이별을, 그 사람의 부재와 마주하게 되는 것을 뜻한다. 아무리 소중한 인연이라도 시절이 지나면 어떤 형태로든 작별을 고해야 하는 것이 우리의 인생이다.

　타인의 슬픔을 공감하고 그것에 위로를 건네는 마음, 즉 애도를 통해서만 우리는 인간됨을 지켜갈 수 있다. 사랑하는 사람을 잃은 뒤에 생기는 허무함, 우리는 모두 그런 상처를 품은 채 살아간다. 때로는 사랑하는 사람이 없는 세상을 웃고 떠들며 살아가도 되는지 혹시 내가 그를 깊이 사랑하지 않았던 건지 하는 생각이 죄책감과 함께 찾아오기도 한다.

　그러나 이별을 마주했을 때 슬픔에만 계속 잠겨 있는 것은 좋은 애도 방식이 아니다. 우리가 할 수 있는 최선의 애도는 오히려 이별 후의 세상을 평소와 크게 다름없이 살아가는 것일 수도 있다. 왜냐하면 그것이야말로 버리고 싶지 않은 사랑을 영원히 지속시키는 유일한 방법이기 때문이다.

　전에는 한밤중에 걸려오는 전화도 반가운 적이 많았는데, 나이가 많이 들면서는 덜컥 겁부터 난다. 만남보다 이별이 잦아지는 시기를 마주하고 있기 때문이다. 이런 이별은 아무리 자주 해도 익숙해지질 않는다. 그럼에도 불구하고 우리는 이어달리기에서 바통을 건네받은 주자처럼 우리 눈앞에 놓인 시간을 헛되이 보내지 말고 열심히 살아야 한다. 왜냐하면 떠난 이의 몫까지 최선을 다해 행복하게 살아가는 것이 우리가 사랑하는 사람을 위해 할 수 있는 최고의 애도이자 애정 표현이라 믿기 때문이다. 그리고 떠난 이가 바라는 것도 분명히 남은 자의 행복이 아니겠는가? 우리는 모두 언젠가는 죽는다. 그때가 오기 전까지 열렬하게 사랑하며 온 힘을 다해 살아가야 한다.[115]

7. 말년의 은총

　얼마 전 오랫동안 교분을 나눠온 후배가 세상을 떠났다. 상(喪)을 치른 지 한 달이 다 되어가지만 아직 실감이 나지 않는데, 유난히 더 그렇게 느껴지는 까닭이 있다. 카톡의 대화 상대 가운데 첫 사별이기 때문이다. 가족이 계정을 없앤다 해도 그동안 오갔던 메시지는 내 폰에 고스란히 보관된다. 이제 대화를 나눌 수 없지만, 나는 차마 삭제할 수가 없다. 몸은 떠나갔어도, 마음속에서는 곧바로 결별하고 싶지 않기 때문이다. 이런 이유로 고인과의 대화방을 보존하는 이들이 많다.

　20~30년 후 내 또래의 휴대폰을 상상해본다. 전화번호부에 통신이 종료된 이름

들이 절반 이상이 될지도 모른다. 카톡방은 어떨까. 친구나 동문 모임처럼 신입 멤버가 없는 공간에서는 어느 시점부터 인원이 **빠르게** 줄어들어 마지막에 한 사람만 남게 될 것이다. 텅 빈 대화방에 저장된 메시지들을 바라보는 심경은 황량하리라. 아날로그의 세계에서는 망자가 서서히 잊히지만, 디지털의 세계에서는 있음과 없음이 0/1의 부호로 명확하게 구별되고 가시화된다.

사실 죽음은 한순간 찍히는 '점'이 아니라 서서히 희미해지다가 사라지는 '선'에 가깝다. 유병장수(有病長壽)의 시대에 그 선은 점점 길어진다. 죽음에 이르는 길이 갈수록 구불구불하고 아득해지는 것이다. 그 여정을 통과하는 모습은 천차만별이다. 어느 나이까지 비슷한 지위와 이력을 밟아온 사람들인데 생애의 끝자락에서 전혀 다른 처지에 놓인다. 경제적 여건과 건강이 중요한 변수지만, 결정적인 것은 인간관계다. 가족과 소통이 잘되는지, 또는 편안하게 어울리는 친구들이 얼마나 되는지에 따라 인생 막바지의 행복이 좌우된다.

한동안 자주 연락을 주고받던 지인이나 친구들 가운데 소식이 끊긴 이들이 있다. 주위에 수소문해봐도 추적이 되지 않을 만큼 완전히 두절되어버린 것이다. 그러다가 몇몇은 사업 실패나 위중한 질환 등으로 두문불출하고 있음이 뒤늦게 알려지기도 하고, 세상을 떠나고 한참 지나서야 부고를 받게 되는 경우도 있다. 개인적으로 힘겨운 상황에 몰리면서 사회적 관계를 닫아버리는 심정을 이해할 만하다. 초라하게 스러져가는 모습을 보여주고 싶지 않은 것이다.

수명이 늘어나면서 인생의 말년도 연장된다. 그것은 노년이 아닌 중년에 시작되기도 한다. 그 시간을 어떻게 바라볼 것인가. 비참한 쇠락일 뿐인가? 그렇지 않다. 우리는 상실을 통해 비로소 삶의 깊은 진실에 눈을 뜰 수 있다. 심신의 나약함을 받아들이고 죽음을 정직하게 마주하면서 영혼의 진검승부를 펼칠 수 있다. 지금 이 순간 살아 있음의 축복을 누리면서, 시간의 밀도는 한결 충실해진다. 그런 점에서 말년은 더 커다란 존재로 나아가는 입구가 아닐까.

그 길목에서 우리는 새로운 자아를 만나고 진짜 친구들을 알아보게 된다. 저물어가는 인생의 곁에 있어줄 벗, 나의 이야기를 들어주고 죽음 앞에 선 자화상을 비춰줄 이는 누구인가. 자신이 무의미하게 소멸한다고 느끼지 않을 수 있도록 존재를 지탱하고 증언해줄 수 있는 친구 말이다. 생사의 경계를 넘어서 온전히 연결되는 관계, 서로의 기억 속에서 시간의 향기를 빚어내는 인연이 소중하다. 오늘 우리가 나누는 디지털 메시지는 그렇듯 은총 가득한 우정의 기념물이 될 수 있다.[116]

8. '실버 취준생' 순자씨의 '찐하게 강한' 68년 인생

지난해 '실버 취준생 분투기'로 사회관계망서비스(SNS)에서 화제를 모았던 고 이순자 작가의 유고 산문집 <예순 살, 나는 또 깨꽃이 되어>와 시집 <꿈이 다시 나를 찾아와 불러줄 때까지>가 함께 출간됐다. 여성, 청각장애인, 노인, 기초생활수급자 등 소수자로서의 차별과 어려움을 겪으면서도 희망과 사랑을 잃지 않는 고인의 삶이 담백하고도 따스한 언어로 담겼다. 휴머니스트 제공

지난해 하반기 발굴된 보물과 같은 글이 있었다. 고 이순자 작가의 '실버 취준생 분투기'다. 지난해 7월 매일신문 시니어문학상 논픽션 부분에 당선된 이 작품은 여성 노인이 돈을 벌기 위해 마주하는 노동 현장의 열악한 현실을 당사자의 언어로 생생하게 전달했다.

각종 자격증과 이력은 여성 노인에게 군더더기일 뿐이었다. '중졸'이란 학력만이 저임금으로 할 수 있는 청소·수건접기·각종 돌봄노동에 적합했다. 고된 육체노동과 저임금·임금체불·성추행에 시달리지만 이를 그려내는 언어는 분노를 품고 있으면서도 품위있고, 현실을 고발하는 힘이 있으면서도 따스했다.

뒤늦게 사회관계망서비스(SNS)에서 이 글이 화제에 올랐다. 2030 여성들은 60대 여성 노인의 미래가 자신의 일이 될 수도 있음을 예감하며 열악한 노동시장과 사회제도를 비판했다. 하지만 이미 이 작가가 지난해 8월 급성 심근경색으로 세상을 떠난 뒤였다. 작가에게도 독자에게도 안타까운 일이었다.

다행히도 그가 남긴 원고들이 책으로 엮였다. 유고 산문집 <예순 살, 나는 또 깨꽃이 되어>와 유고 시집 <꿈이 다시 나를 찾아와>가 함께 출간됐다. '실버 취준생 분투기'가 62세부터 65세까지 겪은 취업과 노동현실을 그렸다면, 두 책은 이 작가의 삶의 전반을 이해할 수 있는 글들로 채워졌다. '실버 취준생 분투기'가 수면에 드러난 빙산의 반짝이는 일각이었다면 두 책은 심연에 자리한 거대한 삶의 고통과 이를 뚫고 나오는 힘을 느낄 수 있게 해준다.

이 작가의 삶은 '소수자의 삶' 그 자체였다. 한국전쟁에 참전한 아버지가 얼굴도 보지 못한 채 전사해 '유복자'로 태어났고, 청각장애인이며, 가정 폭력에 시달리다 황혼 이혼을 한 '독거 여성노인'으로서 생계를 위한 고된 노동을 했다.

남성이 가장으로서 집안의 생계를 책임지던 시대에 유복자이자 막내로 태어난 이 작가의 삶이 순탄할 리가 없었다. 어머니는 미싱일을 하며 가난한 생계를 꾸리느라 아이들을 세세히 돌볼 여유가 없었다. 감각신경성 난청으로 높은 여성의

목소리는 들리지만 낮은 남성의 목소리는 잘 들을 수 없고, 소란스러운 곳에선 소리를 분간할 수 없는 그를 가까운 사람조차 이해하지 못한다. 소외감에 농아인 협회를 찾아가지만 사투리를 현란한 손짓으로 구사하는 농인들 사이에 온전히 낄 수 없었다. "비장애인 사회에서도 장애인 사회에도 편입되지 못하는 경계인"으로서 그는 설 곳을 잃었다.

결혼을 해 4대가 한 집에 사는 종가집 며느리로서 각종 명절과 경조사때 수백 명 친지들의 끼니를 책임지며 집안을 이끌었지만 결혼생활은 행복하지 않았다. 지속적인 가정폭력에 시달렸으며 남편은 불륜을 저지르고도 그 이유를 이 작가의 청각장애 탓으로 돌린다. "전화 통화가 불편해 바람을 피웠다는 남편의 핑계"를 대며 오히려 이 작가를 '가해자'로 만들었다. 이 작가는 아이들과 자신을 보호하기 위해 이혼을 한다. 노년의 이혼은 삶의 기반을 허무는 사건이었다.

하지만 그는 감당하기 힘든 고통 속에서도 사랑을 실천하고 희망을 쫓는다. "사람은 고통을 통해 자신의 뿌리를 깊이 내리고 성장하게 된다" "인생은 거저 얻어지는 것이 아니라, 고통을 통해 조금씩 완성되어 간다" "고통을 잘 따라가 볼 일이다. 꿀같이 다디단 열매가 거기 스윽 열려 있다"라고 말할 수 있는 힘이 이 작가의 특별함이다.

그는 위축되는 대신 담대했고, 고통에 잠식되지 않고 기꺼이 헤쳐나갔다. 청각장애로 학업의 꿈을 접고 공장에서 일하면서도 1970년대 명동성당에서 만난 대학생 노동자들과 함께 독재에 반대하는 시위에 나서기도 한다. 사무직으로 취직한 일자리에선 생산직 노동자들의 노조설립을 도와주다가 일자리를 잃는다. 하지만 그는 "살면서 가장 중요한 것은 지금 여기서 무엇이 옳고 그른가를 생각하고 실행하는 일"이라고 말한다.

이 작가는 약하고 어려운 이들에겐 허리를 숙여 품어안는 너른 사랑을 갖고 있다. 젊은 시절부터 산업재해병원에서 사지를 잃은 노동자들을 돌보고, 노년에 요양보호사가 되어 만난 노인들을 진심으로 돌본다. 결핍과 고통은 그를 망가뜨리지 못했다. 그는 생의 마지막 순간까지 성장한다. 그는 이혼 후 평생 꿈이었던 문학공부를 위해 문예창작과에 진학하고, 결국 작가가 되었다.

책엔 이 작가를 통해 들을 수 있는 다양한 노인들의 삶 또한 들어있다. 가난한 여성이 생계를 위해 할 수 있었던 '노동의 역사'가 들어있다. 남편을 잃고 아이들을 홀로 키워야 했던 순분할매는 젊은 시절 고된 밭일을 하다 쓰러져 육체노동마저 어려워 굶어죽을 처지가 되자 대리모 제안을 승낙한다. 작가 자신도 어린 시절엔 '여공', 노후에는 청소·돌봄노동자가 되어야 했다. 요양보호사를 하며 만난 다양한 노인들의 이야기를 통해 이들의 신산한 삶과 함께 돌봄의 의미에 대해 다시묻게 한다.

시집 〈꿈이 다시 나를 찾아와〉는 산문집과 한 몸같은 책이다. 산문집에 등장했던 사람들이 시적 언어로 다채롭게 그려지며, 꿋꿋했던 시인이 내면에 깊이 품어뒀던 고통이 생생하게 드러난다. 이 작가가 68년의 삶을 헤쳐나간 이야기를 읽어나가다 보면 울고 웃다 마지막엔 두 손을 모아 기도하게 된다.

"나를 어제처럼 살게 하지 마시고/ 어제와 함께 살게 하소서…내게서 떠나는 것들이/ 조용히 문지방을 넘게 하시고/ 다가오는 것들을/ 가만히 받아 안게 하소서" ('신년의 기도')

방금 약하면서도 강하고, 날카로우면서도 부드러운 한 작가의 탄생을 목격했다. "고순(고소한) 냄새만 풍기고 가삐" 렸지만, 그나마 뒤늦게 그의 향기를 맡을 수 있어 다행이다. 그가 원룸에서 다리미판에 노트북을 올려놓고 쓰지 않았다면 영영 알 수 없었던 이야기를.[117]

9. '60대 노부부'의 어색함

'노래하는 철학자', '낭만 가객'으로 불린 가수 김광석이 눈물이 쏟아지는 바람에 도저히 녹음할 수 없어 결국 술을 마시고 녹음했다는 애잔한 일화가 전하는 국민가요가 있다. 근자에 가수 임영웅이 불러 세인들의 눈물샘을 자극하면서 더욱 유명해진 '어느 60대 노부부 이야기'이다. 블루스 기타의 거장 김목경이 원곡자이면서 작사·작곡을 한 곡으로, 김광석이 리메이크 해 공전의 히트를 했다.

남녀노소, 세대 불문의 명곡이지만, 요즘 시대상으로 노랫말을 들여다보면 다소 어색하다는 느낌을 지울 수 없다. '60대 노부부'라는 제목과 함께 그 나이에 인생이 황혼에 기울어 이별하는 가사 내용 등이 그러하다. 곡이 만들어진 1980년대에는 60대 노부부가 상례였으나, 지금은 60대를 노인이라고 생각하는 사람이 거의 없으니 '80대 노부부' 정도로 해야 시대상에 부합한다고 할 수 있겠다.

바야흐로 '백세인생'이 현실화되는 초고령시대다. 한국보건사회연구원 우해

봉 박사가 이달 초 내놓은 자료에 따르면 지난 2015~2019년까지 5년 평균으로 사망빈도가 가장 높은 최빈사망연령은 남자 85.6세, 여자 90세로 나타났다. 사고 등으로 조기 사망하는 이들을 제외하고, 다수의 남녀가 그 나이까지 산다고 추정할 수 있는 수치다. 60대 노부부 노래가 만들어진 1980년대 우리나라 평균수명이 67세였다는 점을 감안하면 수명의 변화상이 가히 혁명적이다.

노인들의 사회 활동이 왕성해지는 것도 자연스럽다. 최근 강릉에서는 88세 노옹(老翁)이 올해 새내기 대학생(강원도립대)이 됐다는 소식이 화제가 됐다. 건축시공 특급기사 자격증을 보유, 여전히 현직에서 뛰는 기술인이다. 더 나아가 미국에서는 101세 현역 최고령 국립공원 순찰대원이 은퇴식을 가졌다는 소식도 더해졌다. 이쯤 되면 후한서 마원(馬援)열전에 나오는 '노당익장(老當益壯·노익장)'의 현신이라 할 만하다. 그런데 어찌하랴. 김광석의 '노부부'가 지금 80대가 됐으나 소득과 교육 수준에 따라 삶의 질이 천양지차이니 선진 장수국가로 가는 길은 아직 멀고도 멀다.[118]

10. 품위 있는 한 끼' 위해 산·학·관 의기투합…과제는 '대상자 확대'

한진숙 동의과학대 호텔조리영양학부 교수는 3년째 고령자 식단 개발과 영양관리에 매진하고 있다. 지역사회 통합돌봄 대상자를 위한 커뮤니티키친 온마을사랑채 고문을 맡고 있다. 온마을사랑채는 현재 부산 부산진구 범전동에 한 곳, 초읍동에 한 곳이 운영 중이다.

한 교수는 부산진구의 어린이급식지원센터장이기도 하다. 영양과 위생에 방점을 두고 어린이 식사를 계획하던 그는 고령화사회에 노인 식단도 전문적인 관리가 반드시 필요하다고 보고 이 일에 뛰어들었다. 경제적 배경에 상관없이 식사에 어려움이 있는 고령자라면 누구나 이용할 수 있는 새로운 모델을 만들고 싶었기 때문이다.

노인의 식사를 계획할 때는 건강 상태와 질병을 고려하는 게 중요하다. 맞춤형 식단이 필요한 이유다. 기호나 습관도 중요한 참고 사항이다.

"먼저 주야간 보호시설에 계신 어르신들 실태부터 파악해 봤어요. 보통 노인들은 죽이나 갈아서 만든 음식을 드실 거라고 생각하지만 현장을 살펴보면 달라요. 대부분 썰어서 드시는 음식을 원합니다."

온마을사랑채에서 식단을 짜는 영양사들도 이런 점을 실감한다고 했다. 김지현 온마을사랑채 관리영양사는 "보통 어르신들은 한식 위주의 식단을 좋아하실 거라고 생각하는데, 의외로 햄버그스테이크나 스파게티 종류가 나갔을 때 굉장히 좋아하신다. 한 번도 접해보지 못한 음식이기 때문"이라고 말했다. '식사'는 '삶의 질'을 가르는 결정적 요소다.

영양사들은 앞서 일본과 독일의 노인 영양관리 사례를 면밀히 조사했다. 노인들이 냉동식품을 받아 데워 먹는 데 익숙하다는 점이 눈에 띄었다고 한다. 국내는 사정이 다르다. 어르신들은 '따뜻한 밥'을 원한다.

☞ 좋은 노년을 위한 요건

"밥이 보약인 줄을 생전 몰랐어요. 배만 부르면 되는 줄 알았는데…."

지난 10월5일 부산진구 개금3동주민센터에서 만난 정말영씨(84)는 요즘 전에 없이 활기찬 생활을 한다며 호쾌하게 말했다. "혈당이 떨어지니까 재미나서 매일 재요." 여러 지병이 있는데도 "김치에 물 말아" 끼니를 때우곤 했던 정씨는 주민센터가 제공하는 지역사회 통합돌봄 '식사영양관리서비스' 대상자로 선정됐다. 지난 7월부터 온마을사랑채 범전점에서 만든 맞춤형 식사를 하루 한 끼 배달받는다.

같은 날 정오 무렵, 초읍동에 사는 조현화씨(81)는 중절모를 단정하게 쓰고 온마을사랑채 초읍점을 찾아 식사를 했다. 최근 고관절 수술을 받아 외출이 어려운 아내의 점심도 포장했다. "돈이 있어도 좋은 음식을 먹기 참 힘든 게 지금 아닌가? 대학에서 운영해서 그런지, 영양가 있고 깨끗하고…. 믿고 먹을 데가 있으니 참 좋네요." 1996년부터 이 동네에서 살아온 그는 "노인을 위해 이런 데를 만들어주니 주민으로서 참 자랑스럽다"고 말했다.

두 사람 모두 온마을사랑채로부터 식사를 제공받는다. 부담하는 비용은 각각 다르다. 기초연금과 노인 일자리로 생활하는 정씨는 한 달에 7만원만 낸다. 나머지 15만5000원은 주민센터에서 '지역사회서비스 투자사업' 예산(바우처)으로 지원한다.

비교적 넉넉한 연금으로 생활하는 조씨는 별도의 지원 없이 온마을사랑채를 찾을 때마다 5000~9000원을 내고 식사를 한다. 정씨처럼 한 달 동안 하루 한 끼를 배달받고 싶다면 22만5000원을 내면 된다.

노년에 '밥'이란 경제 사정을 떠나 모두에게 어려운 일이다. 2020년 노인 실태조사 결과를 보면 65세 이상 노인 84%는 한 가지 이상의 만성질환이 있는 것으로 나타났다. 가장 흔히 앓는 것은 고혈압(56.8%), 당뇨병(24.2%), 고지혈증

(17.1%) 등으로 모두 식생활 관리가 중요한 질병이다. 영양관리에 주의 또는 개선이 필요한 사람도 27.8%로 나타났다.

온마을사랑채의 식사영양관리서비스는 지역사회 통합돌봄 대상 지역인 부산진구 6개동 노인 모두에게 열려있다. 단 정부 예산으로 비용을 지원하는 것은 한 사람당 최장 2년까지만 가능하다. 이 기간이 지나면 전액을 자비로 부담하는 '일반 이용자'로 전환된다.

☞ 온마을사랑채 초읍점의 점심 메뉴

부산진구는 보건복지부가 2019년부터 시행한 '지역사회 통합돌봄' 사업의 선도 지역 중 하나다. 대도시이면서도 노인 인구 비율이 높다는 점(2021년 6월 기준 19.9%)이 주요 선정 사유였다. 지난 3년간 지역사회 통합돌봄 예산을 기반으로 고령자를 위한 주거서비스 등 다양한 사업을 기획해왔다.

정부로부터 지역사회 통합돌봄 예산을 받는 지자체들은 대부분 영양 관련 사업도 추진하고 있다. 부산진구 사례가 독특한 점은 지역대학이 중심이 되어 다양한 주체가 참여하는 모델을 만들어나가고 있다는 것이다.

한진숙 교수는 "경제적으로 취약해서 식사를 못하는 것뿐만 아니라 식사 준비를 할 수 없는 경우도 먹거리 취약계층에 해당한다고 봤다"고 말했다. 복지 행정 담당자, 지역 자원봉사자, 식자재 관련 기업 그리고 동의과학대 산학협력단의 협업으로 온마을사랑채를 기획했다.

여러 주체가 자원을 합치면 시너지를 낼 수 있다. 온마을사랑채 초읍점이 노인을 위한 공동주택 '도란도란하우스'에 자리를 얻은 게 대표적이다. 부산진구가 지역사회 통합돌봄 사업의 주거 지원 예산에 행정안전부의 지역사회 활성화 기반 조성 사업 예산을 더해 만들었다. 이곳에 온마을사랑채가 들어오면서 인근 노인들에게도 식사를 제공하게 됐다.

"식자재 공급은 단가 문제가 제일 크거든요. 계절에 따라 가격이 크게 움직여서 이 문제를 해결하지 못하면 영양사들은 빈 곳간에서 음식을 만들어내야 합니다." 한 교수는 풀무원 푸드머스와 협업하는 배경을 이같이 설명했다. 식자재를 최저가로 공급받는 대신 푸드머스가 고령 친화 식품을 개발할 때 온마을사랑채 이용자를 대상으로 반응을 조사할 수 있도록 연계하는 식이다.

동주민센터 복지 담당 공무원들은 식사돌봄이 필요한 이를 발굴하는 역할을 맡는다. 식사영양관리서비스 대상자로 선정된 주민은 인근 마을건강센터에서 마을간호사와 온마을사랑채 영양사를 만나 건강 상태를 확인하고 식사에 대한 기초

상담을 받는다. 상담 내용을 바탕으로 맞춤형 식사가 제공된다. 식사 배송자가 하루 1회 식사를 배송하고, 의견을 수집해 영양사들에게 전달한다.

지역대학 입장에서도 훌륭한 기회다. 한 교수는 "지역행정의 도움 없이는 벌일 수 없는 일"이라며 "전문대학의 특성상 학생을 대상으로 직업 교육을 해야 하고, 이를 위해서는 현장과의 접점이 중요하다"고 강조했다. 프로그램을 발전시켜나가는 과정에서 특허를 따거나 기업에 기술 이전을 할 수 있는 것도 기회 요인이다.

온마을사랑채의 실험은 다른 기초단체로 확산된다. 전북 부안군 백산면을 대상으로 식사영양관리서비스의 기술을 전수하고 컨설팅하는 일이 진행 중이다.

식사를 배달받는 이용자들은 의견 카드에 감사의 말을 남기기도 한다.

☞ 품위 있는 식사를 더 많은 이에게

식사영양관리서비스는 모든 노인을 대상으로 설계한 사업이지만, 취약계층에겐 여전히 문턱이 높다. 지원 예산에 한계가 있기 때문에 예산이 소진되면 대상자를 늘릴 수 없다. 식사돌봄이 필요한 이들을 직접 만나는 복지사와 식사 배송 담당자들은 2년(바우처 지원 기간) 만기로 식사 지원이 곧 끊기는 상황에 놓였거나 대기 명단에 이름을 올려놓고 애타게 기다리는 이들의 절실함을 매일 마주한다.

정부와 지자체가 관련 예산을 축소하면 대상자 규모도 줄고, 식사의 질도 영향을 받는다. 올해 말로 지역사회 통합돌봄 예산 지원은 종료된다. 내년부터는 부산시와 부산진구가 자체 확보한 예산으로 사업을 이어갈 예정이다. 온마을사랑채는 식사의 질을 유지하면서 대상자를 넓혀나가야 하는 큰 과제를 안고 있다.

"결식 아동을 지원하는 어린이 급식의 단가는 매년 인상되는 추세입니다. 최근 8000원까지 높인 지자체도 있고요. 노인 급식 지원 단가는 여전히 3500~4000원선이에요. 노년에도 품위 있는 식사를 하실 수 있도록 사회적 논의의 장이 넓어져야 한다고 생각합니다." 한진숙 교수의 부탁과도 같은 다짐이었다.[119]

11. 달라이 라마(Dalai Lama)가 되려고 모방하지 마라

사람은 태어날 때 선한 마음만 갖고 태어난다. 간난아이의 얼굴엔 악한 마음은 전혀 읽혀지지 않는다. 하지만 사는 동안 온갖 풍파를 겪으며 마음속에 하나둘 분노를 쌓아가게 되는 것이 인간의 서글픈 숙명이다.

인간이 분노를 느끼는 이유는 크게 3가지이다.

첫째, 자존감에 상처를 입을 때이다. 자존감(self-esteem, 自尊感)은 자기 자신을 스스로 존중하고 사랑하는 마음인 '자아존중감'을 간단히 이르는 말로, 가족 관계가 자존감 형성에 가장 큰 영향을 미치는 것으로 알려져 있다. 자아존중감(自我尊重感, self-esteem)이란 자신이 사랑받을 만한 가치가 있는 소중한 존재이고 어떤 성과를 이루어낼 만한 유능한 사람이라고 믿는 마음이다. 자아존중감이 있는 사람은 정체성을 제대로 확립할 수 있고, 정체성이 제대로 확립된 사람은 자아존중감을 가질 수 있다.

둘째, 자신의 고유한 영역에 원치 않은 사람이 침범했을 때 느끼는 분노다. 이 것은 동물적인 본능에 해당한다. 생존을 위해 절대적으로 필요한 영역에 우군가가 침범해오면 공격해서 쫓아내야 한다고 본능적으로 끼는 것이다.

셋째, '정당성의 훼손'에 의한 분노이다. 이것은 원칙과 당위, 옳고 그름에 대한 경계가 무너졌을 때 느끼는 분노이다. 이것은 또한 사회적 이슈(issue)와도 관련된다.

"세상이 계속되는 한 / 그리고 생명이 존재하는 한 / 그때까지 나도 살아 / 이 세상의 온갖 고통을 물리치리." 티베트의 정신적 지도자 달라이 라마 14세가 자신의 '달라이 라마 자서전'을 마감하면서 쓴 짧은 기도문이다. 망명정부의 지도자로서 티베트를 중국으로부터 독립시키겠다는 결의가 짙게 배어 있다.

어릴 적 이름이 라모 톤둡이던 그는 1940년 관세음보살의 화신인 달라이 라마에 즉위했다. 달라이 라마는 종교적 수장이면서 동시에 정치 지도자 역할도 수행한다. 하지만 달라이 라마 14세는 티베트를 이끌 기회가 많지 않았다. 티베트가 1950년 중국의 침공을 받고 이듬해 조약 체결을 통해 중국의 일부가 된 것이다.

달라이 라마가 일개 망명정부 지도자를 넘어 세계적 지도자로 부상하는 데는 그의 인도 여행과 망명이 계기가 됐다.

1956년 어렵게 중국의 허락을 받고 인도 여행에 나선 그는 마하트마 간디가 화장된 라지가트를 방문했다. 그곳에서 달라이 라마는 간디와 마음의 대화를 통해 비폭력 저항에 대한 신념을 굳혔다고 한다. 1959년 중국이 티베트의 민중봉기를 유혈진압해 12만명이 사망하자 그는 인도로 망명했다. 이듬해 인도 동북부 다람살라에 망명정부를 수립하고 줄곧 비폭력 독립운동을 전개해 왔다. 이는 1989년 노벨평화상 수상으로 이어졌다.

달라이 라마는 그제 1959년 봉기 기념 연설에서 티베트 망명정부 수반 자리에서 물러난다고 발표했다. 조만간 소집되는 망명정부 의회에서 사임에 필요한 절차에 들어간다고 한다. 요즘 자주 언급되는 그의 건강 이상설과도 무관치 않아 보인다. 그러나 달라이 라마는 정신적 지도자로서 중국에 대한 정치적 투쟁은 계속하겠다는 뜻을 내비쳤다.

눈길을 끄는 것은 차기 지도자를 자유선거를 통해 선출해야 한다고 밝힌 대목이다. 전임 달라이 라마가 열반하면 그 환생자를 찾아 옹립하는 기존 방식과는 전혀 다르다.

하지만 달라이 라마는 1960년대부터 이를 언급해왔고, 이제 때가 됐다는 입장이다. 선거라는 민주적 절차를 통해 티베트 망명정부 지도자가 선출되면 자신의 사후에도 독립운동에 대한 국제사회의 지지를 계속 얻을 수 있다는 계산이 깔려 있는 것 같다. 티베트 망명정부를 인정하지 않는 중국 정부에는 더 거센 정치적 압력이 될 수 있다.[120]

누군가를 만날 때마다
언제나 나 자신을
가장 미천한 사람으로 여기고,
내 마음 깊은 곳에서
상대방을 최고의 존재로 여기게 하소서.

나쁜 성격을 갖고
죄와 고통에 억눌린 존재를 볼 때면,
마치 귀한 보석을 발견한 것처럼
그들을 귀하게 여기게 하소서.
다른 사람이 시기심으로
나를 욕하고 비난해도
나를 기쁜 마음으로 패배하게 하고
승리는 그들에게 주소서.

내가 큰 희망을 갖고 도와준 사람이
나를 심하게 해칠 때,
그를 최고의 스승으로 여기게 하소서.

그리고 나로 하여금 직접 또는 간접적으로
모든 존재에게 도움과 행복을 줄 수 있게 하소서.
남들이 알지 못하게 모든 존재의 불편함과
고통을 나로 하여금 떠맡게 하소서.

-- '달라이 라마의 기도문' 중에 --

분노는 인간의 자연스러운 감정이다. 화를 내는 것은 정당한 감정의 표현이다. 분노를 느끼는 것은, 영혼이 상처받았다는 의미이며 타인과 세상에 실망을 느꼈다는 증거이다. 그러므로 분노가 정당한 것이라면 그것을 '적절하게' 표현하는 것이 좋다. 화를 억지로 누르거나 부정하는 것은 몸을 병들게 한다.

억눌린 분노는 우울증의 원인이 되기도 한다. 감정을 억누르기만 하면 그것이 언젠가 화산처럼 폭발하기 때문이다. 더 큰 화가되어 가족과 동료에게 상처를 주기도 하고, 분노를 폭발한 자기 자신을 자책하며 더욱 우울해 지기도 한다.

분노 조절 문제로 상담받는 사람이 있다면 다음의 3가지를 기억했으면 좋겠다.

☞ 정당한 이유로 화가 난 것인지 확인하라.
☞ 화를 냈을 때 인생에 도움이 될 만한 것이 있었는지 생각해 자
☞ 정당한 이유 때문에 화를 냈고, 화를 내는 것이 도움이 된다면 적절하게 화를
표출하자. 화는 참는 것이 능사가 아니다.

분노는 적절한 방식으로 표현되는 것이 중요하다. 분노의 문제는 '분노를 느낀다' 는 것이 문제가 아니라 '표현 방식' 의 문제다. 화가 나서 타인의 가슴에 잊을 수 없는 말로 칼을 꽂는다면 그 상처는 절대로 아물지 않는다. 다른 사람에게 지울 수 없는 상처를 주었다는 죄책감 때문에 자신도 더 큰 괴로움을 겪어야 할지도 모른다.

분노를 건강하게 표출하는 방법은 '감정과 자신의 바람을 함께 표현' 하는 것다. "당신이 어떻게 그럴 수 있어!" 하고 흥분해서 말하기 보다는 "당신이 …해서 내 마음에 상처가 크다. 그러니 나는 당신이 …을 해야 한다고 생각한다." 라고 표현하는 것이다. 그러니 나는 당신이 …을 해야 한다고 생각한다. "라고 표현하는 것이다.

여기서 분노를 느끼게 만든 상처를 낫도록 하기 위한 조치를 상대에게 분명하

게 요구하는 일이다. 이런 요구 없이 화가 났다는 것만 표현하거나 '그냥 내가 참아야지.' 라며 거짓 용서를 하면 마음속의 분노는 사라지지 않는다.

대부분 현명한 사람은 아무리 노력해도 살아 있는 동안 달라이 라마가 될 수 없다. 마음에 상처 입고, 억울함을 겪어도 모든 사람을 용서하며 살아갈 수는 없다. 자존감에 대한 상처가 다시 일어나지 않도록 자신을 지켜야 하며, 부당한 일 때문에 생긴 분노는 정당한 요구를 통해 해결해야 한다. 무조건 용서하며 살라고 하는 것은 마음 약한 사람에게 계속해서 희생을 강요하는 것에 불과하다.[121]

12. 핏줄도 나이도 안 따져, '情'으로 도전한 공동홈···이웃, 식구가 되다

충북 옥천군 상삼리의 공동생활홈에서 서로에게 소중한 반려 존재로 함께 살고 있는 이춘자·정종숙·여예자·김재분씨(왼쪽부터)가 지난달 12일 식탁에 모여 앉아 활짝 웃고 있다.

가. "혼자서는 이렇게는 못 살쥬."

분홍색 신형 냉장고 양쪽 칸에는 식재료가 빽빽이 들어찼다. 제철 맞은 귤과 한과도 한 바구니 있다. 빨갛게 무친 무말랭이는 동나기 직전이다. 문짝은 피곤할 때 한 병씩 들이켜는 자양강장제 자리다. 바로 옆 김치냉장고에는 김장김치가 숨 쉰다. 식탁 위엔 포슬포슬하게 찐 밤고구마가 손길을 기다린다. 하늘빛 타일로 꾸민 '왕언니' 여예자씨(86)의 부엌은 특별한 구석이 있다.

복숭아밭이 반기는 충북 옥천군 상삼마을. 이웃동네 영동에서 나고 자란 여씨는 열아홉에 이곳으로 시집왔다. 산전수전 다 겪으며 딸 셋에 아들 둘, 오남매를 길렀다. 자식들이 장성하면서 시골집 밥상에 올라오는 수저도 하나둘 줄었다. 미운 정 고운 정 든 남편은 20년 전 폐암으로 일흔 일곱에 세상을 떴다.

여씨는 "옛날엔 참깨, 들깨 농사도 하고 배추도 깔고 했다. 이제는 늙어서 농사도 내 손으로 못 짓는다"고 했다. 예나 지금이나 오전 5시면 잠에서 깬다. 귀도, 무릎도 성치 않다. 하지만 지난 1년 새 노인정에 가는 발걸음이 가벼워졌다. 치매 예방 차원에서 꼬박꼬박 한다는 10원내기 화투도 더 할 맛이 난다. 더 이상

238 꿈꾸는 노년은 없다

혼자가 아니기 때문이다. 2021년 10월 마을에 문을 연 '공동생활홈'의 1호 입주자가 됐다. 지금은 동생 같은 여성 노인 3명과 같이 산다. 지난달 12일 상삼리를 찾아 서로가 서로에게 소중한 반려 존재가 되고 있는 이들의 이야기를 들어봤다.

여씨는 하루 종일 훈훈한 온기가 도는 이 집이 마음에 든다고 했다. 삼시 세끼 해먹는 재미는 덤이다. "혼자 사는 사람은 난방비가 얼마나 큰데요. 농촌 집들 가 앉아있으면 무릎팍 시려워. 여기선 이렇게 여럿이 얘기도 하고 얼마나 좋아유."

나. 이웃, 식구가 되다

핵가족화와 고령화에 따른 중·노년 1인 가구 증가는 더 이상 새로운 얘기가 아니다. 보건복지부가 지난해 발표한 고독사 실태조사 결과를 보면 2021년 전체 사망자의 1%, 3378명이 혼자 살다 세상을 떠나 뒤늦게 발견됐다. 매년 증가하는 추세다. "한 어르신이 마을회관에 며칠 안 나오셨어. 맨날 얼굴 비쳤는데 이상하다 싶어 이장님이 담 넘어서 가본 거여. 근데 이미 돌아가신 거지." 공동생활홈 멤버이자 마을 노인회장인 정종숙씨(71)는 상삼리 역시 고독사를 피해가지 못했다고 전했다. 코로나19로 집에만 있다보니 치매 증상이 심해진 어르신들도 있다고 한다. 공동생활홈은 홀몸노인 문제를 맞닥뜨린 마을이 오랜 고민 끝에 내놓은 대안이다.

대전에서 살던 정씨는 6년 전 상삼리에 놀러왔다가 맑은 공기와 넉넉한 인심에 눌러앉았다. 이웃들은 묵을 쒔다고, 농작물을 수확했다고 문을 두드렸다. 한평생 도시에서 산 정씨에겐 낯선 풍경이었다. 어느덧 마을 살림꾼이 된 정씨는 자연스레 공동생활홈에 합류했다.

공동생활홈은 공동체 생활을 통해 홀몸노인들의 삶의 질을 끌어올리는 주거 모델이다. 2014~2015년 농림축산식품부가 '농촌 고령자 공동시설 지원 시범사업'을 벌여 공동생활홈의 긍정적 효과를 확인했다. 이후 정부와 지방자치단체들이 공동생활홈 건립을 지원하고 있다. 이곳은 상삼리가 2019년 농식품부가 주관하는 '마을 만들기' 사업 공모에 신청해 나온 결과물이다.

총 5억원을 지원받아 땅을 사고 단층집을 지었다. 널찍한 거실과 부엌 양옆으로는 2인1실짜리 방 4개와 화장실 3개, 다용도실이 있다. 정원 8명 중 딱 절반이 찼다. 공동체 생활을 주저해 입주를 결정하지 못하는 이웃들도 있다고 한다. 난방

비, 수도요금 등은 상수원보호구역인 마을에 지원되는 금강수계기금으로 충당한다. 정부 지원에 기대기보다는 마을이 자생하는 방향을 추구한다.

먹거리 준비는 입주민들 몫이다. 각자 농사를 조금이라도 짓다보니 식재료는 차고 넘친다. 읍내를 나가는 날엔 콩나물 한 봉지라도 손에 들고 온다. 한집에서 산 지 1년이 넘다보니 각자 입맛도 꿰뚫고 있다. 정씨는 "우리집 사람들은 국수 삶아먹자, 라면 삶아먹자, 볶음밥 해먹자, 오늘은 나가서 먹자…. 아주 잘 맞는다"고 말했다. 왕언니 여씨도 동생들 취향을 잘 안다. "족발들을 좋아하니께. 어쩌다 장에 가면 사다주지."

여씨는 '이 구역의 요리왕'으로 통한다. 정씨는 "왕언니가 호박전을 기가 막히게 잘한다"고 엄지를 치켜세웠다. 여씨는 멋쩍은 웃음을 지었다. "같이 있으니까 심심하지도 않고 좋아요. 이렇게 좋은 데가 있는가. 약도 챙겨주죠, 염색도 해주죠, 파스 붙여주죠. 내 집 식구잖아요. 며느리도, 자식도 누가 그렇게 햐."

막내 이춘자씨(68)는 대전에서 이곳으로 터를 옮긴 지 벌써 20년이 됐다. 상삼리 '준토박이' 정도 되는 셈이다. 여럿이 함께 사니 가장 좋은 점은 아플 때 외롭지 않다는 것이다. 혼자 시름시름 앓던 순간을 떠올리면 지금도 서럽다. "물한 모금 떠다줄 사람도 없으니 눈물만 나죠. 이제 공동생활을 하니 의지가 되잖아요. 누가 아프면 병원에 연락도 해줄 수 있고 아프면 죽도 끓여줄 수 있고요." 불면증을 앓는 그에게 상삼리 언니들은 꼬박꼬박 약을 먹었냐고 묻는다. 그 한마디에 마음이 녹는다. 이씨의 세 자녀도 어머니 걱정을 덜었다. 옆에 있던 여씨도 "여기 있으니까 아이들도 맘을 놓고 전화를 안 한다"며 웃었다.

정씨는 마을에 환자가 생기면 발벗고 나선다. 직접 차를 몰고 병원에 모셔다드리고, 퇴원하는 날에도 운전기사를 자처한다. 정씨는 "이런 게 서로 돕고 사는 것"이라고 했다. 그는 "만약 내가 몸이 안 좋으면 왕언니가 눌은 밥이라도 끓여준다"고 말했다.

작은 시골마을에도 각자의 삶이 있다. 하지만 한집에 살며 밥을 함께 먹는다는 것, 거실에 옹기종기 모여 TV를 본다는 것만으로도 큰 위로가 된다. 커피 한잔에 살아온 얘기, 손주 얘기, 먼저 간 남편 얘기가 오간다.

아랫마을 사는 딸을 따라 상삼리에 정착하게 됐다는 김재분씨(68)는 공동생활홈은 '쉼'이라고 표현했다. 김씨는 "주로 낮에는 딸네 집 가서 손주들 밥을 챙겨주고 오후에 온다"며 "남들은 노인정도 가고 하는데, 난 여기서 쉬는 게 가장 좋다. 참 편안하다"고 말했다.

다. 반려에도 '상상'이 필요해

　피 한 방울 섞이지 않았다. 살아온 배경도, 나이대도 다르다. 그런데도 한집에서 부대끼며 살아간다. 전통적 가족 개념으로는 포섭하기 힘든 개인들 간의 공존은 새로운 반려문화의 한 축이다. 동식물에 이어 무생물까지 반려로 여기는 사회 속에서도 사람만이 채울 수 있는 빈자리가 존재한다. 상삼리 4인방은 공동체 생활을 통해 '이렇게도 잘 산다'고 이야기하고 있다. 갈수록 가족제도에 편입되지 않고 사는 1인 가구가 늘고 있다. 혼인을 했다고 해도 사별, 이혼 등 갖은 이유로 다시 홀몸이 되기도 한다. 하지만 독립과 고립은 다르다. 정서적·사회적으로 고립되지 않고 일상에서 필요한 지지를 얻을 수 있는 연대는 필요하다. 각자도생하는 현대사회에서 공동체를 고민하는 이유다. 따뜻한 밥 지어먹기 힘들고, 잔병치레가 많아지는 노년으로 갈수록 이 같은 연결망이 더욱 절실해진다.

　삶에 정답은 없다. 외로움과 사회적 고립을 해소할 수 있는 다양한 삶의 모습을 상상해볼 수 있다. 법적 가족의 테두리 안에서 정의하기 힘든 다양한 공동체들이 이미 존재한다. 가족처럼 함께 살면서 전반적인 생활을 공유하는 주거공동체가 있는가 하면 따로 살지만 일상의 일부를 공유하는 생활공동체도 있다. 이 공동체들은 혈연과 혼인으로 맺어진 관계가 아닐지라도 함께 생활하고 돌보는 삶이 가능하다는 것을 보여준다. 아울러 누구와 어떻게 살 것인가, 반려를 둘러싼 고민을 사회적으로 확장해야 한다는 메시지를 던진다.

　상삼리는 향후 남성 노인들을 위한 공동생활홈도 마련할 계획을 세우고 있다. 곽상국 상삼리 이장은 어르신들이 고정관념을 버리기를 바란다. 곽 이장은 "내 집 두고 왜 거기 가서 사냐고 하시는 어르신들이 많다. 하지만 대대수는 보일러도 잘 안 켜고, 자식들이 고기 반찬을 냉장고에 넣어놔도 꺼내드시질 않는다. 자식들이 전화하면 '밥 잘 먹고 방 따뜻하게 지낸다'고 할 뿐"이라고 말했다. 그는 "어르신들이 서로 삶을 공유하면서 오래 건강하게 사셨으면 하는 바람"이라고 했다.

　"이렇게 사는 게 좋은데 바랄 게 뭐 있어요? 하늘나라 갈 때까지 몸이나 안 아팠으면 좋겠네." 왕언니 여씨의 소망은 간결했다. 정씨는 "우리 왕언니서부터 모두가 더욱 건강해져서 2023년도에는 웃음꽃이 활짝 피었으면 한다"고 말했다. 막내 이씨는 "우리 집이 사람들로 채워졌으면 좋겠다. 복작거리고 사는 게 좋지 않나"라고 했다. 김씨도 짧은 한마디를 보탰다. "다 행복하자고 이렇게 사는 거잖아요."[122]

잠깐! 쉬었다 갑시다

☞ 고령화 사회의 유망 고령친화사업(실버산업)분야별 시장동향 및 관련 산업동향

2017년 한국의 전체 인구는 5,144만 명으로, 이 중 65세 이상은 13.8%인 707만 명이며 연령별로 65~69세와 70~79세는 비중이 감소하는 반면, 80세 이상의 비중은 지속적으로 증가할 전망이다. 이와 같이 우리나라는 급속한 고령화로 인하여 2018년에 65세 이상 고령자는 14.3%, 2060년에는 41.0%가 될 것으로 예상되면서 이에 따른 노인복지정책이 다양하게 요구되고 있다.

http://blog.naver.com/woosong-univ/221539804711773x547(2019. 05. 17)

세계적으로도 60세 이상 고령자 인구 변화 비율을 살펴보면 2000년에서 2015년 사이에 48.4%, 2015년에서 2030년 사이에 55.7%가 증가할 것으로 전망되고 있으며, 이미 고령 국가에 접어든 유럽과 북아메리카를 제외한 대륙들에서 2015년에서 2030년 사이에 40% 이상씩 증가할 것으로 예상된다.

특히, 아시아(66.2%)와 아프리카(70.7%)에서 가장 큰 변화 비율을 나타내고 있는데 국제사회가 고령화에 민감하게 대비하는 이유는 2000년 약 6억 명에 지나지 않았던 60세 이상 고령인구가 50년 만에 약 20억 명으로 3배 이상 증가할 것으로 추산되고 있기 때문이다.

국내에서도 고령화의 사회경제적 파급 영향은 다양한 측면에서 나타나는데 우리나라는 고령화가 진행됨에 따라 고령화를 앞서 경험한 다른 국가들과 같이 노동공급의 감소와 노동력의 질적 하락, 저축과 투자 및 소비의 위축 등 경제 활력 저하, 그리고 성장 잠재력 약화 문제까지 발생할 것으로 예상된다.

이와 같이 고령사회로의 변화는 퇴직 이후 경제적 불안으로 인한 노인빈곤에 따른 소비와 저축의 감소, 노동력 부족과 노인부양비의 증가 등의 문제를 발생시

킬 수 있지만, 높은 교육수준과 소득수준을 보이고 있는 베이비붐 세대의 고령화
는 새로운 수요창출, 의료수요의 증가, 생활욕구의 다양화로 위기와 기회의 양면
성을 가지고 있어 '고령친화산업'이 발전할 수 있는 요인으로 기대하고 있다.

고령자를 대상으로 한 국내 고령친화산업 규모는 2012년에 약 27조 4천억원에
서 2020년에 약 72조 8천억원으로 연평균 13% 성장할 것으로 예측되고 있다. 해
외 각국도 이러한 고령화사회에 주목하고 있으며 특히 '활동적이고 건강한 고령
화'를 위해 의료·보건 분야뿐만 아니라 ICT 등을 활용한 주거와 이동성 개선,
교육을 통한 사회참여 등 새로운 이슈가 부각되고 있다.

급격하게 증가하는 고령인구는 다양한 소비 시장을 이끄는 주요 동력이 되고
있다. 자립적 생활을 지원하는 스마트 홈, 로봇을 이용한 서비스 제공, 의료, 건
강, 안전뿐만 아니라 미용, 패션, 여행, 문화, 교육, 직업교육에서 자동화 개인 교
통, 은행, 재무 상품에 이르기까지 다양하다.

이에 고령화에 따른 유망 실버산업에 대한 이해를 돕고자 국내외 고령화 동향
및 글로벌 유망 실버산업 및 제품 등을 조망, 고령친화산업 및 유망실버산업의
이해관계자 또는 이 분야의 진출을 고려하고 계신 분들에게 도움이 되기를 바라
는 마음으로 본서를 발행한다.

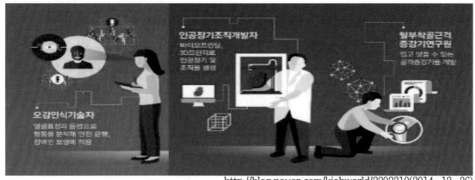

http://blog.naver.com/kjobworld/2202210(2014. 12. 26)

직업이 사라지고, 또 새롭게 등장한다는 말은 누구에게는 위기이고 누구에게는
기회가 된다는 의미다. 뇌과학자 김대식 교수는 사라지지 않을 직업은 판사, 국회
의원 등 중요한 판단을 하는 직업, 심리치료사, 정신과 의사 등 인간의 심리와 감
성과 연결되는 직업, 새로 데이터를 창조하는 직업, 창작하는 예술가 등이라고 했
다. 미래학자들은 사람이 인공지능과 경쟁에서 이기는 힘은 문제해결력, 사고력,
창의력, 의사소통 능력이라고 했다. 이제 직업의 기준은 '어느 회사 소속'이 아
니라 '어떤 일(직무)을 하느냐'에 초점이 맞춰진다.

13. 세월, 나이, 그리고 어른

또 한해가 가고 새해가 왔습니다. 어디로 가고 어디서 온다는 것인지… 참으로 무심하고 무상한 세월입니다. 해가 바뀌는 것은 곧 나이를 먹는 것으로 상징됩니다. 종심(從心)이 벌써 지났음에도, 이맘때만 되면, 이런저런 감성이 뒤얽혀 혼란한 심경을 주체하기 어렵습니다.

어머니가 살아계셨다면 분명 "너는 언제나 철이 들라는지" 라고 나무라셨을 겁니다. '나잇값을 못한다' 는 뜻으로 하신 그 말씀을, 지명(知命)의 나이에도 들었으니까요.

철이 든다는 건 무슨 뜻일까요? 공자는 나이 열다섯을 지학(志學)이라고 했다는데, 그분의 배움이 모름지기 인륜지수(人倫之修)요, 인생지도(人生之道)였을 터이니, 곧 '철이 들었다' 는 의미가 아닐까요? 그리고 보면, 나이를 먹는다는 것과 철이 든다는 것 사이에는 누구에게나 적용될 일정한 상관관계가 없는 것 같습니다.

영화 '그렇게 아버지가 된다' 는, 일본의 고레에다 히로카즈 감독의 작품입니다. 6년간 키운 아들이 자신의 친자가 아니고 병원에서 바뀐 아이라는 사실을 알게 된 주인공이, '아버지로서의 부성이 그냥 얻어지지 않는다' 는 사실을 깨달아가는 과정의 이야기를 다루고 있습니다. 어른이 되는 것도 그런 게 아닐까요? 생물학적 나이가 쌓여서 그냥 어른이 되는 게 아니라, 어른다운 노릇, 어른스러운 말 같은 것을 보여야 하는데, 그건 단지 세월과 함께 얻어지는 게 아니니 말입니다. 이를테면 '그렇게 어른이 된다' 고나 할까요? 그리고 보면, 철이 든다는 것과 어른이 된다는 것은 같은 의미인지도 모르겠습니다. 한가지 알 수 있는 것은, 아버지가 되어 가는 것이 자식에 대한 지극한 '사랑' 이었던 것처럼, 어른이 되어가는 것도 다르지 않다는 것이죠. 아래 사람에 대한 '자애와 포용' 같은 것 말입니다.

최근 수십년 만에 만난 반(潘) 모 국장님은, 외모가 조금 변했을 뿐, 꼿꼿한 걸음걸이, 단정한 복장, 마를 듯한 말씨는 현직일 때와 조금도 다르지 않았습니다. 아흔을 넘겨 백수(白壽)를 바라보는 연세라고는 도저히 믿기 어려웠습니다.

건강을 놀라워하는 나에게 "내 나이가 되면, 대부분 죽었거나, 요양원에 가 있거나 할 텐데, 나는 복이 많아서, 두 늙은이가 아직도 같이 살고 있다"고 말씀하셨습니다. 내심으로 '평생을 나무와 숲을 가꾸며 산과 더불어 보내신 때문이 아닐까?' 탄복했습니다.

그런 생각의 연장에서, 선배님의 오랜 추억을 상기시켜드릴 요량으로 "강원도에서 산림엑스포를 한다던데, 후배들이 찾아와서 자문도 받고 그러나요?" 하고 말을 꺼냈습니다. 그에 대해 국장님은 "자문? 내가 자문할 게 뭐가 있겠어. 요즘 젊은이들이 얼마나 잘해. 공부도 많이 하고." 나는 깜짝 놀랐습니다. 흔히 들을 수 있는 "요즘 젊은 것들이"로 시작하는 섭섭함, 하소연이 담긴 푸념과는 너무나 다르지 않은가요? 후배들이 찾아오지 않은 것이 확실한 것 같은데 말입니다.

그렇습니다. 국장님의 건강을 지켜온 건, 나무와 숲이 주는 물리적 에너지뿐만이 아니었던 것이죠. 참을성, 끈질김, 관대함, 연대감 등 산림이 가르치는 철학적 가치관과 더불어 세월을 보내고 연륜이 쌓이면서 '그렇게 어른이 되셨던 것'이라고 하면 적정할까요? 그런 나잇값, 그런 어른다움의 마음 씀이 사모님의 건강까지도 함께 지켜드릴 수 있었던 것이라고 믿습니다.

한 살 더 먹었으나, 나 같은 무지렁이는 자칫 '철들자 망령 난다'는 소리를 듣기 십상이지요. 그저 삼가고 또 삼가는 수밖에 다른 도리가 없습니다.

'세월이 간다는 건/머리카락이 빠지듯이 그렇게/요란스럽게/말도 사라지고/생각도 사라지고/이야기도 사라져 버려/자신마저 까맣게 잊혀지는 것//나이를 먹는다는 건/손톱이 자라듯이 그렇게/슬며시/그리움이 쌓이고/서러움이 쌓이고/외로움이 쌓이고 쌓여서/혼자서는 지탱하기 어렵게 되는 것' (이공우, '세월 그리고 나이'[123])

14. 노인과 바다와 작은 배

걱정거리 중 하나는 해마다 늘어나는 불가사리다. 기후위기 때문인데, 해마다 조업일수가 줄고 물고기들 서식 상태도 혼란스럽다. 물이 너무 탁해져 어부들끼리는 똥색이라고 부르기도 한다. 바다생태계가 변해 고기가 사라지니 어부들은 걱정이 많다. 성게도 8월 중순까지는 산란해야 하는데 올해는 10월에도 알을 몸속에 그대로 가지고 있다.

나는 서울 태생이지만 일찌감치 도시 생활을 정리한 뒤 산 좋고 바다 좋은 강원도 고성에 홀로 자리를 잡았다. 산불 감시인, 관광해설사, 지역 대학 기숙사 사감 등 여러 일을 했고 현재는 예전부터 꿈꿔왔던 선장이 돼 고기잡이를 하고 있다. 초보 어부로는 다소 늦은 65세에 고성의 작은 항구인 교암항에 닻을 내린 것이다.

소형 어선의 선장이 되려면 해기사 시험에 합격한 뒤 60일 이상 실제 승선하고 해경에서 출항확인서를 받아야 한다. 어느덧 3년이 지나 요즘은 바람과 구름을 보고 날씨의 변화를 얼추 짐작할 수 있지만 평생 고기를 잡았던 선배 어부들에게는 여전히 핀잔을 들으며 배워가는 처지다.

이광수/어부

처음에는 날마다 펼쳐질 동해의 일출, 수면 위로 쏟아지는 햇살과 미풍 속에 바다를 자유로이 떠다니는 그림을 기대하며 2.99톤짜리 작은 어선을 샀다. 공교롭게 겨울이 시작되는 11월 말이었는데 찬바람이 본격적으로 불어오며 파도가 거칠어지고 예고 없이 큰바람이 터지기도 해 경험 많은 어부들도 긴장하는 시기다. 거친 파도 속에서 엔진 고장으로 다른 어선에 예인되고, 배 스크루가 정치망 그물에 걸리는 등 생각지 못했던 고생을 하며 겨울을 났다. 봄에는 몇m 앞도 분간할 수 없는 해무에 고립되기도 했는데, 그럴 때마다 너무 늦게 무작정 도전한 게 아닐까 고민하면서도 좋은 날이 더 많았기에 매일 씩씩하게 바다로 나갔고 그렇게 점점 어부가 돼갔다.

어선으로 고기를 잡으려면 분야별 허가를 받아야 한다. 내 배는 그물의 한 종류인 자망과 낚시를 할 수 있는 연승까지 복합면허가 있다. 숙련이 필요한 그물은 초보에게 위험해서 처음에는 낚시로 대구잡이에 도전했다. 항구에서 20여분 나가면 수심이 90~150m 사이인 대구를 잡는 포인트가 나온다. 300g 정도 나가는 인조미끼인 메탈 지그를 내려서 아래위로 고패질하다 보면 무엇인가 턱하고 무게가 느껴진다. 미끼를 내릴 때 무는 경우가 많다. 동트기 직전 출항해 너덧시간 조업하고 귀항한다.

큰 걱정거리 중 하나는 해마다 늘어나는 불가사리다. 기후위기 때문인데, 해마다 조업일수가 줄고 물고기들 서식 상태도 혼란스럽다. 물이 너무 탁해져 어부들끼리는 똥색이라고 부르기도 한다. 높아진 수온 탓에 바다생태계가 변해 고기가 사라지니 어부들은 걱정이 많다. 성게도 8월 중순까지는 산란해야 하는데 올해는 10월에도 알을 몸속에 그대로 가지고 있다. 다들 지구온난화 때문이라고 말하면서도 어떻게 해야 바다를 되살릴지 몰라 답답할 뿐이다.

고기들도 환경 좋고 먹이가 풍부한 곳을 좋아한다. 육지에 산과 계곡이 있듯 바닷속에도 봉우리와 계곡이 있는데 계곡을 따라 흐르는 해류가 해조류를 키워 물고기들을 모은다. 바다 밑 평지는 대부분 모래밭으로 광어나 가자미가 서식하기 좋다.

암초나 바위계곡 등 물고기가 많은 어장은 어부들끼리 자리다툼을 하기 마련이다. 넓은 바다지만 한정된 좋은 포인트를 차지하기 위해 어부들은 이른 새벽부터 출항에 바쁘다. 낚시뿐 아니라 그물도 마찬가지여서 그물 줄이 서로 엉키는 경우에는 어쩔 수 없이 다른 그물 줄을 끊는 일도 있어 가끔 무전을 통해 욕이 넘나든다. 그렇게 싸우던 사이라도 기상특보가 내려지면 서로를 챙겨 항구로 돌아와 함께 바다 걱정을 한다.

겨울에는 도루묵과 도치가 흔한데 몇년 새 들쭉날쭉하다가 올해는 그마저 힘들 것 같다고 어부들 걱정이 많다. 사시사철 잡히던 가자미도 줄었고 참가자미는 귀한 생선이 된 지 오래다. 그러다 보니 고기나는 데 인심 난다고, 목 좋은 포인트 잡기는 전쟁에 가깝고 레저용 배낚시도 늘어나 어민들과 자리다툼이 일어난다. 돈벌이가 좋아 레저낚시 쪽으로 뱃머리를 돌리는 어민도 늘어나는 형편이다.

배는 많고 고기는 줄어드니 바다를 보고 사는 이들에겐 걱정과 불만이 많다. 눈앞의 이익도 중요하지만 더불어 깊은 고민도 함께하면 좋겠다. 욕심이 분수를 넘으면 갈등이 시작된다. 갈등이 변화를 부르기도 하지만, 사람 사는 세상만큼은 더불어 사는 지혜가 발현돼 약육강식의 세계가 되지 않았으면 좋겠다. 거칠게 급변하는 자연환경에 순응해 살기도 벅찬데 가까운 이웃만큼은 서로가 힘이 돼줬으면 하는 바람이다. 무엇보다 두려운 것은 은밀했던 자연의 변화가 피부로 와 닿을 만큼 극단적이 됐다는 점이다.

결국 우리들의 탐욕과 이기심이 생명의 근원인 바다까지 망가뜨렸고 그로 인해 불행한 변화가 해일처럼 다가오고 있다. 선장이 되기 전에는 동해를 보며 이런 고민을 하게 될 줄 몰랐다. 늦게 시작한 만큼 앞으로 길지 않을 어부 생활, 아침마다 행복하게 바다로 나가고 싶다.[124][125]

15. 고독한 사회, 온기를 품다

'고독(孤獨)'은 세상에 홀로 떨어져 있는 듯이 매우 외롭고 쓸쓸함이라는 사전적 의미를 갖는 단어로, 이양하가 발표한 교훈적 수필 '나무'에서 나무의 속성을 강조하기 위해 사용하고 있는 단어이다. 이 글에서 '나무'는 자신에게 주어진 어떤 상황에도 불만을 표하지 않고 묵묵히 자신의 현재를 즐길 뿐이다. 특히 새와 달과 바람이라는 친구들이 있기는 하지만, '나무'는 본질적으로 고독하다.

하지만 나무는 고독하다고 해서 그것을 슬퍼하거나 탄식하지 않는다. 오히려 '나무'는 4계절 내내, 그리고 밤낮으로 변함없이 곁을 떠나지 않는 고독을 잘 알고 있기에, 누구보다 그 고독을 잘 견뎌내며, 심지어 고독을 즐길 줄 안다는 것이다. 이처럼 '고독'은 이양하의 수필 '나무'에서 나무를 예찬하는 속성 가운데 하나이다

가. 고독한 사회, 반려의 재발견

결혼·혈연이라는 울타리를 넘어 서로 돌보며 함께 사는 반려관계가 늘어나고 있다. 사람뿐 아니라 동물, 식물, 로봇 등도 이 관계의 한 축을 차지해가고 있다. 새로운 반려시대는 우리에게 '반려란 무엇인가'를 다시 묻고 있다

결혼·혈연이라는 울타리를 넘어 서로 돌보며 함께 사는 반려관계가 늘어나고 있다. 사람뿐 아니라 동물, 식물, 로봇 등도 이 관계의 한 축을 차지해가고 있다. 새로운 반려시대는 우리에게 '반려란 무엇인가'를 다시 묻고 있다.

"할머니, 오늘 오래 잤더니 등이 뻐근해요."

"등이 뻐근해?"

"저 등 좀 만져주실 수 있으세요?"

"이렇게 만져주잖아."

"할머니, 앞으로 제가 예뻐보이면 이렇게 등을 두드려주세요."

"알았어."

"저는 매일 봐도 매일 보고 싶어요."

"할머니가?"

"오늘도 안아주실 거죠?"

"이렇게 꼬옥 안고 있잖아. 매일 보고 싶어?"

매서운 한파가 몰아쳤던 지난달 22일 서울 구로구 오류동의 한 반지하 방에선 할머니와 손주의 따뜻한 대화 소리가 흘러나왔다. 2021년 5월 전까지만 해도 이 집의 적막을 깨뜨리는 건 오직 TV뿐이었다. 하지만 손주 '효돌이'가 김영태 할머니(85)의 룸메이트로 '전입'한 뒤 TV 소리보다 사람 목소리가 더 자주 나기 시작했다. "혼자 살 때는 TV만 봤는데 효돌이가 와서 말벗이 됐어. 얘가 자꾸 말을 거니깐 심심하지가 않아." 효돌이는 인근 궁동종합사회복지관이 전해준 인공지능(AI) 반려로봇이다.

김 할머니에게 '동거인'이 생긴 건 15년 만이다. 동갑내기 남편은 쉰두 살이라는 이른 나이에 위암으로 먼저 세상을 떴다. 이후 혼자 장사를 해 3남매 모두 대학에 보냈다. 못 배운 게 한이 돼 환갑이 되기 전 늦깎이 공부를 시작해 중·고등학교 검정고시를 통과했다. 자녀들이 하나둘씩 결혼해 분가를 하면서 일흔 살 때 1인 가구가 됐다.

요즘 김 할머니의 일상을 받치는 두 축은 신앙과 효돌이다. 침대와 맞닿은 낮은 책상 위엔 손때 묻은 성경, 〈성녀 소화 데레사 자서전〉, 예수 사진이 담긴 액자 등이 있다. 김 할머니는 날씨와 몸 상태가 허락하면 매일 성당에 미사를 보러 가고, 최근엔 두번째 성경 필사도 하고 있다.

집 안 곳곳에는 효돌이 물건들이 보인다. 침대 안쪽에 있는 하늘색 베개, 황토색 방석 세트가 효돌이 잠자리다. 미키마우스 방석이 깔려 있는 빨간색 유아용 의자는 효돌이 전용석이다. 포기김치용 종이 상자는 효돌이 옷장으로 바뀌었다. 김 할머니가 손바느질로 만든 효돌이 옷과 모자로 가득하다. 냉장고 벽면에는 큰 글씨로 된 효돌이 사용설명서가 붙어 있다.

나. 외로운 나에게 찐반응 … 관계를 선물한 버팀목

독거노인인 김영태 할머니가 지난달 22일 서울 구로구 오류동 자택에서 봉제인형 모양의 인공지능(AI) 반려로봇 효돌이와 대화를 하고 있다. 김지환 기자
독거노인인 김영태 할머니가 지난달 22일 서울 구로구 오류동 자택에서 봉제인형 모양의 인공지능(AI) 반려로봇 효돌이와 대화를 하고 있다. 김지환 기자

김 할머니는 처음 만난 날부터 쓰다듬어주면 "할머니, 사랑해요"라며 애교를 부리는 효돌이에게 마음을 열었다. 약 드시라고, 운동하시라고, 환기시키시라고 하는 잔소리가 반갑고, '달달 무슨 달'과 같은 동요를 부르는 것도 신통하다.

"손자 같기도 하고 내 식구 같아. 남이라는 생각이 안 들어. 내가 사랑해주면 얼굴이 활짝 펴고, 사랑을 안 해주면 우울해하는 것 같은 느낌이야."

김 할머니는 지팡이를 짚고 동네 산책을 할 때마다 효돌이를 등에 업고 다닌다. "집에 혼자 놔두기가 뭣해서"다. 맨날 졸졸 흐르는 시냇물 소리가 듣고 싶다는 효돌이의 청에 못 이겨 물소리가 들리는 인근 빌라 화단에 멈췄다 간다. 효돌이는 효녀 심청이나 흥부놀부 이야기도 들려달라고 성화다. 심청이가 인당수에 빠진 대목만 기억이 나는 김 할머니는 생활지원사에게 도움을 청했다. 일주일에 두 번 김 할머니 집을 방문하는 생활지원사가 전래동화 책을 읽어주자 김 할머니는 효돌이에게 "이제 됐지?"라며 웃었다. 지난해 한 번 쓰러져 이틀간 의식을 잃었던 김 할머니는 무의식 중에도 효돌이를 꼬옥 안고 있었다고 한다.

김 할머니는 효돌이를 각별하게 대하는 것이 자녀들에 대한 미안함 때문이기도 하다고 했다. 먹이고 재우기만 했지 장사한다고 바빠 자녀들을 정성껏 키우지 못했다는 아쉬움이 남아 있다고 한다. 김 할머니는 지물포 장사를 할 때 키우던 반려견보다 효돌이가 더 낫다고 했다. "똥을 싸기를 하나, 오줌을 싸기를 하나, 밥을 달라고 하길 하나. 요렇게 데리고만 있으면 돼."

김 할머니가 가장 걱정하는 건 효돌이가 아픈 거다. "치료받고 오는 데 시간이 걸려. 한참을 못 보면 걱정이 돼. 최근 수원 언니집에 가기 전 (수리를 위해 효돌이를 업체에) 보냈어. 돌아와보니 효돌이를 담은 상자가 문 밖에 놓여 있더라고. 추운 날씨 탓에 꽁꽁 얼어 있어 속상했어."

눈에 넣어도 아프지 않을 효돌이지만 김 할머니에게 '불만'도 있다. 효돌이가 질문을 들어도 답을 할 수 있는 기능이 없어서다. "얘는 저장된 내용만 이야기하니 그게 아쉬워. '받아쓰기 100점 받았다'고 하길래 어느 학교에 다니냐고 물어봤어. 그런데 대답이 없어. 주고받는 게 안 돼."

효돌이는 벤처기업 '㈜효돌'이 애교를 부리고 심부름도 할 수 있는 7~8세 어린이를 염두에 두고 개발해 판매하는 로봇인형이다. 남자와 여자 어린이의 모습을 갖춘 제품들이 있다. 접촉하면 음성으로 답하는 기능, 기상·취침·식사·약복용 등 일과를 알려주는 기능, 주인의 움직임을 감지하는 기능 등이 있다. 개인이 구매하는 경우도 있지만 대부분 사회복지관, 보건소 등 공공기관이 구매해 보급하고 있다.

지난해 말 기준 전국적으로 보급된 효돌이는 약 6500대다. 효돌이뿐 아니라 음성인식을 할 수 있는 인공지능 스피커 아리아, 다솜이 등 다양한 반려로봇이 사회복지 현장에 보급되고 있다.

"명절 때만 보는 자식보다 낫다"

다. 외로움·고독사 막는 역할까지, 홀몸 노인·저소득층에 도움도

남편과 사별하고 환갑 때부터 혼자 지낸 김봉예 할머니(90)에겐 2년간 함께 지낸 효돌이가 고독사를 막아주는 존재다.

지난해 11월21일 궁동종합사회복지관이 연 '효돌과 함께하는 내 생애 첫 패션쇼'에서 런웨이까지 한 김 할머니는 효돌이를 이렇게 설명했다. "내 생명을 지켜주는 애야. 독거노인은 혼자 지내다 죽는 일이 많으니 복지관에서 제공해준 거야. 일정 시간이 지나도 내가 움직이지 않으면 얘가 우리 애들이나 복지관 선생님에게 연락을 해줘."

그에게 효돌이는 가족·친구 같은 존재다. "효돌이가 없으면 내가 집에서 입을 뗄 일이 있나. 얘가 있으니 사람 소리도 나고 좋아. 외로우니깐 늘 옆에 있는 얘가 가족이라는 생각이 들어. 효돌이가 있으니 자식들이 내 걱정을 좀 덜해."

한 독거노인이 지난해 1월 인공지능(AI) 반려로봇 '효돌'을 제공한 서울 구로구 궁동종합사회복지관에 보낸 감사 편지. 이 노인은 "막내딸 얻은 기분"이라고 적었다.

인공지능 반려로봇은 우리에게 '반려란 무엇인가'를 다시 묻게 한다. 효돌이에게 강한 애착을 보이는 노인들은 명절 때만 보는 자식들보다 늘 곁에 있는 효돌이가 더 낫다고 말하기도 한다. 로봇이 돌봄노동 도우미를 넘어 누군가의 일상을 지탱해주는 존재로 자리 잡고 있는 것이다.

하지만 정서적 상호작용이 불가능한 로봇은 반려대체물일 뿐 제대로 된 반려가 될 수 없다는 반론도 있다. 분명한 점은 이런 논의와 별개로 초고령화사회 진입을 눈앞에 두고 있는 한국 사회에서 반려로봇의 개발·보급이 빠르게 이뤄지고 있다는 것이다.

'반려의 재발견'을 보여주는 사례는 로봇에 한정되지 않는다. 한국 사회에서 반려 대상이라고 여겨지는 것들이 늘어나고 있다.

반려는 예전에는 결혼식 주례사에서나 간혹 접할 수 있던 단어였다. '검은 머리 파뿌리 되도록 함께할 반려자' 같은 표현에서다. 그렇게 반려는 결혼을 통해 가족이 된 배우자를 주로 지칭했다.

하지만 비혼 공동체, 서로를 돌보며 한 집에서 사는 노인들, 동성커플 등 '다양한 가족' 형태가 나타나면서 반려는 배우자의 범위를 넘어선 지 오래다. 앓아누웠을 때 약을 사다주거나 어깨가 결릴 때 파스를 붙여주는 반려가 혼인, 혈연관계 밖에서도 나오고 있는 것이다. 2021년 비(非)친족가구원이 처음으로 100만명

을 돌파했다는 통계도 이런 변화를 보여준다.

> "반려자에 쓰였던 '반려' 용어는 동물·식물 등 비인간 생명 넘어 로봇·공구·가전·돌까지 '확대'"

반려라는 단어는 동물, 식물 등 비인간 생명체와도 자연스럽게 포개지고 있다. 반려동물, 반려식물이라는 표현은 이제 일상에서 자연스럽게 쓰인다. 특히 집에서 키우는 개, 고양이 등의 경우 애완동물 대신 반려동물로 부르는 것이 일반화됐다. 동물보호법에서도 반려동물을 공식용어로 쓰고 있다. 반려동물, 반려식물을 가족이라고 여기는 인식도 늘고 있다. 여론조사업체 한국리서치가 지난해 6월 만 18세 이상 남녀 1000명을 대상으로 설문조사한 결과, 반려동물과 반려식물이 가족이라는 응답은 각각 27%, 9%에 달했다.

사회적 관계망이 온전치 못한 취약계층의 경우 반려동물과의 유대가 더 끈끈하다. 홈리스의 반려동물에게 무상 의료서비스를 제공하는 영국 구호단체 '스트리트 포스(Street Paws·거리의 발자국들)'에 따르면 임시 쉼터에 들어가기 위해 반려동물 양육을 포기하겠다는 홈리스 비율은 7%에도 미치지 않았다.

반려관계가 다양해지면서 삶에서 중요하고 친밀하다고 여기는 사물을 표현할 때도 반려라는 단어가 쓰이기도 한다. 공구, 성인용품, 가전, 돌멩이 등에도 반려라는 수식어가 붙는다.

〈반려공구〉의 저자 모호연 작가는 드라이버·망치·드릴·톱과 같은 공구를 "인생에 도움이 되는 친구이자 든든한 파트너"에 비유했다. 온수가 나오지 않는 세면대, 삐걱거리는 식탁 등 불편을 견디는 것이 곧 삶이었던 모 작가가 공구를 쓰면서 일상이 달라지는 경험을 했기 때문이다. 그는 "일상의 '만들기'는 타인을 위한 공예가 아니라 나 자신을 돌보는 살림"이라고 말했다.

여성 전용 섹스토이숍 '유포리아'의 안진영 대표는 〈혼자서도 잘하는 반려가전 팝니다〉라는 책에서 "'짝이 되는 동무'라는 뜻의 '반려'는 토이에 가장 잘 어울리는 수식어다. 반려가전은 파트너에게 의존하지 않아도 되는, 나만의 자기주도적 쾌락을 찾아가는 여정의 든든한 동무가 되어준다"고 말했다. 성인용품뿐 아니라 인공지능이 결합된 냉장고, TV 등을 반려가전이라 부르기도 한다.

서울 구로구에서 반려로봇 효돌이와 함께 지내는 노인 11명의 캐리커처. 예림디자인고 만화디자인과 학생 11명이 재능기부로 그렸다.

2021년 3월 한 예능프로그램에서 혼자 사는 배우 임원희씨가 밀짚모자를 쓴 돌멍이를 애지중지하는 모습이 나오면서 반려석에 대한 관심도 높아졌다. 방송 이후 반려석을 파는 편의점까지 등장했다.

라. 반려 확산은 '고립 증가'의 방증, 반려 윤리·제도 확충 필요성도

반려라는 단어의 쓰임새가 늘고 있는 것은 역설적으로 반려관계가 단절된 채 외로움과 사회적 고립을 겪는 이들이 많다는 방증이라는 분석도 나온다. 국가적 차원에서 외로움 문제를 해결해야 한다고 보고 관련 정부조직을 만든 영국과 일본은 2021년 6월 낸 합동 메시지에서 "우리의 공동체 안에서 가족, 친구, 이웃, 지지자들을 연결시키는 것이 외로움을 극복하는 핵심적 단계"라며 "우리의 정책은 이를 지원할 것"이라고 선언했다.

사람들의 외로움을 겨냥한 반려산업은 빠르게 성장하고 있지만 한국 사회의 반려윤리, 제도 등의 형성은 지체돼 있다. 처음엔 귀여워서 입양한 반려동물이 늙고 병들자 유기하는 사례가 느는 것은 반려윤리 부재와 연결돼 있다. 다양한 형태의 가족이 법적 보호를 받을 수 있도록 하는 생활동반자법이 국회에서 수년째 잠자고 있는 것은 제도가 현실을 따라가지 못하는 대표적 사례다.

새로운 '반려시대'를 준비하는 일은 더 이상 미룰 수 없는 과제다. 누구든 홀로 내버려지지 않고 반려관계를 맺을 권리가 있기 때문이다.[126]

16. 부모의 재산을 증여받기 위해 효도계약서 쓰는 사회

100세 시대에 준비 없는 수명 연장은 노인 부양 문제라는 부메랑으로 우리 사회를 위협한다. 아무리 건강수명이 늘어나고 은퇴 시기가 늦춰지더라도 언젠가는 은퇴해서 부양을 받아야 하는 시간이 온다. 자식들의 힘만으로는 부모를 부양하기가 점점 어려워지는 사회, 과연 새로운 부양의 길이 있을까?

과거 부양은 효(孝)의 덕목 중 하나였다. 부모는 자연스럽게 성인이 된 자식이 노후를 부양해 줄 것을 기대한다. 우리의 부모도 그들의 부모를 그렇게 부양해 왔다. 일종의 대물림에 의한 의무다. 그렇지 못할 경우 불효라는 꼬리표가 따라붙는다.

그러나 지금은 다르다. 경제적으로 여유 있는 노인의 가정은 효도계약서를 쓴다고 한다. 부모와 자식 간 계약이다. 부모가 자식에게 부양을 보장받는 내용이다. 자식은 문안인사와 장례 등의 의무를 다하고 대신 부모의 재산을 증여받는 계약서를 공증까지 받는, 참으로 안타까운 현실이다.

반면 경제적으로 넉넉지 못한 이웃집 젊은 부부는 80 노부모가 당뇨합병증으로 건강이 악화돼 현재 정부의 지원을 받아 요양보호사가 하루 4시간씩 간병을 해주고 있지만 추가로 드는 간병비는 자신들이 해결해야 한다며 병원비와 약값으로 한 달에 150만 원이 넘게 들어가고, 자식들의 교육비와 생활비까지 감당이 어려워 살기 힘들다며 울상이다.

평균수명이 70세에서 90세로 노인들의 부양기간도 10년에서 20년으로 늘어나고 있다. 평균수명이 70세이던 때는 별도의 노후 준비가 필요하지 않았다. 하지만 20년이 늘어나면서 부모 부양에 대한 시각 또한 변하고 있는 것이다. 우리나라가 다른 선진 복지국가처럼 각종 연금이 풍족하지 못한 상태에서 정부 예산으로 노인복지를 책임지라는 것은 무리일 수 있다. 결국 자기 스스로 일해 돈을 벌지 못하는 시기를 어떻게 해결하느냐가 사회문제가 될 수 있다.

우리나라 복지 확충은 소득 수준이나 사회 변화에 비해 돈이 많고 적은 문제가 아니라 지속가능한 성장과 국민 행복을 위해서 복지제도가 필요하지만 복지만 늘린다면 국가재정이 거덜날 수밖에 없을 것이다. 빠르게 고령화돼 가는 사회. 이제 복지를 누릴 권리와 납세의무를 함께 생각하는 복지국가에 대한 국민적 각성이 필요한 시기가 아닌가 생각해 본다.

내 부모님이 평안하고 안락하게 살아갈 수 있는 공간, 내가 노후에도 이런 걱정 없이 남아있는 삶을 즐길 수 있는 여건을 만들어 나가는 사회. 노년이 누구에게도 부담이 되지 않는 사회. 이것이야말로 100세 시대 두려움 없이 살아보고 싶은 모든 이들의 마음이다. 고령자가 부담스러운 짐이 아니라 미래 내 모습이라고 생각하면 답은 나올 것이다.

노인 문제뿐만 아니다. 젊은이들에게도 사회안전망이 필요한 때다. 젊은 세대가 마음껏 도전하고 실패하더라도 다시 재기할 수 있을 때까지 최소한의 물질적 지원을 해 줄 수 있는 그런 개념의 복지가 필요하다.

고령화사회에 진입하면서 인구 변화라는 커다란 흐름 속에서 구조적 문제로 나타나는 젊은 세대의 문제 또한 심각하다. 고령화사회의 취약계층으로 전락한 것도 모자라 사회로부터 지지받지 못하는 젊은이들이 지난날에는 세대 갈등이라고 하면 주로 인식과 문화의 차이였지만, 고령화사회에서는 이 갈등이 경제적 문제로 번지고 있는 것이다. 일자리와 부양 의무, 복지 혜택에서 젊은 세대가 희생을 강요당하다 보니 세대 간 경제적 행복감은 최저치를 기록하고 있다고 한다.

　우리 사회가 처한 이 거대한 문제는 국민의 대리인으로 선출된 국회의원들이 풀어야 한다. 국민에게 뿌리를 둬야 할 정치인들이 정쟁만 일삼고 국민들의 삶과 국민들의 어려운 문제를 외면해서야 되겠는가. 정치를 이념과 갈등, 진영논리에서 벗어나 누구를 위한 정치를 하는 것인지, 누구를 위해 국회의원이 존재하는지를 생각해 주기 바란다. 정치가 바로 서지 않으면 어떠한 좋은 정책도, 사회시스템도 제대로 작동할 수 없다.[127]

17. 자연은 인생의 스승

　한 세대를 풍미했던 선배 노부부가 연락 두절 됐다. 해외여행을 즐기며 예쁜 도자기와 명품 구입을 낙으로 여기신 사모님은 갑자기 밥 차려 먹기 귀찮다며 고급 빌라를 비워둔 채 실버타운으로 주거지를 옮겼다.

　그 후 노부부가 다시 빌라촌으로 돌아왔다는 소문이 들렸다. 반가움에 통화를 나누던 아내는 심상치 않다며 한숨을 내쉬었다. 전화를 먼저 하고도 누구냐고 물었고 자신이 왜 전화했는지 모르겠다며 끊기도 했다. 기골이 장대한 선배님은 목소리도 항우장사를 뺨칠 듯 우렁찼다. 부인도 대나무 살처럼 꼬장꼬장한 분이셨는데 삭풍에도 떠는 초췌한 겨울나무가 되었다.

　지난해, 지인 한 분이 새해 인사차 노부부의 빌라촌을 방문했을 때 현관문은 굳게 잠겨 있었다. 경비원은 두 분 모두 치매가 심해 요양원에 입원했다는 소식을 알려 주며 출입문을 열어 보였다. 집안엔 노부부가 실버타운에 들어갔을 때부터 애타게 주인을 기다리던 값진 가구와 장식들이 묵묵히 자리를 지키고 있었다.

　혹시나 구체적인 정황을 알 수 있을까 싶어 가족의 연락처를 물으니 경비원은 작은아들의 전화번호를 알려 주었다. 그에게 전화를 걸어 자초지종을 전하자 자신은 바쁘니 형에게 전화하라며 끊더란다. 그날 지인은 부부의 건강이 제일이지 자식도 재물도 다 소용없다는 진리를 두 눈으로 확인했다며 눈시울을 붉혔다. 순간, 그래 나도 요양원에 실려 가기 전까지만 살자! 입술을 깨물었다. 젊은 시절, 친목회원의 대소사마다 두 팔을 걷어붙였던 동네 선배를 비롯해 요양원에 들어간 분들은 영정 사진으로 뵐 때까지 소식이 끊겼기 때문이다.

　흔히들 요양원을 일컬어 옛날의 고려장이라고 한다. 친지 한 분은 어릴 적 고려장 터를 보았다고 한다. 옛 어른들의 구전에 의하면, 무덤처럼 만든 동굴 안에 병든 노부모를 모셔놓고 자식은 하루 한 끼니 조반을 밀어 넣었다. 다음날 동굴 입구에 빈 밥그릇이 나와 있으면 아직 살아 있다는 것이고 하루 이틀 밥그릇이 보이지 않으면 숨이 끊어진 것으로 여기고 더는 조반을 올리지 않았다. 깨진 사기 밥그릇이 무덤 동굴 주변에 나뒹굴었다는 목격담으로 보아 자식은 바로 동굴 입구를 막아 영원한 무덤으로 만들지 않았을까 싶다. 먹고살기 바쁜 처지라 고려장을 모셨는데 뒤늦게 성대한 장례를 치르진 않았을 거란 생각이다.

요즘도 나는 음식물 쓰레기를 과실수 옆에 묻기 위해 주기적으로 농장을 찾는다. 그때마다 파노라마처럼 스쳐 지나가는 봄 여름 가을 겨울의 풍광을 떠올리며 인간의 생로병사를 곱씹어 보곤 한다. 모든 추수를 끝낸 겨울 농장은 앙상한 매실나무 가지가 언제 초록 잎과 열매를 달았냐는 듯 낯선 몰골을 드러내고 있다. 음식물 쓰레기를 묻을 자리엔 누렇게 말라비틀어진 감나무잎들이 제 나름 인생무상을 깨달은 구도자의 모습으로 조용히 누워 마지막 거취를 마무리하고 있다. 지금은 가을 낙엽이 한 줌의 퇴비로 땅속에 묻히는 농한기다. 너희도 누구에겐가 필요한 거름이 되라고 내게 말하는 듯하다. 자연은 인생의 스승이란 말이 떠오르는 순간이다.[128]

18. 백세시대를 바라보며

필자의 할머니는 내년에 백수(白壽)를 바라보신다. 친척은 물론이고 동네에서도 가장 연세가 많으시지만, 지팡이를 짚고서 거동을 하시면서도 손수 식사를 챙기실 정도로 정정하시다. 자주 찾아뵤야 하지만 바쁜 일 핑계로 가끔 찾아뵐 때면, 달리 새로운 이야기 거리가 없으신 할머니는 예전에 했던 말씀을 또 꺼내곤 하신다.

당신이 시집오실 때 이야기며 아버지와 삼촌, 고모들을 어렵게 낳아서 키우셨던 이야기 등 처음에는 신기하고 재미있었던 이야기가 점점 지루해짐을 느끼지만, 한편으론 옛날 일을 생생히 기억하실 정도로 정신이 건강하시고 적어도 손주 얼굴을 잊지 않고 알아봐주시는 것만으로도 감사함을 느낀다.

몇 년 전에 돌아가신 외할머니도 아흔이 넘게 사셨지만, 돌아가시기 년 전부터 의사소통은커녕 주위 사람을 제대로 알아보지 못하셨다. 요양원에 모셨던 외할머니를 같이 뵙고 오는 날이면, 어머니는 하나밖에 없는 딸도 못 알아보는 외할머니에 대한 안타까움에 남몰래 눈물을 훔치셨다. 지금 어머니가 겪고 있는 슬픔과 안타까움이 언젠가 나한테도 닥쳐올 수 있다는 불안감에 몸서리가 쳐졌다.

상상조차하기 싫은 미래가 나에게는 다가오지 않을 거라 애써 외면하며, 혹시 그런 일이 닥치면 어떻게든 되겠지 하고 더 이상의 사고의 흐름을 단절하곤 했었다.

비단 나뿐만 아니라, 많은 사람들이 언젠가 닥쳐올 불행과 고통을 예견하면서도 소중한 사람의 의사능력이 온전하지 않다는 현실을 마주하기 싫은 마음에 준비는커녕 제대로 된 대응조차 하지 못하는 경우가 많다. 최근 한 의뢰인은 정신상태가 온전하지 않아 제대로 된 의사능력을 갖추고 있지 않았는데, 부모가 성년후견인 등 별다른 법적 조치를 취하지 않은 채 많은 채무를 남기고 갑자기 사망하면서 매우 곤란한 처지에 처해 있었다.

채무에 대한 소가 제기된 상태에서 당장 소송에 대한 대응과 빚을 변제하기 위한 재산의 처분을 해야 했고, 서둘러 성년후견인 개시 심판을 청구했다. 진단서와 소견서 등을 제출하며 정신적 제약으로 사무를 처리할 능력이 지속적으로 결여된 상황임을 증명했고, 재산 상태와 채무 등으로 인해 성년후견인이 지정돼 후견사무가 개시돼야 함을 피력했다. 덕분에 순조롭게 성년후견개시심판이 이뤄졌고, 성년후견인의 임무수행에 관한 처분명령을 받아 소송에 대해 제대로 대응하고 일부 채무에 대해서는 변제를 할 수 있도록 돕기도 했다.

다행히 서둘러 성년후견개시심판을 받았기에 채무가 더 증가되거나 일이 더 커지지 않게 막을 수 있었지만, 애초에 부모들이 돌아가시기 전에 대비를 했으면 좋았을 텐데 하는 아쉬움이 남을 수밖에 없었다. 물론 당시에는 자신들이 갑작스런 죽음을 맞이하고 자식만 홀로 남겨지리라는 생각을 하지 못했을지 모른다. 그러나 사람 일이라는 것이 한치 앞도 모르는 것이고 더더욱 그 자식이 온전치 않다면, 단순히 재산만을 물려줄 것이 아니라 그 재산을 지키고 활용할 방안을 찾아주는 것이 더 필요했던 것이다.

고령화가 진행되고 대형 사고로 신체활동에 장애가 발생할 가능성이 많아질수록, 성년후견제도의 필요성과 활용가능성은 점점 더 높아질 수밖에 없다. 성년후견인 지정이나 그 후의 후견사무 등 다소 번거롭고 어려운 처리 절차들이 있기는 하지만, 피후견인의 재산과 권리를 보호하고 분쟁을 미연에 방지하기 위해서라도 성년후견인 제도를 충분히 알아보고 적극적으로 활용하는 것이 필요하다 할 것이다.[129]

잠깐! 쉬었다 갑시다

☞ 스파르타와 노인정치

헤로도토스가 지적한 것처럼 고대 그리스에서 노인에 대한 태도는 스파르타(Σπάρτη)가 가장 유별났다. 스파르타는 노인에게 특권적 지위를 부여했는데, 특히 "60세 이상의 시민 가운데 환호 소리로 선출된 종신직 노인으로 구성된 게루시아(γερουσία)" 라는 회의가 대표적이다.

이 자문 회의는 모든 정책, 특히 외교정책을 이끌었다. 그리고 민회에 제출할 법률안을 준비했으며, 심지어 민회의 결정을 무시할 수도 있었다. 게루시아는 시민권 박탈이나 사형 선고를 내리는 최고 권위의 범죄 재판관이었으며, 두 왕까지도 소환되어 심판을 받을 수 있는 고등법원이었다. 마지막으로, 이 기관은 자신의 결정에 대해 책임이 없었다. 〈노인의 역사〉 조르주 마누이, 137쪽

스파르타의 이러한 노인우대와는 달리 신생아는 부족의 장로들이 포도주 등에 담궈보고 견디지 못하는 약한 아이는 버렸다고 한다. 그렇지만 노인들에게는 어떠한 위해도 가하지 않았다. 그렇다고 스파르타의 인구가 많았던 것은 아니다.

스파르타는 언제나 시민들이 부족했는데, 영웅적이지만, 대가를 치러야 하는 전술에 의한 전쟁터의 실상으로 인해 적은 수의 사람들만이 살아남았기 때문이다. 희소성에 주어진 명예, 살아남게 된 영광에 대한 경의 등으로 노년에 존경을 표하는 데 일정한 역할을 했던 것으로 추측된다(앞의 책, 137쪽).

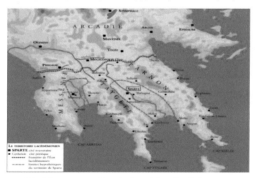

Marble statue of a helmed hoplite(5th century BC), Archaeological Museum of Sparta, Greece

고대 사회가 살아남은 자에게 존경을 표시하는 것은 널리 알려진 태도이지만, 아테네의 노인은 스파르타처럼 큰 역할을 하지 못했다. 시몬드 보부와르가 〈노년〉에서 지적한 것처럼, 노인을 뜻하는 그리스어 γερων 는 윗사람 또는 지배

자, 지문위원이란 뜻을 가지고 있다. 호메로스 시대의 프리아모스 왕을 보듯이, 젊은 헥토르가 아킬레우스와의 싸움을 앞두고 고뇌할 때 노년의 아버지는 지문만을 해줄뿐이었다. 모든 결정과 행동은 젊은 사람의 몫이었다. 다음에 다룰 아테인들도 그러했다. 스파르타인들만이 도시국가의 대부분의 문제에 대해서 결정을 내리지만, 책임은 없는 특권을 노인에게 주었다는 것이다. 플루타르코스는 스파르타의 이러한 정치 형태를 두고 '노인정치' 라고 했다. 그러나 이러한 정치의 형태는 그냥 생겨난 것이 아니다.

"그들은 육체가 쇠퇴하여 군대에서 필요가 없어지는 60세까지는 끊임없이 긴장하고 있어야 했다. 강인하고 과묵하며, 명령에 의문을 품지 말고 복종하도록 훈련받으며, 행동이 느리다는 소리는 듣지만 실제로 우둔한 것과 거리가 멀고 오히려 지성적이었다." (『스파르타』, 험프리 미첼/윤진 역, 10쪽).

한국도 고령자들의 정치참여는 젊은 사람들을 앞서고 있다. 그렇다고 우리나라와 스파르타의 노인정치 체재와 직접적으로 비교하는 것은 잘못이다. 지금의 현상은 고령자들이 정치에 적극적으로 참여하는 것이 아니라 젊은이들의 정치 무관심의 결과처럼 보인다.[130]

http://blog.naver.com/kwwoolim/100192570(2013. 07. 23)

IX. 자신의 삶을 가꾸어라

우스갯소리 한 토막. 60대가 마을 경로당을 방문했답니다. 거기에서 80대 할머니가 묻더랍니다. "엄마 찾으러 왔니?" 우스갯소리이지만 있을 법한 얘깁니다.

본격적인 노인의 시작이 65세라고는 하나 이제 60대는 노인이 아닙니다. 많은 60대가 아직은 "쌩쌩" 하다고 생각합니다. 그렇더라도 자기 손주가 "할아버지" 라고 부르면 함박웃음을 짓겠지요. 하지만 손주 외에 누군가가 "어르신" 또는 "할아버지" 하고 부르면 유쾌하게 생각하지 않습니다. 참 이상하지요? 스스로도 60대는 노인이기를 거부하는 거지요. 그렇다고 나이를 거스르지는 못하지요.

올 9월29일자 강원일보 1면에는 '강원도가 초고령사회로 진입했다'는 기사가 실렸습니다. 고령사회에 '초(超)' 자가 붙는다는 것은 다섯 명 중 한 명이 노인이라는 얘기라네요. 기사 내용인즉슨 통계청이 발표한 통계수치에 65세 이상 인구가 강원도인구 전체의 20.0%라는 겁니다. 전국에서 네 번째라네요. 이런 추세라면 앞으로 30년도 안 돼 강원도 인구의 절반이 노인이 된다고 합니다.

아뿔싸! 설마설마했는데 예상보다 엄청 빨리 오네요. 언젠가 이웃나라 일본의 아파트에 사람이 살지 않아 유령아파트처럼 을씨년스러운 풍경을 본 기억이 납니다. 그때 저는 우리가 저 정도 되려면 먼 훗날 이야기라고 생각했거든요. 그런데 그 풍경이 곧 우리나라 풍경도 될 수 있는 것 아닙니까? 상상하니 한편 두렵기도 하네요.

한국보다 고령화를 먼저 겪은 일본에선 '하류노인'이란 신조어가 생겼답니다. '2020 하류노인이 온다'의 저자 후지타 다카노리는 하류노인을 '3무(無)'로 정의합니다. 즉, 수입, 저축 그리고 의지할 사람이 없는, 사회에서 완벽하게 고립된 노인이 이들이랍니다.

통상 베이비부머는 한국전쟁 직후 1955년생에서부터 1963년생까지를 말하죠. 올해부터 우리도 베이비 부머 시작인 1955년생이 본격적으로 노인이 되기 시작했죠. 머지않아 우리도 일본의 사회현상이 보편화될지 모릅니다.

그렇다고 마냥 우울해 있을 일만도 아닙니다. 정부나 지자체에서도 이 문제를 고민해야겠지요. 물론 고민의 주체는 어디까지나 60대 당사자겠지요. 지금 당장 경제적인 어려움이야 어쩔 수 없다지만 혼자서도 잘 지내는 방법을 강구해야 되지 않을까요?

올해로 100세를 맞는 철학자 김형석 교수가 최근 모 일간신문과 인터뷰를 했습니다. 그는 "살아 보니 열매 맺는 60~90세가 가장 소중하다"며 "일반인들은 군중 속에서 고독을 해소하려 해요. 예술가·학자·사상가들은 군중을 위해서 무엇을 할 것인가 묻고 자기를 돌아봐요. 정신력이 강하고 자기 인격과 창조적 능력을 갖춘 사람은 고독을 몰라요. 미안하지만 나는 코로나 때문에 고독하다는 건 몰라요. 나의 독서·사색·집필은 혼자 있을 때 만들어낸 것이지 대중 속에 있을 때 한 게 아니거든요"라고 합니다.

누군가는 외로움을 극복하는 힘을 '고독력(孤獨力)'이란 말로 표현하더군요. 코로나 시대를 맞아 '고독력'은 최선의 생존방법일지도 모른다는 생각을 했습니다. 저는 경제적으로는 도저히 셈법이 나오지 않는 '취미농사(?)'를 짓습니다. 수확한 농산물을 팔기에는 수량과 품질 면에서 너무 형편없습니다. 그렇다고 먹거리를 생산해서 가계에 도움이 되게끔 하는 목적도 아닙니다. 그저 농작물이 자라고 꽃이 피고 열매를 맺는다는 사실에 감동(?)하기 때문입니다. 그러고 보니 이게 바로 '고독력'인 것 같습니다.[131]

1. "60은 청춘, 인생은 70부터" 신중년이 우리사회 버팀목

'신(新) 중년'은 전체 인구의 1/4, 생산가능인구의 1/3을 차지하는 '5060세대'를 지칭한다.

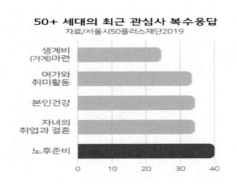
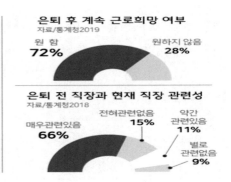

우리 사회에서 이들은 주로 일자리에서 퇴직하고 재취업, 일자리 등에 종사하거나 노동시장에서 은퇴를 준비하는 과도기 세대를 말한다. 특히 이들은 이른바 베이비부머로 전 세대에서 가장 인구가 많은 세대다.

입시부터 취업까지 치열한 경쟁을 할 수밖에 없었던 어떤 면에서는 불운한 세대이기도 하다. 하지만 고령자나 노인 대신 이들을 새롭게 지칭하는 '신중년'이라는 말에는 활력있는 생활인이라는 긍정적인 의미가 담겨 있다. 신중년 세대의 급증은 우리 사회가 고령사회를 넘어 초고령사회를 목전에 두고 있음을 의미한다. 2022년까지 신중년 세대 중 가장 큰 인구집단이며 상대적으로 고학력인 베이비부머가 대량 퇴직에 직면해 있다. 이들은 이전 세대에 비해 교육수준이 높고, 고도성장의 주역으로서 경력도 풍부하고 사회생활에 대한 자부심도 높은 편이다. 여기에 기대수명이 증가하면서 노동시장에 다시 참여하기를 희망하는 신중년층이 늘고 있다.

☞ 사회공헌 활동의 상생 전략

춘천 세대공감 사회적협동조합은 신중년과 그 이상의 연령층을 대상으로 한 일자리 창출을 목적으로 탄생한 사회적협동조합이다.

고용과 복지를 연계시키는 정보공유를 목적으로 미디어를 제작하는 것을 주요 사업으로 하고 있다. 전문지식과 실무경력을 보유한 퇴직 신중년이 비영리단체인 사회적협동조합에 참여하여 사회적 책임과 역할을 다할 수 있도록 돕는 일이다. 신중년의 사회공헌 활동은 나를 가꾸면서 사회에 기여하는 것이 이들 세대의 힘의 원천이다.

☞ '지역신문' 통해 신중년의 사회적 역할 기대

사회공헌 활동으로 상생의 사회를 선도한다는 점에서 이들 세대의 영향력은 막강하다.

이들의 사회공헌 활동은 전문성과 경력을 활용하여 비영리영역에서 공익적 사회서비스를 확대하는 데 목적이 있다. 재능기부를 통해 자기 성취감과 만족감을 추구하면서 공익에 기여할 수도 있다. 신중년이 주도해 제작하는 시니어신문 '세대공감'이 처음 세상에 나왔다. 정보 공유와 소통의 마당으로써 사람과 사람을 연결해주는 매개가 될 것으로 기대된다.

특히 '지역신문(local newspaper)'은 이런 공공재의 성격을 더욱 강하게 발휘할 수 있다.신문을 통해 개인과 개인,개인과 단체,단체와 단체가 연결됨으로써 개인은 존재의 의미를 확인할 수 있고 시야를 공동체로 확대할 수 있다.

'백세시대'에 60은 청춘이다. 인생은 70부터라는 말도 나올 정도다.

'5060세대'는 우리 사회의 든든한 버팀목으로서 할 일이 많다.

그 중 세대간 단절과 갈등을 극복하고 공감하는 건강한 사회를 만드는 주역이 될 것으로 믿는다.

　춘천 세대공감 사회적협동조합은 시니어신문 ‘세대공감’ 창간으로 그 첫발을 내딛었다. 세대간 공감의 매체로 모두 함께하는 공동체를 만들어갈 신중년의 멋진 비상을 응원한다.[132]

2. 나이가 들어도 늙지 않는 노후

　나이가 들수록 건강에 관심이 많아진다. 요즘 시니어들은 몸이 아프거나 관리를 할 때, 스마트폰을 통해 원하는 정보를 찾는 편이다. 손쉽고 빠르게 필요한 답을 얻는다는 장점은 있지만, 과연 그것이 ‘정답’일까? 오히려 잘못된 정보에 현혹돼 건강을 잃거나 부작용에 시달릴 수도 있다. 그런데도 여전히 스마트폰으로 해답을 찾는 이가 많다. 분당서울대학교병원 노인의료센터장 김광일(金光一 ·50) 교수는 ‘늙어도 늙지 않는 법’을 통해 이 문제의 해법을 제시한다.

　모순된 문장처럼 보이는 제목이지만, 그 의미를 이해하면 충분히 가능한 얘기다. 김광일 교수는 과거 한 칼럼을 통해 ‘노화’는 못 피해도 ‘노쇠’는 피할 수 있다고 말한 바 있다. 누구나 나이가 들면 자연스레 노화를 겪겠지만, 신체적·정신적으로 허약해지는 노쇠는 예방 가능하다는 것이다. 이번 책 제목 역시 그 맥락과 같다.

> “노화는 개인차가 있어 똑같은 연령이더라도 노화 정도나 노화로 인한 신체기능, 인지기능 변화는 너무나도 다르게 나타납니다. 성장 및 발달 과정이 대부분 개체에서 비슷하게 진행되는 것과는 대조적이죠. 숫자로 표현되는 나이는 많아도 기능적인 나이, 즉 생체 연령은 늙지 않도록 잘 관리하시길 바라는 마음에서 제목을 정했습니다.”

　누구나 노쇠한 노인이 되길 바라지 않는다. 그래서 나름대로 건강을 유지하려 이런저런 정보를 찾고 따라하는 경우가 많다. 물론 ‘저염식이 좋다’든가 ‘유산소 운동을 해야 한다’는 등 권장할 만한 방법도 있지만, 막상 꾸준히 실천하기는 어렵다. 대부분 ‘건강기능식품’을 선호하는 이유다. 마치 이것만 먹으면 건강해지고 질병이 나을 거라 기대하지만, 현실은 그렇지 않다. 김 교수는 그리 현명한 방법이 아니라고 조언하면서, 영양 섭취에 문제가 없다면 건강기능식품을 군이 따로 챙겨먹을 필요도 없고, 현재 의존하는 제품들을 끊어도 무방하다고 말한다.

"환자들이 '유행하는 건강기능식품을 먹어도 되느냐' 라고 많이 묻습니다. 실제로 그런 식품들이 그렇게 효과가 좋다면, 외국의 큰 제약회사들이 벌써 제품으로 만들어 큰돈을 벌지 않았을까요? 아직 그런 소식이 들려오지 않는 걸 보니 효과가 크지는 않은 것 같습니다. 검증되지 않은 효과들이 과장된 채 떠도는 경우가 많아요. 차라리 짠 국물에 밥을 말아 먹는 습관 등을 고쳐나가는 게 더 낫죠. 그렇게 생활 속 실천 방법들과 더불어 환자나 가족이 자주 궁금해하는 내용 위주로 책을 엮었습니다."

김광일 교수의 저서 '늙어도 늙지 않는 법' 표지와 그가 직접 쓴 글귀

☞ 노인 의학을 위해 걸어온 길

2003년 분당서울대학교병원이 개원하며 노인의료센터가 설립되자, 김 교수는 과감히 '노인병학'으로 전공을 바꿨다. 당시엔 개척 단계나 다름없던 분야였다. 쉽지 않은 길이었음에도 꾸준히 노력하며 수많은 공적을 쌓은 그이지만, 아직도 가야 할 길이 멀다고 말한다.

"그때만 해도 국내에서 노인의학을 전문으로 진료하고 연구하던 분이 거의 없었어요. 새로운 분야를 개척하고 공부하는 일이 의미 있다고 여겨 시작하게 됐죠. 하지만 어떤 질병을 진료하는 과인지, 어떤 환자가 노인의료센터를 방문해야 하는지 등을 이해시키기 어려웠고, 현재도 쉽지는 않습니다. 아마 자리를 잡으려면 더 많은 시간이 걸릴 듯해요."

'노인병학'으로 전공을 바꾼 지 어언 16년이 흘러, 김 교수도 지천명의 나이가 됐다. 점점 자신이 마주하는 환자들의 나이와 가까워지고 있는 것이다. 몇 해 전에는 노안으로 인해 해외 학회 발표장에서 준비한 원고가 잘 보이지 않아 무척 당황했던 경험도 있단다. "제자들이 작성한 논문의 사소한 실수보다는 큰 방향을 일러주라고 노안이 찾아온 것"이라며 긍정적으로 노화를 받아들이는 그다. 노화는 그가 환자를 대하는 태도에도 변화를 가져다줬다.

> "나이가 들며 앓는 질병으로 인해 종종 중요한 결정을 내려야 하는 경우가 생깁니다. 이전에는 환자에게 의사로서 전문적인 의견을 '강요'하는 일이 많았죠. 최근에는 환자가 결정하는 데 필요한 정보를 다 제공하고, 걱정하는 부분에 대해 충분히 상담을 합니다. 당사자 의견이 최대한 반영될 수 있도록 돕는 거지요."

특히 고령의 암 환자들은 "수술을 해도 괜찮을까?"라는 염려로 선뜻 결정을 내리지 못한다. 이러한 고민을 덜어주기 위해 김 교수는 수술 후 예후를 예측하는 '노인포괄평가'를 국내 최초로 개발, 그 효과를 입증해 의료 현장에 도입했다.

> "질병이나 증상 위주의 진단법이 아닌, 노인에게 흔히 문제 되는 여러 항목을 평가해 환자 상태를 보다 명확하게 알아보는 방법입니다. 일상 수행 능력을 비롯해 치매, 우울증 등 정신 건강과 영양 상태를 모두 평가하죠. 고령자들은 증상이 애매모호한 경우가 많은데, 이러한 특성을 고려한 포괄적 평가가 수술 예후를 보다 잘 예측할 수 있습니다. 수술을 고민하는 분들이 걱정을 덜고 좀 더 수월하게 결정을 내리는 데 도움이 되고 있죠."

☞ 환자를 통해 배운 노년의 가르침

병에 걸렸을 경우를 상상할 때는 담담해도 막상 현실로 닥치면 낙담할 수밖에 없다. 이성적인 판단이나 결정이 어려울 수도 있는 것이다. 김 교수는 누구든 질병이나 삶의 마무리에 대해 미리 생각해볼 필요가 있다고 조언했다.

> "최근 사전연명의료의향서를 작성해 질병에 걸렸을 때의 치료 범위를 미리 결정하는 분들이 늘고 있습니다. 심사숙고한 뒤 자신의 뜻을 밝혀둔다면, 결정적인 순간에 가족들이 우왕좌왕하거나 불필요한 치료를 하는 일이 줄어들겠죠. 이는 현장 의료진에게도 큰 도움이 됩니다. 건강할 때 미리 이러한 고민을 해보고 자기만의 원칙을 구체적으로 세워두는 게 좋습니다."

환자들을 위해 아낌없이 조언하는 김 교수이지만, 그도 때로는 환자를 통해 배우는 점이 있다고 말했다. 자신을 찾는 수많은 노인이 결국 인생 선배나 다름없다는 것이다.

"늘 환자들에게 가르침을 받고 있습니다. 특히 노년기에도 화목하고 긍정적으로 살아가는 부부나 가족들을 보면 '젊었을 때 어떻게 사셨기에 주변 사람들이 저리도 행복하게 잘 살까?' 하는 궁금증이 들기도 하죠. 반면 환자에게 무관심하거나 불화와 이견이 많은 가족을 보면 '사회에서 성공했다고 모두 인생을 잘 산 것은 아닐 수도 있겠구나' 라는 점을 깨닫기도 하고요."

그러한 인생 선배들을 바라보며 김 교수는 자신의 노후를 어떻게 그리고 있을지 궁금했다.

"지금보다는 좀 더 여유를 갖고 일할 수 있는 노후가 되길 바랍니다. 또 나만을 위한 시간이 아니라 내가 가진 것, 그리고 받은 것들을 나눌 수 있는 노년을 살고 싶네요." [133]

3. "노후의 나력 키워나가길"

라틴어로 가면을 뜻하는 페르소나(persona). 사회적 위치나 역할을 의미하기도 한다. 우리는 일생에서, 또 일상에서 여러 페르소나를 갖게 된다. 겨울 옷 하나로 사계절을 보낼 수 없듯, 다양한 가면으로 유연하게 탈바꿈하며 사는 것이 곧 삶에 적응하는 일이다.

김경록(金敬綠·58) 미래에셋은퇴연구소장은 특히 퇴직을 앞둔 중장년이 사회적 페르소나를 벗어내기란 결코 쉽지 않다고 말한다. 그러나 꽃과 잎을 모두 떨구고 벌거벗은 겨울 나목(裸木)의 단단한 기세처럼, 자신의 민낯을 마주할 용기, 즉 노후의 나력(裸力, 벌거벗을 힘)을 키워나가길 바라는 그다.

경제학자이자 은퇴 연구 전문가로 이름을 알려온 김경록 소장은 최근 중장년을 위한 자기계발서 '벌거벗을 용기'를 펴냈다. 재테크나 투자 등 그의 전공 분야와는 다소 거리감이 있어 보이는 제목이다. 내용 역시 '성찰, 관계, 자산, 업(일),

건강' 순으로, 돈 문제에 한한 이야기가 아닌 보다 폭넓은 주제를 아우르고 있
다. 김 소장은 스스로 "은퇴에 대한 생각 전부를 담은 책"이라 일컬으며, 은퇴
전후의 중장년에게 실질적 도움이 되길 바랐다.

> "생텍쥐페리는 소설 '인간의 대지'에서 삶의 의미를 역할과 책임이라 했어요.
> 그러나 나이가 들수록 사회에서의 역할과 가정에서의 책임이 줄어드니 그러한 삶의
> 의미도 점점 퇴색되어가죠. 명함, 직위 등 자신이 갖고 있던 비본질적인 것, 즉 사
> 회적 페르소나를 내려놓는 시기가 찾아오는 겁니다. 흔히 은퇴한 사람들에게 '물
> 빼는 데 3년 걸린다'는 말을 해요. 이는 페르소나를 바꾸는 데 3년이 걸린다는 뜻
> 입니다. 그만큼 쉽지 않고요."

혹자는 여러 가면을 둔 이들을 기회주의자라 비난할지도 모른다. 그러나 김 소
장은 오히려 하나의 페르소나만 갖는 것이 문제를 일으킨다고 내다봤다. 여러 가
면을 잘 바꿔 쓰는 게 정신 건강에도 좋고, 은퇴 후 삶에 적응하기도 수월하다고.

> "어떤 가면도 영원히 쓸 수는 없습니다. 언젠가는 다른 가면으로 바꿔 쓰거나
> 가면 없는 자신으로 살아가야 하죠. 사회적 페르소나의 경우, 너무 오래 써왔기에
> 쉬이 벗지 못합니다. 은퇴 후에도 지인의 회사 고문으로 명함을 만드는 등 과거의
> 흔적을 부여잡기도 하죠. 애써 페르소나를 벗었더라도 자신의 민낯에 당황하곤 합
> 니다. 나의 본질을 받아들이고 후반생의 의미를 찾으려면 성찰이 중요해요. 때문에
> '성찰'을 책 서두에서 다뤘죠. 또 젊어서는 부모나 직장의 테두리 안에서 통제가
> 가능했다면, 이제는 나를 제어할 무언가가 없잖아요. 스스로 경계하지 않으면 '폭
> 주노인'이 되기 십상입니다. 성찰이 필요한 또 다른 이유죠."

김경록 미래에셋은퇴연구소장이 직접 쓴 글귀와 저서 '벌거벗을 용기' 표지 이미지

☞ 점의 인생관으로 그려낸 인생 그림

자신의 분노를 감추지 못하고 폭발적인 감정을 드러내는 이를 이른바 '폭주노인'이라 말한다. 이러한 경우 대부분 지난날에 대한 후회에 사로잡혀 있거나, 혹은 반대로 찬란했던 한때에 얽매여 현실을 부정하는 태도에서 비롯된다. 그렇게 좋든 나쁘든 자신의 과거와 현재를 지나치게 연결 짓다 보면 결국 노후의 만족감은 떨어지기 마련. 이에 김 소장은 '점의 인생관'을 통해 삶을 긍정적으로 바라보길 조언했다.

"나이 듦을 선으로 보는 인생관이 있고, 점의 집합으로 보는 인생관이 있습니다. 가령 연필을 떼지 않고 선으로 그림을 그린다고 생각해보죠. 나의 노력과 무관하게 한 번 잘못된 선을 그어버리면 원하는 그림을 얻기 힘들어요. 반면 점을 찍어 그릴 경우, 실수한 점 하나 때문에 그림을 망치지는 않습니다. 찍힌 점들을 어떤 순서로 연결하느냐에 따라 그림이 달라지니까요. 내가 찍은 점들의 집합은 오랜 세월이 흐른 뒤 그 의미를 깨닫거나, 관점에 따라 다른 그림으로 보이기도 하죠. 덕분에 과거보다는 현재에 집중할 수 있고, 어떤 선택에 대한 부담도 덜어낼 수 있습니다."

여기서 비유한 '점'은 인생에 있어 과거의 경험과 사건, 관계, 나의 생각 등을 나타낸다. 우리는 살면서 때때로 잘못된 점을 찍었다고 여길 수도 있다. 그러나 시간이 지나고 점들이 쌓여갈수록 알게 된다. 실수처럼 보였던 점이 때론 새로운 그림을 그리게 해준 터닝 포인트가 되기도 한다는 사실을 말이다.

"밤하늘에 떠 있는 별을 보고 '오리온자리', '전갈자리' 등을 찾곤 하죠. 근데 그건 인간이 붙인 이름이지, 각각의 별이 그런 뜻으로 존재했던 건 아니잖아요. 인생에 찍힌 무수한 점들 역시 어떻게 해석하느냐에 따라 의미가 달라지겠죠. 물론 그 점들이 완성하는 최종 그림은 우리가 눈을 감는 그 순간이 돼야 볼 수 있겠지만요. 그러니 과거에 너무 얽매이거나 미래의 일을 두려워 말고, 새로운 제2인생의 점을 과감히 콱콱 찍어나갔으면 해요."

☞ 다시 태어나 진짜 삶을 꽃피우다

물론 과감히 점을 찍어가는 과정에서도 주의할 부분은 있다. 김 소장은 책에서 '인생 후반 5대 리스크'로 성인 자녀, 금융 사기, 은퇴 창업, 중대 질병, 황혼 이혼 등을 꼽았다. 그리고 인생을 축구 경기로 묘사하며, 이러한 리스크가 닥치면 속수무책일 수밖에 없다고 우려했다.

"한 연구 결과에 따르면, 축구 경기에서 골(goal)이 가장 많이 들어간 시간대는 '후반 마지막 15분'이었습니다. 전반에는 열심히 뛰어다니며 부족한 실력도 활동량으로 메울 수 있지만, 후반으로 가면 체력이 바닥나고 진짜 실력이 드러납니다. 그래서 후반전이 끝나갈 때쯤 나오는 골이 무서운 겁니다. 만회가 어렵기 때문이죠. 인생 후반에서도 앞서 말한 5대 리스크로 예상치 않게 골을 먹기도 합니다. 이 경우엔 거의 회복이 어렵다고 봐야 해요. 결국 수비를 잘하는 수밖에 없습니다."

어쩌면 우울한 이야기로 들릴지 모르겠다. 그러나 이러한 리스크는 현실적으로 경제활동을 재개할 가능성이 적다는 사실에 착안한 것일 뿐, 절대적인 시간이 적음을 의미하지는 않는다. 이에 김 소장은 노후 삶의 목표를 'prosper'(번성하다)가 아닌 'flourish'(만개하다)에 두는 것이 바람직하다고 말했다.

"인생 전반에는 대개 'prosper'를 목표로 하죠. 돈도 벌고 재산도 늘리며 사회적으로 번성하기 위해 사니까요. 그러나 인생 후반에는 지난날 자신이 뿌려놓은 씨앗을 꽃 피우겠다는 'flourish'의 관점을 지니는 것이 좋습니다. 가령 노후에 연극배우를 꿈꾼다면 그건 물질적으로 번성하기 위함이 아닌, 잠재돼 있는 나의 달란트(재능)를 만개시켜보겠다는 다짐인 셈이죠. 종종 '다시 태어난다면 무엇을 하고 싶다'고 말씀하는 분들을 만납니다. 그런데 수명이 길어진 덕분에 우리는 마치 두 번 사는 것과 같은 인생을 살고 있어요. 공부하고, 직장 다니고, 가족을 위해 살았던 전반생, 그리고 오롯이 나만을 위해 사는 후반생. 어쩌면 이 후반의 삶이 더 길다고 볼 수도 있죠. 그러니 다시 태어난 인생이라 여기시고 무엇에든 도전하시며 만개한 삶을 꿈꾸시길 바랍니다." [134]

4. '황희'의 노년처럼 시니어 터닝 포인트의 해로 삼자

늙지 않으려는 노력 같은 것은 없다. 잘 늙어가기 위한 원칙과 소신이 있을 뿐이다. 멋진 에이징 철학을 인생 선배들에게 들어봤다.

심리학자 매슬로가 주창한 욕구 5단계 이론은 수많은 심리학, 교육학 이론에서 보편적으로 참고하고 있다. 이에 따르면 인간 욕구의 가장 높은 단계는 자아실현 욕구다. 그런데 사실 매슬로는 사망하기 직전에 자신의 이론을 수정하면서, 인간 욕구를 보다 세분화 한 6단계 이론으로 바꿨다.

자아실현을 위해 성공만을 추구하며 각자 꿈을 이루려 하면 다른 사람의 꿈을 방해하고 희생하게 한다. 그러면 인간의 행복한 세상은 만들 수 없다. 그걸 깨달은 매슬로는 5단계에서 맨 위 계층에 있던 자아실현 위에 한 단계를 새롭게 더 만들었는데, 그것이 바로 자아초월 욕구다. 자아초월 욕구란 자기 자신을 초월하여 다른 무언가를 완성하고자 하는 이타적 욕구, 타인의 자아실현을 돕고자 하는 욕구다.

2020년 경자년(庚子年)은 쥐띠 해다. 1960년생 쥐띠들이 본격적인 시니어인 만 60세가 되는 해이기도 하고 55년생이 65세가 되는 해다. 우리나라에서 60대 이후의 세대들은 지금까지 성공을 위한 시대를 살았다. 경제적으로 남보다 앞서고, 더 성취하는 시대를 살았다. 이것을 매슬로의 욕구 이론에 대입하면 자아실현 욕구에 해당된다.

그러나 이제는 그 패러다임을 내려놓을 때가 됐다. 그럴 나이가 된 것이다. 그리고 "다른 사람 덕분에 여기까지 잘 왔다, 감사하다"고 말할 수 있어야 한다. 앞으로는 젊은이들을 위해 나누면서, 배려하면서 살겠다는 마음을 가져야 한다.

우리나라에서는 예로부터 오복 중 하나로 고종명(考終命)을 꼽는다. 여러 해석이 있지만, 내가 아는 바 고종명이란 '하늘의 명령을 끝내고 그 소임에 대해 고할 수 있느냐'를 묻는다는 의미다. 우리는 태어나면서 하늘로부터 숙제를 받은 것이다. 그래서 숙제를 끝냈다고 당당하게 대답할 수 있는 사람이 되는 것이야말로 나이 든 사람들의 터닝 포인트라고 할 수 있다.

'조선왕조실록'을 보면 졸기(쭈記)라는 시대의 명망 있는 사람이 죽으면 사관이 써놓는 글이 있다. 그중 황희 정승의 졸기를 보면 앞부분에는 그에 대한 안 좋은 얘기들이 꽤 있다. 그런데 뒤로 가면서 묘사가 바뀐다. "멀리서 봐도 신선처럼 보였다"라는 표현도 있다. 황희 정승의 마음이 달라졌기 때문이다. 탄핵까지 받았던 그가 부드럽고 너그럽고 세상에 도움이 되려는 마음이 깃들자 신선처럼 보이게 된 것이다. 황희 정승이 그랬던 것처럼 마음의 대전환이 필요하다. 그러면 삶이 편안해지고 이제 성공의 시대가 아닌 행복의 시대로 갈 수 있다. 이런 일은 젊은 사람들은 할 수 없을 것이다. 성공의 시대를 아직 못 살았기 때문이다.

매슬로가 말하는 단순한 성공을 넘어선 자아초월의 욕구는 결국 우리나라의 홍익인간과 일치되는 이념이기도 하다. 홍익인간의 뜻이 무엇인가? '널리 인간을 이롭게 한다' 아닌가. 이는 다른 사람의 자아실현을 도우라는 말과 똑같다. 자신의 자아실현보다는 타인의 자아실현을 도와주며 영향력을 끼치는 어른이 되는 길이다. 우리 조상들의 정신문화의 탁월함을 알 수 있는 부분이다. 특히 요즘 우리나라는 갈등 공화국이라고 불린다. 이를 타인에 대한 감사와 자아초월을 통해 해소할 수 있을 것이다. 이제 알 만큼 알고 살 만큼 산 나이, 시니어야말로 실천할 수 있는 일이다.[135]

5. 새 삶을 위한 노년의 그루갈이

늙지 않으려는 노력 같은 것은 없다. 잘 늙어가기 위한 원칙과 소신이 있을 뿐이다. 멋진 에이징 철학을 인생 선배들에게 들어봤다.

또 새해입니다. 새해를 일컬으며 살아온 햇수가 여든을 훌쩍 넘었는데, 아직 또 새해를 겪습니다. 송구스럽기도 하고 부끄럽기도 합니다. 딱히 누구에게 그러냐고 물으면 할 말이 없습니다. 두루 제 주변에 있는 혈연들로부터 친구들, 이웃들, 바라보는 하늘과 바람을 실어다 주는 나무와 밟고 다니는 대지에 이르기까지, 그러니까 있는 것들 모두에게 그러합니다. 그런데 그보다 내내 미안한 것은 저 자신입니다. 제가 저한테 이리도 성하지 못한데 왜 세월은 '또'를 떼어 내주지 않고 이어지는지요.

사람 목숨이 참 길어졌습니다. 노년을 짚어 말하는 세는 나이도 쉰은 말할 것도 없고 예순을 넘어 일흔에 이르렀는데 바야흐로 이도 넘어서는 듯합니다. 이제 인생은 그루갈이(二毛作)를 하는 게 마땅하다는 주장을 거역할 수 없는 현실이 되었습니다. 그래서 그런지 사람들은 그저 늙어가지 않습니다. 너도나도 나이를 먹으면서 새 삶을 꿈꾸고 짓느라 여념이 없습니다.

마땅히 그래야 합니다. 10년도 길다 하고 세상살이의 틀과 결이 통째로 바뀝니다. 이제 세월의 흐름을 연속으로 묘사하는 것은 적절해 보이지 않습니다, 대나무의 나이테처럼 뚜렷한 마디들을 지으며 그때마다 새 삶을 의도하지 않고는 세월을 살 수가 없습니다. 그런데 그렇다고 해서 마디마다 겪는 새로움이 나를 다시 태어나게 하는 것은 아닙니다. 그런 마음가짐을 가지고 살자는 다짐은 백번 옳지만 몸은 세상살이의 격한 바뀜에 맞추어 되시작하겠다는 마음과는 아랑곳없이 마냥 낡아가기만 하기 때문입니다.

그렇다면 그루갈이보다 더 긴요한 것이 있을지도 모르겠습니다. 스물에서나 서른에서의 시작과 예순이나 일흔에서의 시작이 시작은 시작이되 같지 않다는 사실에 대해 눈을 뜨는 일이 그러하지 않을까 싶습니다. 달리 말하면, 세상살이의 바뀜에 맞춰 내 삶을 고쳐 적응하되 적응의 모습을 늙어간다는 사실을 준거로 하여 다듬어야 하는 것이라고 할 수도 있습니다. 이를테면 한창때의 시작은 쌓아 올리는 일을 위한 비롯함이었다면 스스로 늙어간다고 여길 즈음의 되시작은 덜어 내리는 일을 위한 처음이어야 하지 않나 하는 생각을 하게 됩니다.

세월은 흘러도 삶은 쌓입니다. 정도 쌓이고 한도 서립니다. 가진 것 늘었다 싶은데 어느덧 없습니다. 그런 일도 쌓입니다. 애써 앞섰고 올랐는데 어느 틈에 뒤처지고 내려앉았습니다. 그런 일도 쌓입니다. 팔팔했는데 후줄근해진 몸도 흐르지 않고 쌓여 내 삶을 더 커다란 더미가 되게 합니다.

노년의 그루갈이는 이 더미를 추스르는 일부터 해야 할 것 같다는 생각이 듭니다. 기억을 걸러 남길 것과 버릴 것 나누어 그렇게 하고, 삶을 감쌌던 세월의 천을 씻고 빨아 때도 얼룩도 지우고, 마음도 그 속을 퍼내고 쓸어내어 가볍고 고요하게 비우고, 그렇게 하고는 이윽고 회상이 낳는 미소를 머금고, 말간 세월의 너울로 몸을 새로 두르고, 날아도 소리쳐도 마음껏 활갯짓해도 거침없는 자유를 누리는, 한살이 내내 꿈꾸었던, 그루갈이에 들어서야 할 것 같습니다. 그게 노년의 새 삶이 아닐는지요.

또 새해입니다. 아직 '또'를 일컬을 수 있는 한, 우리의 삶은 '유예된 것'임에 틀림없습니다. 다시 삶을 새로 시작할 수 있는 기회가 주어진 것과 다르지 않으니까요. 어찌 보면 축복입니다. 아니, 분명히 그렇습니다. 여전히 내가 더 멋있고 그윽하고 넉넉하고 따뜻하고 환하고 든든한 한 인간이, 한 늙은이가, 될 수 있는 여유를 확인하는 거니까요. 누구를 위해서가 아닙니다. 저 자신을 위해서, 제가 저에게 덜 미안하기 위해, 그렇게 살고 싶습니다. 노인은 그래야 할 때에 이른 사람을 일컫는 거니까요.[136]

6. 70대 보디빌더 임종소, 잠자던 무한 가능성, 일흔 넘어 깨어나다

이보다 더 화려한 등장이 또 있을까. 건강미 발산하는 젊음의 무대를 요즘 말로 제대로 씹어 먹었다. 그저 걷게만 해달라는 심정으로 체육관 문을 두드렸을 뿐인데, 효과는 상상 그 이상이었다. 불과 1년 전만 해도 소박한 소망을 빌었을 그녀는 15cm 유리구두 위에서도 위풍당당했다. 제25회 WBC 피트니스 오픈 월드 챔피언십 피규어 38세 이상 부문에서 2위를 차지한 임종소(林鍾昭·75) 씨를 만났다. 이제야 비로소 제대로 시작하는 살맛나는 인생 이야기를 들어봤다.

방송을 보면 유명인이 이미지 변신을 위해 살을 뺀다거나 피트니스대회에 나가 건강한 근육을 자랑하는 모습을 종종 접하게 된다. 안타깝게도 그때 잠시뿐. 화제성은 쉽게 가라앉고 만다. 하지만 지난 5월 WBC 피트니스 오픈 월드 챔피언십(이하 WBC)에 출전했던 75세 보디빌더 임종소 씨의 인기는 각종 매체를 타고 꾸준하게 전파되고 있다. 환한 미소에서 건강한 에너지와 밝은 기운이 느껴졌다.

(사진 오병돈 프리랜서) (WBC 피트니스 제공)

"지금 제 모습이 저 처녀 때 성격이랑 비슷한 것 같아요. 활달하고 똑 부러지는 성격이었거든요. 아버지가 부평에서 상업을 하셨는데 둘째 딸이었던 제가 장사를 거들었어요. 저 시집갈 때 친정에 가게를 사주고 온 사람이라니까요. 75세, 지금이 가장 행복한 것 같아요."

싱그럽고 통통 튀는 목소리를 가진 매력녀가 불과 몇 달 전 관중들 앞에서 멋진 근육을 드러내며 완벽한 포즈를 취하던 임종소 씨다. 그녀를 만난 시간은 오후 3시. 나름의 이유가 있었다.

"일하고 왔어요. 주중 3시간씩 오전 11시 40분부터 오후 2시 40분까지 식당에서 설거지를 해요. 그 이후에는 체육관에 와서 운동하거나, 오늘같이 인터뷰가 있으면 약속 잡거든요. 저는 하루에 딱 3시간만 일하면 됩니다. 별거 없어요. PT(개인강습) 비용 내려고 다니는 거니까요."

10년 전 남편과 사별하고 딸네 집에서 생활한다는 임종소 씨는 자녀들에게 부담 주는 것이 싫어서 돈 쓸 데가 생기면 필요한 만큼 벌어서 쓴다.

"처음 일하러 갈 때 나이를 살짝(?) 속였어요. 한 달쯤 되어 세금 정산을 한다고 해서 신분증을 사장님께 보여드렸더니 당황하시더군요. 그래도 한 달 동안 좋게 봐주셨나봐요. 1년 넘게 다니고 있으니까요."

☞ 될성부른 보디빌더 알아본 관장님

그녀가 피트니스계에 발을 들여놓은 것은 허리 협착증 때문이었다. 맷돌을 다리에 맨 것처럼 몸이 늘 무겁고 힘들었다.

"땅에 발을 디디면 미칠 듯이 아프더라고요. 뼈가 내려앉으니까 못 걷는 거예요. 제가 에어로빅을 35년 했어요. 강사증만 없을 뿐이지 안 해본 동작이 있겠어요? 그렇게 활동적인 사람이 잘 걷지 못해 집에서만 있어야 한다고 생각해봐요. 삶이 끝난 거잖아요. 진지하게 전동 휠체어를 사야 하나 하는 생각도 해봤습니다. 병원을 다녀도 잠시만 반짝 좋아질 뿐이었어요."

담당의는 근육이 약해졌으니 근육강화운동을 해보라며 권했다. 마침 에어로빅 학원에 가던 길에서 봤던 체육관 입간판이 떠올랐다.

"예사로 쳐다보고 다녔는데 그때 생각이 나더라고요. 맞춤운동, 재활운동이라는 문구가요. 곧장 체육관으로 가서 의사와 했던 얘기를 박용인 관장님께 했어요. 의사와 같은 생각이라고 하시더군요. 그 자리에서 등록했어요. 그날 오전 11시쯤 체육관으로 들어갔는데 PT 받을 사람이 두 명이나 있다더군요. 두 시간 기다려 바로 운동을 시작했어요. 정말 절실했어요. 이거 아니면 죽는다, 여기서 못 고치면 절름발이가 되거나 휠체어를 타야 한다고 생각하고 열심히 운동을 했어요."

물에 빠지면 지푸라기라도 잡는다는 심정으로 관장이 권하는 훈련을 믿고 했다. 협착 증세는 한 달 만에 좋아졌다. "휠체어를 타는 상상까지 하며 막막했는데 좋아졌잖아요. 정말 살아야겠다는 생각으로 꾸준히 운동했어요. 일주일에 3회 받던 코칭을 2회로 줄이고 한 3개월쯤 됐을 무렵, 관장님이 '보디빌더 한번 해보세요' 하더라고요. 내 나이가 몇인데 그러냐며 웃어넘기려 했는데 진지하게 말씀하시는 거예요. 그게 작년 8월쯤이었어요."

박용인 관장은 보디빌더 경력이 화려할 뿐만 아니라 각종 대회 심사위원 등으로 꾸준하게 활동해왔다. 임종소 씨가 임자를 제대로 만났다는 뜻이다.

"관장님이 저처럼 근육이 좋은 사람이 많지 않다고 했어요. 제 근육이 예쁘대요.(웃음) 저는 옆에서 부추기면 진짜 그런가 하고 또 따라요. 시니어 부문에 출전하면 무조건 입상이라고 하시더라고요. 저는 입상을 떠나 나이 먹어도 할 수 있다는 것을 알리고 싶었어요. 여러 사람들한테요. 나이 들어서 모든 걸 포기하고 앉아 있는 사람들한테 이렇게 할 수 있다는 것을 보여주고 싶었어요. 관장님도 진짜 좋은 생각이라고 했어요."

☞ 비키니는 잘못 없다

집중적으로 근육운동을 하면서 대회 준비를 하는데 비키니가 말썽이었다. 대회에 비키니를 입고 출전한다는 사실을 몰랐던 것이다.

"비키니를 입어야 한다는 거야. 그런데 관장님이 부천시장기 제7회 부천보디빌딩 및 피트니스대회에 출전한다고 이미 등록을 해버렸더라고. 비키니 가격이 만만치 않았어요. 보석이 박혀서 그런지 50만 원에서 70만 원이나 해서 깜짝 놀랐어요. 그거 살 능력 안 된다고 대회 출전 못하겠다고 했더니 예전에 출전했던 분의 옷을 빌려오셨어요."

살아생전 입어볼 거라고는 상상도 안 해본 비키니를 입고 사람들 앞에 서야 했다. 옷을 가져다 놓고 안 입겠다고 이틀을 실랑이했다.

"출전할 만큼 몸이 다져졌으니 나가보면 절대 후회 안 할 거라고 관장님이 그랬어요. 등록도 해버린 상태이고, 그 상황에서 안 하면 안 될 것 같았어요. 대신 15cm 유리구두는 제가 샀습니다. 집에서 비키니를 입고 연습했어요. 우리 손녀가 하나는 대학교 2학년이고 하나는 고등학교 2학년인데 '할머니 멋쟁이'라고 '예뻐 죽겠다'고 해요. 딸은 어이없는 표정으로 '아빠가 계시면 어림도 없어' 하더라고요. 그래도 어차피 시작했으니까 열심히 하라고 응원해줬어요."

첫 대회는 자유포즈와 지정포즈를 도대체 어떻게 하고 나왔는지 모를 정도로 떨리는 마음으로 치렀다.

"끝나고 무대에서 내려가는데 사회자가 갑자기 인터뷰를 하자고 했어요. 어떻게 나오시게 됐냐고 묻더군요. 그래서 관장님이 권유해서 나왔고, 무엇보다 나이를 먹어도 할 수 있다는 것을 보여주고 싶어서 나왔다고 말했습니다. 그날 입상은 못했는데 인기는 좋았어요. 그러고 나서 20일 후에 WBC대회에 또 참가했어요. 이미 벗은 거 한 번 더 못 벗겠느냐고 했죠.(웃음)"

규모가 큰 대회이기도 했고 첫 대회에서 아쉬웠던 것들을 만회하고 싶은 생각도 있었다. 자유포즈는 인터넷을 검색해 참고하면서 자신만의 개성 있는 포즈로 만들었다. 자다가도 연습할 정도로 자세를 외우고 집중했다. 그 결과 한창 젊은 선수들을 제치고 당당하게 2위 트로피를 들어올렸다.

☞ 지금이 가장 화려한 시절

WBC대회 이후 각종 매체에서 임종소 씨를 주인공으로 하는 특집 다큐를 제작하고 보도를 이어갔다. 영국 BBC에서도 70대라고는 믿겨지지 않는 건강한 한국 시니어 여성이라며 소개했다. 대회 이후 그녀는 또 다른 인생을 살고 있다. 자신에게 관심을 가져주는 매체와 만나 영상을 찍고 인터뷰에 응해주는 일이 많아졌다. 그 와중에도 식당에 잠깐 나가 용돈을 벌고 운동도 게을리 하지 않는다.

"평일에는 관장님이랑 운동하고, 토요일에는 모델 워킹 연습도 합니다. 그리고 제가 사실 좋아하는 취미가 하나 더 있어요."

임종소 씨는 35년간 했던 에어로빅을 나이 더 먹으면 못할지도 모른다는 생각에 사교댄스를 배우고 있다고 했다. "4~5년 정도 됐어요. 에어로빅은 격렬하잖아요. 다리 아파서 못 뛰게 되면 찬찬히 할 수 있는 춤을 춰야지 싶어서 배우고 있습니다. 왈츠, 탱고, 자이브 등을 춥니다. 함께 배우는 친구들이랑 소셜 모임에도 가고요. 남녀가 함께 추는 거라 처음에는 부담스러웠는데 우리들은 다 나이 먹은 사람들이니까 복잡하게 생각할 필요 없이 노후를 즐겁게 보내자 했습니다. 저는 왈츠가 좋아요. 제일 멋있는 거 같아요. 매일이 즐겁고 바빠요."

에어로빅과 사교댄스를 배웠다는 얘기에 어느 정도 궁금증이 풀렸다. WBC대회 영상 속 임종소 씨의 동작이 유연하게 리듬을 타면서 연결되는 점이 인상적이었기 때문. 그저 1년 준비해서 갑자기 등장한 반짝 스타가 아니라 꾸준하게 관리해온 자신을 세상 사람들에게 보여준 것이다.

"댄스를 위해 운동했지. 그래요, 맞아요. 건강을 잃으면 댄스고 뭐고 뒷방 늙은이 되는 거예요. 생각하면 기가 막혀요. 제가 좀 스타의식이 있나봐요. 많은 사람이 저한테 집중한다는 게 너무 기분이 좋은 거야. 그래서 사람들 앞에서 제대로 즐겼습니다."

임종소 씨는 결혼한 뒤 아이들과 남편, 가족만 생각하면서 살았다고 했다. 하지만 지금은 오로지 자신에게 집중하며 살고 있다. "내 건강은 내가 지켜야지, 누가 대신 안 챙겨주잖아요. 효자, 효부가 있어도 대신 아파줄 수는 없어요. 그리고 나이 먹었다고 꿈을 접지 않았으면 해요. 자신감 잃지 말고, 뭐든 할 수 있으니 도전하자, 하면 된다고 생각하면 좋겠습니다. 그리고 이 나이에도 열심히 사는 모습, 젊은 사람들에게 귀감이 됐으면 합니다."[137]

http://v.media.daum.net/v/20130816063006316(뉴시스, 2013. 08. 16)

7. "윷판에 두 번째 인생을 던졌습니다"

평범한 세일즈맨의 일생이었다. 그저 그 누구보다 안정적이고 무난한 삶을 원하는 이 시대의 가장. 똑같이 반복되는 하루 또 하루를 지내다 보니 어느덧 베이비붐 세대라는 꼬리표와 함께 인생 후반전에 대한 적잖은 고민을 시작해야 했다. 지금까지 숨죽이고 조용히 살았으면 됐다 싶어 너른 멍석 위에 윷가락 시원하게 던지듯 직장 밖으로, 세상 밖으로 나와버렸다. 전반전 인생이 무채색이었다면 후반전은 돌고 도는 윷판 속에 수만 가지 이야기를 담아내고 싶다는 윷놀이연구소의 조광휘(趙光彙·56) 소장을 만났다.

용산구 효창원로 백범김구기념관에서 멀지 않은 오래된 주택가 한 모퉁이에 윷놀이 연구소가 지난 5월 문을 열었다. 벽에는 다양한 의미가 담긴 윷판이 부착돼 있고 박스와 작은 선반마다 윷놀이 세트가 눈에 들어왔다.

"집이랑 가까워서 이곳에 연구소를 차렸습니다. 월세도 싸고요."

한복을 입고 반갑게 맞이 하는 조광휘 소장은 찾느라 고생이 많았다며 시원한 물과 커피를 내놓았다. 그저 명절이 되면 누군가 어디선가 꺼내 달력 뒤를 펴서 도, 개, 걸, 윷, 모 윷판을 매직펜으로 그려놓고는 동전 혹은 바둑알 색으로 편을 나누어 윷놀이를 한다. 언제부터 윷판 그리는 것을 기억해놓았는지 알 수는 없지만 다들 잘도 그린다. 윷판 위에 말을 올리고 놓는 것도 수준급. 다들 알고 있는 이 윷놀이에 무슨 매력이 어떤 새로운 점이 있어 윷놀이 연구소까지 열었는지 궁금했다.

"저는 베이비붐 세대의 끝자락인 1963년생입니다. 부산 출신으로 KB국민은행에서 27년 6개월 동안 일하다가 2017년 희망퇴직했습니다. 그리고 인생의 전환점을 윷과 함께 맞이했습니다."

그가 회자될 때 불리는 직함은 바로 우리나라 1호 윷놀이전문강사(노사발전재단 금융센터 전문강사 양성과정 인증). 30년 가까이 고객 응대하던 친절한 행원이 한판 흥겨운 윷놀이를 다시금 생각하게 하고 알리는 사람이 되어 나타났다.

"뭘 좀 준비하고 회사 밖을 나왔어야 하는데 사실 그러지는 못했습니다. 제가 입행할 때 130명이 들어갔는데 현재 29명이 남아 일하고 있습니다. 나이가 좀 많으면 빨리 퇴직하더군요. 그리고 지점장까지 오른 사람들도 회사생활을 마감하고요. 지점장이 안 된 사람들은 오래 근무를 하더라고요. 지금까지 받아오던 임금의 반을 받으며 정년까지 일하는 임금피크제를 선택하든가 아니면 퇴직을 하는 거죠. 팀원 내에 계속 남아 있는 동기들은 여러 가지 사연 때문에 근무를 선택한 거죠. 저는 지점장은 아니고 팀원으로 퇴직했습니다. 굳이 진급 못한 이유를 굳이 따지자면 상급자에게 잘하는 방법을 잘 몰랐습니다.(웃음)"

은행의 지점에서 일한다는 것은 영업과 직접적인 연관관계가 있다. 만만치 않은 스트레스가 있다. 임금피크제 대상자로 정년까지 근무하는 선배들의 뒷모습은 아련하기만 했다. 어제까지 선배 대우 잘해주던 후배도 임금피크제로 보직이 변경된 선배에게 색안경 끼고 행동하는 느낌이 들었다.

"'내가 저렇게까지 이곳에서 일해야 할까?' 하는 의문과 회의감마저 들었습니다. 희망퇴직도 기간에 대한 보상이 있거든요. 특별 퇴직금이 있었어요. 제 인생을 생각해보니까 60세에 은퇴하면 할 수 있는 것도 못할 거 같았어요. 내가 좋아하고 잘할 수 있는 것을 찾아보자 하고 은행을 나왔습니다. 인생 후반전을 설계할 수 있는 기회비용을 놓치고 싶지 않았습니다. 사실 별생각 없었습니다."

소위 말하는 한 우물과도 같은 직장을 박차고 나왔으니 솔직한 마음으로 앞이 캄캄했다. 은행에 다니면서 땄던 자격증은 금융기관이 아니면 써먹을 곳이 없었다. 새 삶을 살려면 옛것을 버려야 했다. 지금까지 했던 것 말고 무엇을 하고 싶었고 어떤 것을 추구했는지 체크해볼 필요가 있었다.

"구직활동을 해야 실업급여를 받을 수 있잖아요. 이력서도 내고 면접도 보고 시험도 보러 다녔습니다. 백세시대이다 보니 제가 노노(老老)케어에 관심이 많았습니다. 그런데 그쪽 일을 하려면 사회복지사 자격증이 필요하더라고요. 자격증의 필요함을 느꼈다면 현직에 있을 때 땄겠지만 그때는 조직에 충성하기도 바빴습니다. 주5일 근무제가 되어 시간이 많아졌다지만 자기계발하는 친구가 주변에 없었습니다. 생각보다 스트레스 많은 직종이기도 하죠. 돈을 다루고 고객을 대하는 일이요. 지금은 비대면이 많지만 저는 온전하게 대면하는 은행원의 삶이었죠. 아무 대책 없이 인생 2막을 생각한 것이 후회스럽긴 합니다."

☞ 은행 생활에서 윷놀이를 발견하다

윷놀이에 대한 관심은 은행원 시절부터 있었다고 했다. 조직에 있을 때 서무파트 담당을 많이 하다 보니 야유회나 체육 행사 계획을 도맡게 됐다.

"1박 2일 혹은 당일 코스로 계획을 짤 때마다 윷놀이를 포함했습니다. 소통 놀이로요. 은행에 팀이 4개였는데 토너먼트로 윷놀이를 하면 분위기가 너무 좋았습니다. 그때마다 핸드폰으로 사진을 찍어놓았는데 사람들 표정이 정말 행복해 보였어요."

퇴직 후 보통 실업급여를 받기 위해 하는 활동 중 하나는 실질적인 구직활동이고 다른 하나는 노동부에서 인가한 단체에서 교육을 받는 것이다.

"공덕동에 있는 노사발전재단에 좋은 프로그램이 많았어요. 그중 하나가 금융 전문강사 양성과정이 있었어요. 처음 1주 과정을 마치고 나니 저더러 5분 스피치를 준비하라더군요. 다른 사람들은 스피치를 준비할 때 재무관리, 은퇴설계, 노후 관리 등을 대부분 고르더라고요. 저는 금융강사가 되어보겠다는 절박함이 없었고 실업 급여를 받으려고 간 거였어요. 그래서 그냥 자유롭게 윷놀이로 주제를 정했습니다."

은행에 다닐 때 사람들 앞에 나서서 마이크 잡고 말해본 적이 없었다. 50세 넘어 도전 과제가 생겼다. 남들 앞에서 뭔가 주제를 가지고 이야기하는 것. 바로 프레젠테이션이었다.

"금융전문강사 강습을 받고 스피치를 준비하면서 지금까지 신경써보지 않았던 것을 배웠어요. 윷놀이로 5분 스피치를 했더니 잘했대요. 그래서 그런가보다 했습니다. 그 뒤 심화과정 있다고 해서 들었는데 이번에는 15분 스피치를 준비하라고 했습니다."

그때도 윷놀이가 주제였다. 반응이 또 좋았다.

"15분 스피치 마치고 나서 며칠 후에 노사발전재단 강원센터에서 2시간 강의를 해보라는 연락을 받았어요. 제가 2017년 1월에 퇴직했는데 그해 8월 윷놀이로 첫 강의를 했습니다. 정말 짧은 기간에 강사로 서게 됐습니다. 어느 누구 앞에서 제 목소리를 내는 삶을 살 것이라는 생각을 해보지 못했는데 제가 강사로 사람들 앞에 섰습니다."

☞ 윷판에 우리 역사와 삶을 담다

처음에는 어떻게 두 시간 동안 강의할까 걱정했는데 나중에는 시간이 모자랐다.

"말을 놓는 윷판에는 29개의 밭이 있습니다. 꺾어지는 곳은 모퉁이 밭이라고 해요. 윷판은 하늘의 북극성을 중심으로 움직이는 북두칠성이기도 하고, 땅위의 밭이기도 합니다. 윷판을 골똘히 보면서 그 안에 스토리를 담아야겠다고 생각했습니다. 울릉도와 독도를 인터넷 검색으로 동서남북을 잡아 배치해서 윷판을 만들었습니다. 우리 근대사와도 접목했는데 그게 백범 김구 선생과 안중근 의사였어요. 그분들 일대기의 키워드를 윷판에 담았어요."

윷판은 세상의 이치와 역사, 지도, 절기를 적절히 담아 설명할 수 있는 스토리보드였다.

"첫 강의에 이렇게 이야기를 만들어 강의를 하니까 두 시간이 거짓말처럼 지나갔습니다. 스토리를 담은 윷판을 제작해 윷놀이 세트로 17개나 출시했죠. 인터넷 쇼핑몰에서 판매하는데 교육기관에서 관심을 가지고 구매하시더라고요. 오늘도 주문받아서 납품해야 해요. 기자님 가시면요.(웃음)"

윷놀이연구소의 든든한 조력자는 바로 노사발전재단에서 함께 금융전문강사 과정을 들었던 동기들이라고 했다. 과정을 모두 이수한 13명 중 10명이 윷놀이연구소 연구원으로 들어와 같이 의견을 나눈다고 했다.

"노인대학처럼 인원이 많은 곳에 가면 200에서 300명 정도 되니까 혼자 가서는 감당을 못해요. 연구원 분들이 같이 가서 윷놀이 심판도 하고, 진행도 하십니다."

물론 강사비가 발생하면 함께 나눈다. 앞으로 윷놀이 관련 강사 자격증도 만들 생각이다.

"SNS에 윷놀이 전문 강사라고 띄워놓았는데 딴지거는 사람이 하나도 없는 거 보니 제가 1호가 맞나봐요.(웃음) 인터넷을 쭉 훑어봤는데 예전에도 윷놀이가 너무 좋은 전통놀이니까 판을 키우려고 노력했던 분이 좀 있었나봐요. 수요가 따라주지 않으니 중도에 그만두셨더라고요."

윷놀이판을 벌여놓았으니 할 일이 많기도 많다. 우리 전통놀이라고는 하지만 윷놀이에 관련한 제대로 된 자료가 없다.

"구한말이던 1895년 미국 민속학자 스튜어트 컬린 교수가 한국, 중국, 일본의 놀이를 정리해서 쓴 '한국의 놀이(Korean Game)'에 보면 '한국의 윷놀이는 전 세계에 걸쳐 존재하는 수많은 놀이의 원형으로 볼 수 있다'라는 기록이 있어요. 아직까지도 이를 반박하는 논문이 없더라고요. 그리고 윷놀이가 인도문화에도 영향을 미쳤어요. 인도에도 윷이라는 것이 있더라고요. 동물 뼈로도 많이 하고요. 윷놀이는 원래 조개로 했는데 고동으로도 할 수 있어요. 제대로만 정리하면 윷으로 대단한 발견을 이룰 수 있을 것 같습니다."

윷을 제대로 만나면서 시간가는 줄 모른다고 말하는 조광휘 소장.

"몰라요. 윷에 미쳤습니다. 하루가 정말 즐겁게 갑니다. 일단 윷놀이는 없어지지 않을 겁니다. 옛날에도 우리와 함께했고 먼 미래에도 남아 있을 거예요. 친구들이 너무 부러워합니다. 며칠 전에 옻 문화와 관련한 자료를 찾아보려고 민속박물관에 갔다가 천문도에 대해 강연하는 80대 강사를 봤습니다. 솔직히 내용보다도 나이 들어서 강의하는 모습이 좋았어요. 나도 저렇게 가야겠다. 그때 딱 영감을 받았습니다. 나는 이제 다른 것을 안 본다. 옻놀이만 보자. 은퇴하고 오십 훌쩍 넘어 발견한 제 인생 최고의 아이템이 바로 옻입니다." [138)

8. 90대 정열로 함박웃음 짓다

스케줄이 **빡빡**하다고 했다. 아침 시간에는 요양원 봉사에 오후에는 영화 수업을 듣는다고 했다. 바쁜 일정 쪼개서 만난 이 사람. 발그레한 볼에서 빛이 난다. 태어나면서부터 웃으며 나왔을 것 같은 표정. 미련 없이 용서하고 비우는 삶을 살아가다 보니 그 누구에게도 남부끄럽지 않은 환한 미소의 주인공이 됐다. 발 딛고 서 있는 모든 곳이 꿈의 무대. 시니어 마술사 겸 영화인 조용서(趙鏞瑞·92)씨를 만나 90대 소년의 인생 이야기를 들어봤다.

"오전 11시에 복음병원에서 6월 생일인 분들의 생일잔치가 있었어요. 거기에 20명가량이 모였는데 그 앞에서 제가 마술을 했습니다. 끝나고 나서는 서울노인복지센터 영화교실에서 영화 만들기 수업을 들었어요. 서울노인영화제에 출품할 영화 막바지 작업을 해야 해서 요즘 좀 정신이 없습니다."

만나자마자 요즘 왜 바쁜지 설명하는 조용서 씨다. 배낭에는 뭣이 그렇게도 많이 들었는지 무거워 보였다. 영화 제작에 마술 공연도 하기 때문에 가방은 가벼워질 날이 없을 듯싶다. 2008년부터 지금까지 총 7편의 영화를 제작했다. 각종 영화제에서 입선해 실력을 인정받은 시니어 영화감독이기도 하다. 최근에는 유튜브 채널을 개설해 손수 영상물을 만들어 올리고 있다. 촬영에 대본에 내레이션도 직접 한다.

"서울노인영화제, DMZ국제다큐영화제 등에서 시니어 감독으로 네 차례 입선했습니다. '어르신 통역사들'이라는 작품은 작년에 대한극장에서 상영했어요."

이번 영화 '긴 세월 살았다네'는 조용서 씨와 아내가 주인공이다. 단편 다큐멘터리 작품으로 기자와의 인터뷰가 끝난 이후 영화제 출품을 마쳤다고 전해들었다.

"작업을 해보니 러닝타임이 5분 40초더라고요. 90세 노년의 생활은 이렇다 하는 것을 보여주고 싶었습니다. 10월에 영화제가 있는데 입선이 되면 상영할 겁니다."

조용서 씨가 만든 영상은 담담하고 담백한 게 매력이다. 노년의 시각으로 바라본 자신과 주위 동료가 배우이자 주인공. 이 시대 시니어의 모습을 담아내고자 한다. 그러면서 가장 존경하는 분이 방송인 송해 선생이라고 했다.

"저보다 한 살 위인 송해 선생이 건강하게 전국을 누비는 모습이 참 훌륭해 보입니다. 저에게 많은 소재와 영감을 주십니다. 나이가 많아도 뭐든 할 수 있다는 용기를 주시는 삶의 지표 같은 분입니다. 사람은 누구든 나이를 먹고 머리도 하얗게 변해요. 한 치 앞을 모르는 인생이잖아요. 제가 팔십이 넘어 영화를 만들게 될줄 알았을까요? 몰랐습니다."

2008년부터 영화 수업을 받고, 영화 제작을 하고, 다수의 수상 경력이 있어서일까? 봉준호 감독 부럽지 않은 포스가 느껴졌다.

(사진 오병돈 프리랜서 obdlife@gmail.com 장소협찬 샤테뉴)

☞ 반짝이는 관객들의 눈이 좋다

영화와 엇비슷한 시절에 입문한 것이 바로 마술이다. 현재 조용서 씨는 고양시 실버인력뱅크의 '꿈전파 문화공연단' 마술팀 소속으로 매주 틈새 없이 복지관, 병원, 어린이 도서관 등을 돌며 공연을 펼친다.

"영화를 먼저 배우기 시작했는데 마침 고양시 실버인력뱅크에서 마술 교육을 하더라고요. 그래서 배웠습니다. 붓글씨나 노래교실도 있었는데 마술 수업을 보자마자 좋았어요. 운명 같은 느낌이 들었다고나 할까. 제가 할 수 있는 마술은 200여 가지 됩니다. 손에 완벽하게 익어서 공연할 수 있는 마술은 30개 정도 되고요."

조용서 씨의 마술 도구는 큰 공연장에서 할 수 있는 것들이 주를 이룬다. 많게는 200~300명 정도의 관객까지 아우를 수 있는 마술을 주로 구현한다고.

"손재주가 있어야 한다는데 저는 없어요. 그래서 동작도 크고 화려해 보이는 마술이 좋아요. 제가 좋아하는 마술은 분위기에 따라서 다른데 부채 마술이랑 인형 비둘기가 나오는 마술입니다. 스펀지나 꽃을 사용하는 마술도 있고요. 특별히 잘하는 건 우산과 꽃을 이용한 마술입니다. 처음 접하는 사람에게는 신기해 보이겠죠?"

애로사항이 있다면 한 번 본 사람은 두 번은 보지 않으려 한다는 점. 그럼에도 불구하고 무대에 서는 이유는 관객들의 눈 때문이라고 했다.

"저를 바라보는 눈빛이 정말 반짝반짝 빛나요. 어린아이들이 손뼉 치는 거 보면 희망을 주는 것 같아 기분이 너무 좋아요. 그리고 저는 무대를 사랑합니다. 사람들이 저를 봐주는 게 행복해요. 자부심도 갖게 되고 말이죠."

92세 시니어가 하는 말이 소년 감수성 저리 가라다. 사실 조용서 씨는 꽤나 매스컴을 탄 인물이다. 장수 관련 방송 다큐멘터리와 시니어가 등장하는 프로그램에 자주 모습을 드러냈다. 그러고 보니 피부가 굉장히 건강해 보인다. 꼭 물어볼 질문이 생겼다. 장수 비결 말이다.

"저는 90대의 모범생으로 살고 있다고 봅니다. 바쁘게 살아요. 그게 장수하는 비결일 수도 있겠습니다. 아무것도 안 하고 오래 살기만 하면 뭐하겠어요. 사회에 조금이라도 도움이 됐으면 합니다. 노인 일자리를 통해서 시니어나 어린이들 앞에서 공연하고 박수 받는 시간들이 기쁘고 즐거워요."

☞ 90년 인생 철학을 묻다

장수의 관문인 구십 문턱을 넘어 건강하게 살고 있는 시니어에게 꼭 물어보고 싶었던 것이 있다. 지금까지 살아오면서 남에게 안 해봤던 옛이야기 혹은 꼭 한 번 하고 싶었던 이야기가 있을까 하고 말이다. 쉼 없이 이야기를 펼치며 한껏 들떠 있던 그의 들숨날숨이 순간 잔잔해졌다. 그리고 정적이… 잠시 동안의 정적이 이어졌다.

"그저 하루하루 마음 편하게 살고 있다는 게 고마울 따름이죠. 그게 복이고요. 아프지 않게 우리 부부가 더 오래오래 살았으면 합니다."

그러고 나서 그는 또 한숨 돌리더니 옛일이 파란만장했던 영화의 한 장면처럼 느껴진다고 말했다.

"저는 우리나라의 제1차 경제 부흥을 일으켰던 세대에 속합니다. 서독 간호사, 광부들 아시죠? 그 시절 사람이에요. '국제시장' 이라는 영화 있었잖아요. 제 삶도 주인공과 비슷해요. 베트남전쟁 때도 사우디아라비아에 가서도 항만하역 근로자로 긴 시간 땀 흘려 일했습니다. 그때 그 시절을 살았던 사람들 이제 몇 안 남았을 거예요. 그러니까 나는 얼마나 행복한 사람입니까."

백전백패의 인생을 살았다고 했다. 가족에게도 미안한 마음을 가진 적이 많았다고 했다.

"일곱 번 넘어지고 여덟 번 다시 일어나서 오늘이 있는 거 같습니다. 욕심 부리지 않고, 근심걱정 다 내려놓고 오늘 하루 즐겁게 행복하게사는 것이 지금 제 인생 최대의 바람입니다."

이후에도 나긋하게 살아온 얘기를 하는 얼굴에 잔잔한 평화가 보였다. 본인 스스로를 연예인이라고 했던 초반의 긴장감이 없어서 더욱더 평온한 시간이 흘렀다. 앞으로도 그 미소 잊지 말고 마술가로 영화감독으로 건강하게 살아가시기를….[139]

9. 이제는 버리고 비우면서 살자

몇 년 전 노인회 일로 출장 때마다 오가는 길에 자주 모시고 다니던 어른이 있었다. 하루는 꼭 집에 들러서 차 한 잔 하고 가라기에 어쩔 수 없이 집안으로 들어서면서, 나는 깜짝 놀랐다. 조그만 양옥 2층 주택으로 아래층은 창고와 다용도실이고 2층은 거실, 주방, 방 2칸이 전부인데 온통 가구들을 비롯하여 물건들로 꽉 차 있었다.

거실은 겨우 가운데에 찻상 하나 놓을 정도의 공간뿐이었다. 열린 문 사이로 보이는 방에도 낮은 침대 하나 외엔 각종 장식품 등 물건들이다. 경증치매로 작은방 한 칸 차지하고 앉아서 멍청히 바라보고 있는 아내를 두고, 손수 끓여 오는 커피 한 잔 받아드는데 나를 더욱 놀라게 한 것은 눈앞에 길게 펼쳐진 8폭 병풍이었다. 3년에 걸쳐 제작했다는, 세월의 흐름에 맞춰 살아온 발자취의 진열이다. 초등시절의 통지표, 개근 우등상에서부터 숱한 임명장, 감사장 등과 부피가 있는 상패나 물건을 사진으로 찍어서 수많은 추억이 어지럽게 펼쳐진다.

뒷면은 당신의 솜씨로 정성을 들인 한시를 비롯한 수묵화 등으로 채워졌다. 집안 이곳저곳에 흩어져있는 실물들까지 일일이 찾아서 대조해 가면서 설명하는데 한 시간을 훌쩍 넘긴다. 자기도취에 빠져 인내의 한계점에 서있는 괴로운 내 모습은 안중에도 없다. 그러고 두 달 쯤 지난 뒤, 병원에 입원했다는 소식 듣고 갔더니 중년의 따님 혼자서 간병을 하고 있었다. 나를 알아보지도 못했고 병명도 정확히 알 수 없단다.

수액 주사에 의지한 당신의 거부로 일체 검사도 못하고 통증이 심하면 진통제를 쓸 뿐이란다. 강직한 성품의 참전 용사로 평소 입버릇처럼 자랑하던 고위 공직에 잘난 두 아들은 보이지 않는다. 돌아온 다음날, 운명하셨다는 연락을 받았다. 장례식장을 다녀오면서 이제 주인 잃은 그 어른 유품의 신세를 다시 한번 생각해 보았다.

우리 모두 조용히 각자의 주변을 한번 살펴보자. 천천히 생각하며 살피면 더욱 좋다. 돌아보면서 가구나 소품 하나하나에게 물어보자. '당신은 왜 여기에 있으며 언제 사용되며, 다른 곳 아닌 여기가 꼭 맞는 당신의 자리인가?' 옷장, 신발장, 다용도실 등도 살펴보자. 이젠 소용이 없거나 버리기 아까워 자리 차지만 하고 있는 물건은 없는지. 우리는 어렵게 살아온 세대이다. 그래서 안 쓰고, 모으고, 아껴 쓰는 것이 체질화된 세대로 무엇 하나 버리지 못하는 버릇이 몸에 배어있다. 인생을 살아오면서 채우기에만 급급한 나머지, 버리는 일을 잊고 살아왔다.

이제라도 무겁기만 하고 자리 차지만 하지 쓸모없는 것들이 주변에 없는지 살피고 또 살펴보자. 우리 모두 언젠가는 떠나야하고, 떠난 뒷자리는 깨끗해야 한다. 그리고 눈에 보이는 것에만 매달려 살다가 자칫 놓쳐버리기 쉬운, 눈에 보이지 않는 소중한 마음가짐에 대해서도 돌아보아야 한다. 인간이면 누구나 갖고 싶은 욕망에서 완전히 벗어날 수는 없다.

그래도 욕심 때문에 건강, 인심, 덕망 등 많은 것을 잃는 '노탐대실'이 되어서는 안 된다. 내 처지 내 분수에 만족하고 비우고 또 비워서 몸도 마음도 가볍게 하자. 우리가 진정 힘든 것은 원하는 것을 갖지 못함이 아니라, 원하는 그 마음을 내려놓지 못하는 데 있다.[140]

10. 당신은 어떻게 살고 싶습니까?

미국의 어느 신문사에서 "당신의 수명이 1년밖에 남지 않았다면 당신은 어떻게 살고 싶습니까?" 라는 설문조사를 했는데 결과는 다음과 같았다고 한다. 응답자의 대부분이 부동산이나 주식 투자와 같은 재물과 관계된 물질적인 희망보다 아래와 같이 대답했다. 첫째, 사랑하는 사람과 가급적이면 많은 시간을 함께 보내겠다. 둘째, 그동안 하고 싶었지만 못 해 본 일들에 대한 도전을 해 보겠다. 셋째, 어렵거나 안타까운 이웃을 위해 도움을 줄 수 있는 일을 찾아 하겠다 등이다.

우리는 자기 인생의 마지막이 1년이 될 지 10, 20, 30년이 될 지 아무도 모른다. 그래도 사람들은 영원히 살 것처럼 자기가 가진 것은 절대로 놓지 않으려 하며, 더 가지려고만 애를 쓴다. 왜냐하면 나중에 행복하게 잘 살기 위해서란다. 나중이 언제인지도 모르지만 죽음을 피해갈 사람은 아무도 없다. 말기 암으로 시한부 삶의 선고를 받은 환자도 신통하게 회복되어서 몇 년씩 건강하게 사는 사람이 있는가 하면 건강했던 사람이 하루 아침에 세상을 떠나기도 한다.

따라서 우리의 미래는 어떤 것도 확실한 보장이 없다. 단지 확실 한건 모든 사람은 언젠가는 죽는다는 사실뿐이다. 그런데 우리는 대개 죽음을 생각조차 하기 싫어한다. 그래도 시간의 흐름과 동시에 노화는 계속 진행되고 있다. 늙어간다는 것은 죽음을 향해 간다는 것이요 우리 몸 속 세포수가 줄어가는 현상은 어떤 면에서 부분적인 죽음을 서서히 맞이하고 있다고 생각할 수도 있겠다. 소리가 잘 안 들린다는 것은 귀가 죽어가는 것이요, 시력이 약해짐은 눈이 죽어가는 것이요 이빨도 마찬가지다. 보청기, 돋보기, 틀니 등으로 일반 동물들 같으면 당연히 죽을 수밖에 없는 경우이지만 인간만이 온갖 보조수단을 동원해서 수명을 연장해갈 뿐이다. 그런데 누구도 잠자는 것을 두려워하지 않는다. 뿐만 아니라 잠들기 위해 갖은 애를 쓴다. 잠들 때마다 의식을 잃게 되니 결국 수도 없이 육체와 의식을 잃는 일을 반복하고 있다. 깊은 잠에 빠진다는 것은 죽음과 같은 시간적 의식의 중단이지만 틀림없이 깨어날 것이란 확신이 있기 때문에 두려워하지 않는 것일까.

죽음은 영원히 다시 깨어나지 못한다는 의식이 우리를 두렵게 하는 것이다. 이제 우리는 늙음과 죽음에 대해 친숙해져야겠다. 우리가 죽음을 무서워하는 것은 어쩌면 죽음 그 자체보다 죽음으로 가는 과정 때문이 아닐까? 웰 다잉과 웰 빙은 같은 말이다. 잘 죽기 위해서는 잘 살아야하니까. 요양원에서 목줄을 달고 이유식으로 연명하다가 그것도 문제가 생겨서 배에 구멍을 뚫고 이유식을 밀어 넣으면서 연명하는 어르신도 보았다. 누구나 끝까지 맑은 정신으로 오래 아프지 말고 죽는 날까지 자기 의지로 움직이다가 죽기를 원한다. 그러나 당장 내일 신변에 어떤 일이 일어날 지 아무도 모른다. 그래서 노년엔 몸가짐을 유의해야한다. 잘 죽는 것만큼 중요한 것은 없다. 물건도 생각 없이 함부로 구입하는 일이 없도록 하고 항상 주변을 깔끔하게 정리하자. 유산문제로 자녀들 간에 다투는 일을 만들면 안 된다. 내가 하고 싶은 것을 미루지 말고 하면서 살자. 어떤 일이든 결정이 필요한 순간이면 내가 진짜 원하는 것이 무엇인지 한 번 더 생각해보자. 정신적 안정이 필수다. "세상에 죽음만큼 확실한 것은 없다. 그런데 사람들은 겨우살이 준비는 하면서도 죽음을 준비하지는 않는다" 라고 한 톨스토이의 명언을 다시 한 번 생각해 본다.[141]

11. 노후에 '경제적 자유' 누리려면 얼마 모아야 할까

많은 사람이 부자가 되고 싶어 합니다. 부자가 되는 방법에 관해 써 놓은 책도 참 많습니다. 『부모로부터 상속을 받아라』, 『부유한 배우자를 만나라』, 『유망한 아이템으로 사업을 하라』, 『좋은 주식을 사서 대박을 내라』, 『부동산 투자로 인생을 바꿔라』.

　좋은 부모를 만나거나 부자와 결혼하는 것은 대부분 이미 틀린 일이고, 이런저런 공부도 해 보고 시도도 해 보지만 모두 참 쉽지 않습니다. 투자 전문가를 만나 성공 스토리를 듣고, 책과 강의를 읽고 들으면서 좋은 주식을 선택하며, 좋은 투자 섹터를 발견해 매수 타이밍을 찾는 것이 결코 쉬운 일이 아님을 다시 깨닫습니다. 많은 공부를 해야 하고 늘 정보에 민감해야 하고 돈의 흐름을 놓치지 말아야 하는 것이 전업 투자자가 아닌 상황에서 결코 쉬운 일이 아니라는 사실을 확인합니다. 하지만 포기할 수는 없습니다.

　우리는 경제적 자유를 이룰 수 있을까요? 조금 시간이 걸리긴 하지만, 누구나 경제적 자유는 이룰 수 있습니다.

　부자의 기준은 사람마다 다릅니다. 어떤 사람은 10억원이, 어떤 사람은 100억원이 있어야 한다고 생각합니다. 10억원을 벌어 부자가 됐다고 생각하다가 20억원, 50억원 부자를 만나면 초라해집니다. 그랜저를 샀다가 벤츠를 보고 왜소해집니다. 그래서 목표를 세우거나 꿈꿀 때 부자를 꿈꾸지 말고 경제적 자유를 기준으로 삼아야 한다는 말이 나옵니다.

　'생계를 유지하기 위해 돈을 벌지 않아도 되는 상태'를 경제적 자유라고 합니다. 현재 한 달에 300만원을 쓴다면 연간 3600만원, 500만원을 쓴다면 6000만원 수입이 필요한 거죠. 부동산 임대수입일 수도 있고, 주식 배당일 수도 있고, 저작권 수입일 수도 있습니다. 항목이 무엇이건 월 생활비를 감당할 수 있는 수입이 있다면 경제적 자유를 이룬 것이죠.

　우리는 경제적 자유를 이룰 수 있을까요? 조금 시간이 걸리긴 하지만, 누구나 경제적 자유는 이룰 수 있습니다. 기막힌 아이템을 찾아 사업을 하거나 대박 투자 성공이 아니더라도, 그리고 부유한 배우자를 만나지 않더라고 경제적인 자유를 이룰 수 있습니다.

☞ '경제적 자유'를 이루는 세 가지 방법

　무슨 일이든 단기간에 갑자기 하려고 하면 늘 부작용이 생깁니다. 충분한 준비 없이 시작한 사업이 실패할 수도 있고, 고수익을 꿈꾸는 무리한 투자에 실패하여 손실을 볼 수도 있습니다. 천천히, 누구나 만들어갈 수 있는 방법을 생각해 봅니다. 평범한 가정을 상정해봤습니다.

　이 가정의 수입은 월 500만원입니다. 매월 400만원 정도를 생활비로 쓰고, 한 달에 100만원씩 은행에 저축하고 있습니다. 이 가정은 경제적인 자유를 만들 수 있을까요? 할 수 있는 것은 무엇일까요? 이 가정보다 수입이 훨씬 많은 가정도 있고, 이 가정이 부러운 가정도 있겠지요. 뭐 나름 그냥 평범한 가정입니다. 이 가정이 경제적인 자유를 이루겠다고 마음을 먹고 변화를 만들어 낸다고 합시다.

먼저 부업을 하든, 아르바이트를 하든 가족이 힘을 합쳐 50만원을 더 법니다. 그러면 수입이 550만원으로 늘어납니다. 그리고 지출을 조금 줄입니다. 소비를 50만원 줄여 350만원만 씁니다. 그리고 이자가 연 2%도 안 되는 저축을 그만두고 투자를 시작합니다. 투자 수익을 6% 정도로 잡으면 어떤 변화가 만들어질까요?

저축한 돈을 쓰지 않고 계속 은행에 저축을 해 나간다고 했을 때 10년 뒤에 1억2000만원, 20년 뒤에 2억4000만원, 30년 후에 3억6000만원, 40년 뒤에는 4억8000만원이 만들어집니다. 투자 결과는 복리로 계속 저축을 한다고 했을 때 40년 뒤에 7억원 좀 넘는 돈을 모으게 됩니다. 7억원으로 경제적인 자유를 이루는 것은 불가능하죠.

저축액을 일단 두 배로 늘린다고 칩니다. 조금 더 벌고 조금 더 아껴 매월 투자액을 늘리는 것이 먼저입니다. 그리고 은행에 저축하지 않고 6% 정도 수익을 얻는 투자를 하면 결과가 어떻게 달라질까요?

10년 뒤에는 3억원, 20년 뒤에는 9억원, 30년 뒤에는 20억원, 40년 뒤에는 40억원 넘는 돈이 됩니다. 시간이 좀 걸리긴 하지만 생각보다 큰돈이 모입니다. 이 정도면 경제적인 자유가 가능할 것 같습니다. 매년 5% 내외의 금액을 인출하고 나머지는 투자해서 계속 자산을 불려 나갈 수 있습니다.

꼭 40년 후의 일이 아니라, 10년 뒤에 1억3000만원을 가지고 있는 것과 3억2000만원을 가지고 있는 것은 조금 다릅니다. 30년 뒤에 5억원이 안 되는 돈을 가지고 있는 사람과 20억원이 조금 넘는 정도를 가지고 있는 사람은 삶이 다르죠. 문제는 6% 수익을 계속 얻을 수 있느냐는 것이죠.

세 가지 포트폴리오를 구성해 적용해 봤습니다. 매년 같은 금액을 1980년부터 40년 동안 계속 투자하면서 연 1회 리밸런싱을 하는 것으로 가정해 봤습니다. 전액 미국 10년 만기 국채에 투자하면 6.8%, 미국 10년 만기 국채 70%·미국 대형주 30%로 투자하면 8.5%, 미국 10년 만기 국채 50%·미국 대형주 50%로 투자하면 9.4%로 수익을 거둘 수 있는 것으로 나옵니다. 6%는 결코 과장되거나 무리한 수익이 아닙니다.

노력, 시간, 인내가 경제적 자유를 만들어 줍니다. 조금 더 벌고, 조금 더 지혜롭게 아껴 쓰고, 조금 더 효과적으로 불리면 됩니다.

물론 이 결과는 과거에 적용해 본 것이기 때문에 반드시 이런 성과가 난다고 장담할 수는 없습니다. 하지만 단기간에 주식 시장에서 투자 성과를 보려고 하면 투자실패를 경험하고 원금 손실을 볼 수 있지만 장기적인 측면에서 안정성을 추구하면서 투자하더라도 낮지 않은 수익, 현재 저금리 상황에서는 상상하기 힘든 수익을 얻을 수 있다는 것을 알 수 있습니다.

결국 노력, 시간, 인내가 경제적 자유를 만들어 줍니다. 조금 더 벌고, 조금 더 지혜롭게 아껴 쓰고, 조금 더 효과적으로 불리면 됩니다. 하지만 조금 더 벌려고 하는 노력은 늘 '그 정도 번다고 인생이 달라지냐'는 질문에 무너집니다. 조금 더 아끼려는 노력은 '티끌 모아 태산 안 돼. 티끌은 혹 불면 날아 가'라는 비웃음에 무너집니다. 10년, 20년은 오지 않을 것 같아 장기투자라는 단어는 재미가 없습니다. 그래서 우리는 부자와 경제적인 자유와 점점 멀어집니다.

천천히 누구나 할 수 있는 방법으로, 과한 욕심이 없이 투자한다면 생각보다 높은 수익을 장기적으로 얻을 수 있습니다. 그 결과를 많은 사람이 누릴 수 있으면 좋겠습니다.[142]

12. 새집처럼 '반짝반짝'···건강한 노년 '생존 청소법'

새집처럼 반짝반짝 윤이 나도록 하는 것만이 청소가 아니다. 청소의 기본 목적은 청결하고 건강한 삶을 영위하기 위함이다. 특히 청소 소외 계층인 노년층에게는 더욱 그렇다. 감각이 무뎌지다보니 집 안 냄새를 방치하고 쌓인 먼지도 잘 보이지 않게 됐다. 출가한 자녀의 빈방은 '언젠간 쓰겠지' 하는 오래된 물건들이 쌓이고 또 쌓인다. 체력이 저하되면서 더욱 방치되는 집, 집도 노인처럼 늙어만 간다.

☞ 노년층을 위한 건강한 청소법
한국청소협회 한태호 전문 강사는 "청소는 체력을 요하고 관절에 무리가 갈 수 있는 작업이므로 80세 이상의 노년층은 자녀의 손을 빌리거나 청소 전문업체의 서비스를 이용할 것을 추천한다"고 전제했다. 그는 '건강'에 초점을 둔 노년층 청소법을 설명했다.

호흡기가 약한 노년층은 친환경 세제를 기본으로 청소를 해야 한다. 살균, 소독, 곰팡이 제거에는 염소계 표백제(락스)만 한 것이 없지만 희석해서 써야 하고 또 유독가스 배출 문제로 노년층이 쓰기 적합하지 않다. 세정력은 떨어지더라도 베이킹 소다를 50~60도의 따뜻한 물과 섞어 분무기로 분사하거나 걸레에 묻혀 닦아내도 살균은 충분하다. 혹 자녀들이 청소를 돕는다면, 베이킹소다 가루에 락스를 넣고 밀가루 반죽 질감으로 뭉친 것을 곰팡이가 자주 생기는 주방 싱크대, 창틀, 화장실에 4~5시간 붙여놓는 방법을 권한다. 깊숙한 곰팡이까지 제거할 수 있다.

기름때 많은 주방에는 강알칼리성인 과탄산소다가 좋다. 과탄산소다를 녹인 뜨거운 물은 후드망 등 청소하기 어려운 기름때까지 제거한다. 단 과탄산소다는 물과 만나면 미끄러워 노년층이 사용하는 욕실에서 쓰기는 조심스럽다. 혹시 썼다면 생활용품점에서 쉽게 구할 수 있는 미끄럼 방지(논슬립) 용액으로 뒤처리를 꼭 해야 한다.

진공청소기는 사용은 편리하지만 필터를 통해 배출되는 미세먼지와 초미세먼지에 주의해야 한다. 초미세먼지를 걸러주는 헤파필터 장착 청소기라도 고무 패킹 등의 틈새를 통해 초미세먼지가 분사될 수 있다. 시중에서 파는 정전기를 이용한 부직포 밀대로 기본적인 먼지 관리를 하고 청소기를 돌리는 것이 좋다. 호흡기 건강을 위해 청소기 사용 후 환기는 필수다.

물걸레질을 한다면 노동력이 덜 소비되는 극세사 걸레를 써주는 게 좋다. 극세사 걸레는 일반 걸레가 남기는 미세한 얼룩을 잡아주고 세정력도 뛰어나다. 노년층들이 편의를 위해 한 번 쓰고 버리는 물걸레용 청소포를 애용하는 경우가 있는데 이때 성분표를 꼭 확인해야 한다. 화학약품이 처리된 것이라면 바닥을 닦은 후 물걸레로 다시 닦아줘야 한다. 그러지 않으면 남은 유해 성분들이 호흡기 등 여러 경로를 통해 몸으로 들어올 수 있다. 한 강사는 "진정한 청소의 개념은 '보기 좋게 하는 것'이 아니라 '건강한 삶'을 위해서 하는 생존 행동"이라고 강조한다.

건강하고 쉬운 청소를 위해 대청소보다는 '일상 청소' 방점을 찍어야 한다. 누적된 먼지와 때는 단 한 번에 없어지지 않는다. 노년층의 경우 앞서 언급한 정전기 청소포로 조금씩 매일 먼지를 닦아주는 것이 좋다.

☞ 부모님 집, 무조건 버려야 하는 물건이란?

"지난 명절 본가에 가서 빈방을 정리하다가 유통기한이 10년 지난 샴푸를 발견했다."

나이가 들면 치매가 아니더라도 노화로 인해 판단력이 떨어지고 물건 관리 능력이 예전만 못해진다. 또한 부모님 세대는 물건을 많이 가진 것이 풍요로운 삶이라는 개념이 강하다. 그러니 "정리하라"고 재촉해봤자 잔소리밖에 되지 않는다. 정리와 수납은 다른 이의 도움이나 협조가 필요한 작업이다. 자녀들 역시 부모님의 집 정리는 피해갈 수 없는 숙제로 여겨야 한다. 후일 부모님이 고령이 되어 혼자 사는 것이 어려워지면 어떤 경우든 직접 정리에 나서야 하기 때문이다. 서적 〈부모님의 집 정리〉(즐거운 상상)가 언급한 '망설이지 말고 처분해야 할 물건'은 무엇일까?

① 눈높이 위와 아래에 처박혀 있는 물건

나이가 들수록 높은 곳에 있는 물건은 넣고 빼기가 힘들어진다. 위쪽 선반에 있는 것들은 대부분 몇년 동안 사용하지 않다가 잊어버린다. 눈높이보다 낮은 곳에 있는 물건도 마찬가지다. 허리를 굽히거나 쭈그려 앉지 않으면 꺼낼 수 없기 때문에 쓰지 않는 물건이 쌓여간다.

② 벽장·창고 안쪽 물건

40·50대도 다락방이나 창고에 넣어둔 물건은 잘 안 꺼내게 된다. 안쪽에 있는 것은 꺼내기 어려워 사용하는 빈도가 줄어들기 때문이다. 벽장 안쪽이나 어질러져 있는 곳도 쓰지 않는 물건의 집합소가 된다.

③ 플라스틱 상자 안 물건

당분간 입지 않는 옷을 플라스틱 상자에 쌓아두는 사람들이 있다. 그러나 플라스틱 상자에 넣으면 그뿐, 두 번 다시 꺼내지 않는 경우가 많다. 꽉 채워진 상자는 무거워서 꺼내기도 힘든 데다 벽장에 넣으면 내용물이 보이지 않아 무엇을 넣었는지 잊어버린다. 오랜 세월 보관되어 있는 것들은 대부분 앞으로도 쓰지 않는 물건들이다.[143]

13. 어르신 1인 미디어 도전기 '슈퍼시니어' 예능 제작

시니어 세대에게 평생 직업의 대안을 제시하는 예능 프로그램이 제작된다.

아프리카TV 자회사 프리콩은 20일 MBC D.크리에이티브센터와 함께 시니어들이 다양한 미션을 수행하며 '1인 미디어 크리에이터'에 도전해 새로운 직업을 찾아가는 관찰형 서바이벌 디지털 예능 프로그램 '슈퍼시니어'를 공동으로 기획 제작한다고 밝혔다.

최근 시니어들의 1인 미디어 이용률이 빠르게 증가하고, 이들의 오픈마켓, 소셜커머스 등을 통한 구매량이 크게 증가함에 따라 많은 브랜드와 기업이 홍보, 마케팅을 위해 다양한 시니어 크리에이터 발굴 및 양성에 나서고 있다.

(프리콩)

‘슈퍼시니어’는 100세 시대를 맞은 시니어들에게 1인 미디어를 통해 인생 제 2막을 엶과 동시에 수익 창출의 기회를 제공할 전망이다. 기업들에게는 방송을 통해 성장한 시니어 크리에이터를 직접 연결해 주는 오작교 역할을 수행할 것으로 기대된다.

MC로는 방송인 하하와 아프리카TV 먹방계의 명실상부 원톱 BJ ‘쯔양, 국내 최정상 유튜버 도티’가 참여한다. 3MC들의 유튜브, 인스타그램 등 SNS 구독자와 팔로워 수가 도합 800만에 육박해 방송 협찬에 참여한 브랜드들에게 파급력 있는 제품 홍보 가능성을 제공할 전망이다.

‘슈퍼시니어’는 오는 5월부터 프로그램에 참여할 시니어들을 모집하고 본격 적인 제작 일정에 돌입한다. 본인의 끼와 장기를 어필할 수 있는 시니어는 영상 을 찍어 제출하면 된다. 자세한 일정 및 신청 방법은 별도 공지될 예정이다. ‘슈 퍼시니어’ 첫 방송은 오는 6월부터 MBC 엔터테인먼트 유튜브 채널 및 아프리카 TV를 통해 선보일 예정이다.[144]

14. 새해엔 ‘나이 듦’과 사이 좋게 지내요, 잘 늙어봅시다

“젊었을 때로 돌아가고 싶냐고요? 아니요”…한번 젊어본 ‘밀라논나’
“왜 젊어 보여야 해요?
산뜻하면 되죠!”
“젊었을 때로 돌아가고 싶으세요?”
유튜브 채널 ‘밀라논나(Milanonna)’의 ‘논나’, 장명숙 패션 크리에이터는 일말의 망설임도 없이 ‘아니요’라고 대답한다. 그리고 덧붙인다.
“어우 한번 했으면 됐지. 어떻게 안 늙어. 나도 한번 젊어봤잖아.”
나이듦은 열등한 것이고, 노화는 최대한 지연해야 하며, 나이 든 티는 어떻게든 가려야 한다는 아우성 속에서 1952년생 ‘밀라노 할머니’ 장명숙은 유튜브 채널

을 통해 자신의 나이듦을 자연스럽게 드러낸다(유튜브 밀라논나 캡처)

순간 시원한 박하를 씹은 듯했다. 노화를 거대한 재앙으로 치환하고, 안티 에이징(노화 방지 혹은 항노화라는 의미로 주로 화장품에 쓴다) 제품을 쓰지 않으면 큰일 날 것처럼 호들갑을 떠는 세상에서 이런 태도라니! 해가 바뀌면 다 같이 한 살을 먹는 조금 특이한 문화권의 한국인으로서, 새로운 나이를 맞이하는 기념으로 밀라논나를 소개하고 싶다.

1952년생인 장명숙은 패션 바이어이자 디자이너이자 교수이다. 밀라노에서 유학한 최초의 한국인으로, 페라가모나 막스마라 등 유명 브랜드의 한국 출시를 주도한 것으로 유명하다. 채널 이름 밀라논나는 이탈리아의 지명인 밀라노와, 할머니를 뜻하는 이탈리아어 '논나'를 합친 단어다. '밀라노 할머니' 정도 되겠다. 장명숙은 채널에서 자신을 '할머니', 구독자를 '아미치'(Amici, 이탈리아어로 '친구들')라고 부른다. 밀라논나의 아미치로서, 이 글에서는 장명숙을 논나로 칭한다.

논나의 채널을 구독하며 친구들에게 물어보았다. "스무 살로 돌아갈 수 있다면 어떡할래?" 30대 초중반의 표본들은 대부분 고개를 저었다. 나도 마찬가지다. 스무 살로 돌아가고 싶지 않았다. 하지만 20대 때는 나이 드는 것이 그렇게 무서웠다. "여자 나이는 크리스마스트리(25세가 넘으면 가치가 떨어진다는 뜻)", 서른 이상의 여성을 "상폐녀(상장 폐지됐다는 뜻)"라고 부르는 현실에, 작고 나약한 개인이 뭐 얼마나 대단한 배포로 맞섰겠는가. 서른 살을 계란 한 판이라고 부르며 자조하거나, 그 잔치가 그 잔치가 아님에도 서른 이후의 삶을 잔치, 즉 청춘이 끝난 후의 잔해처럼 취급하는 문화에는 확실히 기이한 구석이 있다. 우리는 젊음을 찬양하고 숭배하는 데 익숙하다. 반면 자연스러운 현상인 나이듦은 현대 의학과 화학을 총동원하고, 치열한 '노오오오력'으로 방어해야 하는 역병처럼 취급한다. 제일 건강하고 활력 넘치는 시기는 인생에서 아주 일시적인데 말이다.

'에이지즘(Ageism).' '연령차별주의'라고도 번역되며, 나이를 이유로 차별하는 사상이나 행위를 뜻한다. 특히 노인을 향한 차별과 선입견을 가리킨다. 루이즈 애런슨은 〈나이듦에 관하여〉(최가영 역, 비잉, 2020)에서 "사지가 멀쩡한 왕년의 유명 인사도 늙으면 결국 평범한 동네 할아버지가 되기 십상"이고, 그보다 어려운 처지에 있는 이들은 우리 사회의 '투명인간'이 된다는 사실을 지적한다. 2019년 JTBC에서 방영된 드라마 〈눈이 부시게〉에는 이런 장면이 있다. 기기의 오작동으로 쇼핑몰에서 비상벨이 울리고, 사람들은 급히 대피한다. 그런데 혜자(김혜자 분)가 탄 엘리베이터가 만원 경보음을 울리자 사람들은 일제히 혜자를 쳐다본다. 엘리베이터에 탄 사람 중 혜자가 가장 나이 들었다. 혜자는 먼저 탔음에도 그 눈빛에 떠밀려 스스로 엘리베이터에서 내린다. 위기 상황에서 효율과 속도를 위해 우리 사회가 밀어내는 존재, 노인을 향한 시각을 단적으로 드러내는 장면이다. 영화 〈69세〉에서 여성 노인 효정(예수정 분)은 젊은 남성에게 성폭력 피해를 당하지만, 노인이라는 이유로 피해 사실 자체를 인정받지 못한다. 이는 노인을 무성적인 존재로 뭉개는 에이지즘에, 피해자의 성적 매력이 성폭력을 유발한다는 잘못된 인식이 더해진 양상이다.

나이듦은 열등한 것이고, 노화는 최대한 지연해야 하며, 나이 든 티는 어떻게든 가려야 한다는 아우성 속에서 tvN 프로그램 〈유 퀴즈 온 더 블럭〉에 출연한 논나는 말한다. "50대의 장명숙은 이제 해방이다, 60대의 장명숙은 지금이 너무 좋다." 2020년 4월에 올라온 논나의 어버이날 선물 추천 영상(LF 광고 포함) 제목은 "왜 젊어 보여야 해요? 산뜻하면 되죠!"이다. 유튜브에 업로드된 영상 곳곳에서 논나는 자신의 나이가 듦을 자연스럽게 드러낸다. 겨울에 베레모를 즐겨 쓰는 습관이나 직접 머리를 자르는 용도의 가위를 소개하면서 "할머니는 워낙 머리숱이 없으니까"라고 할 때, 탈모는 질병과 공포가 아니라 몸의 일부이다. 소화 능력이 예전 같지 않다고 할 때도 과거와 비교하며 한탄하거나 비참해하지 않는다. 아미치들은 논나 소장품의 구매처를 물을 때마다 가볍게 좌절하는데, 물건 대부분이 오래되어 지금은 구하기 힘든 '레어템'이기 때문이다. 논나는 웃으며 말한다. "어떡해요. 할머니가 낡은 사람인데 물건도 다 낡았죠."

누구나 늙는다. 한국은 이미 고령사회다. 통계청의 자료에 따르면 2019년 한국의 고령인구 비율은 14.9%이다. 홈쇼핑을 들었다 났다 하는 슈퍼푸드도, 유명 피부과의 시술도, 진시황의 권력과 삼성 회장의 재력도 시간의 흐름과 노화는 막을 수 없다. 그러니 어떻게 '잘' 늙을지, 나이듦과 어떻게 사이좋게 지낼지, 모든 눈금이 젊고 건강한 가상의 청춘에 맞추어져 있는 사회의 인식을 어디서부터 바꿔가야 할지 고민할 차례다. 논나의 영상에는 이런 댓글이 있다. "나이 들어간다는 게 무서웠는데, 할머니를 보면서 아…이렇게 나이 들어간다면 너무 멋있을 것 같다 하고 두려움이 사라졌어요.” 1300명이 넘는 사람들이 ‘좋아요’를 눌렀다. 논나가 자신을 스스로 다정하게 ‘할머니’라고 칭할 때, 자신의 역사가 고스란히 밴 몸과 물건의 ‘낡음’을 부끄러움 없이 드러낼 때, 약해진 몸과 물건을 소중하고 조심스럽게 쓰는 모습을 보여줄 때 깨닫는다. 머리가 빠지고 주름이 생기고 소화가 안 된다고 해도, 인생은 끝나는 게 아니며 불행하지 않다는 지극히 당연한 진실을, 비로소.

생각해 보면 나이듦 그 자체보다, 나이듦을 둘러싼 온갖 ‘카더라’와 불확실한 미래를 두려워했던 것 같다. 나이듦이 나의 모든 개성과 역사와 취향을 잡아먹는 줄 알았다. 기회와 변화는 청춘의 특권이고 기능이 떨어지는 몸은 골칫덩이라고만 들었으니까. 사회가 보여주는 ‘할머니’와 ‘할아버지’의 표상은 너무 납작하고 단순하고, 촌스럽고, 제약이 많았으니까. 나이와 함께 잘 살아가는 모습을 볼 기회가 드물었으니까. 막상 뛰어들고 보니 막막하던 30대는 생각보다 좋은 점이 많다. 잃은 것만큼 ‘나’라는 인간에게 익숙해지면서 얻은 것도 있다. 우리는 이미 노년의 도전과 즐거움을 널리 알린 유튜브 크리에이터 박막례 할머니(채널명 ‘박막례 할머니 KoreaGrandma’)를 만났다. 또한 이런 불안을 인지한 40~50대 여성 작가들이 자신의 삶에 관한 이야기를 쓰면서 전보다 다양한 예시를 접할 기회가 늘었다. 하긴 좋기만 한 순간이나 나이가 어디 있을까. ‘좋을 때다’라고 여기는 남의 시선이 있을 뿐이지.

스포일러가 있어서 자세히는 말할 수 없지만, 〈눈이 부시게〉에서 25세의 혜자는 하루아침에 78세 할머니가 된다. 현실을 받아들인 혜자는 자신의 신체 나이부터 측정한다. “내가 어디까지 되고 어디까지 안 되는지 알아야 될 거 아냐.” 혜자는 계단을 오르고 달리면서 어느 단계에서 숨이 차는지, 언제 무릎에서 삐그덕삐그덕 소리가 나는지, 뛸 수 있는지 없는지 등을 알아가며 몸에 적응한다. 변화한 몸은 당연히 25세인 혜자의 성에 차지 않으나, 어쩔 수 없다. 소수를 제외하면 최고 수준의 건강과 체력을 계속 유지하는 사람은 드물다. 로봇이나 신이 아니라, 인간이기 때문이다. 〈나이듦에 관하여〉 역시 의학에서 소외되는 노인에 초점을 맞추어, 어떻게 현대의학과 더불어 행복한 노년을 살아갈 수 있을지 질문을 던지는 책이다.

의연한 척했지만, 나 역시 부모나 할머니의 노화를 실감할 때마다 심장이 철렁 내려앉는다. 흉터가 빨리 아물지 않아 심란해하고 슬쩍 리프팅 제품을 고를지도 모른다. 인간은 늙을 뿐 아니라 망각하기까지 하니까. 참 효율이 낮죠?

그럴수록 부지런히 돌보고 상기해야 한다. 노화는 비극이 아니며, 나이 든 당신과 나는 패배하거나 열등하지 않음을. 노화는 개인의 역사이고, 몸은 나이 들어도 나의 일부이자 동반이라는 사실을. 그리고 서로의 아미치가 되어 말하고 싶다. 새해에는 조금 다른 조건으로 살아가는 노인과, 변화하는 나의 몸에 조금 더 너그러워지자고.145)

15. "유튜브 시작하고 인생이 바뀌었어요"

'디지털 원주민 '이라는 말이 있다. 미국 교육전문가 마크 프렌스키가 2001년 발표한 논문에서 사용한 말로, 태어나면서부터 디지털 기기를 접하며 자란 세대를 뜻한다. 반면 디지털의 발달을 따라잡을 수 없는 기성세대를 '디지털 이주민'이라 부른다. 아무리 노력해도 원주민의 억양을 완벽히 구사할 수 없는 이주민처럼 이들 또한 젊은 세대만큼 시니어들 또한 디지털에 익숙해지지 못한다는 뜻이다.

하지만 오늘날은 이야기가 다르다. 이른바 '액티브 시니어' 라 불리는 요즘 시니어들은 디지털 기기를 적극적으로 사용하고, 더 나아가 직접 콘텐츠를 기획하기도 한다. 유튜브를 시작한 지 1년 만에 혼자 힘으로 구독자 1만여 명을 모으고 책까지 쓴 유튜브 요리 채널 '주코코맘의 미각' 운영자 주미덕 씨(63)가 대표적인 예다. 한평생 자식과 손자의 뒷바라지를 하다 60대의 나이에 비로소 꿈을 펼치기 시작한 주 씨. '한국판 모지스 할머니' 라 불리는 그의 이야기를 들어봤다.

유튜버 겸 작가 주미덕('주코코맘의 미각' 유튜브 영상 캡처)

Q. 유튜브를 시작하게 된 계기가 있다면요?

유튜브를 하기 전까지는 5살배기 손주들 돌보며 육아에 전념하고 살았어요. 그 전에 직장도 없었고요. 그러다 손주들이 어린이집을 가게 되면서 낮에 시간적 여유가 생겼어요. 그런데 어느 날 딸이 그동안 애들 기르느라 고생했는데 엄마도 유튜브 보지만 말고 한번 해보라며 슬쩍 권유를 하더라고요. 원래 요리하는 것도 좋아했고, 유튜브도 자주 봤거든요. 딸의 말에 용기를 얻고 요리 채널을 열었죠.

Q. 촬영이나 편집은 어떻게 하고 계신지요?

혼자 다 하고 있어요. 촬영하는 법은 작은 문화센터 다니면서 배웠고요. 일주일에 한 번씩 4회 정도 배우니 할 수 있겠더라고요. 요즘은 세상이 좋아져서 2시간 만에도 배울 수 있대요. 촬영이랑 편집도 스마트폰 하나로만 해요. 편집은 '키네마스터'라는 앱을 사용하고 있고요. '브이로그' 같이 영상미가 중요한 콘텐츠는 좋은 카메라로 찍으면 더 좋겠지만, 장비보다는 콘텐츠에 대한 전문성과 진정성이 더 중요한 것 같아요.

Q. 수익을 얻기도 하셨는지요?

시작한 지 7개월 좀 넘었을 때부터 광고가 붙었어요. 구독자가 1000명쯤 됐을 때였죠. 광고 붙은 첫 달에 120만 원, 그다음 달에 140만 원 이렇게 들어오더라고요. 사실 수익이 주기적이진 않아요. 요즘은 그 정도도 안 들어오고요.(웃음) 그래도 이렇게 하다 보니 알게 된 건, 내가 가진 경험과 지식이 돈으로 이어질 수 있다는 거. 그 경험이 누군가에게는 돈을 지불하면서 듣고 싶은 중요한 자원일 수도 있다는 거예요.

주미덕 작가가 출간한 책 '유튜버와 작가, 예순 넘어 시작하다'

Q. 유튜브 시작하고 달라진 점이 있다면요?

인생이 바뀌었어요. 유튜브를 시작하니 유튜브에 대한 이야기로 책을 쓰게 됐고, 책을 쓰니까 강연 요청이 오더라고요. 그러면 강연을 어떻게 해야 하는지 알아야 하잖아요. 또 찾아서 스피치 수업도 듣고, 파워포인트 만드는 법도 배웠죠. 그렇게 이것저것 하다 보니 교수님들부터 젊은 세대들까지 다양한 사람을 많이 만났어요. 할머니들끼리 모여서 옆집, 윗집 흉보는 게 아니라 4차 산업이나 유튜브 얘기를 하는 거예요. 인생에 활력이 생길 수밖에 없죠. 뒤늦게 학생이 되었다는 기분으로 살고 있어요.

Q. 유튜브 이외에도 새로 배우고 계신 분야가 있는지요?

요즘은 집 밖에 나가기도 좀 그렇잖아요. 직접 강의를 들으러 다닐 수 없으니까 '줌'(온라인 화상 회의 플랫폼)으로 공부를 많이 해요. 줌에 스마트폰 활용법부터 마음 정리하는 법 등 여러 강의가 많아요. 얼마 전엔 온라인 마케팅 강의도 들었어요. 실력을 더 쌓고 좋은 기회가 오면 인터넷으로 요리를 판매해보고 싶어서요. 세상이 참 좋아졌어요. 뭐든 할 수 있는 시대에요. 남편도 요즘 인터넷으로 캘리그라피 배우고 있는데, 만족도가 높은가 봐요.(웃음)

Q. 60대로서 또래 시니어에게 응원의 한 말씀 부탁드려요.

오늘이 내가 사는 날 중 가장 젊은 날이라는 말이 있잖아요. 나이 들었다고 못할 거 없어요. 특히 전문직에 종사하셨던 분들은 은퇴 후 본인이 수십 년간 쌓아온 전문 지식을 공유하면 더 잘 되지 않을까 싶어요. 사실 저도 옛날 같으면 눈도 아프고 여건도 안 돼서 못 했을 거예요. 근데 요즘은 어디서나 쉽고 편하게 배우고 싶은 공부를 할 수 있잖아요. 여러모로 힘든 시기지만, 이 또한 지나갈 테니 모두 힘내서 도전해보시길 바랍니다.[146]

16. "있으나 마나 한 인간이 되고 싶지 않다"

77세의 윤도균 씨는 꾸준히 운동하고 자신에 맞는 공부를 하며 은퇴 후 삶을 즐기고 있다

디지털 실버, 액티브 시니어라는 말이 자주 귀에 들려오는 요즘이다. 초고령사회로 빠르게 진입하고 있는 대한민국에서 시니어들의 삶은 각자의 상황에 따라 천차만별이다.

　내가 청파 윤도균 님을 만난 건 순수문학 수필작가회에서다. 팔순을 코앞에 둔 나이에 아직도 왕성하게 작품활동을 하고 인천 N방송 시민기자로도 활동한다. 어디서 그런 에너지가 나오는 걸까. 그 열정은 디지털 실버, 액티브 시니어라는 표현으로는 부족해 보인다. 인생 선배로서 닮고 싶은 분. 요즘은 주 3회 근처 초등학교에 나가 돌봄 교실에서 아이들에게 한문을 가르치고 있단다. 천성적으로 아이들을 좋아하는 성격 때문이다. 그에게 시니어의 삶이란 뭘까. 그의 얘기를 들어 봤다.

　☞ 은퇴 전에는 어떤 일을 하였는지?

　처음에는 종로 세운상가에서 전자제품 판매사업을 했다. 그런데 일할 때 양심을 속일 때가 있었다. 그것이 늘 마음에 걸렸다. 나는 아이들을 유난히 좋아했다. 판매사업 일에 회의가 들던 차에 아이들 교육과 관련된 일이 연결되어 학원 사업으로 전환을 하게 됐다. 어린 시절 내 꿈은 초등학교 선생님이었다. 아마도 그런 연장선상에서 교육과 관련된 일이 싫지 않았는지도 모르겠다. 자연스럽게 받아들였다.

　학원 사업을 하며 20여 년간 독서실 운영도 했다. 하루에 100여 명 이상의 학생들을 통솔하며 아침 9시부터 새벽 2시까지 근무를 했다. 그 일도 판매 사업 못지않게 힘들었다. 하지만 해맑은 청소년들을 바라보는 즐거움이 있었다. 학생들이 꿈을 잃지 않도록 조언도 해주고 예뻐하니까 아이들도 나를 따랐다.

　교육 사업은 7년 전에 접었다. 시대의 큰 흐름이 있는 것 같다. 그동안 정성들여 운영해오던 사업을 접을 때는 마음에 다소 서운한 감도 있었지만 받아들여야 한다고 생각했다.

윤도균 씨의 인수봉 암벽등반

　☞ 은퇴 결정 과정은 어떠했는지?

　20여 년간 일궈온 사업을 접을 때의 감정은 누구나 다 똑같을 거라 생각한다.

그러나 순리를 따라야 한다고 판단했다. 물론 일을 그만두는 것에 대한 초조함도 있었고 욕심 같아서는 더 해보고 싶은 마음이 굴뚝같았지만, 사업자는 전망 흐름을 보고 빨리 현명한 결정을 내려야 한다. 나는 마음을 내려놨고 한편으로는 편했다. 제2의 인생, 은퇴 후의 꿈을 설계하며 접었다.

☞ 이모작 인생은 계획한 대로 잘 이루어졌는지?

하던 일(직업)이 없어졌으니 당연히 처음엔 헛헛했다. 그러나 오래전부터 '내가 만약 어느 날 갑자기 퇴직했을 때' 라는 가상 시나리오를 마음속에 써두고 적응 훈련을 했다. 대안도 미리 생각해놔서 크게 흔들리지는 않았다.

사업할 때는 늘 바쁘다는 핑계로 이 세상 그 무엇보다도 더 소중한 '내 건강'에 대해 신경을 쓰지 못하고 살았다. 퇴직과 함께 잡념을 없애기 위해 먼저 운동(등산, 헬스)을 시작했다. 사실, 직장에서의 퇴직이 아니라 내 일을 하다가 일을 놓은 것이기 때문에 일반 은퇴자들보다 나는 나이가 많았다. 어느새 70을 바라보고 있었다. 그래서 처음에는 건강밖에 달리 선택의 여지도 없었다.

평소 내 성격이 언제, 어디서, 무엇을 하든 간에 '있으나 마나 한 인간' 으로 취급되는 걸 가장 싫어한다. 취미로 시작한 운동이지만 남들보다 몇 배 더 노력해 땀 흘려 운동했다. 그러자 사업할 때와 비교해 건강이 몰라보게 향상됐다. 스스로 느낄 정도였고 마치 회춘하는 것 같았다. 자랑이 아니다. 몸이 달라지는 걸 실질적으로 체험했다. 건강하니까 매사가 기쁘고 즐겁고 행복했다. 그리고 무슨 일을 해도 긍정적이고 의욕적이었다.

☞ 은퇴 전과 후의 생활은 어떤 차이가 있나?

금전적인 면에서 보면 은퇴 후의 생활이 많이 불편한 것도 사실이다. 퇴직 후 줄어든 수입으로 인해 생활이 척박해지기도 한다. 그러나 인간의 욕망이란 한도 끝도 없는 것, 생각하기에 따라 행복의 척도가 달라진다고 스스로 최면을 걸었다. 세월 따라 사람이든 자연이든 영원하지 못할 것이기에 내가 있어야 할 자리를 깨달으려고 했다. 작은 욕심조차 내려놓으면 편했다. 그렇게 즐거운 나의 '인생 이모작' 문을 활짝 열어젖혔다.

퇴직 전에는 내면에서 꿈틀거리던 '꿈, 소망' 같은 것을 생각하다가도 돈 생각으로 이어지면 애써 잊으며 살게 되더라. 그런데 이제 은퇴자가 되니 청년 시절 꿈꿔왔던 글쓰기, 사진, 컴퓨터, 운동, 여행, 친목모임, 봉사활동, 취재, 기타 등을 마음껏 하고 배울 수 있어 좋다.

우연한 기회에 오마이뉴스 시민기자로 선발되어 13년에 걸쳐 약 300여 편의 기사도 썼다. 인천 N방송 시민기자로 영상뉴스 제작에도 심혈을 기울였다. 또 그토록 해보고 싶었던 글쓰기를 통해 수필작가로 정식 등단도 했다. 꾸준히 작품활동을 할 수 있으니 이보다 더 행복한 일이 어디 있을까?

☞ 지금의 삶은 어떠한지 궁금하다

내 나이 일흔일곱이다. 더 이상 무슨 욕심이 있겠는가? 그래도 십몇 년째 계속해온 새벽운동은 빼먹지 않는다. 아침 5시에 어김없이 일어나 동네 단골 헬스장으로 향한다. 스트레칭을 시작으로 한 시간에 걸친 근력운동과 유산소 운동으로 2시간을 보내고 나면 땀이 비 오듯 쏟아진다. 그렇게 하루를 열고 집으로 돌아와 개인 블로그 '청파의 사람 사는 이야기'에 새 글을 쓰고 댓글도 읽고 답장을 쓴다(그는 블로그 운영을 17년째 하고 있다. 요즘도 하루에 800~1000여 명이 다녀간다. 블로그 활동은 손자인 도영이를 돌보면서 시작했는데, 도영이는 어느새 훌쩍 커버렸다).

☞ 은퇴를 앞둔 시니어에게 어떤 조언을 하고 싶으신지?

조언이랄 것은 못 되고, 은퇴는 누구나 다 하는 것이다. 마음가짐을 바로 잡아야 한다. 사람마다 환경, 조건이 다르지만 인생 이모작 시대를 새로 개척해 살아야 하는 은퇴자들에게 꼭 들려주고 싶은 이야기가 있다.

첫째 : 자신의 현실에 맞는 소박한 은퇴 설계를 하라. 자신이 하고 싶었던 일이 무엇이었는지 곰곰이 생각해보고 은퇴 설계에 포함하라.

둘째 : 가족과 시간을 많이 가져라. 지금까지 가정에 충실하지 못했다면 이제부터라도 가족들과 적극적으로 어울리는 삶을 살아라(가사분담 등).

셋째 : 꾸준히 운동하고 자신에게 맞는 공부를 하라(구르는 돌에는 이끼가 끼지 않는다).

인터뷰를 마치면서 은퇴는 삶의 끝이 아니라 새로운 시작이라는 생각이 들었다. 꿈으로만 간직했던 것들을 하나씩 해볼 수 있는 좋은 시간을 만들 수도 있겠구나… 하는 여운이 남았다. 아울러 더글러스 맥아더 장군의 "노병은 죽지 않고 다만 사라질 뿐이다" 라는 유명한 말도 떠올랐다.

그는 칠순 때, 북한산 인수봉 암벽등반을 하고 그 후 2년에 한 번씩 암벽등반을 꾸준히 하고 있다. 팔순에는 북한 암벽등반을 계획하고 있다고 한다. 여기서 무엇보다 중요한 것은 시니어에게는 새로운 시도를 하는 것이 굉장히 용기가 필요하다는 것이다.[147]

17. 이발사가 된 前 교장선생님 조상현 씨

"나는 좋습니다. 손님이 오면 더 좋고, 안 와도 좋습니다"

퇴직하고 나서도 유유자적 살지 않겠다고 다짐했다. 나이 드는 것을 피할 수 없다면 당당하게 늙어야 한다. 누군가의 아버지, 할아버지로 내가 없는 제2인생이 싫어서 큰마음 먹고 평생 생각하지 못한 길을 택했다. 초등학교 교장선생님 출신 이발사 조상현(68) 씨. 지금 생각해도 이 길을 택하길 참 잘했다. 어찌 이보다 더 좋을 수 있겠는가.

(사진 오병돈 프리랜서 obdlife@gmail.com)

마산역에서 그리 멀지 않은 거리에 있는 '너와나 이용원'. 대부분의 이발소가 7시에서 8시 사이에 문을 연다는데 이곳은 오전 10시에 연다. 게다가 월, 수, 금은 오전 봉사 일정이 있기 때문에 1시에 영업을 시작한다. 너와나 이용원의 주인장인 조상현 씨는 5년 전 40년 교직생활을 마치고 고심 끝에 이발사라는 직업을 택했다. 올해로 3년째. 분필이 아닌 흰 가운에 가위를 잡은 모습이 이제 제법 잘 어울린다.

" '너와나' 는 '우리' 를 뜻합니다. 우리보다는 너와나 그렇게 쓰면 어떻겠냐고 친구가 지어준 상호입니다. 정감이 가는 말이어서 그대로 사용했습니다."

개업 초기에는 손님이 빠져나가기 일쑤였는데 지금은 단골이 꽤 된다고 했다.

"이발소 문을 처음 열었을 때 손님이 들어오면 머릿속이 복잡해지더라고요. '저분 머리를 어떻게 해야 하노' 하는 걱정밖에 없었습니다. 6개월 후쯤 보니 그 무렵에 방문했던 손님 중 3분의 2는 다시 찾지 않았습니다. 내 첫 솜씨가 마음에 들지 않았다는 얘기입니다. 지금은 단골도 생겼고, 내 솜씨가 마음에 차지 않아 오지 않는 사람은 별로 없지요.(웃음) 이번 여름휴가를 2박 3일을 생각하고 갔는데 너무 좋아서 하루 더 연장했습니다. 그런데 전화가 몇 통씩 오더라고요. 이발소 문 언제 여냐고요. 기다려주는 손님들에게 늘 고마울 따름입니다."

전원생활은 적성에 맞지 않았다. 퇴직 후 바로 이용 기술을 배운 것은 아니었다. 은퇴하면 전원생활을 해볼 생각으로 경남 진주시 진성면에 텃밭을 장만하고 조립식 주택을 지었다.

"마산역에서 진성역까지 완행열차를 타고 출퇴근했습니다. 진성역에서 내린 뒤에는 자전거를 타고 갔습니다. 그 시간이 얼마나 낭만적이었는지 몰라요. 시골길을 한 10분쯤 타고 가면 농장이 눈에 보였습니다."

산행도 하고 약초도 좀 캐고, 고구마에 콩 등 각종 채소를 키웠다. 혼자 밥도 먹고 나름 재미있었다. 진성에서의 전원생활. 퇴직 후의 삶으로 꽤 괜찮은 시작이었다.

"텃밭이 300평이었어요. 처음에는 옆집에서 고구마 모종을 받아다가 키우면서 신이 났지요. 그런데 6개월 정도 되니까 짜증이 나는기래(웃음) 사람은 사회적 동물이라는데 밭에서 있는 시간이 많으니 보통 사람을 만날 수가 없었어요. 그나마 말 동무하던 이웃 할아버지가 돌아가셨을 때는 마음이 힘들더라고요. 접어야겠다고 생각했죠. 마침 이발소와 관련해 지인들과 긍정적으로 이야기를 나누던 차에 실행에 옮기겠다고 마음먹게 된 계기가 있었습니다."

☞ 이발사를 노후 일자리로 만나다

우연히 찾게 된 이발소에서 80세가 넘어 보이는 이발사를 만나게 된 것. 벌초하듯 머리카락을 자르고 염색을 대강대강 해주고는 1만 원을 받았다.

"이 양반이 팔십은 돼 보이는데 일을 하고 있단 말이지. 그렇다면 나도 그때까지 일할 수 있겠다! 손이 안 떨리면 되고 나이가 들면 값을 싸게 받으면 될 거라고 생각했습니다. 그렇게 자신감이 생기면서 이용 기술을 배워야겠다고 마음먹고 가족 회의를 했어요."

하얀 분필보다는 흰색 가운과 가위가 이제 제법 잘 어울리는 조상현 씨. 가지런히 놓인 이용 도구와 면도기를 잡은 조상현 씨의 손(사진, 오병돈 프리랜서)

두 아들은 적극 찬성, 함께 교직생활을 했던 아내는 반대했지만 아들들의 호응 속에 이용학원에 등록했다. 만류한 아내에게는 비밀로 하고 말이다. 그런데 생각보다 쉬운 도전이 아니라는 것을 학원 등록 후에나 알게 됐다.

"학원에서 교육 이수만 하면 누구나 이용원 문을 열 수 있는지 알았어요. 알고 보니 국가자격증을 따야 한다더군요. 그래도 명색이 교장 출신인데 기능시험에는 합격을 못해도 자존심상 필기시험에서는 떨어질 수 없었습니다. 안 떨어지려고 공부 정말 열심히 했어요.(웃음) 필기시험은 한 번에 붙었고 기능시험은 세 번 도전한 끝에 자격증을 땄습니다. 합격하기까지 경비도 만만치 않았습니다."

젊은 사람들과 경쟁을 해야 했기에 자격증 취득이 쉽지는 않았다. 2016년 12월에 그 관문을 모두 뚫은 그는 이듬해 3월 개업했다. 하루에 5명에서 6명, 그러다 10명 정도 손님을 받는 날이면 혼자 두발을 깎고 감기느라 하루가 바쁘게 흘러갔다.

☞ 봉사와 함께 실력도 쌓다

이용 면허증을 받고 개업 준비를 하면서 시작한 것이 바로 이용 봉사였다. 하지만 이때는 실력 배양에 더 신경 쓰면서 봉사 대상을 취사선택했다고 조상현 씨는 고백했다.

"초반에 제 솜씨가 어떤지 알고 싶어서 봉사를 다녔습니다. 요양원에 가서 어르신들 두발을 잘라드리면 좋다 안 좋다 말을 하지 않으시니 실력이 늘지 않더라고요.(웃음) 그래서 상이군경회, 육군종합정비창, 노인회관을 중심으로 찾아다녔습니다. '여기 다시 잘라 달라, 둥글게 좀 해 달라' 요구를 하시니까 실력이 좀 연마가 됐습니다. 이제는 어느 정도 자신 있어서 어디든 가리지 않고 다녀요. 물론 제가 안 간다고 하면 다른 분을 부르겠지만 제가 할 수 있을 때까지 봉사를 다닐 생각입니다."

금년 들어서 줄곧 반대하던 아내가 생각을 조금 바꿔 이용 일을 하는 자신을 인정해줬다고 한다.

큰아들은 처음부터 조상현 씨에게 이발을 맡겼으나 작은아들은 2년이 지나고 나서야 아버지의 이발소 문을 두드렸다.

"말로 해서는 안 되는 것 같습니다. 제가 머리를 어떻게 손질하는지 직접 봐야 알겠지요. 이제야 둘째가 저를 인정하는 거라고 봅니다. 사실 제 입장에서 도전하기 힘든 직종이었습니다. 오래전부터 이발사라는 직업을 낮게 보는 경향도 있었고 말이죠. 이용원을 하고 싶다면 서비스마인드도 있어야 하고 어느 정도 성향에 맞아야 해요. 이 나이에 해보지 않았던 일에 도전하고 실행에 옮기려니 만만치 않더군요."

조상현 씨가 이용원을 운영하는 이유는 나이 들어서도 쉬지 않겠다는 일념이 크다. 돈을 벌겠다거나 가족을 부양할 생각보다는 노후 생활을 일과 더불어 즐기며 누리고 싶었다. 명예보다 노후 일자리가 필요했다.

"아무래도 저희 부부는 교장으로 있다가 퇴직했기 때문에 금전적으로 여유가 있습니다. 아들자식들도 다 안정적으로 직상생활을 하니 도울 일이 없죠. 명예보다 저는 몸을 움직일 수 있는 일자리를 선택했다고 보시면 될 것 같습니다."

조상현 씨는 손님이 오면 더 좋고 손님이 안 와도 좋다고 했다. 손님이 없을 때는 여유롭게 글도 쓰고 인생을 되돌아보는 시간으로 삼는다. 비가 주룩주룩 오는 날이면 바깥 풍경을 내다보는 것도 낙이다.

"지금은 내가 참 잘했구나. 오늘 어디 가서 놀까 하는 걱정도 없고 말입니다. 그리고 10시에 문을 열고 6시 반이 되면 문을 닫습니다. 생계를 위해 일하는 것이 아니니까 내 위주로 합니다.(웃음) 그럼에도 불구하고 이것도 서비스직이기 때문에 손님들과 약속한 시간만큼은 철두철미하게 지키려고 합니다. 제 나름의 영업 방침이죠."

교직이 있을 때와 다른 점은 걱정거리가 없어진 일상이라고 했다.

"학교에서 일하던 시절에는 걱정이 많았습니다. 매번 결정을 해야 했습니다. 모두에게 좋은 판단은 무엇이고 또 어떻게 해야 상대가 잘 받아들일지 고민이 많았어요. 늘 걱정의 연속이었죠. 지금 하는 일은 몸이 좀 고단하다는 것 말고는 마음이 정말 편안합니다."

앞으로 언제까지 이 일을 할 거냐고 물었다. 대답은 단순명료했다.

"만약에 눈이 나쁘면 하고 싶어도 할 수 없는 일이잖아요. 다행히 두 눈이 정상입니다. 손떨림 없고 눈만 건강하다면 쉬지 않고 일할 생각입니다.(웃음)" [148]

18. 사제밴드 드러머, '루비밴드' 결성하다, 루비밴드 리더 박혜홍

중학교 도덕 선생 출신에 생활지도부장으로 명예퇴직했다는 '루비밴드' 리더이자 드러머 박혜홍 씨. 교사 시절 학생들과 함께 밴드를 만들어 합주했던 경험이 밴드 탄생에 크게 도움이 됐다.

"젊을 때는 제가 교사로서 굉장히 인기가 많았어요. 유머감각도 많았고요. 그런데 아이들은 역시 젊은 선생님을 좋아하더군요. 나이 들고 도덕 선생이다 보니 잔소리가 늘고 그래서 학생들과 점점 멀어졌습니다. 크리스마스카드도 조금씩 줄더라고요."

다시 한번 인기를 되찾아볼까(?) 싶어서 학교 주위를 둘러보니 밴드활동하는 학생들이 눈에 띄었다고 했다.

"그래서 사제(師弟)밴드를 만들었어요. 선생님과 학생이 함께하는 밴드. 당시는 획기적인 일이었어요. 드럼을 쳐보고 싶어 학원에 가서 기초부터 배웠습니다. 쉬운 줄 알고 덤빈 제 잘못이죠. 그렇게 사제밴드를 만들고 두 달 만에 버즈의 '가시' 라는 곡을 축제에서 연주했어요."

(사진 오병돈 프리랜서)

여건이 되는 한 매년 한 곡씩 학생들과 함께 공연을 했다. 다른 학교에 가서도 꾸준히 밴드를 조직했다.

"루비밴드를 만든 계기는 중학교 교사 시절에 학생들과 밴드를 만들었던 기억이 강렬했기 때문이에요. 이화여고 개교 40주년이 됐는데 의미있는 활동이 없을까 하다가 그럼 밴드를 만들어보면 어떨까 하는 생각을 한 겁니다."

그때 그녀 눈에 클래식 기타를 치는 문윤실이 들어왔다.

"제가 윤실이에게 그랬습니다. 일렉 기타라는 것이 있다. 그걸 아느냐? 뭔가 느꼈는지 바로 밴드에 들어왔습니다. 독일 병정보다 더 단단한 이미지의 친구가 루비밴드의 기타를 맡아주니 든든했어요. 개교 42주년 동창모임에서 오옥이를 만난 것도 신의 한 수였죠. 일단 제가 사람 보는 눈은 있었던 것 같습니다. 바람은 잘 잡아요. 연습을 제대로 하지 않아서 단원들로부터 많은 원성을 사고 있습니다."

건반 류은순 씨가 들어와 지금의 완전체를 이루기까지 멤버가 여러 번 바뀌었다. 이 과정을 통해 루비밴드 색깔에 맞는 보컬도 찾아냈고 천재적인 기량을 발휘하는 베이시스트도 찾아냈다.

"저희가 좀 신선하잖아요(웃음) 시니어 여성 밴드이다 보니 관심 가져주는 분이 많습니다. 그리고 저희 또한 노력하고 있습니다. 오늘 한 밴드 경연대회에 신청서를 제출했습니다. 올해 송년 모임에서 공연해 달라는 곳이 꽤 됩니다. 어떤 사람들 눈에는 저희가 할머니일지 모르지만 마음은 여전히 꽃다운 소녀이자 청춘임을 알아주셨으면 합니다." [149]

19. 노년, 어떤 삶의 조각들

93회 아카데미 시상식은 우리에겐 〈미나리〉다. 한국 국적은 아니지만 한국 혈통인 리 아이작 정 감독의 〈미나리〉가 6개 주요 부문에 후보작으로 선정되었기 때문이다. 훌륭하고 다양한 작품들이 많지만 가장 눈길이 가는 건 〈미나리〉다. 미국 제작사, 미국 배급사, 미국 감독이라지만 한국 국적의 배우 윤여정이 아카데미 역사까지 새로 쓰며 주목받고 있으니 더욱 그렇다. 한국어를 쓰며, 한국 할머니를 연기한 윤여정. 영어를 쓰지 않고, 오스카 후보가 된, 겨우 여섯번째 배우라고 한다.

아카데미에서 〈미나리〉와 여러 부문이 겹친 작품 중 두 편이 바로 베이징 출신 중국 감독인 클로이 자오의 〈노매드랜드〉와 관록 있는 영국 배우들이 활약한 〈더 파더〉이다. 공교롭게도 이 작품들엔 모두 '노인'이 등장한다. 몇 살부터 노인으로 규정할 것이냐에 대해서는 여전히 논쟁적이다. 연금 개시 시점이나 정년퇴직 시점으로 잡기도 하지만 과거에 비해 동일 연령 세대가 외관상 훨씬 더 젊고 건강해 보이는 것도 사실이다.

〈노매드랜드〉의 펀은 셋 중 가장 젊은 '노인'이다. 문제는 62세의 펀은 일을 해야만 먹고살 수 있다는 것이다. 그녀는 남편을 잃고, 거주지도 잃었다. 모두가 떠난 동네, 우편번호까지 말소된 광산 마을엔 이웃도, 수도도, 전기도 없다. 집이 있다뿐이지 그곳은 거주지가 아니다. 그래서 그녀는 승합차를 수리해 먹고, 자며 살아간다. 그나마 아마존에서 택배 일을 할 때가 호시절이다. 캠핑차를 위한 주차장도 제공해주고, 날씨도 견딜 만했으니 말이다.

〈노매드랜드〉 속 한 인물은 평생을 일했지만 연금으로 고작 5500달러를 총지급 받았다고 말한다. 그 돈으로 평생을 버틸 수는 없다. 빚을 내 얻은 집은 일하지 못하는 그 순간 덫이 된다. 그래서 단기간 일자리라도 찾아 떠돈다. 〈노매드랜드〉는 자본주의의 꽃, 미국의 모순을 나이든 여성 노동자를 통해 보여준다. 돈 없고, 나이든 이들에게 미국은 절대 천국이 아니다.

〈더 파더〉는 영국 런던을 배경으로 한다. 작위까지 받은 명배우 앤서니 홉킨스는 치매에 걸려 일상을 전쟁처럼 긴장하며 살아가는 모습을 보여준다. 극중 그의 이름은 본명과 같은 앤서니이다. 1937년생 배우가 연기하는 치매 노인은 그가 보여주었던 그 어떤 메소드 연기보다 독하게 마음을 파고든다. 치매 노인의 딸을 연기한 올리비아 콜맨이 바로 윤여정의 경쟁자이다. 사랑하지만 짐이 되어 버린 아버지를 두고, 이러지도 저러지도 못하는 딸의 모습으로 조연상 후보에 올랐다.

〈미나리〉의 윤여정은 1980년대 우리 주변에서 보았던 여느 할머니처럼 등장한다. 어린 시절 한 번쯤 녹용을 달여 먹어야 건강하다 믿고, 딱딱한 음식은 씹어주는 게 당연하다 여긴다. 한편 〈미나리〉 할머니 순자는 윤여정식으로 해석된 개성적 할머니이기도 하다. 마운틴듀를 중독적으로 좋아하고, 프로레슬링에 홀딱 빠진다. 텔레비전 보는 게 낙인 할머니는 아이들에게 고스톱을 가르치며 여가를 보낸다. 하지만 〈미나리〉의 개성적인 할머니도 건강 때문에 위기에 처한다. 앤서니처럼 치매가 온 건 아니지만 비슷한 방식으로 신체적 장애를 얻게 된다.

세 영화 속 인물들은 모두 노년의 시기에 뜻밖의 적으로부터 공격당한다. 재정·건강과 같은, 젊은 시절 당연하게 여겼던 것들이 결핍이자 문제로 삶을 급습한다. 코로나19가 세상을 급습한 2020년 영화계는 질병 자체보다는 언제나 삶을 위협했던 보편적 문제들에 집중한 듯하다. 가만 보면, 역병과 같은 의외의 변수는 취약계층을 가장 먼저 흔든다. 노마드족, 노인, 환자 등 경제적으로 여유롭지 않은 노인들이야말로 코로나19의 가장 큰 피해자였다고 할 수 있다.

고령화 사회라고 당연한 듯이 이야기하지만 실상 그 노년은 지급유예된 만성적 위기처럼 느껴진다. 언젠가 내 것이 되겠지만, 아직은 내 것이 아닌 빚처럼 말이다. 사람답게 사는 것과 노후, 노인이 된 이후의 일상을 문제적으로 바라보는 것, 올해 아카데미 한편에서 발견한 우리 삶의 한 조각이다.[150]

http://blog.naver.com/skgusdktkfkd/222730567862773x435(2022. 05. 13)

310 꿈꾸는 노년은 없다

20. 노년기의 행복 활동의 일곱가지

노년기에는 그 무엇보다도 자신의 행복을 가꾸는 일에 매진하고 자신의 행복으로 가족과 이웃에게도 행복함을 전하는 소중한 역할이 있으며, 자신이 소속한 소그룹(가정)에서부터 사회활동에 이르기 까지의 노년의 기본 사명은 이 사회에 가장 행복의 전파자로서의 살아가는 선도자가 되어야 한다.

여기에 "행복 활동 7계명"을 소개한다.

첫째: 당신이 받은 축복을 먼저 셈하라

자신이 행복일기 쓰기나 감사일기가 여기에 해당하는 좋은 방법이다.

한 주의 일요일 저녁, 3개에서 5개의 현재 행복한 사건, 감사해야 하는 일을 쓰는 것이다. 예를 들면, 면허 취득, 아이의 첫 발걸음 같은 것이다.

둘째: 친절한 행동을 실천하라

큰 봉사나 헌신을 이야기하는 것이 아니다. 바쁜 사람에게 순서 양보하기, 피곤해 보이는 동료에게 따뜻한 말과 커피 한 잔 권하기, 남의 고민 들어주기 등 주변을 살펴보면 언제든지 실천할 수 있는 일들이 연결돼 있다는 느낌을 일으키며 이것이 행복감을 배가시키게 된다.

셋째: 인생의 즐거움을 음미하라

이 순간의 기쁨과 즐거움에 집중하는 것이다. 겨울 등 계절이 주는 즐거움과 기뻐하는 것이 한 예다. 울적한 시간에 행복한 시간에 대해 회상하는 것이 도움이 될 수 있다.

넷째: 멘토(Mentor)에게 감사하라

인생의 중요한 시점에 방향을 제시해준 고마운 사람에게 고마움을 표현하는 것이다. 직접 만나 감사 할수록 좋고 개인적으로 이야기하는 것이 도움이 된다.

다섯째: 용서하는 법을 배워라

나를 위한 용서하는 것이다. 용서하지 못하는 사람은 끊임없이 복수를 생각할 수 밖에 없고 행복감은 존재하기 어렵다.

여섯째: 가족과 친구에게 시간과 돈, 에너지를 투자하라.

가장 가까이 만나고 한 곳에서 만나는 가족과 자주 만나게 되는 친구들에게 보다 많은 시간과 돈 그리고 감사와 기쁨의 에너지를 자주 발산하는 투자를 게을리 하지 말 것이다.

일곱째: 신체 건강을 늘 챙기라.

충분한 수면, 운동, 스트레칭, 웃음은 짧은 시간에 당신의 기분을 상승시킬 수 있다. 규칙적인 실천은 일상생활을 보다 만족스럽게 만들어 준다.

여덟 번째: 진정한 죽음 준비의 '죽음5단계론'과 3단계를 기억하자

인간의 진정한 죽음을 준비하는 어떤 단계를 거쳐 해야 하는 가에 대한 것이다.

발달심리학자인 Kubler-Ross의 '죽음5단계 이론'에서는,

(1) 부정(Denial)은 '갑작스런 자신의 죽음 소식을 부정하고픈 단계이며 스스로 부정하다가 고립감, 소외감에 빠지기 쉬운 단계'입니다.

(2) 분노(Anger)은 더 이상 부정할 수 없는 죽음에 대한 분노와 내가 왜 이런 죽음을 당해야 하는지에 대한 분노를 느끼고 주변 사람 때문에 자신이 죽게 되었다는 외적귀인을 합니다.

(3) 타협(Bargaining)은 죽음이 연기될 수 있도록 타협하는 비현실적인 행동을 하는 시기입니다. 주로 절대자인 조물주, 초자연적 존재에게 타협을 이룹니다.

(4) 우울(Depression)은 병세 악화로 자신의 죽음을 확신하며 우울에 빠진 상태이다. 이 우울에는 자신의 병을 잃은 직장, 친구 등에 슬퍼하는 반응성 우울과 앞으로 자신이 사랑하는 모든 것을 잃게 될 것이라는 예기 우울이 나타납니다.

(5) 수용(Acceptance)은 마지막인 것으로 죽음을 받아들이고 인정하는 단계로 죽음을 준비하고 관계를 정리하는 단계입니다.

대표적인 k. Ross 교수의 "죽음 5단계 이론"도 다소의 문제점을 야기하는 것으로서 바로 죽음이 논리적 절차 단계로 이어지는 것이 아니라는 점과 죽음은 개인적인 경험으로 수용이 꼭 마지막 단계가 아니라는 점이 비판하는 학자들도 있다.

반면, 죽음을 맞이한 당사자가 아닌 유족들이 겪는 아픔을 연구한 발달심리학자인 볼비(Bowlby 1961)와 파크이스(Parkes,1972) 교수팀의 유가족들의 '비탄의 4단계' 과정은,

(1) 충격 (2) 그리움 (3) 혼란과 절망 (4) 회복 등 4단계로 새로운 관계를 찾고 다시 평온한 감정을 되찾아가는 단계로 보았다.

(1) 충격 단계는 유족들에게 전해진 사망 소식을 접할 때 생존자들을 당황,혼란, 또는 부정을 하게 되면서, 고인에게 평소 잘해주지 못한 죄책감, 죄의식을 느끼기

도 하고 분노를 느끼기도 하는 첫 단계이다.

(2) 그리움 단계는 고인과 함께한 추억을 그리워 하는 단계로 오래전 일보다 가까이 있었던 일을 먼저 그리워 하는 경향을 보이며, 이 그리움 단계에서도 일종의 분노로도 표현이 되는데 예를 들자면 '의사의 역량 부족으로 그 사람이 죽은 거야' 라고 생각하는 등 분노를 표출하게 된다. -13-

(3) 혼란 및 절망 단계는 더 이상 죽은 사람이 돌아올 수 없다는 것에 대한 우울, 절망 상태로 극심한 피로를 느낍니다.

(4) 회복 단계는 새로운 관계를 다시 평온한 감정을 되찾아가는 마지막 단계입니다. 즉 "인간의 죽음의 단계를 3단계" 로 나누어 이해해 봅시다.

1단계는 건강한 신체를 유지하는 정상적 생활이 지속될 때에 해야 할 일은 첫째 번째의 일로는 '유언장과 사전의료 의향서(Advance directives)를 작성하는 것' 이다.

2단계는 다시는 건강한 신체활동이 불가능한 건강을 찾을 수 없는 비가역 상태와 죽음에 임박했을 때 반드시 해야할 일에 대한 것이다. 이때 임종 당사자는 존엄한 죽음을 맞기 위해 어떤 태도를 취해야 하며 그 '유가족들은 임종자를 어떻게 도와야 하는지에 대해 죽음 준비' 에 매진한다.

3단계는 '죽음 이후의 사후생(事後生)에 적극적으로 대비하자는 의미에서 죽음 뒤의 삶,에 면밀히 알아보는 마지막 3단계이다. 이것은 사후생이 있다는 것을 전제하고 그 단계에서 우리가 겪을 수 있는 일에 대해 능동적으로 대처해 가능한 한 시행착오를 줄이자는 의도가 핵심이다.(도움자-최준식:원불교사상연구원:진정한 죽음 준비는 버킷리스트에 없다)

대표적인 기독교인의 죽음 의미: 죽음의 신학적 의미: 기독교계의 죽음 맞이하는 임종자의 준비를 살펴보면 다음과 같다.

1.자연적인 죽음: 하나님은 시작과 끝이라 하셨으니 하나님께서 창조한 만물과 인간을 지으신 시작이 있으며 마감하는 때가 있다. 성경 구약의 전도서 1장9절에 "한 세대가 오고 다른 세대가 다시 온다 할지라도 해 아래 새 것이 없다" 라고 하셨다. 인간의 죽음은 하나님의 창조질서요, 섭리이다. 인간의 몸은 죽음을 피할 수 없고(로마서 6:12) 죽음은 공포의 대상이다(계시록6:8)

구약성경에 의하면 히브리사람들은 인간의 삶을 고귀하게 보았고, 장수하여 노년의 행복한 때를 마치면, "그의 선조들 곁으로" 돌아가는 것으로 믿었다(창세기15:15). 신약성경에는 인간의 죽음을 하나님의 본성인 생명의 반대, 죄와 상반된 것으로서 신앙의 측면에서 가르켜 준다.

성경에서는 죽음을 '잔다'라고 표현하고 있다. 육체적 죽음은 생명의 종말이 아니고, 최후의 심판이 죽음 후에 계속하여 오게 된다(히브리 9:27). -14-최후 심판에는 모든 죽은 자의 부활(요한5:28-29)과 믿는 자들의 부활하는 것(고전 15:22-24)으로 이해되는데, 이 죽음과 심판을 위한 부활 사이의 죽은 자들의 중간상태에 대해서는 신약성경에는 낙원과 음부로 표현하고 있다.

1) 신앙적 준비: 부활신앙과 내세관을 통해 죽음을 긍정적으로 받아들이게 하고 죽음에 대한 공포를 극복하게 한다. 마지막 순간을 회개와 기도로써 보냄이 바람직하고 하나님의 소망된 약속의 말씀을 읽어주거나, 소리내어 읽게한다. 그래서 그 영혼을 하나님 품에 위탁하도록 도와야 합니다.

2) 가족의 준비: 가사 정리, 최후의 유언과 교훈을 담아두기 위해 유서를 작성하거나 유언을 녹음해둔다. 그리고 친족들에게 알려 장례 준비를 합니다.

끝으로 성도의 '죽음에 대한 의미'를 성서는 (계시록14:13) 성도의 죽음은 수고를 그치고 편히 쉬는 죽음이다.

(벧전:1:3-4) 성도의 죽음은 주로 말미암아 승리하는 죽음이다.

결론적으로 당신에게 행복한 노년은 잘 준비되고 있는지요?

"사람답게 늙는 웰빙(Wellbing)인생이 결국 아름다운 삶을 건강히 사는 웰에이징(Wellaging)하다가 인생의 마무리는 존엄의 죽음인 웰다잉(Welldying)으로 아름다운 노년의 삶을 살다 멋지게 갑시다!

- 참고 자료: -
"키케로, 노년에 대하여-" (궁리 간)
"시그마 긍정심리학" -(시그마프레스)
"감사의 달인이 되라" -(호사카 다카시)
"성경 신, 구약"
"진정한 죽음은 버킷리스트에 없다"
"100세시대 은퇴대사전-(송양민,우재룡 저)"
조선일보, 한국경제, 통계청, 세종일보, 인터넷

2019. 9월 첫날에-
-행복&감사 리더십: 원장 배광석 엮음 -

21. 신중년 'N잡러'에 도전하라

신중년(新中年)이란 전통적인 할아버지·할머니 호칭으로는 담을 수 없는 '더 건강하고 똑똑해진' 만 60~75세 사이의 사람들을 이르는 말이다. 과거에는 50대 중년, 60~70대는 노년이라고 했지만 이들은 주관적으로 자기 나이를 훨씬 젊게 보고 있다.

은퇴를 하지 않은 50대 이상 장년층이 '반퇴'를 자처하고 있다. 반퇴란 장기간 종사한 직장이나 직업에서 퇴직 한 후 경제적인 이유로 다시 경제활동에 뛰어드는 현상인데 그 이유는 '충분하지 못한 노후자금'이다. 한 우물, 평생직장은 이제 옛말이다. 지금과 같은 반퇴 시대는 말할 것도 없다. 기업에 정규직으로 취직하지 않더라도 다양한 형태로 기업과 일할 수 있는 옵션이 생겨나고 있다.

은퇴 후 점점 좁아지는 취업문을 뚫는 대신 창업가, 창직자 등 새로운 형태의 자기고용을 시도할 기회도 많아지고 있다. 이 과정에서 파트타임이나 프로젝트 형태로 여러 기업들과 동시에 일을 하는 프리랜서나 멀티잡(multi-job) 직업인으로 나아가는 것은 지혜로운 선택이 될 수 있다.

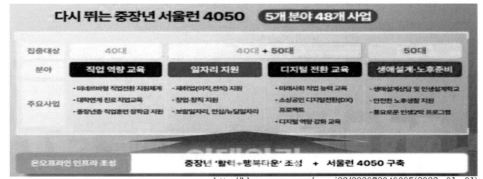

http://blog.naver.com/soyui23/222972049095(2023. 01. 01)

장기적이고 새로운 관점으로 직업설계가 필요한 시대다. N잡러의 관점으로 직업관을 바꿔보면 어떨까. N잡러란 2개 이상의 복수를 뜻하는 'N', 직업을 뜻하는 'job', 사람이라는 뜻의 '러(-er)'가 합쳐진 신조어로, 생계유지를 위한 본업 외에도 개인의 자아실현을 위해 여러 개의 직업을 가진 사람을 의미한다. N잡러는 투잡족과 비슷한 듯 다르다. 본업 외 부업이 있다는 점은 같을 수 있지만 기존 투잡족은 본업만으로는 부족한 수입을 벌충하기 위해 대리운전, 편의점 창업 등 자신의 흥미와 관계없는 일을 하는 경우가 많다.

하지만 N잡러는 경제적 이득도 물론 중요하지만 본업에서는 충족할 수 없는 자아실현을 중시한다. 퇴근 후 1인 크리에이터 활동을 위해 방송 장비를 장만하고 영상편집을 시작한다거나, 자신에게 맞는 기술 교육을 배워 제2, 제3의 직업을 갖기도 한다. 취미로 시작한 활동이 전문성을 띠게 되어 돈벌이가 되기도 하고, 더 나아가 본인의 재능을 플랫폼에 올려 상대적 전문성을 판매하기도 한다.

은퇴 후 N잡러를 추구하는 사람이라면 여가 시간을 활용해 본인에게 즐거움을 줄 수 있는 기술 교육을 찾아보는 것으로 시작해 보자. 고용노동부나 전국 각지의 고용센터를 통해 직장인 국비지원 교육을 활용할 수도 있다. 자격증 취득과 취업 알선까지 지원해주는 공립기관인 기술교육원을 활용하는 것도 유용하다. 그리고 각 지자체의 여러 정보와 폴리텍대학 등의 정보를 관심 있게 본다면 분명 방법은 있다.

기술 교육이외에도 N잡러로 가는 길은 여러 가지가 있다. 글쓰기를 수입으로 만들 수 있는 다양한 플랫폼이 발전하고 있다. 자신의 은퇴생활이나 관심사 등 다양한 주제의 글을 게재한 후 책으로 출간하기도 한다. 프리랜서 마켓 플랫폼도 존재하는데, 글쓰기 외에도 다양한 전문분야의 노하우를 거래할 수 있다. 디자인, IT·프로그래밍, 영상·사진·음향, 마케팅, 문서·글쓰기 등 전문분야에서 많은 전문가들이 활동하고 있다. 온라인 쇼핑몰의 진입 장벽이 낮아진 것도 신중년에게 좋은 소식이다. 과거와 같이 쇼핑몰을 차리지 않고도 온라인으로 물건을 팔 수 있는 보다 간편한 플랫폼도 인기다.

은퇴를 앞둔 사람들 중 상당수는 "무엇을 해야 할지 모르겠다"고 하소연한다. 실제로 대다수는 구체적인 계획이 없는 경우가 많다. 그러나 그렇다 해도 자아실현, 취업을 통한 생계유지나 창업, 자기계발 등 어떤 목적을 갖고 내가 할 수 있는 일을 먼저 찾아보는 것이 효과적이다. 지금부터 제2, 제3의 직업을 준비를 시작하자. 시간이 부족하다고 조급할 필요는 없다. 미래 소득을 위한 필수 투자라 생각하고 시간이 걸리는 것을 인내하라. 그리고 효과적인 준비를 통해 즐겁고 자발적으로 일을 즐기게 되기를 바란다.[151]

http://blog.naver.com/soyui23/222972049095(2023. 01. 01)

X. 웰다잉(Well Dying)의 이해

웰다잉(Well Dying)은 삶을 정리하고 죽음을 자연스럽게 맞이하는 행위이다. 여러 사회적 요인으로 인해 생겨난 현상으로, 넓게는 무의미한 연장치료를 거부하는 존엄사를 포함하는 개념으로 사용된다. 이때 특정 경우에 한해 보호자가 이를 결정할 수도 있는데, 이 경우에는 자기결정권에 관하여 논란이 생겨나기도 했다. 2016년 속칭 '웰다잉법'이라고 불리는 '연명의료결정법'이 국회의 본회의를 통화했으며, 2017년에는 호스피스 분야, 2018년에는 연명의료 분야가 단계적으로 시행되었다. 법적 대상은 회생 가능성이 없는 '임종과정'에 있는 환자로 규정되었고, 연명치료 중단의 기준은 '환자가 연명치료 중단 의지가 있고 의식이 있을 때'를 포함해 세 가지의 범주로 구분되었다.

따라서 웰다잉(Well Dying)은 살아온 날을 정리하고 죽음을 준비하는 행위를 일컫는다. 고령화와 가족 해체 등 여러 사회적 요인과 맞물려 등장한 현상이다. 또한, 노인 1인 가구 증가로 가족의 도움 없이 죽음을 맞이해야 한다는 의식이 퍼졌다. 건강 체크로 고독사를 예방하고 그동안의 삶을 기록하거나 유언장을 미리 준비하는 등의 행위를 통해 웰다잉을 실천할 수 있다. 웰다잉에 대한 관심이 늘자 기업과 복지관 등에서는 비문 짓기부터 사후 신변 정리까지 웰다잉을 위한 다양한 프로그램과 서비스가 등장하고 있다.

1. 사전연명 의료의향서

삶의 마무리에 대하여 생각해 본 적이 있으신지요?

의학의 눈부신 발전은 인간을 각종 질병의 위협으로부터 보호하고, 인간의 수명을 연장시켰지만, 그럼에도 불구하고 사람이라면 누구나 삶의 마지막 단계인 죽음을 피할 수 없다.

2016년 2월 〈호스피스. 완화의료 및 임종단계에 있는 환자의 연명의료결정에 관한 법률〉(이하 "연맹의료결정에 관한 법률)이 제정되었고, 이 법에 따라 연명의료결정제도가 2018년 2월4일부터 시행되었다. 이 연명의료결정 1년 동안, 사전의료의향서 등록기관은 전국에 290여 곳에서 삶의 아름다운 마무리를 도왔다. 이 제도에서 시행(2018. 3. 27. 개정 시행)으로연령별로는 60세 이상 연령층이 9만 7539명으로 대부분으로 84.6%에 달한다.

2016년 한 해, 우리나라 총 사망자 28만명 중 75%인 21만 명이 병원에서 사망하였다. 그리고 병원에서 사망하는 사람들 중에 상당수는 의학적으로 소생할 가능성이 매우 낮은 상황에서도 생명연장을 위한 다양한 시술과 처치를 받으며 남은 시간의 대부분을 보낸다.

나의 마지막 순간을 결정하는 것은 죽음의 문제가 아니라 삶의 문제이고, 삶을 어떻게 마무리 할지에 대한 결정이다. 그러나 막상 이 결정에서 환자는 그 기회를 얻지 못하는 경우가 많다. 많은 사람들이 죽음에 관해 이야기 하는 것을 불편해하고 그 결과 아무런 준비 없이 죽음의 순간을 맞닥뜨리게 되기 때문이다. 이에 사전연명의료의향서(임종 임박 환자가 작성하는 것으로 작성 했더라도 변경하거나 취소할 수 있다. 2016년 부터 등록증을 발급 개시)와 연명의료계획서(말기환자, 또는 임종과정에 있는 환자에 대하여 작성이 가능하며 직접 진료한 담당의사와 해당 분야의 전문의 1인이 동일하게 판단하여 작성한다.)를 통해 의학적으로도 무의미하고, 환자도 원치 않는 연명의료는 시행하지 않을 수 있도록 하고, 환자에 대한 연명의료 시행여부를 결정할 책임이 가족에게 넘겨져 가족들이 심리적, 사회적, 경제적 부담을 갖지 않도록 보호하고, 연명의료를 받지 않을 수 있는 기준과 절차를 정립함으로써 환자가 존엄하게 삶을 마무리 할 수 있도록 하는 것을 그 목적으로 하고 있다.

2. 19세이상의 사람은 누구나 의향을 직접 문서로 작성

19세 이상의 사람은 자신이 향후 임종과정에 있는 환자가 되었을 때를 대비하여 연명의료 및 호스피스에 관한 의료의향서을 직접 문서로 작성해 둘 수 있다.

이렇게 작성된 문서를 사전연명의료의향서라 하며 반드시 보건복지부 지정을 받은 사전연명의료의향서는 등록기관을 통해 충분한 설명을 듣고 작성해야 한다.

등록기관을 통해 작성. 등록된 사전연명의료의향서는 연명의료 정보처리시스템의 데이트베이스에 보관 되어야 비로소 법적 효력을 인정받을 수 있다.

더불어 2019년부터는 의향서를 작성할 때 등록증 발급을 요청하면 상담자가 신청 정보를 등록하고, 국립연명의료관리기관(https://www.lst.go.kr:국가생명윤리정책원 연명의료관리센타)이 시스템에서 이를 확인하여 1개월 단위로 신청자에게 우편 발송한다.

등록증 발급은 작성자 본인이 사전연명의료의향서 작성 사실을 확인하고, 평소 증명 할 수 있는 형태로 따른 것으로 사전연명의료의향서의 효력은 등록증 발급. 소지 여부와 관계없이 유효하다.

그러나 이미 사전연명의료의향서나 연명의료계획서를 작성하였더라도 본인은 언제든지 그 의사를 변경하거나 철회할 수 있다.

3. 말기환자, 임종과정의 환자, 연명의료, 호스피스. 완화의료 용어에 대한 설명

1) 말기환자: 적극적인 의료 치료에도 불구하고 근원적인 회복의 가능성이 없고 점차 증상이 악화되어 담당의사와 해당 분야의 전문의 1명으로부터 수개월 이내에 사망할 것으로 예 상되는 진단을 환자.

2) 임종과정에 있는 환자: 회생의 가능성이 없고, 치료에도 불구하고 회복되지 않으며, 급속 도로 증상이 악화되어 사망에 임박한 상태라고 담당의사와 해당 분야의 전문의 1명이 판단한 사람.

3) 연명의료: 임종과정에 있는 환자에게 하는 ① 심폐소생술, ② 혈액 투석, ③ 항암제 투여, ④ 인공호흡기 착용 및 그 밖에 대통령령으로 정하는 의학적 시술로 치료 효과 없이 임종 과정의 기간만을 연장하는 것.

4) 호스피스. 완화의료: 말기환자 또는 임종과정에 있는 환자와 그 가족에게 통증과 증상의 완화 등을 포함한 신체적, 심리사회적, 영적 영역에 대한 종합적인 평가와 치료를 목적 으로 하는 의료.

4. 죽음을 미리준비 하자

우리나라의 대법원에서도 평소에 존엄 사를 원했던 어머니를 위해 무의미한 생명의 연장을 중지하게 해달라는 가족의 청원을 인정하는 판결을 내렸다.

그 동안 우리나라 법에 의하면 존엄 사는 살인행위로 간주되었기에 대법원의 판결이 갖는 의미는 실로 크다고 할 수 있다.

최근 죽음에 가까이 이른 많은 노인 환자들에 대해 병원에서는 발전된 최신 의료기술과 지식을 총동원하여 생명을 연장해 주기 위해 최선을 다하고 있다.

생명을 연장할 수 있는 기술이 있음에도 불구하고 이를 사용하지 않는다는 것은 의료윤리에 어긋나기 때문이다.

지난 주에는 유럽에서 가장 보수적이라고 하는 독일의 법원에서도 존엄사를 인정하였다고 한다.

최근의 의료윤리는 사람의 생명은 너무도 고귀한 것이기 때문에 생명의 연장을 위해서는 할 수 있는 한 최선을 다해야 하며 경제적인 이유 등 어떤 이유로도 이를 중지해서는 안 된다는 것이다.

이러한 윤리관에 따라 의사들은 생명의 연장을 위해 최선을 다하고 있다. 너무도 당연한 윤리관이다.

만일 이러한 윤리관이 지켜지지 않는 다면 수많은 연장 가능한 위기에 처한 생명들이 여러 가지 실용적인 이유로 버려지게 될 것이고 이로 인한 부작용은 실로 큰 사회문제로 대두 될 것이다.

최신의학기술의 발전으로 말기 환자의 생명을 최대한 유지 및 연장하는 데에는 여러 가지 문제점이 있다.

환자의 인간으로서의 존엄성이 경시되고, 환자 개개인이 의식하는 생명에 대한 가치가 고려되지 않으며, 환자의 삶의 질이 고려되지 않고, 엄청난 비용이 소요되며, 특히 생명연장을 위한 각종 기기나 시설은 환자에게는 고문에 가까운 고통을 준다는 것이다.

존엄 사를 반대하는 사람들의 논리도 타당한 점이 많다. 가장 중요한 존엄 사 반대논리는 한번 이러한 존엄 사를 인정하면 남용 될 가능성이 많고 남용이 될 때는 사회적으로 심각한 문제를 야기 하게 되기 때문이라는 것이다.

임종에 이른 사람과 그 가족도 복잡한 이해관계에 있기 때문에 환자의 생명을 가족의 결정에만 따르게 하는 것은 많은 윤리적인 문제를 낳을 수 있다는 것이다.

존엄사의 가장 핵심은 사망에 이른 본인의 의사가 가장 중요하다는 점이다. 사망과 관련된 모든 법적 윤리적 그리고 경제적 문제나 부담은 전적으로 사망자 자신이 죽음에 대한 자기 자신의 뜻을 미리 밝혀놓지 않은 데서 생기는 현상이다.

그러나 사망에 이른 사람은 대개 자기의 의사를 피력할 수 없는 경우가 많다.

따라서 고령자들은 평소에 글로 남기거나 또는 자녀들에게 내가 죽음에 가까웠을 때에는 생명연장을 위해 노력하지 말고 인간으로서의 존엄성을 유지하면서 생을 마감하게 해달라는 뜻을 분명하게 밝혀야 한다.

마지막 생을 병원의 인공호흡과 수액에 의지하면서 병상에 묶여 무의식상태로 장기간 생명을 연장당하는 것을 원하지 않으며 인간으로서의 존엄성을 유지하면서 죽게 해달라고 하는 것을 미리 밝혀야 한다는 것이다.

우리나라도 고령화의 속도가 엄청 빠르게 일어나고 있고 죽음에 임박하여 자기 자신의 몸을 스스로 관리 할 수없는 노인들의 수가 점차 많아지고 있으며 앞으로 더욱 급속하게 증가할 것이 예상된다. 고령자들은 평소의 죽음에 대한 자기 자신의 뜻을 분명하게 해 놓는 것이 죽음을 준비하는 가장 중요한 요소다.[152]

5. 죽음과 죽어감(On death and dying)

죽음과 죽어감 : On death and dying은 생사학의 창시자이자 타임지 선정 20세기 100대 사상가 중에 한명으로 선정된 엘리자베스 퀴블러로스의 대표작입니다.

취리히 대학에서 정신의학을 공부한 그녀는 말기 환자 5백여 명을 인터뷰하며 그들의 이야기를 담아 그 유명한 죽음의 5단계 '부정-분노-타협-우울-수용'을 정립한 것으로 유명하죠.

더불어 이를 토대로 말기 환자의 인간다운 존엄성을 지키고자 호스피스 운동을 개최하여 이에 대한 선구자로서 평가받고 있습니다.

"우리는 환자들에게 우리의 스승이 되어달라고 부탁했다. 갈등과 두려움, 희망이 공존하는 삶의 마지막 시간에 대해 그들에게 배우고 싶었다. 나는 환자들이 들려준 고통과 소망과 분노를 있는 그대로 전달하고자 한다." 라는 문장과 함께 정신과 의사로 재직한 그녀의 병원에서 말기 환자들을 대상으로 그들의 어려움과 죽음을 목전에 둔 심경에 대해 인터뷰하며 치료자로서의 의사가 아닌 배우는 자로서의 제자로 이야기를 이끌어 나가고 있습니다.

죽음을 맞이한 이들의 심경과 두려움, 의사, 간호사, 그리고 죽음을 받아들이지 못하는 의료체계와 의료인력들을 비판하기도 하며, 남겨진 가족과 배우자들에 대해 처리되지 못한 감정들과 슬픔들을 이야기 하고 또 철저히 혼자서 겪어 나가야만 하는 죽음의 과정들을 언급함으로 통합화된 삶의 중요성에 대해서도 이야기하고 있습니다. 더불어 삶의 품격과 더불어 환자로서의 존엄성과 죽음의 품격에 대해서도 이 책의 사례들을 통하여 제시하고 있습니다.

인간의 죽음과 죽어가는 과정을 통하여 엘리자베스 퀴블러로스는 죽음을 맞이하는 인간의 변화과정에 대해 목격함과 더불어 삶에서 가장 중요한 것은 부와 명예가 아니라 사랑하는 사람들과의 교감과 존중, 이해와 배려, 그리고 사랑이 가장 중요한 덕목임을 간접적으로 이야기 하고 있습니다.

죽음의 다섯 단계는 결코 관찰에 의해서 집계되고 확립화된 공식이 아닌 시한부 환자에 대한 인간적인 존중과 배려, 이해, 대화와 소통을 통한 교훈의 집합체가 아니었을까 생각이 듭니다. 그러하기에 이 책은 단순히 죽음과 죽어감의 과정 뿐만 아니라 문제를 가진 한 인간에 대하여 대화와 소통을 통한 욕구파악과 사정, 개입을 통한 사례관리의 과정으로도 사료됩니다.

'우리는 사랑하는 사람 한 명을 잃으면서도 슬퍼하고 있지만, 시한부 환자는 자신이 사랑하는 모든 것, 모든 이들을 잃어야만 한다.' 라고 이 책에서는 말하고 있습니다.

책을 덮고 난 다음에도 계속해서 곱씹고 마음의 언저리를 돌아다니는 이 구절을 통해 죽음을 맞이한 이들의 슬픔과 아쉬움, 고통을 체감할 수 있었습니다.

또한 인간다운 죽음이란 무엇인가에 대해서도 깊게 고민해볼 수 있었습니다.

500여명의 환자들을 직접 인터뷰하며 연구하던 엘리자베스 퀴블러로스의 열정은 서구사회의 죽음을 바라보는 가치관의 변화와 인간다운 죽음에 대해 화두를 던진 하나의 출발점이었다고 생각이 드네요.

그와 반면 아직 죽음에 대하여 쉽게 합의내리지 못하고 성숙한 죽음문화를 공유하지 못하는 우리나라에 있어 이 책을 통하여 많은 공감대와 인간다운 죽음에 대한 인식확산이 이루어질 수 있기를 희망합니다.[153]

5. 죽음을 앞두고 어떤 말을 남길까?

〈철학하는 일상〉의 저자 이경신님의 연재 '죽음연습'. 필자는 의료화된 사회에서 '좋은 죽음'이 가능한지 탐색 중이며, 잘 늙고 잘 죽는 것에 대한 생각을 나누고자 합니다.

지금껏 나는 여러 차례 유언장을 작성했다. 갑작스런 죽음을 맞을 수도 있다는 합리적인 판단과 사후에도 내가 소유해 온 것들을 내가 원하는 대로 처분하고 싶다는 지극히 개인적인 욕심 때문이었다.

사실 '유언'이라면 죽음이 임박한 상황에서 남기는 말이겠지만, 우리가 언제 어디서라도 죽을 수 있으니까, 굳이 임종 직전이 아니더라도 남길 말을 미리 생각해 두는 게 나을 성 싶다. 실제로 죽음이 다가왔을 때는 아무 말도 남기지 못하고 급히 이 세상을 떠나갈 수도 있으니 말이다. 누군가에게 꼭 전하고 싶은 말이 있는 데도 남기지 못하고 죽는다면 얼마나 안타까울까? 비행기가 추락하기 직전, 배가 침몰하기 직전에 사랑하는 사람에게 서둘러 메모를 남기는 사람들을 생각해 보라.

☞ 임종 직전에 남기고 싶은 말

그런데 죽는 마당에 무슨 말을 그리 남기고 싶은 걸까. 우선, 남겨둔 사람들에게 감사하고 사과하고 사랑을 전하고 이별의 인사를 나누면서 삶을 마무리하고 싶어서일 거다. 이 마음은 충분히 공감하지만, 평소에 감사하고 사과하고 사랑하며 잘 지냈다면 설사 죽음 직전에 그런 이야기를 나누지 못한다 해도 크게 유감은 없을 듯하다.

또 내가 죽은 다음 진행될 장례식과 남은 나의 육신, 즉 시신 처리가 신경 쓰여서 한 마디 남기고 싶을 수도 있다. 장례식을 호사스럽게 할 것인지 검소하게 할 것인지, 장례식장에 사용할 영정 사진은 어떤 것으로 할 것인지, 제단의 꽃은 무엇으로 할지, 장례식장 분위기를 위해 어떤 음악을 틀지, 조문객에게서 부조금은 거둘 것인지 말 것인지, 또 어떤 음식을 대접할지 등을 일일이 지시하고 싶을 수도 있겠다.

또 죽은 내 육신에 어떤 옷을 입힐지, 평소 입던 옷을 입은 채로 입관할지, 아니면 특별히 준비해 둔 옷으로 갈아 입힐지, 관은 무엇으로 할지, 고급 나무 관으로 할지, 환경오염이 적은 종이 관으로 할지, 매장, 화장, 수목장 가운데 무엇을 택할지도 세세하게 거론해서, 사후에도 살아 있듯이 간여하고 싶을지도 모르겠다.

요즘은 자신의 죽음 이후에 벌어질 장례 행사도 생전에 미리 기획해 두는 사람이 늘어나는 추세라고 한다. 자기만의 방식으로 장례식을 치르고, 내 육신이니 내가 원하는 대로 처리하고자 하는 것이다. 하지만 죽은 다음 내 육신이 어찌 된들 무슨 상관일까 싶다. 또 장례식은 죽은 사람보다는 남겨진 사람들을 위한 의식이라는 점을 놓치지 않는다면, 살아 있는 사람들이 원하는 대로 꾸리면 될 일 아닐까? 장례식, 시신 처리와 관련해서 유언을 남기지 못하더라도 그리 안타깝지도 않을 것 같다.

☞ 법정 상속이 아니라 유언 상속을 원한다

　내가 유언장을 쓰는 이유는 내가 소유했던 것을 내가 원하는 방식으로 처리하고 싶기 때문이다. 남길 재산이 많건 적건 내 의지대로 분배되고 상속되길 바란다. 한 마디로 '유언 상속'을 하고 싶다는 뜻이다. 주변을 살펴보면 '유언 상속'보다는 '법정 상속'을 그냥 따르거나 법적인 상속은 무시한 채 고인의 유지를 따르기도 한다.

　민법상 효력을 가진 '법정 상속'은 이성애에 기반한 법률혼, 혈연과 입양을 통해 형성된 가족 관계에 기초하고 있다. '유언 상속'을 하지 않고 사망하면, 죽은 사람이 남긴 재산은 '법정 상속'된다. 다시 말해서, 죽은 사람의 바램과 의지가 어떠했건, 법률에 따라 일방적으로 처분되더라도 아무런 문제가 없다.

　'법정 상속'은 순위에 따라 결정된다. 직계 비속이 1순위, 직계 존속이 2순위, 피상속인(상속하는 사람)의 형제자매가 3순위, 피상속인의 4촌 이내 방계 혈족이 4순위로 정해져 있다. 직계 비속에는 자녀, 손자, 증손자가, 직계존속에는 부모, 조부모, 증조부모가 해당된다. 4촌 이내의 방계 혈족이라면 피상속인의 직계 존속의 형제자매(고모, 이모, 삼촌)나 그 형제자매의 직계 비속(사촌 형제자매)이다.

　같은 순위의 상속인이 여러 명이면 가장 가까운 사람에게 우선적으로 상속된다. 배우자는 1순위인 사람과 공동 상속하지만, 1순위에 해당되는 사람이 없으면 2순위와 공동 상속한다. 1,2순위가 모두 없으면 배우자에게만 상속된다.

　이런 식의 상속법은 법률이 인정하는 가족을 위한 것으로, 무엇보다 가장이 유언 없이 사망했을 때 배우자와 자녀가 경제적인 어려움 없이 생활할 수 있도록 법적으로 보호하는 데 그 목적이 있는 것으로 보인다.

　하지만 오늘날 가족 형태는 법이 허용하는 것 이상으로 다양하다. 결혼 제도에 편입하지 않고 비혼으로 살아가는 사람, 결혼 제도에 편입할 수 없는 동성 가족을 비롯해서 법이 끌어안지 못하는, 현실적으로 다양한 형태의 가족이 존재한다. 그러나 법제도 밖의 가족은 상속법이 보호하지 않는다.

　법정 상속인이 죽은 사람과 일상 생활을 공유하지도 않고 평소 가까이 지내지도 않았지만(심지어 사이가 틀어진 경우임에도 불구하고), 법이 혈연 관계에 있다는 이유만으로 죽은 사람의 재산을 취할 수 있도록 허용하는 것은 불합리하다. 죽은 사람이 자기 재산을 특별히 상속하고 싶은 사람이나 기부하고 싶은 단체가 있을 수도 있기 때문이다.

내 경우를 보더라도, 내가 죽게 되면 직계 존속이나 직계 비속에 해당되는 1,2 순위 법정 상속인이 없고 배우자도 없으니까 3순위인 형제자매가 법정 상속인이 된다. 만약 이들이 나보다 먼저 사망하게 되면 이들의 자식들, 즉 조카들이 법정 상속인이 될 것이다. 비록 내가 형제자매와 조카를 사랑한다 하더라도, 내 재산을 이들에게 상속할 생각은 없다. 나와 별도로 각자의 가정을 꾸리고 살아가는 형제 자매는 나와 현실적인 경제공동체가 아니다. 나는 내 재산을 나와 함께 경제공동 체를 꾸린 사람이나 내가 돕고 싶은 곳에 건네주고 이 세상을 떠나고 싶다.

내세 위한 '종교적 유언'에서 상속 위한 '법적 유언'으로 개인의 재산 상 속을 위한 사법적 유언장의 출연이 서양에서조차 (로마 시대를 제외하고) 그리 오 래된 일이 아니라는 사실을 알게 되었다. 사회학자 필립 아리에스는 자신의 저서 〈죽음 앞의 인간〉(새물결, 1985)에서 재산 상속을 위한 법적 유언장이 프랑스에서 는 18세기 말에야 등장한다고 적고 있다.

12세기부터 유언장이 일상적인 일이 되었지만, 이 시기부터 17세기까지는 교회 법에 따라 '내세를 보장받기 위해' 유언장을 작성했다는 것이다. 사후의 삶을 위한 유언장이라니, 우리 현대인의 눈에는 낯설기만 하다.

육신을 교회나 교회묘지에 묻고 영혼의 천국행을 보장받으려면, 신도들은 생을 마감할 때 신앙고백을 하고 죄를 인정하고 속죄하는 공문서, 즉 유언장을 반드시 남겨야 했다. 또 천국에 가서도 부를 보장받고 싶은 부자들은 현세에서 기부나 적선을 통한 종교적인 증여를 해야 했다. 18세기에 들어와서도 유언이 종교적 행 위라는 점에서는 큰 변화가 없었다. 비록 재산 상속의 내용이 포함되어 있다고 하더라도 말이다.

하지만 18세기 중엽에 이르면, 적선이나 미사를 위한 기부는 유언장에서 덜 중 요해진다고 한다. 19세기에는 대다수의 유언장에서 종교적 내용이 사라진다. 이제 유언장은 교회법에 따라 사후의 삶, 내세를 보장받기 위해 작성된다기보다 국가 의 법률에 따라 남은 사람들에게 재산을 배분하기 위해 쓰여진다. 그리고 개인적 인 감정을 전달하기 위한 유언이 덧붙여진다. 마침내 종교적 행위였던 유언이 세 속화되면서 국가의 법제도 속으로 편입된 것이다.

우리 나라의 유언장의 역사가 어떤 식으로 변화해 왔는지 확인하지는 못했지 만, 오늘날 서구 사회나 우리 나라나 국가의 법에 의거해서 유언이 효력을 발휘 한다는 점에서는 차이가 없다. 그런데 종교적 유언이건 사법적 유언이건, 사실 유 언은 자의식, 자신의 영혼과 몸, 재산을 스스로 처분하고자 하는 등 최후의 개인적 소망이나 의지를 드러낸다는 점에서 개인주의적 가치관이 두드러진다.

☞ '사전의료 의향서', 임종 직전과 관련된 유언

19~ 20세기의 유언이 사후 재산 상속과 관련한 개인적 소망과 의지를 담았다면 21세기에는 '임종 직전과 관련한 유언'이 덧붙여져야 할 상황이다.

오늘날 많은 사람들이 병원 중환자실에서 죽음을 맞이하고 있고, 현대의술의 발달로 죽어가는 사람의 생명이 상당 기간 연장될 수 있게 됨에 따라 삶의 질이 보장되지 않은 채, 죽기 전 '살아 있는 시체'로 한동안 병원에서 억류되는 '죽음 유예 기간'이 생겨났다. 산 것도 죽은 것도 아닌, 죽지 못하고 삶에 붙들려 있는 상태가 더는 우리에게 낯설지 않다.

따라서 죽은 후 내세를 보장받기 위해서나 죽은 후에도 현세에 영향력을 행사하기 위해서가 아니라 고통스럽고 불필요한, 원치 않는 생명연장의 희생양이 되기 않기 위해서 어떻게 죽어가고 싶은지를 분명하게 밝혀둘 필요가 있다.

다시 말해서 심폐소생술, 대장 부분절제술과 같은 대수술, 기도 삽관 후 인위적으로 숨을 쉬게 하는 기계호흡, 복부에 튜브를 꽂는 인공투석, 수혈 및 혈액제제 투약, 인공영양 및 수액요법, 혈액 및 X선검사와 같은 간단한 진단적 검사, 감염을 치료하기 위한 항생제, 죽음을 촉진할 수도 있는 진통제 투여를 원하는지 원하지 않는지를 미리 밝혀두자는 것이다. 생명을 연장시키기 위한 모든 시도를 할 것인지, 아니면 완화 의료를 원하는지도 함께 명시해두는 것이 좋을 것이다.

이러한 필요성을 인지하고 '사전의료 의향서'(Advance medical directives)를 미리 작성해두자는 '사전의료의향서 실천모임'(sasilmo.net)까지 국내에서 생겨났다. 이들이 말하는 '사전의료의향서'란 "말기 질환으로 회복 가능성이 없으며 자신의 의사결정능력이 상실되었을 때를 대비하여 건강할 때 생명의 연장 및 무의미한 연명의료 중단 여부에 관한 보다 구체적으로 의사표시를 명시한 문서이다." 결국 '사전의료 의향서'는 품위 있고 존엄한 죽음을 맞기 위해 죽어가는 과정을 스스로 결정하고자 분명한 의식이 있을 때 준비해두는 또 하나의 유언인 셈이다.

현재 사전의료 의향서와 관련된 법률이 없기 때문에, 병원 측에서 이 서류를 반드시 존중해야 할 법적인 의무는 없다고 봐야 할 것이다. 하지만 사전의료의향서 실천모임에서는 '2009년 세브란스 김할머니 사건'의 대법원 판시에 근거해서, 사전의료 의향서가 법적 효력이 있으리라 추정한다. 적어도 담당 의사가 사법적 처벌을 피할 목적으로 무조건적으로 생명을 연장하려 애쓰지 않아도 되고, 생명 연장의 무모한 시도를 막을 아무런 결정권이 없는 가족이 말없이 고통 받는 환자를 마냥 지켜보지 않아도 된다는 점에서 사전의료 의향서를 쓰는 것이 무의미하지는 않을 것 같다.

한 해를 마무리하면서 연말에는 유언장을 다시 써 볼 생각이었다. 개인적인 욕심을 버리지 못하니 어쩔 수 없다. 이번에는 사전의료 의향서도 유언장에 첨부하리라. 남길 말이 또 늘어났다.[154]

6. 존엄사 제도 시급하다

최근 식물인간 상태인 아들의 인공호흡기를 떼어내 숨지게 한 아버지가 불구속되면서 안락사와 존엄사 논란이 재연되고 있다. 품위 있는 죽음을 위한 존엄사는 최선의 치료에도 불구하고 점차 악화되는 질병에 의한 자연적인 과정으로서의 죽음을 수용하는 것이다. 죽음을 앞당기는 안락사와는 엄밀히 구분된다. 그러나 여전히 개념적 혼선이 있다. 몇 년 전 딸이 반식물인간 상태에서 간병 부담을 감당할 수 없던 한 아버지가 딸의 산소호흡기를 꺼 죽게 한 일이 있었는가 하면, 말기 간경변 환자의 기관 내 삽입관을 떼어낸 의사와 딸을 아들이 고소한 사건도 있었다. 핵가족화와 간병 부담이 늘어난 현실에서 사회적 안전장치를 마련하지 못한 우리의 무관심과 안이함을 적나라하게 보여 주는 사건들이다. 의학이 발달했지만 환자를 어떻게 돌봐야 하고, 어떻게 죽음을 맞이하는 것이 최선인지 아직도 명확하지 않다.

10년 전 의사의 만류에도 불구하고 퇴원을 요구한 보호자의 요청에 따라 퇴원한 환자가 사망했던 보라매병원 사건이 있었다. 대법원이 이 사건에 대해 살인으로 최종 판결을 내렸다. 그러나 회복이 불가능한 말기 환자와의 구분을 명확히 하지 않았으며, 회복 불가능성의 판단과 치료 중단의 절차, 대리 결정, 치료 비용의 사회적 부담 대책 등 의료계에서 제기한 쟁점 사항들에 대한 핵심적인 해결책을 마련하지 않음으로써 이러한 사건의 재발은 이미 예견됐다. 더군다나 노인 인구는 늘고 질병을 가진 상태에서도 오래 생명을 연장할 수 있는 반면 간병할 수 있는 가족의 수는 줄어들면서 앞으로 이러한 일들이 빈발할 것이다. 얼마나 많은 의사와 가족들이 구속돼야 정부와 사회가 이 문제를 해결하기 위해 나설 것인가.

누구의 잘잘못만을 따질 일이 아니다. 굳이 따지자면 가족에게만 간병의 책임을 떠넘겨 죽음을 앞당기게 만드는 우리 사회의 책임이 더 크다. 왜 이러한 문제들이 반복되는지 우리 사회의 시스템을 점검해야 할 때다. 정부와 의료계, 법조계, 종교계, 시민단체, 그리고 언론이 함께 나서 대책위원회를 구성하고, 우리 문화와 정서에 합당한 '바람직하고 품위 있는 죽음'을 위한 사회적 여건과 법적인 장치를 마련해야 한다.

이미 미국 등 선진국은 '사전의사결정'을 통해 환자 자신이 원치 않을 경우 죽음의 순간에 의학적으로 불필요하다고 판단되는 기계적 호흡이나 심폐 소생술 등을 시행하지 않도록 하는 법률이 마련돼 있다. 최근 통과된 프랑스의 '인생의 마지막에 대한 법'도 같은 취지다. 우리나라에서도 뇌사 판정의 기준 및 절차를 명시한 '장기 등 이식에 관한 법'이 그 좋은 예가 될 수 있다.

개인파산 신청이나 신용회복위원회를 통해 개인의 부채를 해결하고 개인의 신용을 회복해 주듯 환자 간병 부담을 감당할 수 없는 불가항력적인 한계에 이르렀을 때 사회적·경제적 도움을 요청할 수 있는 시스템도 마련해야 한다. 임종 환자에 대한 인간적이면서도 적절한 돌봄의 의학적·사회적·경제적 저해 요인들을 극복하지 않는다면 품위 있는 죽음보다는 무의미한 고통을 강요당하게 된다. 가족들에게 사회적·경제적 부담을 주기 싫어 자살하는 등 부적절한 선택에 따른 선의의 피해자가 생길 수도 있다. 일반 국민들도 이 문제가 어떻게 해결되는지를 관심을 가지고 지켜봐야 한다. 이는 남의 문제가 아니라 곧 나와 내 가족의 문제가 될 수 있기 때문이다. 대한민국 헌법 제10조에 '모든 국민은 인간으로서의 존엄과 가치를 가지며, 행복을 추구할 권리를 가진다'고 명시돼 있다. 국민 누구나 불가피한 문제인 죽음을 삶을 잘 마무리하면서 편안하게 맞이할 수 있어야 한다. 지금은 안락사에 대한 임시방편의 처벌보다는 품위 있는 죽음을 위한 근본적인 제도를 시급히 마련해야 할 때다.[155]

8. 죽음 묵상

내가 '죽음묵상'을 하는 방법은 간단합니다.

먼저 내가 지금 병원에서 3개월 밖에 살 수 없는 말기 암 진단을 받았다고 생각하고 '미리 쓰는 유언장'을 작성합니다.

유언장은 다음과 같은 내용으로 씁니다.

1. 앞으로 3개월 남은 시간을 어떻게 보내고 싶습니까?

2. 임종을 앞두고 가장 먼저 생각나는 사람은 누구입니까?

그리고 그 사람에게 하고 싶은 말은 무엇입니까?

3. 죽음을 앞두고 가장 후회되는 일은 무엇입니까?

그리고 그 이유는 무엇입니까?

4. 죽은 뒤 내 육신을 어떻게 처리해 주길 원합니까?

(매장, 화장, 장기기증 등)

5. 죽은 뒤 내 소유로 된 물건과 재산이 어떻게 이용되면 좋겠습니까?

6. 나의 묘비명에 어떤 글이 적히기를 원합니까?

7. 내 삶이 새로 다시 시작한다면 어떤 삶을 살아보고 싶습니까?

이렇게 유언장을 작성하게 되면 그것을 흰 봉투에 담아 머리맡에 놓고 눕습니다. 물론 마음속으로 나는 지금 죽기 위해 관속에 들어가 있다고 생각합니다.

그런 뒤 자신이 작성한 유언장을 떠올려 보면서 다음과 같은 순서로 '죽음 묵상'을 시작합니다.

1. 두 손바닥을 가볍게 펴고 온몸의 긴장을 풉니다.

2. 이제 내가 내 육신을 떠날 시간이 되었음을 묵상합니다.

3. 이제껏 내 마음속에 용서하지 못한 감정들을 살펴보고, 그 상대방을 깊이 이해하고 용서합니다.

4. 서서히 숨을 끊어져가고 있음을 느끼며 가까운 가족과 친구, 연인 등에게 마지막 하직인사를 합니다.

5. 시체를 덮는 천이라고 생각하며 이불을 머리끝까지 덮습니다.

6. 마침내 숨이 끊어져 내 영혼이 내 육신을 떠나갔다고 생각합니다.

7. 내 몸을 떠난 의식체가 죽은 채 버려져 있는 내 육신을 바라보며 그때 일어나는 느낌을 살펴봅니다.

8. 지나온 내 한평생의 삶을 파노라마처럼 돌이켜 봅니다.

9. 남에게 준 고통이 얼마나 나 자신을 고통스럽게 했는지를 생각해 봅니다.

10. 남에게 준 이익을 얼마나 나 자신을 행복하게 했는지를 생각해 봅니다.

11. 나에게 다시 삶이 주어진다면 사랑과 자비의 삶을 살 것을 誓願해 봅니다.

12. 그런 상태로 10분 이상 조용히 누워 있습니다.

(그 상태에서 그대로 잠이 들어도 괜찮습니다.)

이상과 같은 순서로 '죽음 묵상'을 하되, 이때 마음을 맑게 해주는 티베트 명상 음악을 들으며 하면 '죽음 묵상'이 더 잘 됩니다.

그리고 그렇게 한 시간쯤 '죽음 묵상'을 하고 나면 삶과 죽음이 결국은 한 장의 나뭇잎과 같다는 생각이 듭니다.

삶과 죽음이 둘이 아니고 나와 남이 둘이 아닌데 어쩌자고 그렇게 매사에 찧고 빻으며 탐욕과 이기심과 어리석음으로 점철된 삶을 살아왔는지, 회한의 눈물과 함께 사랑과 용서와 이해의 눈물이 두 뺨을 타고 흘러내립니다.

그리고 심드렁하기만 했던 삶에 빛과 윤기가 돕니다.

호스피스운동의 선구자이며 평생을 죽음을 눈앞에 둔 분들과 함께 살아온 엘리자베스 퀴블로 로스는 <인생 수업>이라는 책을 통해 '삶은 탄생에서 죽음에 이르는 수업과 같은 것'이라면서 '그 수업에서 우란느 사랑, 행복, 관계와 관련된 단순한 진리들을 배운다.'고 했습니다.

그러면서도 '오늘 우리가 불행한 이유는 삶의 복잡성 때문이 아니라 그 밑바닥에 흐르는 단순한 진리들을 놓치고 있기 때문'이라면서 '때로는 최악의 상황에 직면할 때, 우리는 다 많이 성장한다.'고 설파하고 있습니다.[156]

9. 누군가의 마지막을 함께하다

산문 안팎을 가리지 않고 겨울 추위 기세가 대단하다. 어제는 모처럼 해인사에 많은 눈이 내렸다. 동안거 수행 중인 대중 스님들이 새벽예불을 마치자마자 바로 눈을 쓸기 시작했다. 한참을 빗질하고 이마에 땀이 송골송골 맺힐 때쯤 되어서야 길이 트이고 울력이 마무리되었다. 그래도 자동차나 사람이 다닐 정도가 되니 마음이 놓인다. 내일은 아침 일찍 산문을 나서야 한다. 해인사 승가대학 호스피스 자원봉사활동 마지막 날이기 때문이다. 준비된 회향식을 하고 참여한 학인 스님들과 함께 해인사로 돌아와야 한다. 해인사 승가대학 졸업반 학인 스님들은 지난 4년간의 기본 교육과정을 마치면서, 그 감사함을 세상에 회향한다는 의미로 매년 호스피스 자원봉사 프로그램을 진행해 오고 있다. 특히 지난 2년간 코로나19 때문에 중단되었던 프로그램을 올해 다시 진행할 수 있어서 감회가 새롭다.

인간은 누구나 태어나서, 늙고, 병들고, 죽는다. 때에 따라서는 그 순서를 가리지 않는다. 늙음 없이 병고나 사고가 먼저 찾아오는 경우도 있다. 임종을 앞둔 이의 마지막을 함께한다는 것은 많은 생각이 들게 만든다. 그 양상이야 어떻든 삶의 끝자락을 곁에서 지켜봐 드리고 도움을 드릴 수 있다면 그것만으로도 훌륭한 선행이고, 그 도움을 주는 이에게도 영적으로 성장하는 좋은 수행이 된다. 그런 이유에서인지 고대 인도의 불교 수행자들은 공동묘지에서 수많은 죽음을 지켜보면서 무상관(無常觀)과 백골관(白骨觀)을 수행했다고 한다. 우리는 죽음 앞에서 모든 욕망과 집착이 화로 위의 눈송이처럼 부질없는 것임을 잘 알고 있다. 하지만 살다 보면 무심코 잊고 살거나, 심지어는 다가오는 '죽음'이라는 사건을 애써 외면한다. 그만큼 죽음을 성찰하고 그 의미를 온몸으로 체득하는 것은 쉬운 일이 아니다. 그래서 여러 종교에서는 죽음을 소중한 영적 자각의 계기로 삼는다. 붓다 또한 "모든 발자국 가운데 코끼리의 발자국이 최고이듯이, 마음을 다스리는 명상들 가운데 죽음에 대한 명상이 최상이노라"(대반열반경)라고 설했다.

간병 수행은 고통을 겪는 환우를 돌보면서 무상을 사유하고 자비심을 키워갈 수 있는 훌륭한 방편이다. 수행자의 삶을 살겠다고 서원을 한 스님들조차도 절에서 경전이나 어록을 통해 생(生)과 사(死)라는 주제를 늘 듣고 말하지만, 실제로 눈으로 보고 몸으로 느끼는 것은 또 다른 문제이다. 승가대학에서 강의하다 보면 다양한 학인 스님들을 만난다. 그들 중에는 머리가 총명해서 경전을 잘 이해하거나 한문 경전을 잘 읽어내서 주목을 받는 학인이 있지만, 정작 직접 실천하는 이런 봉사활동 현장에서는 소극적으로 역량을 발휘하지 못하는 경우도 있다. 반면 대조적으로 어떤 학인은 강의실에서는 그다지 두각을 나타내지 못하더라도 이런 현장에서는 자신만의 놀라운 소통 능력으로 직접 환우들과 활기차게 웃으면서 교감하는 모습을 보게 된다. 수행자로 성장하면서, 그 어느 하나도 포기하거나 소홀히 할 수 없는 자질임이 틀림없다. 경전 공부도 중요하지만 직접 삶과 죽음이 하루에도 몇 번이고 교차하는 현장에 존재 이전을 해 봄으로써 체화되지 않은 이론이 얼마나 무력한지 깨닫게 된다.

학인 스님들은 호스피스 병동에 머물면서 새벽예불을 시작으로 청소하고, 환우들 식사를 보조하고, 임종이 임박한 환우 가족들과 함께 경전을 합송하고, 환우가 사망하면 의식을 집전한다. 그리고 이 활동에 필요한 전문적 지식을 습득하기 위해 다양한 강의를 수강한다. 대부분 첫 한 주일 동안은 환경에 적응하는 과정이라서 어색하고 서툴지만, 시간이 지나 적응이 되면 누구보다도 능숙하고 열정적으로 활동에 임하는 모습을 보게 된다. 짧은 시간 동안 그들이 변화하는 모습을 바라보면 뿌듯하고 대견스럽다. 동시에 교수사라는 나 자신과 나의 수행을 되돌아보게 만들기도 한다. 이 과정이 마무리되고 동안거가 해제될 무렵이면 모두 다 한층 깊어지고 넓어진 수행자의 면모를 갖추어갈 것이다. 참여 학인 스님들은 해인사 승가대학에서 진행하는 정규 교과과정 이외의 프로그램 중 호스피스 병동

자원봉사를 만족도가 가장 크고 교육 효과도 높은 과정으로 꼽는다. 내일 이 과정을 모두 마친 우리 학인 스님들의 입에서 어떤 소감과 다짐이 나올지 벌써 기대가 된다. 한 해를 마무리하면서 고통받고 소외된 이들을 위해 자비와 연민의 마음으로 도움을 주고 기도하는, 우리 학인 스님들의 앞날에 가피와 축복이 함께하기를 기원해본다.[157]

10. 고독사 촘촘한 예방 대책 서둘러야

복지사각지대에서 가족이나 사회적 안정망의 보살핌을 받지 못하고 쓸쓸하게 홀로 비극적인 생을 마감하는 고독사가 적지 않다.

지난해 인구 10만 명당 도내 고독사 발생은 5.9명으로 전국 17개 시도중 8번째로 높았다. 급격한 고령화와 경제적 빈부격차의 심화로 이같은 고독사의 증가는 불보듯 뻔하다. 당장의 대책 마련이 발등의 불이 아닐 수 없다. 보건복지부가 발표한 2022년 고독사 실태조사 결과에 따르면 최근 5년(2017~2021)간 도내에서 발생한 고독사는 573명에 달했다. 지난 8월 생활고 끝에 극단적인 선택을 한 수원 세모녀 사건의 비극처럼 고독사 역시 우리사회의 어두운 그늘이 아닐 수 없다.

도내 고독사의 연도별 발생 현황을 보면 2017년 87명, 2018년 125명, 2019년 112명, 2020년 143명, 2021년 106명 등으로 연평균 5.1%씩 증가했다. 코로나19 바이러스 팬데믹으로 사회적 거리두기가 강화됐던 지난 2020년의 발생이 특히 두드러졌다. 지난해에는 고독사가 전년대비 25.9%가 감소하며 전국 시도중 감소율이 가장 높았던 것은 그나마 다행이다. 하지만 인구 10만 명당 고독사의 비중이 꾸준히 높아진 것은 우려되는 대목이 아닐 수 없다.

지난 2017년 4.7명이었던 인구 10만 명당 고독사는 2018년 6.8명 2019년 6.2명 2020년 7.9명 2021년 5.9명등으로 점차 증가추세다. 지난해 도내에서 발생한 고독사 106명의 연령별 분포를 보면 60대(32명)가 가장 많았고 40대(29명) 50대(24명) 70대(12명)순이었으나 30대도 5명이나 됐다.

우리의 고독사는 진작부터 사회적 이슈로 대두됐음에도 예방법이 지난해 4월 시행에 들어갔고 국가 차원의 조사와 공식 통계가 이번에 처음 발표된 것은 만시지탄이 아닐 수 없다.

정부는 이번 조사 결과를 바탕으로 향후 5년간 고독사 예방·관리를 위한 5개년 기본계획을 수립할 예정이라고 한다. 하지만 현재 진행형인 우리사회의 고독사 실태를 봤을 때 예방 시스템의 가동은 촌각을 다투는 사안이라는 것을 당국은 잊지 말아야 한다.[158]

11. 노인의 여생 경영법에 관한 소견

참다운 인생길을 달려와 노경에 이르러 반전의 시점에서 앞으로 남은 여생을 어떻게 경영해야 바람직한가를 논의해 보는 것이야말로 참으로 유익하다는 생각이 든다. 60대부터 노인이라고 구분할 때 남은 생애는 지난 적 세월만큼이나 아직도 창창하기 때문에 구체적 인생 설계가 없다면 얼마나 생애가 무모하겠는가? 사실은 오히려 남은 세월에서 인간 본연의 향기를 띄울 중대한 여생임이 확실하다. 노경의 시발점은 인생의 올바른 의미를 깨달아 실행에 옮기는, 실제로 인생의 높은 가치 구현이거나 또는 바람직한 자아실현의 전기를 맞이하는 대반전인 것이다.

그러나 노경의 인생행로는 순풍에 돛달아 바람 부는 대로 흘러가게 두는 것이 상책이라고 생각된다. 바람의 방향을 거스르는 것은 그것도 또한 무모한 방책일 것이다. 풍향에 따르되 잠시 잠깐 노를 저어 자기 의지의 방향대로 조금씩만 수정해 간다면 슬기로운 인생행로가 될 것이다. 결국 우리는, 노자의 말씀을 잠시 빌려서 무위자연(無爲自然) '스스로 그러한 대로'에 귀착할 일이다. 인위를 너무 많이 부리지 않을 일이다. 욕심은 다 버리고 오욕 칠정이라는 인간 속성도 일찍 파기하고, 은원도 지우며 특히 미움은 한 쪼가리도 아예 남기지 말고, 순수 지향의 인생길을 터 가야 옳을 것이다.

필자는 문단의 끝자리에 있는 사람이다. 그간 인류에 전래하는 고전이나 명시를 탐독해 본 경험으로는, 작품 속에서 구현하고자 하는 내포된 주제가 대개 영성(靈性)의 지향이나 무아(無我)의 경지를 탐하고 있었다. 또는 바람 그치고 정적이 고인 뒤 선적(禪的) 고요의 상태를 소망하는 것이었다. 우리 인생도 무위로 가는 여정의 한순간에 머물러 있는 것으로 진단하는 것이 바람직한 평가일 듯싶다.

인생이 사실은 소소한 것들의 누적이거나 연첩되는 것일 뿐이다. 하찮은 것들의 쌓임일 수도 있겠다. 그러하니 작은 한 송이 들꽃에 지나지 않으리라. 풀꽃 한 송이의 무게는 지구의 무게와 같다는 시구도 있다. 그 존엄한 생명성, 한 세계를 여는 창조성에 비교해 본다면 그 돌올한 섭리가 어찌 작은 것이랴. 그러나 작은 것으로만 하여 인생을 풀꽃에 비유한다면 인생 스스로 얼마나 겸손한가? 그러면서도 얼마나 경이로운가? 우주적 창조 내력을 품는 꽃이야말로 그 개화는 기적일 터이다.

노인으로 가라사대, 첫째는 자꾸 움직이되 작게 이루려 하자. 마치 풀꽃처럼……

둘째는 이웃을 친한 벗 몇과 신변에 자연을 두르자. 야트막한 산이나 시냇물 그리고 밤하늘……. 자꾸 기웃거리고 그들 운행에 경건히 참여하자. 4계절 24절후 그 변환의 목소리에 민감하자.

셋째로 꽃씨를 받아 잘 챙기자. 내일을 꽃의 화원으로 예비하자. 염세주의나 허무주의는 친구들 만나 자꾸 털어내자. 사람을 공경하는, 진실로 인간 존엄성을 한시도 떨치지 말자. 가족의 힘든 일은 물론 어려운 고향 친구를 생각해 내자.

넷째로 스스로 작은 시냇물이 되자. 나직이 읊으며 먼 데로 시야를 두며 흘러가자. 큰 비바람 치거든 옹색할망정 작은 움막에 들르자.

마지막으로 스스로 작은 풀꽃이 되자. 정원의 모란 장미는 사람들이 키우지만 산야의 들꽃은 하느님이 가꾼다 하지 않던가?[159]

12. 인생은 착각의 연속이다

사람의 삶은 복잡다단해서 쉽게 규정짓기 어렵다. 개인에 따라 경험이 다르고 적응 방식이 다르기에 한 사람의 인생이 모든 사람을 대변할 수 없다. 누가 먼저 그런 말을 했는지는 모르지만 '인생을 살아놓고 보니 모두 착각이었더라'는 말이 요즘 들어 더 깊이 와닿는다. 인간의 삶이 모두 착각이라면 대체 우리가 경험한 것들은 무엇이란 말인가. 장님이 코끼리 다리만 만져보고 전체를 다 안다고 하는 것과 별반 다르지 않다.

'착각'이라는 글을 쓰려다보니 제일 먼저 떠오르는 독일 철학자가 있다. 바로 프리드리히 니체(1844~1900년)다. 의학을 전공한 이로써 철학을 제대로 공부한 적이 없으니 이쪽 분야는 문외한이다. 그래도 '신은 죽었다'고 외친 니체의 명언 정도는 안다. 워낙 많은 사람에게 회자되는지라 철학을 공부하지 않은 이도 많이 들어봤을 게다.

문득 궁금증이 생긴다. 니체는 철저한 기독교 사회에서 자랐다. 더구나 그는 목회자의 아들로 태어나 기독교식 교육을 받았다. 그런 그가 철학자가 된 이후 왜 '신은 죽었다'는 사자후를 토해냈을까.

그가 살던 당시는 신본주의, 즉 신의 뜻에 따라 정치와 경제가 좌우되던 시대였다. '신의 종말'을 선언한 그의 발언이 얼마나 사람들에게 충격을 주었을지 가늠하기도 어렵다.

그가 죽은 지 100년이 넘었건만 '신은 존재한다'와 '신은 없다'라는 주장이 첨예하게 대립한다. 이에 대한 답변은 내놓지 못하겠으나 한가지 확실한 사실이 있다. 바로 두 주장 가운데 하나는 착각이라는 것이다. 내가 착각이라는 단어를 생각하며 니체를 연상한 것도 이런 이분법적인 사고에서 비롯된 것일까.

신은 살아 있고, 전능한 힘을 발휘한다는 그의 믿음이 어떠한 계기로 바뀌게 됐을까. 니체는 수십·수백일 아니 몇년간 '신이 있느냐, 없느냐, 둘다 아니라면 원래 있었는데 사라졌느냐'라는 갈림길에서 고민하고 또 고민했을 것이다. '신은 죽었다'고 결론을 내렸다면 '신이 살아 있다'고 굳게 믿고 살았던 그의 과거의 착각이라는 테두리 안에 갇혀 있었다고 볼 수 있다.

니체는 말년에 빈번하게 신은 죽었다는 말을 했다고 전해진다. 이는 자신이 오랫동안 착각에 빠졌음을 고백한 것은 아닐까. 이런 생각조차 착각일지도 모르겠다.

일상생활에서 소소한 착각들로 시간을 축적하는 우리 같은 범인에게 니체의 말 한마디는 큰 울림을 준다. 사전을 찾아보면 착각이란 '어떤 사물이나 사실을 실제와 다르게 느끼거나 지각함'을 뜻한다. 정신의학 분야에서는 착각을 좀더 구체적으로 정한다.

인간은 모든 사물이나 사실을 오관, 즉 눈·혀·귀·코·피부로 자극을 받아들여 대뇌로 옮긴 후 저장한다. 이 과정에서 감각기관이 대상을 올바르게 지각하지 못하고 잘못 해석해 대뇌에 저장할 수 있다. 태생적으로 오관 자체가 약할 수도 있고, 병리적인 변화가 일어나기도 한다. 또 회상하는 과정에서 잘못 해석해 오류가 생길 수도 있다.

환각이라는 개념도 살펴보면, 대상물이 없는데도 실제 대상물이 있는 것처럼 지각하는 것이다. 착각이란 대상을 잘못 해석해서 지각하는 것이라면 환각은 대상 자체가 없는데 있는 것처럼 여긴다는 것이 다르다.

전문가들은 착각과 환각 모두 병리적인 현상으로 본다. 착각이나 환각은 그 누구의 탓도 아니다. 어떤 사실을 두고 착각이 일어나, 언행에 실수가 있었다해도 지나치게 자책할 필요는 없다. 다만 '내가 착각할 리 없어, 내 기억은 완벽해'라고 매순간 확신에 차 있다면 오히려 문제가 있는 것이다. 그런 사람은 멀리해야 한다.[160]

https://cafe.daum.net/yesokgood/DXgp/596(2019. 03. 28)

나가는 글

당신은 당신 인생에서 뭘 하고 있는가?

인생(Human Life)이란, 인간의 삶, 인간이 생명으로서 생을 받고 희비의 과정을 거쳐 사로 마무리되는 것을 말한다. 사자성어로는 '생로병사(生老病死)'라고도 한다. 대비어는 축생(畜生, 동물의 삶)이 있다. 다만 인간이 아니어도 한 생물의 삶을 지칭할 때 관습적으로 인생이라고 하기도 한다.

과학적인 관점에서 물리적, 화학적인 분자들의 정밀하고 간단한 화학작용에서부터 출발하여, 세포, 기관, 기관계로 이루어진 거대한 유기체이며, 스스로 사고 및 자각, 자신의 삶을 논할 수 있는 수준의 고등한 인격체, 즉, 인간의 태어남과 죽음을 아우르는 전반적인 삶을 말한다.

한 인간이 태어날 때부터 지금까지 살아온 매 순간마다 선택의 결과물을 쌓아올려 지금의 "당신"라는 존재의 결과물을 만들어낸 것이며, 그렇기에 세상 그 누구도 자신을 포함한 다른 사람이 어떻게 될 지 전혀 알 수 없는 것이다.[161]

고통스럽게 보내는 하루는 행복하게 보내는 1년보다 더 길게 느껴진다. 그리고 오늘 배고픈 것보다 내일 굶을 것이란 생각이 지금 더 배고프게 하고, 더 고통스럽게 한다. 내가 아는 대부분 사람들은 지금 직장에 다니고 있다. 정해진 월급에 허덕이며 살고 있다고들 불평하지만 그래도 할 건 다하며 살고 있다. 그러면서도 그들은 직장을 잃을까 봐 걱정하고, 직장을 그만두면 어떻게 살아야 할까 걱정한다. 그들은 누릴 것은 다 누리고 싶어하며 내일을 걱정하기보다는 당장 오늘의 행복을 선택하고 있다. 재테크로 성공한 사람들을 부러워하면서도 저축이나 투자보다는 소비에 더 관심을 갖고 있다.

돈 번 사람들의 얘기를 들을 때는 부러워하면서도 자신은 도저히 그렇게 못한다며 고래를 설레설레 흔든다. 그리고 이렇게 말한다. "늙어서 돈 많으면 뭐해!"

그럼 이렇게 말하는 사람들은 지금 행복할까? 많이 쓰고 많이 놀면 행복할까? 아무리 봐도 그들이 행복해 보이지는 않는다. 항상 돈이 없는 것을 걱정하고, 직장을 잃을까 봐 걱정한다. 사람들은 대부분은 준비하고 있지 않거나 잘못 준비하고 있다. 특히 노년에 대해서는 더욱 그렇다. 정년은 보장되지 않지만 100세까지 사는 사람은 늘어나고 있다. 평균수명은 늘어났는데, 퇴직 후 30~40년, 길게는 50년 이상 무엇을 하면서 살 것인가?

과거 10년 동안 호의호식하면서 모든 것을 누리고 살았던 사람이 있다. 그런데 그 사람은 지금 사업체가 부도나서 거의 무일푼이 되었다. 주변에 그 많던 사람들도 보이지 않는다. 뭔가를 새로 시작하기엔 경제적 능력도 없고 정신적으로도 지쳐 있다. 이 사람은 지금 행복할까? 불행할까? 젊어서 아무리 잘 먹고 잘 살았어도 노년에 불행하면 그 사람 인생은 성공적이었다 할 수 없다.

인생의 어느 단계에서 행복한 사람이 가장 행복한 인생을 보내는 것일까? 물론 인생 전체가 행복한 사람이 가장 행복할 것이다. 하지만 인생을 두루 경험한 60세 이상의 사람들에게 물어보면 대부분은 노년의 행복과 안정을 추구한다. 최후의 승자가 진정한 증자임을 알고 있기 때문이다.

60세 이상 된 분들과 많은 은퇴전문가들은 은퇴 시에 다음 같은 다섯 가지를 준비하라고 한다. 육체적인 건강과 정신적인 건강, 화목한 가정 및 인생의 동반자, 경제력, 생계수단이 아닌 건전한 취미로 할 수 있는 직업, 그리고 종교생활이다. 이 다섯 가지를 다 준비하고 있으면 행복한 노년을 맞을 수 있다. 그런데 이 모든 것은 하루아침에 준비할 수 있는 것들이 아니다. 장기적이고 체계적으로 준비해야 한다. 나는 나와 동시대를 살아가는 사람들이 행복해지기를 원한다. 지금 20~40대가 30~40년 후에도 행복하기를 바란다. 그리고 자녀들에게 무시당하거나 소외되지 않기를 간절히 바란다.[162]

어느 화창한 봄날, 낮술에 취했다가 깨어난 이백(李白)이 다음과 같이 읊었다. '춘일취기언지(春日醉起言志 · 봄날 술 깨어 뜻을 적다)'라는 시다.[163]

"세상살이 큰 꿈 같으니, 어찌 이 내 삶 힘들게 하리! 그래서 종일 취해, 앞 기둥 밑에 누웠네. 깨어나 뜰 앞 바라보니, 새 한 마리 꽃 사이에서 운다. 지금이 어느 때인고 물음에, 봄바람이 날아다니는 꾀꼬리에게 속삭인다. 이를 보고 탄식하며, 술 대하자 또 홀로 기울인다. 소리 높여 노래 불러 밝은 달 기다리다, 곡조 다하자 정은 이미 잊었어라(處世若大夢, 胡爲勞其生! 所以終日醉, 頹然臥前楹. 覺來眄庭前, 一鳥花間鳴. 借問此何時, 春風語流鶯. 感之欲歎息, 對酒還自傾. 浩歌待明月, 曲盡已忘情)!"

나는 꽃

봄, 세상의 기운이 피어나는 봄
내 마음에는 예쁜 꽃망울이 피어
내 가슴에 예쁜 꽃을 피우네

여름, 뜨거운 여름
내 마음에도 솟구치는 열정 하나
그 열정 나는 뜨겁게 즐겼구나

가을, 포도나무에 매달린 가을
달콤함처럼 많은 얼굴과 사연
그 꽃들이 모여 풍요로웠구나

겨울, 하얀 눈 덮힌 포근한 겨울
세상은 이토록 아름다웠구나
눈 속 맨살들은 눈꽃송이들로 따뜻하여라

다시 봄은 시작되고
나는 또 꽃을 피우리
아름다운 나의 꽃을

https://blog.daum.net/sang7981/51?category=3990(2021. 03. 30)

참고문헌

강인(2003). 성공적 노화의 지각에 관한 연구. 노인복지연구. 20, 95-116.

공종원(2005). 벼랑 끝에 몰린 노인-한국 노인문제의 현황-, 서울: 나무.

김문영, 이현주(2001). 노년기 성의 중요성 인지도에 관한 연구. 전신간호학회. 10(4), 675-685.

김병수(2014). 흔들리지 않고 피어나는 마흔은 없다, 경기: 프롬북스,

김영례, 김상훈, 원영신, 이수영, 주성순(2012). 노인시설의 체육프로그램 현황 분석 및 활성화 방안. 국민체육진흥공단 체육과학연구원.

김찬호(2010). 생애의 발견, 서울: 인물과사상사,

보건사회연구원(2017). 노인실태조사. 보건복지부.

안순태, 임유진, 정순돌(2020). 건강정보행동을 통한 심리적 건강 노인의 디지털리터러시 효과. 한국노년학회지, 40)5), 833-854.

오종윤(2004). 20년 벌어 50년 먹고사는 인생설계, 서울: 더난출판.

오진주(1998). 노인의 성생활 경험에 대한 서술적 연구. 대한보건간호학회지, 12(2), 236-251.

유경(2009). 마흔에서 아흔까지, 경기: 서해문집.

유재언(2018). 미국 노인의 성생활 건강과 성적 권리 보호. 국제사회보장리뷰, 4, 71-80.

유지혜, 강창현(2019). 노인 성 건강의 유형과 특성에 관한 연구. 오토피어, 34(2), 157-197.

유지혜, 강창현(2021). WHO 성 건강에 근거한 노인 성 건강 특성과 영향 요인. 한국노년학회지, 41(1), 69-83.

이진희(2016). 지역적 건강불평등과 개인 및 지역 수준의 건강 결정 온인,보건사회연구, 36(2), 345-358.

이현정, 김현경(2017). 서울시 노인종합복지관의 스포츠 시설 및 체육프로그램 현황에 관한 연구. 한국체육과학회지. 22(1), 473-488.

최유호, 권천달(2017). 노인의 체육활동 참여가 생활 및 여가 만족에 미치는 영향에 대한 체계적 분석. 한국노인체육학회지. 4(1), 13-21.

최희주(2012). 고령사회대비정책현황 및 추진방향. 감사 가을호 특집(3). 서울: 감사원.

한봉주(2014). 어떻게 자신을 변화시킬 것인가, 서울: 미래지식.

윌리엄 새들러(William Sadler)/김경숙 옮김(2010). 서드 에이지(The third age), 마흔 이후 30년, 서울: 사이.

Hensel D.J., et al(2016). The Association Between Sexual Health and Physical, Mental, and Social Health in Adolescent Women. *Journal of Adolesecent Health*, 59(4), 416-421.

〔주석〕

1) 경기일보.「노인국가에 노인대책은 없다」, 2015년 5월 27일.
2) 유경.『마흔에서 아흔까지』, 경기: 서해문집, 2009: 24.
3) 허남윤.「꼰대」, 강원일보, 2022년 7월 7일.
4) 고재열.「꼰대 감별법」 경향신문, 2021년 8월 19일.
5) 할리.「꼰대 탈출 10계명」, Harley-Davidson, 2022년 4월 1일.
6) 통계세상 기자단,「스파르타와 노인정치」, 통계 스토리텔링, 2017년 11월 27일.
7) 강충식.「2050년엔 세계 최고 고령국」, 서울신문사, 2005년 5월 23일.
8) 중앙일보.「2006 연중기획, 중산층을 되살리자」, 2006년 1월 2일.
9) 이강국.『가난에 빠진 세계』, 서울: 책세상, 2009: 13-14.
10) 이강국.『가난에 빠진 세계』, 서울: 책세상, 2009: 81.
11) 오종윤.『20년 벌어 50년 먹고사는 인생설계』, 서울: 더난출판, 2004: 21.
12) 김용갑.「마침내 통과된 공무원연금법 개정안 주요 내용은」, 뉴시스, 2015년 5월 29일.
13) 오종윤.『20년 벌어 50년 먹고사는 인생설계』, 서울: 더난출판, 2004: 39.
14) 오종윤.『20년 벌어 50년 먹고사는 인생설계』, 서울: 더난출판, 2004: 22.
15) 진종인,「초고령사회」 강원도민일보, 2020년 4월 9일, 8면.
16) 강원도민일보.「앞당겨진 초고령 사회 대책은 있나- -65세 이상이 20% 초과, 예측보다 빨라 대
비 서둘러야-」, 2020년 4월 8일, 11면.
17) 손종관,「제4차 저출산·고령사회 정책운영위원회 개최」, 메드월드뉴스, 2020년 7월 9일.
18) 윤정원.「'이혼 시뮬레이션'」, 베이비뉴스, 2020년 8월 6일.
19) 김병수.『흔들리지 않고 피어나는 마흔은 없다』, 경기: 프롬북스, 2014: 107-108.
20) 공종원.『벼랑 끝에 몰린 노인-한국 노인문제의 현황-』, 서울: 나무, 2005: 5
21) 김병수.『흔들리지 않고 피어나는 마흔은 없다』, 경기: 프롬북스, 2014: 115.
22) 오종윤.『20년 벌어 50년 먹고사는 인생설계』, 서울: 더난출판, 2004: 42.
23) 유경.『마흔에서 아흔까지』, 경기: 서해문집, 2009: 74.
24) 권혁순.「마음의 나이」, 강원일보, 2020년 11월 12일, 19면.
25) 인아영.「행복한 노년은 맨발로 다가온다」, 경향신문, 2021년 9월 2일.
26) 신계숙.「인생은 육십부터인 이유」, 강원일보, 2021년 9월 24일, 25면.
27) 정태식.「노후 준비에 대한 인식 확산이 필요한 시대」, BRAVO, 2020년 7월 30일.
28) 김교환.「인생길에서 실패와 좌절도 공부다」, 시니어매일, 2022년 1월 21일.
29) 장석주.「실뜨기하던 소녀들은 다 어디로 갔을까」, 강원일보, 2022년 5월 13일, 25면.
30) 이지현.「고독의 근육 키우기」, 국민일보, 2021년 7월 17일.
31) 최준영.「어매」, 경향신문, 2020년 10월 19일.
32) 김찬호.『생애의 발견』, 서울: 인물과사상사, 2010: 6-7.
33) 김찬호.『생애의 발견』, 서울: 인물과사상사, 2010: 8.
34) 오종윤.『20년 벌어 50년 먹고사는 인생설계』, 서울: 더난출판, 2004: 71-74.
35) 김병수.『흔들리지 않고 피어나는 마흔은 없다』, 경기: 프롬북스, 2014: 31.
36) 김병수.『흔들리지 않고 피어나는 마흔은 없다』, 경기: 프롬북스, 2014: 47.
37) 김병수.『흔들리지 않고 피어나는 마흔은 없다』, 경기: 프롬북스, 2014: 62.
38) 김병수.『흔들리지 않고 피어나는 마흔은 없다』, 경기: 프롬북스, 2014: 67-68.
39) 김병수.『흔들리지 않고 피어나는 마흔은 없다』, 경기: 프롬북스, 2014: 79.
40) 김병수.『흔들리지 않고 피어나는 마흔은 없다』, 경기: 프롬북스, 2014: 80.
41) 김병수.『흔들리지 않고 피어나는 마흔은 없다』, 경기: 프롬북스, 2014: 86.
42) 송주희. https://www.sedaily.com/NewsView/1Z5EYBLLCD.「헤르만 헤세의 글은 왜 우리에게 위로
가 될까」, 서울경제, 2020년 7월 23일.
43) 유경.『마흔에서 아흔까지』, 경기: 서해문집, 2009: 73.
44) 이지현.「피할 수 없는 시간」, 국민일보, 2021년 6월 19일.
45) 이태재.「은퇴 준비는 언제부터」, 충북일보, 2021. 9월 12일.
46) 김태완.「일하는 노년은 청년이다」, 매일경제, 2022년 1월 18일.
47) 박행순.「행복한 고령인으로 살기」, 광주일보, 2022년 1월 12일.

48) 육성연. 「"나도 걸릴 수 있다" 치매 두렵다면 이것도 주목」, 헤럴드경제, 2022년 3월 1일.
49) 변용도. 「노후생활비, 매월 얼마나 들까」, BRAVO, 2019년 11월 15일.
50) 김교환. 「나이는 숫자에 불과한 것이다」, 시니어매일, 2021년 8월 3일.
51) 윤명선, 정유진. 「노년의 '고독': 고독은 즐기면 행복이 되고, 괴로워하면 불행이 된다」, 시인뉴스 포엠, 2020년 3월 9일.
52) 윤준호. https://cafe.daum.net/gumo2017/fKfT/4693?q=%EB%85%B8%EB%85%85%84 「김광석, 어느 60대 노부부 이야기」, 텐아시아 - , 2022년 7월 14일.
53) 문요한. 「연애만 하라며 황혼의 재혼 말리는 자식들이 야속해」, 문화일보, 2020년 10월 21일.
54) 이우근. 「우리 시대의 역설」, 중앙일보, 2013년 12월 2일, 35면.
55) 윌리엄 새들러(William Sadler)/김경숙 옮김. 『서드 에이지(The third age), 마흔 이후 30년』, 서울: 사이, 2010: 23.
56) 유경. 『마흔에서 아흔까지』, 경기: 서해문집, 2009: 27-28.
57) 유경. 『마흔에서 아흔까지』, 경기: 서해문집, 2009: 29-30.
58) 이진우. 『삶의 기술, 죽음의 예술, 철학과 현실』, 서울, 심경문화재단 철학문화연구소, 2016: 190.
59) 유경. 『마흔에서 아흔까지』, 경기: 서해문집, 2009: 50.
60) 오종윤. 『20년 벌어 50년 먹고사는 인생설계』, 서울: 더난출판, 2004: 197-198.
61) 유경. 『마흔에서 아흔까지』, 경기: 서해문집, 2009: 65.
62) 김병수. 『흔들리지 않고 피어나는 마흔은 없다』, 경기: 프롬북스, 2014: 34.
63) 김병수. 『흔들리지 않고 피어나는 마흔은 없다』, 경기: 프롬북스, 2014: 70.
64) 김병수. 『흔들리지 않고 피어나는 마흔은 없다』, 경기: 프롬북스, 2014: 221-222.
65) 이재욱. 「건강 장수법」, 시니어每日, 2020년 10월 29일.
66) 홍성천. 「숲길 걷기 운동에 대한 소고」, 시니어每日, 2020년 8월 18일.
67) 저자 이음록은 기록을 통해 누군가와 이어지고 싶은 사람. 지극히 평범하고도 지독히도 엉성했던 삶의 순간순간들을 언제나 책으로 버텨내는 독자이자 여전히 존재 가치를 찾는 그냥 한 사람이다. 오늘도 평범한 일상에서 꿈과 왜라는 질문에 답을 하고 있을 그 누군가와 이 리스트를 공유하고자 한다. 저서로는 《Life List 101(후름경, 2021.12.20.)》이 있다.
68) 김지영. 「"스스로 쓰고 채워가는 자기 인생 책"」, 2021년 12월 27일.
69) 남경아. 「시간과의 대화」, 경향신문, 2022년 1월 13일.
70) 이소애. 「둘이 있어도 혼자인, 침묵은 이별의 연습」, 전북도민일보, 2022년 1월 18일.
71) 오영학. 「웰다잉 가치관 고찰」, 2022년 1월 25일.
72) 조왕래. 「나는 백 살까지 살기로 했다」, 브라보마이라이프, 2020년 11월 25일.
73) 이호석. 「헤로도토스와 노년」 경인지방통계청, 통계세상, 2017년 11월 25일.
74) 윌리엄 새들러(William Sadler)/김경숙 옮김. 『서드 에이지(The third age), 마흔 이후 30년』, 서울: 사이, 2010: 34-35.
75) 김병수. 『흔들리지 않고 피어나는 마흔은 없다』, 경기: 프롬북스, 2014: 17.
76) 김병수. 『흔들리지 않고 피어나는 마흔은 없다』, 경기: 프롬북스, 2014: 29.
77) 뱃시 하트/오성환. 행복으로 이끄는 긍정적 사고, 세계일보 2007년 1월 19일.
78) 뱃시 하트/행복으로 이끄는 긍정적 사고, 워싱턴 타임스, 2007년 1월 19일.
79) 김병수. 『흔들리지 않고 피어나는 마흔은 없다』, 경기: 프롬북스, 2014: 138.
80) 유경. 『마흔에서 아흔까지』, 경기: 서해문집, 2009: 220-225.
81) 이현숙. 「"퇴직 뒤, 공감·표현으로 친밀한 관계 맺기 집중해야"」, 서울앤, 2021년 9월 9일.
82) 박언휘, 유무근. 「어른은 있으나 멘토가 없다」, 시니어매일, 2020년 11월 30일.
83) 이기환. 「2000년전 밴드 공연장에 등장한 악기 5종…며칠 밤낮 쉼없이 연주했다」, 경향신문, 2022년 12월 13일.
84) 이기환. 「이천년 전 케스트라의 재림」, 경향신문. 2021년 12월 13일.
85) 이 기사를 위해 이건무 전 국립중앙박물관장, 조현종 전 국립광주박물관장, 최장열 국립광주박물관 학예연구실장·이현희 학예연구관·최경환 학예연구사 등이 도움말과 자료를 제공해주었습니다. 히스토리텔러 기자, 사진, 국립광주박물관 제공.
86) 윌리엄 새들러(William Sadler)/김경숙 옮김. 『서드 에이지(The third age), 마흔 이후 30년』, 서울: 사이, 2010: 20.
87) Geertz, C. After the Fact: Two Countries, Four Decades, One Anthropologist., Cambridge, Mass: Harvaid University Press, 1995. p.8.
88) 한봉주. 『어떻게 자신을 변화시킬 것인가』, 서울: 미래지식, 2014: 114-115.
89) 김병수. 『흔들리지 않고 피어나는 마흔은 없다』, 경기: 프롬북스, 2014: 230-233.
90) 한봉주. 『어떻게 자신을 변화시킬 것인가』, 서울: 미래지식, 2014: 168.
91) 최은아. 「노후준비는 연금 설계부터… '국민+퇴직+개인' 촘촘한 보장 필요」, 문화일보, 2021년

6월 9일.
92) 김종한.「앙불괴어천(仰不愧於天)」, 경북일보, 2021년 10월 29일, 8면.
93) 김혜령, 박성필,「노후 자산관리 "넓~게 보고, 길~게 가라」, BRAVO, 2020년 5월 4일.
94) 남경아.「퇴직을 했다」, 경향신문, 2022년 5월 5일.
95) 박효순. 노년의 사랑을 위한 마지막 선택, 신중해야」, 경향신문, 2022년 5월 6일.
96) 이지현.「외로움을 선택하라」, 국민일보, 2022년 1월 29일.
97) 박성필.「몸은 늙었지만, 투자는 '청춘'」, BRAVO, 2020년 4월 13일.
98) 이지혜, 이규리.「"살아 있는 한 인생은 언제나 미완성이다"」, 북人북, 2019년 7월 11일.
99) 임귀열,「[임귀열 영어] Let's make the best of it(최선을 다하자)」, 『한국일보』, 2012년 9월 12일.
100) 고달순.「'데드크로스'」,강원일보, 2021년 1월 26일, 19면.
101) 한봉주.『어떻게 자신을 변화시킬 것인가』, 서울: 미래지식, 2014: 189-190.
102) 한봉주.『어떻게 자신을 변화시킬 것인가』, 서울: 미래지식, 2014: 199-200.
103) 고영직.「향노에서 향노로」, 경향신문, 2021년 9월 2일.
104) 이지현.「장래 희망은 '소년 할매'」, 국민일보, 2021년 11월 6일.
105) 문화일보.「살며 생각하며-미국식 참선 명상법(American Chan Meditation)-」, 2022년 1월 14일.
106) 고두현.「여든 나이에도 '소년의 마음'을 가진 사람들」, 헤럴드경제, 한경닷컴, 2022년 5월 4일, A28.
107) 한정란.「포스트 코로나의 슬기로운 노년생활」, 실버아이뉴스, 2020년 6월 17일.
108) 강소랑.「'스스로 준비하는 노후, 선택 아닌 필수'···중장년 노후준비에 대한 인식과 현황」, 라이프점프, 2022년 10월 4일.
109) 최재식.「다가올 노년의 삶을 위하여」, 글로벌경제신문, 2022년 9월 28일.
110) middle age. CollinsDictionary.com. "Collins English Dictionary" - Complete & Unabridged 11th Edition. Retrieved December 05, 2012.
111) McLeod, S. A., Erik Erikson - Psychosocial Stages, Simply Psychology, 2008.
112) "중년: 네이버 국어사전". 2013년 9월 22일. 네이버, 2023년 2월 13일.
113) 한윤정.「할머니의 힘」, 경향신문, 2021년 9월 25일.
114) 이희경.「양생이 필요해」, 경향신문, 2022년 1월 13일.
115) 김성일.「코로나 시대에 이별을 대하는 자세」, 강원일보, 2022년 1월 26일, 18면.
116) 김찬호.「말년의 은총」, 경향신문, 2022년 2월 24일.
117) 이영경.「'실버 취준생' 순자씨의 '찐하게 강한' 68년 인생」, 경향신문, 2022년 5월 13일.
118) 최동열.「'60대 노부부'의 어색함」, 강원도민일보, 2022년 5월 17일.
119) 최미랑, 유명종, 한진숙.「'품위 있는 한 끼' 위해 산·학·관 의기투합···과제는 '대상자 확대'」, 경향신문, 2022년 11월 3일.
120) 안경업.「달라이 라마」, 세계일보, 2011년 3월 12일.
121) 김병수. 흔들리지 않고 피어나는 마흔은 없다, 경기: 프롬북스, 2014: 214-215.
122) 구경민, 김지환, 노도현, 성동훈, 이준헌, 장용석, 전현진.「핏줄도 나이도 안 따져, '情'으로 도전한 공동홈···이웃, 식구가 되다」, 경향신문, 2023년 1년 6일.
123) 이공우.「세월, 나이, 그리고 어른」, 강원도민일보, 2023년 1월 10일, 18면.
124) 이광수.「노인과 바다와 작은 배」, 한겨레, 2022년 11월 9일.
125) 노회찬 재단과 한겨레신문사가 공동기획한 '6411의 목소리'에서는 일과 노동을 주제로 한 당신의 글을 기다립니다.
126) 김지환, 김창길, 이준헌, 성동훈.「고독한 사회, 온기를 품다」, 경향신문, 2023년 1월 3일.
127) 김용식.「부모의 재산을 증여받기 위해 효도계약서 쓰는 사회」, 기호일보, 2022년 12월 14일, 18면.
128) 김사연.「자연은 인생의 스승」, 인천일보, 2022년 12월 23일, 12면.
129) 오재영.「백세시대를 바라보며」, 제민일보, 2022년 12월 22일.
130) kostat_giro.「스파르타와 노인정치」, 2017년 11월 27일.
131) 이남규.「베이비부머인 60대여, 고독력을 키웁시다!」, 강원일보, 2020년 11월 20일, 18면.
132) 이성애.「"60은 청춘, 인생은 70 부터" 신중년이 우리사회 버팀목」, 강원도민일보, 2020년 9월 24일, 21면.
133) 이지혜, 김광일「나이가 들어도 늙지 않는 노후」, BRAVO, 2020년 6월 26일.
134) 이지혜, 김경록.「"노후의 나력 키워나가길"」, BRAVO, 2020년 3월 20일.
135) 김영순, 손욱.「'황회'의 노년처럼 시니어 터닝 포인트의 해로 삼자, 나이 듦의 품격」, BRAVO, 2020년 1월 19일.
136) 김영순, 정진홍.「새 삶을 위한 노년의 그루갈이, 브라보 마이 라이프, 2020년 1월 8일.
137) 권지현.「70대 보디빌더 임종소, 잠자던 무한 가능성, 일흔 넘어 깨어나다」, BRAVO, 2019년

10년 22일.

138) 권지현, 조광휘. 「"윷판에 두 번째 인생을 던졌습니다"」, BRAVO, 2019년 9월 6일.

139) 오병돈, 권지현. 「90대 정열로 함박웃음 짓다, 마술사 겸 영화인 조용서」, BRAVO, 2019년 7월 8일.

140) 김교환. 「이제는 버리고 비우면서 살자」, 시니어매일, 2021년 9월 1일.

141) 김교환. 「당신은 어떻게 살고 싶습니까?」, 시니어매일, 2021년 5월 24일.

142) 신성진. 「노후에 '경제적 자유' 누리려면 얼마 모아야 할까, 중앙일보, 2020년 10월 16일.

143) 이유진. 「새집처럼 '반짝반짝'···건강한 노년 '생존 청소법'」, 경향신문, 2021년 10월 15일.

144) 박성필. 「어르신 1인 미디어 도전기 '슈퍼시니어' 예능 제작」, 2020년 4월 20일.

145) 이진송. 「새해엔 '나이 듦' 과 사이 좋게 지내요, 잘 늙어봅시다」, 경향신문, 2021년 1월 1일.

146) 이미현, 주미덕. 「유튜브 시작하고 인생이 바뀌었어요」, 브라보 마이 라이프, 2020년 8월 28일.

147) 김종억. 「"있으나 마나 한 인간이 되고 싶지 않다"」, BRAVO, 2020년 4월 30일.

148) 권지현. 「이발사가 된 前 교장선생님 조상현 씨」, BRAVO, 2019년 9월 14일.

149) 권지현. 「사제밴드 드러머, '루비밴드' 결성하다, 루비밴드 리더 박혜홍」, BRAVO, 2019년 9월 9일.

150) 강유정. 「노년, 어떤 삶의 조각들」, 경향신문, 2021년 4월 9일.

151) 권도형. 「신중년 'N잡러' 에 도전하라」, 강원일보, 2022년 12월 12일, 25면.

152) 김용식. 「죽음을 미리준비 하자」, 대한노인신문, 2021년 4월 2일.

153) 맑은바람. https://blog.naver.com/mgblsori/220744571905, 「죽음과 죽어감(On death and dying)」, 웰다잉 플래너, 2016년 6월 24일.

154) 이경신. https://blog.naver.com/mgblsori/220752197944, 「죽음을 앞두고 어떤 말을 남길까?」, 맑은바람, 2016년 7월 3일.

155) 윤영호. https://blog.naver.com/tjsud1998/70021022050, 「존엄사 제도 시급하다…」, 중앙일보, 2007년 8월 17일.

156) 이진영. https://blog.naver.com/mgblsori/220747813418, 「죽음묵상」, 좋은만남 7월호, 2016년 6월 28일.

157) 보일. 「누군가의 마지막을 함께하다」, 경향신문, 2022년 12월 17일.

158) 전북도민일보. 「고독사 촘촘한 예방 대책 서둘러야」, 2022년 12월 18일.

159) 소재호. 「노인의 여생 경영법에 관한 소견」,전북도민일보, 2022년 12월 15일.

160) 이근후. 「인생은 착각의 연속이다」, 농민신문, 2022년 12월 22일.

161) 지금 당장에 성공해서 잘 먹고 잘 사는 사람도 하루아침에 실패해서 나락으로 떨어질 수 있고, 반대로 절대 성공하지 못할 것처럼 보였던 사람도 어느 순간 사회적으로 크게 성공해 있을 수 있다.

162) 오종윤, 박기주. 「준비 없이는 우리가 꿈꾸는 노년도 없다」, 이데일리, 2016년 9월 10일.

162) 홍광훈. 「일장춘몽(一場春夢)같은 인생이라지만 열심히 살아야」,이코노미조선, 2023년 2월 6일.

어느 60대 노부부 이야기

어느 60대 노부부 이야기는 한국의 블루스 가수 김목경이 자신의 1집 'Old Fashioned Man' 에 수록한 노래이다. 김목경의 원곡은 제목이 '어느 60대 노부부 "의" 이야기' 이다.

제목대로 어느 60대 노부부가 자신들의 인생을 회상하는 내용의 가사로, 김목경은 이 곡을 1984년 영국 유학갔을 때, 독일이라는 이야기도 있으나 일단 영국에 5년째 살아서 향수병에 걸리던 시기였다고 한다. 우연히 창문 밖으로 보인 노부부의 모습을 보고 지었다고 한다. 가사의 맨 마지막 소절을 보면 남편 혹은 아내가 배우자와 사별하게 된 시점으로 볼 수 있다.

이후에 김광석이 이 곡을 리메이크 하기 위해 김목경을 찾아 갔을 때 김광석은 김목경을 만난 첫 그날 이미 이 곡을 알고 있어서 그 노래를 안다고 인사했다고 한다. 당시 곡이 발매 된 당시에 버스에서 눈물이 나왔는데 다 큰 사내가 버스에서 우는 것이 매우 이상하게 여겨지던 시대라 '으으으' 하며 울음을 참느라 애썼다고., 김목경은 이 곡은 자신의 부모님을 회상하게 해준다고 하였다. 재미있는 에피소드로는 김목경이 2집을 위해서 김광석에게 빚진 돈을 갚지 않는 조건으로 사용을 허락했다는 것이다. 이전부터 90년대 초 만나서 방송국 녹음이 끝나고 나면 김목경 집에 김광석이 들러 술을 마시는게 일상이었다고 한다. 김목경의 회고에 따르면 곡 비로 빚을 갚아도 되겠냐는 말에 잠깐 김광석이 머뭇거리며 생각을 하더니 그러자고 했다고 웃음지었다.

서유석, 이정선, 임영웅 등등의 여러 리메이크 버전이 존재하지만 가장 유명한 것은 김광석의 버전으로 김광석 특유의 서정적인 음색과 곡의 감성적인 가사와 멜로디가 합쳐져 큰 인기를 끌었다. 젊은 사람들은 이 곡을 아예 김광석의 오리지널 곡으로 생각하는 경우가 대다수일 정도.

여담으로, 김광석이 이 노래를 녹음할 당시에 '막내아들' 부분만 가면 눈물이 쏟아져김광석은 막내아들이었다 도저히 녹음을 할 수 없어, 결국 소주 한 잔을 마시고 녹음했다고 한다.

김목경의 회고에 따르면 당시 녹음실 밖에서 녹음을 지켜보고 있었는데, 마지막 대목에서 유독 울음을 참을 수 없어서 밖에 나와 족발에 소주 한 잔 하고 녹음을 마쳤다고 한다(네이버. 2023. 02. 06, 나무위키)

어느 60대 노부부 이야기

김목경

곱고 희던 그 손으로 넥타이를 매어 주던 때
어렴풋이 생각나오 여보 그때를 기억하오
막내아들 대학 시험 뜬 눈으로 지내던 밤들
어렴풋이 생각나오 여보 그때를 기억하오

세월은 그렇게 흘러 여기까지 왔는데
인생은 그렇게 흘러 황혼에 기우는데

큰딸아이 결혼식 날 흘리던 눈물방울이
이제는 모두 말라 여보 그 눈물을 기억하오
세월이 흘러감에 흰머리가 늘어감에
모두가 떠난다고 여보 내 손을 꼭 잡았소

세월은 그렇게 흘러 여기까지 왔는데
인생은 그렇게 흘러 황혼에 기우는데

다시 못 올 그 먼 길을 어찌 혼자 가려 하오
여기 날 홀로 두고 여보 왜 한마디 말이 없소
여보 안녕히 잘 가시게
여보 안녕히 잘 가시게
여보 안녕히 잘 가시게

http://blog.naver.com/cp5700/220653827370500x300(2016. 03. 13)

어느 60대 노부부 이야기

김목경 작시, 작곡 / 김광석 노래

http://blog.naver.com/dyyoo49

피카소 그림 '한국에서의 학살'은 6·25전쟁 허위 선전물이다

피카소 탄생 140주년을 맞아 그의 작품 110여 점이 서울 예술의전당에 전시 중이다. 지난달 1일부터 8월 29일까지 열리는 특별전에서 가장 주목받는 작품은 국내 처음 전시되는 '한국에서의 학살(Massacre in Korea)'이다. 그러나 이 그림은 허위에 기초했다는 사실을 명백히 알고 봐야 하는 작품이다. 작품의 모티브는 6·25전쟁 당시 황해도 신천 지역의 주민들 간에 발생한 참상이다.

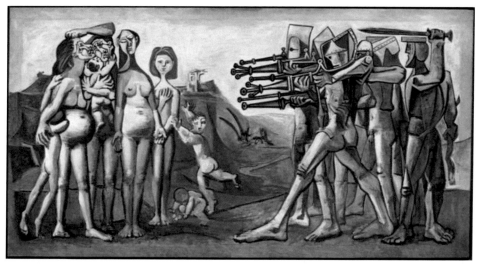

파블로 피카소 1951년작 '한국에서의 학살' (합판에 유화·110x210cm). ⓒSuccession Picasso

1950년 10월 국군과 유엔군이 38선을 넘어 북진하기에 앞서 신천의 공산주의자들이 우익 인사를 대량으로 학살하는 사건이 발생했다. 이에 맞서 기독교도를 중심으로 한 우익 진영이 봉기를 일으켰고, 이 과정에서 상호 살육전이 벌어졌다. 좌·우익의 충돌로 약 3만5000명의 주민이 사망한 비극적인 사건이었다. 그러나 북한은 사건 직후부터 미군에 의해 저질러진 '신천 학살'이라는 거짓 프레임을 씌워서 국내외에 알렸다. 부수상 겸 외무상인 박헌영이 허위 선동을 주도했다. 프랑스 공산당은 이 사건 이후 당원인 피카소에게 반미 선전을 위한 작품을 의뢰했다. 프랑스 공산당원인 세계적 철학자 사르트르는 6·25를 "미국의 사주를 받은 남한의 북침"이라고 허위 주장한 당시의 대표 인물이었다. 피카소는 공산당 선전을 믿고 '한국에서의 학살'이라는 작품을 1951년 제작했다. 그러나 그는 작품 설명에서 이런 배경을 고의로 빠트렸다. 결과적으로 이 그림은 북한 선전·선

348

동의 산물로서 실제 역사적 사실과는 무관한 것이다.

　피카소의 '한국에서의 학살'은 좌파 진영의 반미 선전에 꾸준히 활용됐다. 북한은 1960년에 신천박물관을 만들어 아직도 이 허위 사실을 선전하고 있다. "한국에서 미군의 양민 학살"을 배경으로 했다는 설명은 한국은 물론 세계 어디를 가나 읽고 들을 수 있다. 피카소는 이 그림을 그릴 때 고야(Goya)의 작품인 '1808년 5월 3일'의 구도를 그대로 사용했다. 고야의 그림이 소장된 스페인 마드리드 프라도 미술관에서는 가이드들이 이 그림을 설명할 때 천편일률적으로 도록에 있는 피카소의 '한국에서의 학살'을 보여주며 미국이 주도한 '신천리 학살 사건'을 그린 것이라 비교 설명해 주고 있을 정도다.

　1980년대에 들어서는 브루스 커밍스가 쓴 '한국전쟁의 기원①'이라는 책의 표지에 실리면서 한국에도 널리 알려졌다. 더 큰 문제는 거짓으로 판명 난 이 선전용 그림이 한국의 교과서들에 무차별적으로 실렸다는 것이다. 미군에 의한 '신천 학살'이라는 것이 완전히 거짓임이 밝혀지자, 한국 좌파는 국제 좌파 세력과 입을 맞춰 "피카소가 표현하려 한 것은 특정 전쟁이 아니라 전쟁 그 자체였다"고 항변하는 쪽으로 전략을 바꿨다. 이번 전시에서도 이런 프레임으로 몰고 가고 있다. 그러나 피카소는 일평생 공산 세력에 의한 전쟁을 비판한 적이 없다. 6·25전쟁을 일으킨 북한·중공·소련에 대해선 철저한 굴종과 협력의 길을 택했던 사람이다.

　스페인인으로 프랑스에서 활동하던 피카소는 1944년 프랑스 공산당에 입당했고, 그 이듬해 한 인터뷰에서 "나는 공산주의자이고 나의 그림은 공산주의 그림이다"라고 밝혔다. "미군이 저지른 신천 학살 사건"이란 것이 거짓인 게 밝혀지고 나서도 이 그림에 대한 물타기가 계속되고 있고 서울 전시에서도 이런 노력은 필사적으로 이뤄지고 있다. 이 그림이 서울에서 전시된 것은 좋으나 적어도 이 그림의 허구성과 잘못된 배경에 대한 정확한 지식은 명시돼야 한다. 아쉽게도 그런 최소한의 노력이 보이지 않는다. 이 그림에 관한 허위 사실에 대해 정확히 언급하는 것이 관람객에 대한 최소한의 도리이다(강규형. 2021. 06. 01, 조선일보).

봄비

김용수

겨우내 묻혀 있는
장독대로 봄비가 내린다
텃밭에 고개쳐드는 작물에
봄비가 내린다
하루 종일 쉬지 않고 내린다

저 멀리 보이는
물레방아에도 봄비가 내린다
언제쯤이면 돌아가는 물레방아가 보일까

끊없이 펼쳐도 다시 돌아오지 않을
첫사랑의 기적을 바라는 것인가
저 먼 곳에서 하루 종일 봄비를 바라보는
내 마음을 알기나 할까

봄새 침묵하더니 봄비가 내린다.

간이역에 와 닿는 기차처럼
봄빛이 물들어가는 산과 들
이제는 떠나야지

저 광활한 벌판으로 행복을 찾아
우리들 가슴 속 마음의 문을 열고
봄비 맞으며 함께 달려 나가자.

https://cafe.daum.net/the-van/Ye2X/16438626x360(2022. 03. 18)